KB268184

죽으면 죽으리라

下

안이숙

기독교문사

저자 **안이숙** 선생
(해방 후의 모습)

뒷줄 가운데 최덕지 선생

한국교회가 신사참배를 결의하자 순응할 수 없어 철수하는 선교사들(1940년)

마지막 검거 직전의 주기철 목사.
그 옆은 오정모 사모.

주기철 목사 장례식 모습.

신사참배하는 기독교 지도자들.

출옥 성도들(1945년 8월 19일 주기철 목사 댁에서).
뒷줄 좌로부터 조수옥 선생, 주남선 목사, 한상동 목사, 이인재 전도사, 고흥봉 목사, 손명복 전도사.
앞줄 좌로부터 최덕지 선생, 이기선 목사, 방계성 전도사, 김화준 전도사, 오윤선 장로, 서정환 전도사.

고(故) 안이숙 선생 발인 예배(1997년 10월 25일)

고(故) 안이숙 선생이 장지로 가는 모습(1997년 10워 25일)

죽으면 죽으리라

下

안이숙

더불어
이렇게 금식한 후에
규례를 어기고 왕에게 나아가리니
죽으면 죽으리이다.

(에 4:16)

죽으면 죽으리라를 보내면서 ————————————

나는 자격 부족으로 실격(失格)된 순교자다.

진실로 나는 내 주 예수님을 위해 죽기를 결심하고 나섰다. 그런데 나는 내 뜻을 이루지 못하고 기회를 잃었을 때에 섭섭해서 몹시 울었다.

이제 이 작은 기록을 보내면서 위로를 받는다.

이 책은 내가 사랑하는 내 주 예수님 앞에 드리는 내 사랑의 선물인 까닭이다.

양순한 양 떼 같은 성도(聖徒)들이 도살(屠殺)하는 자들 앞에서 그 모진 매와 고문에도 '아이구' 소리 한마디 안 하고 견디는 그 진저리나는 참상을 볼 때에 나는 왜 그랬는지 몰라도 급한 말로,

"주여! 천사를 속히 보내셔서 이 모든 사실을 사진으로 찍으세요. 속히 속히 주여 속히…."

하면서 발을 구르며 부르짖었었다.

과연 하나님은 그 보좌(寶座) 주위에서 섬기는 천사들을 보내셔서 예민하고 똑똑한 사진을 다 찍어 두셨으리라 믿는다. 그런데 웬일인지 그 모든 사실은 내 머릿속에도 예민하고 똑똑하게 세밀히 박혀져 있어 지금도 흐림이 없이 환하다.

물론 예수님이 그 어떠하신 사랑으로 순교자들을 사랑하셨으며 만삭(滿朔)도 못 된 나를 역시 그 어떠하신 사랑으로 사랑하셨던가를 다 기록할 수는 없다. 그러나 이 작은 책자에서 내가 가장 사랑하는 내 주 예수님께 순종한 자취를 보는 것 같아 기쁘다.

이 조그마한 둔필이 내가 진정으로 사랑하고 높이는 내 주 예수님께 기쁜 선물이 되기를 진심으로 원한다.

1968년 9월 9일

안이숙

Contents

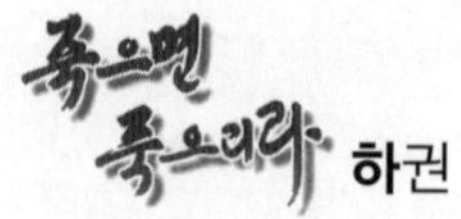

제3편 신앙 용사들과 출옥

차 례

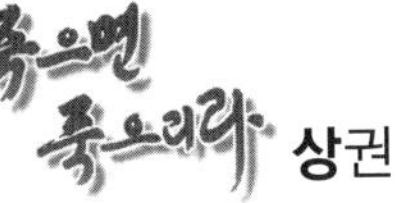 상권

옴쟁이 갓난아기

하루는 아기를 배서 배가 몹시 나온 부인이 잡혀서 넘어왔다. 너무도 가난하고 먹을 것이 없어서 남의 집 외양간에 매여 있는 소를 끌어 내다가 남편과 같이 들에 끌고 가서 잡아 가지고 먼 동리에 가서 팔다가 들켜서 잡혀 왔다고 한다. 아기를 배고 너무도 배를 곯은 그의 얼굴은 티와 기미가 잔뜩 끼어서 차마 쳐다볼 수가 없을 정도로 비참해 보였다.

그는 손으로 땅을 파는 등 갖은 모진 일을 하였기 때문에 돌같이 굳어져서 험하고 거칠었다.

'인간의 살과 뼈를 단련시키면 저처럼 쇠같이도 되고, 돌처럼 굳어지기도 하는구나.'

하고 놀랐다. 그런데다가 이 여자는 온 전신에 옴이 퍼져 있었다. 대개 옴이라는 것은 손가락 사이나 연한 살이 있는데 돋아서 긁으면 긁을수록 더 퍼지는 것인데 그는 전신에 만신창이 되어 있었다. 그렇지 않아도 이 감옥에는 옴이 없는 이가 없다고 해도 과언이 아니다. 감옥 내의 불결한 곳은 말할 필요도 없거니와 의복이 일정치 않아 세탁할 때마다 이 사람 저 사람 마구 입히니까 자연히 옴은 급속도로 감방 전체에 퍼져 버리고 만 셈이다. 그런데 이 여자는 집에서부터 잔뜩 가지고 왔으며, 더욱이 그는 그 험상한 손으로 전신을 자꾸 긁고 있었다. 너무 긁어서 피가 나고 흠집이 된 자리를 또 긁고긁어서 시커먼 긴 손톱에 피가 엉킬 만치 피투성이가 되도록 긁고 있었다. 그래서 감방 사람들은 그에게서 멀리 떠나 있으려고 저마다 애를 쓰고 밤이 되면 더욱 진저리를 떨며 싫어했다.

나도 그의 옆에서 자고 싶지가 않았다. 그러나 저마다 그의 옆에서 자지 않으려고 하는데 누가 그의 옆에 자겠나. 나는 하는 수 없이 그를 먼저 눕게 하고 그 다음에 내가 눕고, 나 다음에 다른 사람들을 눕게 했다. 화춘이는 내가 그의 옆에 눕는 것을 보더니

"선생님! 제가 그의 옆에 눕겠어요. 저는 아무래도 사형을 받을테니까 옴이 오르면 뭐 어때요. 아무래도 죽을 몸인데."

나는 그가 죽을 것을 기다리는 사형수라는 것을 스스로 인식하면서 이렇게 나에게 대하는 그의 마음을 생각할 때 애처로워 견딜 수 없었다. 그리고 그가 남편을 죽일 만한 독살스러운 여자인데 이렇게 희생적인 태도가 된 것을 볼 때 나는 참 놀라고 감격했다. 그렇지만 나는 화춘이를 옴쟁이 옆에 재우고 싶지 않았다. 이제 몇 날 안 남은 형제 화춘! 그에게 복음을 받아 주 안에서 형제가 된 내 사랑, 아니 예수님의 사랑을 받아 누리다가 주님 앞에 가기를 바랐던 탓에 나는 화춘이를 옴쟁이 다음에 재우지 않았다. 그래서 나는 옴쟁이 다음에 눕고 화춘이는 나 다음에 잤다.

선화가 몹시 내 옆에 자기를 원했지만 화춘이 다음에 누워 자게 했다. 방은 좁고 사람은 많아서 한 줄로 잘 수가 없어서 절반은 머리를 저편으로 두고 절반은 머리를 이편으로 두어서 서로 발을 안고 자게 되었다. 발이 시려서 잠이 들지 않는고로 이렇게 자면 발이 녹아서 잘 수가 있었다. 그러나 옴쟁이 편으로 발을 두려고 하는 사람이 없어 옴쟁이 발끝에는 자는 사람이 없었다. 옴쟁이가 들어온 지 며칠 만에 아기를 낳았다. 그것은 너무나 뜻밖의 일이다. 물론 아기를 밴 줄은 알았으나 이렇게 쉽사리 해산할 줄은 생각 못 했다. 그는 아침에 몇 번 애를 쓰더니 옷 속에서 소리지르며 우는 갓난아기를 끄집어내었으니 말이다.

나는 급히 간수를 불러 아기가 나왔다고 외치니 간수는 사무실에

가 보고를 하고 몇 개의 기저귀를 갖다 주었다. 어린애를 낳은 엄마는 아기를 기저귀에 싸 그 옴이 가득한 가슴에 안고 젖을 빨렸다. 어린것은 영양 불량이 심해서인지 젖도 힘있게 못 빨고 주먹만한 얼굴에 주름뿐이고, 다리가 꼬일 만치 패린 몸에는 옴투성이였다. 힘없는 입 기운으로 애를 쓰며 젖을 빨아도 젖은 한 방울도 나오지 않았다. 이 어린 생명은 젖도 없이 옴을 전신에 가지고 울래야 울 기운이 없었다. 아기가 나왔다고 해도 아무 대책도 없이 하루가 다 지나갔다.

이튿날 아침엔 어린 아기를 위해서 흰죽이 나왔다. 이 어린것이 어찌 죽을 먹을 수 있을까? 죽을 먹이려고 해도 숟가락이 없었다. 나는 간수에게 애걸을 해서 숟가락을 하나 얻어서 숟가락으로 흰죽 국물을 조금씩 아기 입에 넣어 주었다. 이 어린것이 살아 보겠다고 죽 국물이 들어가면 힘을 다해서 움직거리며 죽을 삼켰다.

나는 그 옴쟁이 가슴속에 들어가는 어린것이 너무도 가엾어서 빼앗아 가지고 더러운 기저귀를 벗겨 버리고 발가벗겨서 옴투성이 어린것을 내 가슴속에 집어 넣었다. 찬 어린 손과 발이 내 가슴속에서 아물아물하고 있었다. 내가 어렸을 때에 너무 약하고 작아서 아버지가 나를 그의 가슴에 품고 다녔다는 말을 늘 들었다. 나는 이 옴투성이 아기를 가슴에 넣어 품고 말로 할 수 없는 여러 가지 생각이 많았다. 어쩌면 하나님이 지으신 중에 가장 영장(靈長)인 인간이 이렇게 비참하게 살아간다는 것은 너무도 생각할 수 없는 사실 같았다.

나는 이 어린 생명을 위해서 가슴속에서부터 복받치는 기도를 주님께 드렸다. 나는 이 어린것이 너무도 가련하고 가엾어서 이름이나 좋은 것을 가져 보라고 이름을 옥(玉)이라 지어 주었다. 옥이라고 하니 그의 어머니는 감옥에서 나서 옥이라고 하는가 해서

"감옥이라는 뜻인가요?"

하고 물었다. 나는 고개를 흔들면서

"천만에, 옥(玉)이라는 것은 구슬이라는 옥이고 구슬이라는 뜻이 옥같이 이쁘고 옥같이 귀하고, 옥같이 사람들이 좋아하라고 해서 구슬인 옥이란 말이지요."

"옥이면 뭘 하고 감옥이면 뭘 해요. 아무래도 굶어 죽을 것인데."

그의 말이 옳았다. 감옥에 있으면 젖이 나지 않아서 못 먹으니 굶어 죽을 것이고, 사회에 나가면 가난해서 굶어 죽어 버릴 것이다. 나는 이러한 언짢은 생각을 하며 다시 품에 있는 아기를 보았다. 아기에게 온기를 주는 것은 심장이 뛰고 있는 가슴밖에 없어 이렇게 가슴속에 벌거벗겨 집어 넣고 공기가 통하여야 어린것이 숨을 쉬겠는고로 조금 공기가 통할 구멍을 내어 놓고 가끔 머리를 숙여서 그 얼굴을 보면 때때로 까만 눈을 감았다 떴다 한다. 그러다가는 배가 고파서 입을 벌리고 입술짓을 하기도 했다. 울 기운이 없어서 그런지 울지도 않았다.

애기 어머니는 피도 많이 나오지 않고 아무렇지도 않았다. 멀쩡해서 배고픈 말만 하며 울었다.

광야보다 더한 감옥에서 그에게 무엇을 주어 먹일 수 있을까. 너무도 애가·타고 아득한 일이었다. 만약 집에서 아기를 낳았다면 아기를 위해 부드러운 솜옷과 포단을 지어 두며, 옷을 짓고 기저귀를 준비하며 또 산모를 위해서 좋은 미역을 준비하여 산모는 찬물도 못 마시게 하고 더운 방에서 더운 것을 먹고 적어도 한 달 동안은 밖에 나오지도 못하게 하고 돌보아 주는 것이겠지만 이 형무소에서 아기를 낳는다는 것은 인간으로서의 대접은 하나도 받을 수가 없이 되어 있으므로 울 수도 없었다.

아물거리는 어린것을 가슴속에 넣고 내 애정은 이 무심한 작은 생명에게 시간이 갈수록 두터워졌다. 죽물을 조금씩 먹고 그대로 오줌을 싸면 내 가슴은 젖어서 축축했으나 말릴래야 마르게 할 방도가 없어서 축축해도 그냥 그대로 안고 있을 수밖에 없었다. 그런대로 8일을 지내온 날 아침에 아기의 숨이 강해지더니 숨지고 말았다.

가슴에서 끄집어내어 벗은 채로 기저귀에 싸여 나가는 주먹만한 어린 얼굴의 아기를 볼 때 오직 나 혼자만 울었을 뿐 아기 어머니는 너무도 불쌍해서 그런지 또 너무 배가 고파서 그런지 눈시울만 붉어질 뿐이었고 눈물 한 방울 떨어지지 않았다. 그런데 어린애를 품었던 내 가슴팍엔 아기에게서 옴이 올라서 온 가슴에 옴이 돋아 몹시 가려워 긁으면 긁을수록 더 따끔거리고 가렵기만 했다. 이젠 점점 더 퍼져서 가슴뿐만 아니라 손가락 사이와 온 목과 전신을 향해서 퍼지고 있었다. 나뿐만 아니라 다른 이들도 아기 어머니에게서도 옴이 옮아서 저마다 긁고 저마다 손이 옴투성이가 되었다. 밤이 되어가면 몸은 더 가려워서 우리는 저마다 몸을 긁는고로 모두들 긁는 소리 때문에 한잠도 잘 수 없었다. 너무도 긁어서 손톱에는 피가 엉키고 전신은 옴과 피에 볼 수 없는 형편이 되고 말았다.

나는 너무도 괴로워서 모든 수인들에게 성경 말씀 중에 "병이 난 자는 장로를 데려다가 기도하라"고 한 말씀을 설명하고 마음을 합해서 기도하자고 하였더니 모두들 합심해서 기도했다. 이 일이 있은 후에 옴은 점점 가라앉고 다시는 더 퍼지지 않고 그 무섭게 퍼지던 옴은 씻은 듯이 누구에게서나 없어지고 말았다.

수인들은 저마다 은혜가 되어서 기뻐하고 예수님을 경배하며 나를 아껴 주고 위해 주었다. 그로 인해서 그들과 더욱 가까워지고 정이 들었다. 그날은 감방의 창살 너머로 스며든 달빛이 유난히도 밝은 밤이었다. 나는 또 며칠 전에 내 품에서 죽어간 그 아기를 생각해 보았다. 그래도 인간인데 어쩌면 그렇게 와 가지고 그렇게 갈 수가 있나? 그렇지만 그렇게 나서 죄도 모르고 고생도 모르고 이 세상 구경도 안 하고 세상을 보지도 않고 알지도 못하고 순히 가 버린 그는 그 얼마나 복된가 하는 부러운 생각도 났다.

나도 내 어머니 뱃속에서 나오자 그같이 되었더라면 이 같은 고생이 없었을 것이었고 앞으로 어떤 일이 닥칠는지 모르는 생(生)을 생각할 때 그렇게도 그 죽은 아기가 부러워서 눈물이 그치지 않았다. 그러나 나는 내 머리를 흔들면서 나를 깨우치며 내 심령의 눈을 높이 떴다. 이 죽은 아기보다도 더 약하게 세상에 나온 나를 하나님이 기르시고 살게 하셔서 복음 전파의 사명을 맡기셨으니 맡겨진 이 사명을 다하는 날까지 배고프고, 춥고, 무서움에 떨면서도 그래도 나를 택하신 하나님께 순종하고 그의 원하시는 대로 또 인도하시는 대로 되었다가 죽어서 주님 앞에 가면 그 얼마나 더 가치 있는 일이 될까? 후회만 없도록, 후회할 일만 안 하고 주님을 따라가자! 가고 가고 또 가자! 산도 넘고, 골짜기도 지나고, 굴 속으로도 들어가고, 맹수와도 겨누어 싸우고, 먹지 못하는 일도 있고, 얼어 죽을 일도 오고, 너무 원수가 강하고 많아서 기절할 때가 있어도, 그래도 주님 손 꼭 붙잡고 그의 음성을 예민하게 조심스럽게 들으면서 잡음이야 아무리 많고 커도 예수님의 음성만을 가려 듣고 그 팔에 매달려서 이끄시는 대로 몰아 보내시는 대로 가고 가보자!

오 주여! 내 가슴은 때로는 연기로 가득해지나이다.
당신의 빛을 내 가슴속에 비추사 이 어둡고
쓰리게 하는 연기를 모두 태워 주소서.
이 타고 침침한 가슴속에 생수의 샘이 솔솔 솟고
졸졸 흘러서 내 얼굴에 기쁨이 솟아나게 하여 주소서.

나는 내 감정으로 인해서 약해진 내 심령을 부둥켜안고 마룻바닥에 엎드려서 쏟아지는 감정을 울음으로 돌려서 흐느껴 주님 앞에 울고 울었다.

말도 하지 않고 또 말을 하면서 기도를 해 울래도 내 마음에 솟고 가득해진 슬픔을 말로써는 무어라고 표현할 말이 없었다. 그래서 그저 실컷 울고 나니 마음이 몹시 부드러워지는 것 같았다. 마치 닳고 날카로워진 기계에 기름을 친 것같이 유하고 부드러워진 것 같았다.

나는 눈을 감은 채 일어나 앉아서 나 자신과 대화를 시작했다. 즉 내 육신은 내 영혼과 이야기를 하는 것이다.

내 육신은 내 영혼에게 말하는 것이었다.

"실컷 울기는 울어서 마음은 좀 시원해졌지만 갇혀 있으니 이 갇힌 것이 언제나 끝이 날지 나는 앞이 캄캄해."

내 영혼은 날카롭게 대답했다.

"감옥에 갇혀 있는 것은 힘이 들어도 잠깐 살아 있는 동안이지만 지옥에 가면 그것은 영원이니까 무섭잖아?"

육신은 애걸하듯이

"이렇게도 춥고 이렇게도 먹고 싶은 것 많고 한번 거리에 나가서 자유로이 걸어다니며 마음대로 가고 싶은 데 자유롭게 척척 갔으면 얼마나 좋을까? 먹고 싶은 것 무엇이든지 실컷 사서 한아름 안고 먹을 수 있는 대로 배가 부르도록 실컷 먹었으면, 그리고 흰밥을 한보시기 담아 놓고 먹어 보았으면, 그리고 따뜻한 이불을 덮고 따뜻한 온돌방에서 잠이 다 진하도록 실컷 자 보았으면."

이 세상에 밥을 아무리 먹고 아무리 좋은 것을 실컷 먹어도 배가 이제는 불러서 못 먹겠다고 하는 그런 일이 있을 수 있을까?

내 뱃속은 음부(陰府)같이 깊고 허공 같아서 아무리 먹어도 배부를 일이 있을 것 같지 않았다.

아! 주일이 되면 머리를 예쁘게 빗고, 제일 좋은 옷을 입고, 제일 예쁘게 화장을 하고, 제일 좋은 구두를 신고, 성경책과 찬미책을 들고 기쁘고 기쁜 마음과 모양으로 예배당에 가서 아! 크고 강하고 아름다운 청아한 음성으로 하나님을 찬송하고 또 하고 목이 터지도록 부르고 하나님의 말씀을 목사님이 전하는 대로 경건히 들었으면 그 얼마나 좋을까?

세상에 이러한 기쁘고 복된 일이 내게 과거에는 있지 않았나? 아, 이 복을 가질 수 없는 내 생활은 그야말로 내게 주어져 있던 가장 행복된 기쁨을 빼앗겨 버린 것이 아닐 수 없었다.

어렸을 때에 동리 아이들은 여러 가지 장난을 하며 놀았다. 도둑놈 잡기, 줄타기, 매미 돌리기, 널뛰기, 그네뛰기, 숨기내기, 또 구방놀이, 연극, 눈놀이, 화투놀이, 헤엄치기 등 별별 짓으로 다 놀았지만 나는 동리 어린것들을 모아 가지고 집에 와서 무엇을 나누어 주며 코 닦아 주고, 머리 빗겨 주고, 버선 신겨 주는 일과 그네뛰는 것 외에는 밤이나 낮이나 어디서나 노래를 부르며 놀았다.

노래는 거의 다 교회에서 배운 것이고 학교에서와 또 어른들이 부르는 각색 노래를 듣기만 하면 언제나 곧 배워 불렀다. 그래서 동리

사람들과 우리 집안 사람들은

"얘는 그렇게 빼빼 마르고 작은데 어디서 나오는지 말하는 소리는 모기 소리만하고 노래 부르는 소리는 어떻게 그렇게 굉장한 소리를 내는지 몰라."

하면서 모두들 감탄했다.

자라서 찬양대에 가입했을 때 나는 너무도 기쁘고 좋아서 온 세상이 다 나를 위해 있는 것 같았다. 찬양대 자리에서 높은 소프라노로 하나님을 찬양할 때 나는 너무 기쁘고 너무 만족해서 이 세상이 왜 이렇게도 좋은지 몰랐다.

주일이 오기를 그렇게 기다렸고 주일만 되면 너무너무 좋고 즐겁고 기뻐서 나는 하나님 앞에 경배하려는구나. 그리고 내 음성으로 하나님이 기쁘시도록 해드리는 것이라고 생각할 때 내 젊은 가슴에는 금비파가 울리는 것 같았다. 예배당에 들어갈 때 나는 천국의 대합실에 오는 것같이 마음이 설레었다.

찬양대에서 미리 연습한 곡조를 다시 연습해 볼 때 나는 그렇게도 좋았다. 바로 교회에 찬양대 자리에 서면 주님이 그 보좌에서 우리를 다 보시고 계시는 것을 느꼈다. 그리고 찬송을 부를 때엔 가슴을 다 펼쳐 놓고 그 찬송을 내 가슴속으로부터 부르는 것이었다. 나는 찬송가 가사가 모두 내 심령의 부르짖음이 되고 호소가 되고 감사가 되고 결심이 되고 회개가 되고 고백이 되고 경배가 되었다.

찬양대의 순서가 왔을 때 진실로 나는 높으신 보좌를 똑바로 향해서 힘껏 아름답게 불러 올렸다. 나는 하나님이 그 보좌에서 우리가 부르는 찬송을 기뻐하시면서 듣고 계시는 것을 항상 느꼈다.

목사님의 설교는 언제나 나를 그렇게도 감동케 했다.

그래서 나는 참 감사했다. 그러나 나는 지나간 날의 행복된 교회 생활을 회고할 때 그 찬란하고 영광스럽던 교회들이 이 일본인의 손으로 인해서 다 유린을 당하고 모두 우상이 두려워서 우상 숭배자들이 된 것을 생각하니 내 가슴은 아프고 쓰리고 터져 나오도록 분하고 슬펐다. 도저히 울 수 없는 펄펄 끓는 분노가 내 심장에, 폐에 그리고 머리와 전신에 가득 찼다.

나는 불덩어리같이 되는 내 몸과 심령을 부둥켜안고 아! 하고 소리를 질렀다. 지르는 소리에, 타는 불길은 뿜어졌던지, 그제야 슬프고 아픈 눈물이 소나기같이 눈에서 떨어지며 설움이 복받치고, 아픔이 가슴에서 허우적거려서 목이 메이고 전신이 떨렸다.

나는 대개 무식한 부녀자들이 심히 울 때에 주먹으로 땅을 치며 가슴을 두드리며 고함을 지르며 우는 것을 본 기억을 하고 나도 그렇게 한번 울었으면 좀 마음이 시원해지는 것이 아니겠나 했지만 설마 그럴 수야 없지 않나! 터져 쏟아지는 설움을 툭툭 떨어지는 눈물에 맡기고 아프고 쓰리고 저린 가슴을 두 손으로 힘있게 눌러 울고 또 울었다. 울어도 울어도 내 가슴속에는 설움의 덩어리가 그대로 뭉쳐져서 끝없이 서러워 복통이 나고 가슴속 깊이 파낼 수 없는 저리고 아픈 것이 너무나도 강해서 나는 마침내 "아이구" 소리를 쳤다.

감방 수인들은 제멋대로 내게 대한 것을 이러구저러구 당치도 않은 판단을 하며 이야기를 하는 것 같았다. 선화와 화춘이는 심히 동정하는 표정으로 나를 지키고 있다가

"선생님, 어디 아프세요?"

하고 묻는다. 나는 아픈 가슴을 끌어안고 겨우

"가슴이 이렇게 아파."

하고 말하니 모든 수인들은

"간수를 불러서 이야기를 해야지요."

하며 법석을 떨었다. 나는 손짓을 하며 말리면서

"그럴 필요가 없어요. 왜 가슴이 아픈지 차차 설명을 할 테니까 염려들 마세요."

하고 결국은 울음을 씻겨 버린 셈이었다.

형무소 유치원

　이 일이 있은 후 얼마 후에 어떤 부인이 두 살 된 사내아이를 데리고 넘어와서 내 감방으로 들어왔다. 이 부인은 농촌 여자인데 그 남편이 동리 사람과 싸움을 하고 너무 분해서 밤중에 나가서 그 싸운 사람의 집 강냉이 밭에 남편과 같이 불을 질렀기 때문에 잡혀 왔다. 한 살이 조금 지난 이 사내아이는 경찰서에서 너무 시달렸기 때문에 내 감방에 들어오자 모든 수인의 얼굴을 하나하나 살펴본 후 나를 보더니만 왁 하고 달려들어 내 가슴에 와서 안긴다.

　나는 놀라고 모든 사람들은 눈이 다 둥그레졌다. 아이 어머니도 무슨 일인가 했다. 아이는 내게 달려와서 안긴 후에는 어머니에게로 가려고 하지 않고 불안에 싸인 얼굴로 내 눈치를 보고 안겨 있었다. 나는 머리를 쓰다듬고 그를 안은 채 좋은 말로 위로하고 달래서 안심을 시켰다. 그는 좀 안심이 된 것 같아도 그래도 그 어린 얼굴에는 불안의 그림자가 없어지지 않았다.

　아이 엄마의 젖은 이미 말라 버린 지 오래라고 한다. 경찰서에서도 별로 아기라고 돌보아 주지 않았기 때문에 어린것이 배가 고파서 뼈만 앙상했다. 살이 다 말라서 두 눈만 유달리 크게 보이는 것이 더욱 불안을 여실히 드러내는 것이었다. 어린것이 웃어 본 일이 없는 것같이 수심의 기색이 자리잡은 것 같았다. 나는 이 어린것이 그렇게도 신경이 예민해져 있는 것이 가여웠다. 그리고 그것이 내 가슴에 와서 안기는 것이 무한히도 애처로웠고 내게 기쁨을 주었다. 왜 다른 사람도 많은데 다 돌아보더니만 자기의 어머니마저 버리고 내 가슴으로 달려드는 것일까.

아이 이름은 돌이라고 했다. 나는 돌이라는 말을 듣고 제멋대로 은석(恩石)이라고 지어 불렀다.

"은석이가 네 이름이야. 네가 내게 안긴 이 시간부터 네 이름은 돌이 아니고 은석이야. 은석아, 네가 은석이다. 응?"

어린것은 고개를 끄덕했다. 나는 원래 아기를 좋아해서 아기들하고만 논다고 늘 핀잔을 들었다. 동리 아기들을 5명, 어느 때는 한 20명씩 떼거지로 데리고 와서 밥을 먹이고, 귤을 먹이고, 엿을 먹이고 또 밤을 먹이고 돈을 주고 그것이 나의 재미였다. 그래서 항상 꾸중을 들었기 때문에 나는 어서 커서 시집가서 아기를 25명쯤 낳겠다고 말을 하면 할머니는 그런 소리를 하는 것이 아니라고 쉬쉬했다.

어린애들은 모두 나를 좋아했다. 그래서 기차를 타든지 버스를 타든지 전차를 타면 언제나 먼저 눈에 보이는 것은 어린애였고, 길을 가도 어린애만 눈에 보였다.

나는 이 은석이를 무릎에 안고 말할 수 없는 위로를 받았다. 문득 주님이 내가 좋아하는 것을 주셔서 나를 위로하시는 것이 아닌가 하고 생각이 되니 더 기뻤다. 은석이는 한참 부시대고 돌아다니고 가만 있지 않을 때였는데도 어른같이 조용했다. 기운이 없어서 그런지 안긴 채 잠을 자기 시작해서 별로 깨지 않았다.

그동안 몹시 시달렸고 추워서 어린것이 잠도 못 잔 모양이었다. 나는 그를 내 큰 저고리 속 안에 품어서 실컷 자도록 꼭 안아 주었다.

은석이 어머니는 판결을 받고 공장으로 가면서 할 수 없이 은석이를 데리고 나갔다. 불과 얼마 사이는 아니었지만 정이 들었는데 데리고 나간다니 섭섭하기 그지없었다. 그런데 은석이가 우리 감방에서 나와 같이 있을 때는 아이가 있었는지 모를 만큼 운 적이 전혀 없는데 공장으로 나가자마자 울어댔다. 달래도 안 듣고 욕해도 안 듣고 때려도 은석이는 그치지 않고 계속해서 울었다. 너무도 어린것이 결사적으로 우는고로 병이 났다. 병이 나서도 은석이는 우는 것을 그치지 않았다. 공장 간수도 두통이 나고 이 어린것을 어떻게 할 수 없었다. 그래서 은석이 어머니는 은석이를 내게 데려다 주면 울지 않을 것이라고 했다. 그래서 결국 은석이를 내게 데려다 주었다.

은석이는 나를 보더니 대번에 내 가슴에 와서 꽉 안긴 채 흐느끼며 울음을 그쳤다. 이것을 보고 있던 간수장은

"난다 소닷따노까!(아, 그랬었구나)"

하고 돌아서서 가 버리고 은석이는 나와 같이 지내게 되었다.

의무 과장이 은석이를 진찰하러 와서 하는 말이

"이 아이는 무죄니까 감방에 가두어 둘 필요가 없으니 밖에서 놀게 하고 일광욕을 시켜야 해요."

병이 났는고로 혼자 내보내어 일광욕을 시킬 수 없어서 내가 결국 업고 마당에 나가서 일광욕을 시키는 수밖에 없었다.

나는 의무 과장의 특별한 친절이 이 은석이의 병을 통해 내게 베풀어진 것을 느꼈다. 이제는 날도 풀려서 따뜻하고 하늘에는 봄바람이 잔뜩 엉기고 있어서 맑고맑은 날은 못 되어도 불어오는 봄바람은 그렇게도 좋았다. 나는 은석이를 업고 마당에 나가서 왔다갔다 걸어다니며 하늘을 쳐다보고 봄바람에 목욕하면서 이 같은 은혜를 베풀어 주신 주님께 얼마나 감사했는지 모른다. 이때에 그 여학생 같은 여간수는 간수장이 너무 싫어서 그만두고 그 대신에 나까무라(中村)라고 하는 일본 여자 과부가 후임으로 들어왔다. 이 여자에겐 세 살난 딸 요오꼬(洋子)라고 하는 예쁜 계집애가 있었다. 남편이 중국에서 전사했기 때문에 아이를 데리고 와서 직장에 근무해도 된다는 조건으로 취직해 왔다. 전사한 유가족은 특별 취급하는 셈이다.

이 여자는 굉장히 괄괄한 성격이었다. 여자가 괄괄하고 남성 같으면 과부가 된다고 말해 온 동양인들의 속담은 그 하는 말이 미신에서 나온 것도 많지만 흔히 경험을 통해서 전해지는 것이 많아서 이런 일을 당할 때는 어른들의 말이 의미 있는 것이 많다고 생각됐다. 그의 말소리는 크고 빠르고 덤비고 떠들썩했다. 그런 사람은 또 대개

정직하고 고지식하고 남을 해치지 못한다고 하는 이야기도 여러 번 들었다. 그는 좁고 긴 얼굴에 길고 검은 눈썹을 껌벅껌벅하면서 말할 때는 침이 사방으로 튀고 입술은 더욱 흉하게 반 치나 나왔다. 그런데 그의 딸 요오꼬는 얼굴이 둥글고 살빛이 희고 매우 귀엽게 생긴 아이였다. 그 간수는 가끔 아이를 데리고 내 앞으로 와서 죽은 아버지를 그대로 닮았다고 자랑했다. 요오꼬는 모두 험상스런 어른들만이 있는 이곳이 못마땅해서인지 울려고만 했다. 그러다가는 은석이를 보더니 반가워서 내 옆으로 쫓아왔다. 요오꼬는 은석이와 같이 나를 보더니

"오바쨩!(아줌마)"

하고 단번에 달려와 내게 안겼다. 은석이도 더욱 바싹 내 무릎에 앉았다. 그러고는 은석이를 쳐다보며 손으로 뺨을 만져 보고 손을 잡아당기고 한다. 그의 엄마 된 새 간수는 자기 딸이 이제야 그렇게 좋아한다고 하면서도 내가 수인(囚人)인 만큼 어떻게 하여야 할지 몰라서 허둥지둥하는 것 같았다.

요오꼬는 내게 안기고 업히고 하는 은석이가 부러웠던지 나에게 은석이같이 안기고 또 업어 달라고 양손을 벌리고 달려들었다. 하는 수 없이 나는 요오꼬도 업었다. 요오꼬는 은석이와 같이 내 잔등에 업혀서 장난을 치고 좋아한다. 나는 힘이 들어서 내려놓으면 은석이는 내 품에서 떠나지 않고 꼭 안기어만 있으니 요오꼬도 은석이 흉내를 내서 같이 내 품에 꼭 안기려고만 했다. 또 조금 있다가는 업어 달라고 해서 둘을 한꺼번에 업고 왔다갔다하는 동안에 요오꼬는 꺼떡거리며 좋아했다. 요오꼬는 이젠 그 엄마를 따라서 하루 건너 감방에 왔다. 오기만 하면 "오바쨩!(아줌마)" 하고 반가워 나를 불렀다. 그의 엄마는 내게 대한 말을 들었는지 여하간에 그의 귀한 딸이 수인인 나를 따르고 자기보다 더 좋아하는 요오꼬를 말리려고 하지 않고 내게 맡겨 두는 태도였다.

그는 그의 딸을 따라서 나를 늘 '오바쨩!(아줌마)' 이라고 불렀다. 요오꼬가 수인인 나를 따르고 나를 좋아하고 내 말은 잘 들어도 다

른 간수들은 따르지 않기 때문인지 요오꼬는 예뻐도 그렇게 사랑을 받지 못했다. 그래서 나까무라 간수는 내게 그런 이야기를 하면서

"어린것이 하는 것을 어른들이 그렇게 시기하고 싫어할 게 뭐예요?"

하면서 불평을 했다.

어떤 날 소장이 점호하러 온다고 형무소 안을 특별히 청소를 하며 야단이 났다. 방마다 유달리 깨끗이 하라고 명령을 하고 죄수 청소부들 외에도 몇몇 여수인들까지 나와서 복도를 비눗물로 닦고 마당을 쓸고 유리를 닦고 구석구석의 먼지를 다 닦으며 여간수장이 자기가 친히 따라다니며 감독을 하며 청소를 시키는 것이었다. 점심이 끝나고 얼마 있다가 과연 굉장한 구두 소리 칼 소리(검을 차고)가 요란스럽게 들리더니 간수장과 과장과 부장이 소장을 호위하고 수종해서 여감방에 들어왔다. 나도 은석이를 데리고 감방에 꿇어앉았다. 모든 죄수는 꿇어앉아서 소장이 들여다볼 때는 최경례를 하라는 대로 하고 소장의 얼굴을 바로 쳐다보았다.

먹을 것이 없는 세상에 무엇을 그렇게 주위 먹었는지 살이 쪄서 뒤뚱거리는 비대한 그 몸집은 돼지 머리에 모자를 씌워 놓고 제복을 입혀 놓은 것 같았다. 노려보는 눈빛이나 얼굴 표정으로 보아 교양이라고는 하나도 찾아볼 수 없었다. 그의 텃세와 뽐내는 모양은 보기에 염증을 일으키게 했고 어떤 면으로는 폭소를 자아낼 우려가 있었지만 꾹 참고 쳐다보고 있으니

"이것이 그렇게 울어서 못살게 했다는 놈인가?"

은석이에 대한 것을 물었다. 여간수장은 벌벌 떠는 태도를 지으면서

"네! 이것이 그놈입니다."

이것 저것 이놈 그놈, 이것은 경찰서에서부터 귀에 못이 박히도록 들어온 말이니 그렇다 해도 어린아이가 무슨 죄수라고 물건을 다루는 것같이 말하는 것일까. 나는 반박하고 싶은 생각이 났다. 소장은 강한 태도와 말버릇으로

"아이는 죄수가 아니니까 너무 못살게 굴 필요는 없어. 적당히 돌보아 주어야 해."

나는 그 돼지 같은 인간이 그래도 아이를 적당히 돌보라는 말에 고마운 생각에 업수히 보던 생각이 달라졌다. 그는 다시 내게,

"이 형무소에 와서 있는 기분이 어떤가?"

하고 묻는다. 나는 서슴지 않고,

"괜찮습니다."

"괜찮어? 무엇이 어떻게 괜찮을 수가 있어? 응?"

나는 그의 얼굴을 바로 보면서

"무엇이 어떤지 제가 이 형무소에 사는 소감을 논문같이 써서 보여 드릴까요? 소장님."

그는 허둥지둥하면서

"어! 그래 그래."

무엇을 생각하는지 더듬는 것같이 보였다. 이때에

"오바짱! 오바짱!(아줌마, 아줌마)"

소리를 지르며 요오꼬가 감방으로 달려온다. 아마 그의 엄마는 억지로 사무실에 가만히 있으라고 달래서 놓아 두었는데 짬을 타서 뛰어나온 모양이다.

소장과 일행은 눈이 둥그레져서 요오꼬의 오는 것을 보고 있었다. 요오꼬는 소장과 일행을 보자 더 큰 속도로 나를 부르며 달려왔다. 소장은

"난다!(무어야)"

하면서 요오꼬를 보니 요오꼬 어머니 나까무라 간수는 놀라고 무안해서 절을 자꾸 하며 요오꼬를 붙잡으려고 했다.

요오꼬는 큰 소리로 울면서 나를 부르며 나더러 나오라고 고함을 질렀다.

소장은 내 방문을 열어 주라고 명령했다. 그리고 나를 아이들과 같이 밖에서 언제든지 내놓아 주어서 아기들을 보게 하라고 했다. 그는 감방을 돌아보며 내 앞을 떠나면서

"자애 보살(慈愛菩薩)이구먼."

한다. 나는 그 말에 미소를 금치 못했다. 나는 하나님께서 그 어떠한 기회와 모양으로 나를 위해 역사하시고 부지런히 기묘하게 일을 하셔서 내 곁에 계신 것을 가르쳐 주시는 것을 느꼈다.

나는 밖에 나와서 은석이와 요오꼬를 데리고 왔다갔다하면서 감개무량했다. 여우도 나를 돕고 돼지도 나를 돕고 심지어는 뱀과 맹수까지도 나를 돕는 것이 아닌가? 나는 눈을 들어 하늘을 보았다. 그 지으실 때에 지음을 받은 창공(蒼空)은 이제도 조금도 변함이 없구나! 공중에 이리 날고 저리 나는 새를 보았다. 새들도 지으심을 입은 때 그대로구나! 나는 새들을 부르면 내게 와 줄 것 같은 감이 났다. 그러나 나는 부르지 않았다. 부르면 올 것 같은 이 기분이 이렇게도 즐겁기 때문에 이 즐거움으로 즐거워하는 것에 만족했기 때문이다. 나는 애기 둘을 업고 힘이 나서 뛰기도 하고 걷기도 하고 왔다갔다하면서 이렇게 좋은 일이 있는 것을 무한히도 감사했다. "만족은 행복이라는 뜻이다" 한 말을 기억하고 나는 지금 만족하니, 행복한 것이구나 하고 깨닫고 기뻤다.

나는 또 여기서 구약성경 말씀을 생각했다.

"내가 네 곁으로 지나며 보니 네 때가 사랑스러운 때라 내 옷으로 너를 덮어 벌거벗은 것을 가리우고 네게 맹세하고 언약하여 너로 내게 속하게 하였었느니라 나 주 여호와의 말이니라 내가 물로 너를 씻겨서 네 피를 없이하며 네게 기름을 바르고 수 놓은 옷을 입히고 물돼지 가죽신을 신기고 가는 베로 띠우고 명주로 덧입히고"(겔 16:8-10).

이 구절을 생각하고, 읊으면서 내 멋대로 이런 말을 덧붙였다.

> 달도 차지 못해서 나온 너를 보니
> 보기도 흉하고 약하고 보잘것없이 죽어 가는 것을
> 그리고 아무나 너를 살기를 원한 사람이 없어도
> 그는 너를 솜 속에 묻혀서 기르고

네게 영의 눈을 뜨게 해서
네 영이 족하도록 그의 사랑을 받게 하시고
그의 증인이 되어서
한 나라에 높고 찬란한 등대같이 빛을 내게 하사
교만하고 망령된 나라를 경고하게 하시고
이제는 신령의 대학생(감옥)이 되어
주님의 오묘하신 진리를
다 체험하게 하시는 것은
그 얼마나 장하고 자랑이 되고
뽐낼 만한 일이 되었는가?

나의 온몸이 뜨거워지도록 감사가 내 전신에 채워진 것을 언어로 표현할 말을 몰랐다.

나는 또 신약으로 와서 요한복음을 많이 읽고 많이 외웠다. 그러나 언제나 꺼림이 되는 것은 끝 장 끝 절이었다. 이 끝 절만 기록이 되지 아니하였다면 얼마나 좋았으랴 하는 생각이 들기도 했다. 그 끝 절에 요한이 말하기를

"예수의 행하신 일이 이외에도 많으니 만일 낱낱이 기록된다면 이 세상이라도 이 기록된 책을 두기에 부족할 줄 아노라."

한 것이었다. 나는 눈을 들어서 하늘을 보았다. 그 높은 하늘, 높으면 높을수록 주님의 진리는 담뿍 차서 공기 한 알이 얼마나 큰지 모르지만 가득 찬 공기 속에도 주님의 진리는 채워져 있고 나무와 나무 잎사귀 하나하나 무엇에서든지 주님의 진리는 꽉 채워진 것으로 느껴졌다.

사도 요한이 성신 충만함으로 예수님의 말씀, 그의 행동, 그의 하신 일, 그의 생(生), 그의 모든 것을 생각할 때 과연 이 땅 전체가 그의 일과 말씀에 차고 넘친 것을 그렇게밖에 표현할 말이 없었을 것이라고 이해가 되었다.

나는 이 말씀을 요한복음 끝 장 끝 절에 기록한 요한에게 절찬의

찬사와 박수를 보내고 싶은 충동을 느꼈다. 그리고 그렇게 늘 거리끼게 느낀 것을 후회하고 자복하고 부끄러워했다. 은석이와 요오꼬는 내게 큰 위로와 기쁨과 만족을 가져왔다. 주님이 그 어떠한 세밀한 사랑으로 나를 감찰하셔서 내게 제일 필요한 것을 주선해 주셨음을 나는 절실히 깨달았다. 내 마음은 이 어린아이들로 인해서 풀어지고 부드러워지고 좋아지고 기뻐졌으니 나는 거의 종일 내가 갇혀 있는 수인인 것을 잊어버릴 때가 많았다.

이 두 아이는 내게 참 적당한 친구였다. 아니, 어쩌면 하나님이 나에게 보낸 천사인지도 모른다. 이 두 꼬마 천사들로 인하여 오랫동안 운동 부족으로 내 굳어진 근육을 기탄없이 운동을 시켜서 이제는 고단해지고 전신이 노곤해질 만큼 잠도 잘 오고 쉴 때는 무한히 좋았다.

두 아이를 잔등에 겹쳐 업고 왈콱왈콱 들추면서 마당 이 끝으로 저 끝까지 뛰고 노니 아이들은 좋아서 악악 소리를 지르고 웃고 떠들고 나는 나대로 희열을 느끼며 이 어린 친구들에게 좋게 하려고 열심이었다. 요오꼬는 숨바꼭질을 좋아했다. 어딘가 숨어 가지고 찾아오라고

"오바짱! 오바짱!(아줌마, 아줌마)"

하며 불러 대면 은석이도 요오꼬를 찾느라고 필사적이고 나는 나대로 아이를 따라다니기에 바빴다. 때때로 두 아이를 내 무릎에 앉혀 놓고 나는 노래를 가르치고 유희를 가르쳤다. 제일 쉬운 노래

"뽀뽀뽀 하도 뽀뽀 마메가 호시이까 호라 야루죠(뽀뽀뽀 비둘기야 콩이 콩이 먹고 싶으니? 내가 줄게)."

를 가르치며 유희를 하면 요오꼬는 제법 배워서 잘하고 잘 따르지만 그보다 더 어린 은석이는 좀 힘들지만 그래도 손도 들어 보고 입도 열어서 뽀뽀를 했지만 요오꼬같이 부르지는 못했다.

나는 노래를 가르치면서 내 음성을 내가 들으며 몹시 즐거웠다. 소리를 조그맣게 내다가 조금 크게 불렀다.

청아한 음성이 아름답게 울렸다. 나는 조금 더 크게 불렀다. 은석이

와 요오꼬는 내가 크게 부르면 더 큰 소리를 치며 따른다. 그들의 소리는 마치 내 노래를 반주하여 주는 것 같아서 재미가 더 있었다. 나는 좀더 큰 소리로 불렀다. 아이들도 더 크게 불렀다. 감방을 지키는 여간수는 내 노랫소리가 좋아서 아무 소리도 안 하고 듣고 있었다. 나는 일본어 동요인 '뽀뽀뽀'만 불러 가지고는 만족할 수 없었다.

나는 또 일본어 찬송을 이때에 생각하고 다시 불렀다.

> 내 진정 사모하는 친구가 되시는
> 구주 예수님의 아름다우심
> 산 밑에 백합화요 빛나는 새벽별
> 주님 형용할 길 다시 없도다
> 내 맘이 아플 때에 큰 위로 되시며
> 외로울 때에 좋은 친구라
> 주는 저 산밑에 백합 빛나는 새벽별
> 주님 형용할 길 다시 없도다
>
> 내 몸의 모든 염려 이 세상 고락간
> 나와 항상 같이하여 주시고
> 시험을 당할 때에 악마의 계교를
> 즉시 물리치사 날 지키시네
> 온 세상 날 버려도 주 예수 안 버려
> 끝까지 나를 돌아보시니
> 주는 저 산밑에 백합 빛나는 새벽별
> 주님 형용할 길 다시 없도다
>
> 참 마음을 다하여서 주님을 따르면
> 길이길이 나를 사랑하리니
> 물불을 왜 가리며 창검이 겁나랴
> 주는 높은 산성 내 방패시라

내 영혼 먹이시는 그 은혜 누리고
나 친히 주를 뵙기 원하네
주는 저 산밑에 백합 빛나는 새벽별
주님 형용할 길 다시 없도다

나는 마음이 한없이 즐거웠다. 아가서에서 인용했다는 이 찬송이야 말로 내 사랑의 고백이었으며 내 사랑의 결심이었다. 참으로 오랜만에 소리를 내어서 부른 찬송은 그렇게도 나를 기쁘게 했다.

좀더 큰 음성으로 내 힘껏 내어서 높고 청아한 음성으로 맘대로 실컷 부르며 주님 앞에 호소하는 애원과 찬송의 제사를 그에게 드려 보았으면 하는 아쉬운 마음이 들었다.

나는 다시 아이들을 위해서 뽀뽀뽀를 부르고 다같이 유희를 하다 가 속에서 복받쳐 오는 찬송을 다시 불렀다.

내 속은 무엇인지 물로 씻은 것같이 시원해지고 내 영혼은 주님을 향한 사랑의 불꽃이 피어 오르는 것 같아졌다.

나는 또 내 입을 열어서 항상 암송하던 성경을 외웠다. 암송을 마치고 나도 모르는 사이에 기도가 나왔다.

나는 두 아이를 안고 기도를 했다. 이 아이들은 내가 기도하는 동안 걱정스러워서 나를 흔들며 말을 하라고 보챘다. 나는 눈을 뜨고 또 '뽀뽀뽀'를 같이 불렀다. 이 감옥 속에도 찬송이 있고, 내 음성이 불려졌구나 하고 나는 만족했다. 그리고 평화가 아침 햇살같이 내 맘 속에 넘쳐서 눈물이 떨어지니 두 친구는 몹시 나를 동정하는 눈빛을 했다. 나는 웃으면서

"내가 노래를 너무 잘 불러 좋아서 눈물이 난 거야."
하고 달랬다.

나는 이 기회에 미용 체조를 했다. 전신 운동이기 때문에 이 과격한 운동은 어린 두 친구를 놀라게 했다.

내가 웃고 좋아하는 것을 본 그들은 그것이 유희인가 해서 나를 따라 같이했다. 그 모양이 참 볼 만했다.

우리 셋은 같이 소리를 지르며 웃으며 앉았다 섰다 뛰었다 거꾸로 굽혔다 하면서 즐거움에 시간 가는 줄 몰랐다. 정말 이들과 놀면 놀수록 또 보면 볼수록 그들은 그렇게 사랑스러워서 내 마음을 즐겁게 했다. 그러나 청년이 군대에 입대하면 좋은 일이 늘 있을 수가 없는 것같이 군대보다 더 심할 수밖에 없는 이 풀무 같은 연단소(鍊鍛所)에서 연단을 받아야 하는 내게 이렇게 좋고 즐거운 일이 그렇게 오래 계속될 수가 없었다.

나까무라(中村) 간수는 감방을 지키는 일에서 공장을 지키는 일로 옮겨졌다. 그래서 요오꼬도 엄마를 따라서 공장으로 들어갈 수밖에 없게 되었다. 나는 이 일을 알고 마음이 아프도록 섭섭했지만 요오꼬는 영구히 내 친구가 될 수 없다는 것을 알았기 때문에 하는 수 없다고 생각했다. 요오꼬가 은석이와 친구가 되어서 같이 놀고 같이 장난하고 같이 손을 잡고 다니는고로 은석이도 요오꼬를 따라서 갈 수밖에 없었다. 나는 한꺼번에 정이 든 두 꼬마 친구와 작별하고 다시 감방 안에 갇혀 있을 수밖에 없게 되었다. 주님이 내게 필요한 것만큼 놀게 하여 주시고 운동하게 하여 주시고 기쁘게 하여 주신 것에 대해서 더욱 주님께 감사했다.

나는 이 두 친구를 잃어버리고 감방에 갇혀 있으면서 또한 깊고 오묘한 진리를 깨달았다. 지금 내게 한없는 섭섭함과 그리움을 주는 것은 작별한 두 꼬마 친구 천사였다. 그들이 눈에 아물거리고 그들의 노는 소리가 들리는 것 같고 업고 안고 놀던 생각은 쉽게 내 마음에서 지울 수 없었다. 그들은 나와 같이 말할 줄도 모르고 내 감정에 통할 수도 없었고 그들에게 아무 도움을 받을 수도 없었으나 힘이 들도록 업어 주고 안아 주고 놀아 주고 들어 주고 보아준 것으로 인해서 내 사랑은 그들에게 심어졌고 그들은 내 마음속에 젖어 버린 셈이었다.

하나님께서는 나같이 말도 합당히 할 줄 모르고 무엇을 도움받을 만한 자격도 없지만 그가 나를 발견하셨고 나를 구원하셨고 나를 먹이시고 입히시고 건지시고 안으시고 업으시고 가르치시는 중에 나를 그렇게까지 사랑하시게 된 것이 아니었을까?

그래서 그는 우리에게 하나도 요구하지 않으시고 믿기만 하라고 하신 것이구나! 믿기만 하면 구원을 주시는 것이 여기에 있었구나!

내가 이 조그마한 두 친구에게 가진 사랑 같은 그런 사랑을 크게 하신 것이었구나! 그렇지, 나 같은 것이 무엇을 해서 주님을 도울 수가 있으며 내가 비록 내 몸을 불살라 그에게 바친다 한들 그에게 무슨 필요가 되었을 것인가. 그의 곁에서 내게 있는 성품, 그 성품을 다해서 그의 옆을 떠나지 않고 그의 음성에 주의하여 따르는 것뿐이다.

나는 주님의 친절하신 얼굴에 미소를 띠며 나를 업어도 주시고, 안아도 주시고, 노래도 가르쳐 주시고, 보호해 주시는 그런 그림을 한 장 그려 보았으면도 했다. 마음이 쓸쓸할 때가 많아진 것은 은석이가 혹시 나를 찾아 울지나 않을까? 요오꼬는 엄마가 간수이니까 그래도 마음대로 자유롭고 먹는 것도 더 좋은 것을 먹을 수 있고, 또 간수의 딸인 만큼 간수에게 아첨을 하는 죄수들이 그 얼마나 잘 보아줄 것인지 뻔히 알지만 죄수의 아들인 은석이는 어린 가슴에 얼마나 애를 태우며 못 잊어 나를 찾고 있을까 하고 생각하니 마음이 괴로워서 견딜 수가 없었다.

돌이라고 하고 이름도 없는 아이에게 은석이라고 이름을 붙여 준 것같이 주님의 은혜가 은석이에게 부어져서 정말 은혜받은 돌같이 굳건한 신앙이 있기를 빌 수밖에 다른 길이 없었다.

우스워서 기절할 뻔

어느 날 구리야마(栗山) 간수가 면회라고 소리치면서 내 방문을 열고 나를 불렀다. 나는 구리야마의 인도를 받아 긴 복도를 지나 낯이 익은 형무소 큰 마당을 건너 면회실까지 갔다. 면회 온 수인의 가족들이 여기저기 불안한 안색으로 서서 순서를 기다리고 있었다.

나는 면회실에 들어서면서 먼저 내 눈에 보이는 어머니를 보고 왁하고 소리를 칠 뻔했다. 너무나도 반갑고 너무나도 좋아서 어찌 할 줄을 몰랐으나 의자에 앉아 있는 부장과 그 옆에 서 있는 남자 간수를 볼 때 기쁘다고 기쁜 소리를 낼 수가 없었다. 나는 어머니를 마주 대하여 앉으면서 무어라고 말을 하려고 하니 어머니는 별안간

"요강께 데스까?"

했다. 나는 곧 그것은 '겡끼 데스까?(건강하냐)' 하는 일본어를 쓰는 것임을 알았다. 나는 그 말이 어찌도 우스웠는지 대답 대신에 악 소리를 치고 웃음이 터져 나왔다. 웃음을 끊으려고 아무리 애를 써도 터져 나오는 웃음은 동이가 터진 물같이 자꾸자꾸 쏟아져 나와서 아무리 끊을래야 끊을 수가 없었다. 대답을 하려고 어떻게 웃음을 좀 멈추고 입을 열려면 왁 하고 또 더 큰 웃음이 쏟아졌다. 나는 꾹 참으며 아무리 웃음을 죽이려 해도 도저히 불가능했고 참으려고 하면 할수록 가슴이 터지게 괴롭도록 우스워지는 것이었다. 배를 끌어안고 입술을 깨물어도 그래도 웃음은 꺼지질 않았다.

어머니는 웃지도 않고 염려스럽게 나를 쳐다만 보고 맞은편에 앉았던 부장도 너무 우스워서 내 조서책을 들어서 얼굴을 가리고 웃는고로 조서책이 흔들흔들하고 그 옆에 섰는 간수도 허리를 뒤로 꼬면서 입술을 꽉 물고 푹푹 하며 웃어댄다. 구리야마 여간수도 우스워서 흥흥흥 하며 웃는데 어머니만 불안한 얼굴로

"애, 웃지 마라. 그만 웃어, 그만 그만."

하고 웃음이 그치기만 기다리고 있는 것이었다.

나는 시간이 다 가기 전에 어떠하든지 어머니와 이야기를 해야 하겠는데 이 웃음이 왜 이렇게 끊어지지를 않을까 나를 책하여 보고 얼러 보아도 일단 말을 하려고 하기만 하면 또 새 웃음통이 터지는 것이었다. 너무 웃어서 배가 아프고 입이 아팠다.

나는 이렇게도 고통스런 웃음을 참아 본 일이 지금까지 없었다. 시간이 다 지났건만 웃음을 못 이기는 부장은 큰 종이책인 내 조서문(調書文)으로 얼굴을 가리운 채 아무 말도 못 했다. 남자 간수도 어깨를 들썩들썩하며 후후 하고 눈을 질어감고 웃고만 있고 여간수도 웃음을 못 이겨서 입을 비꼬면서 후후 하고 웃고 어머니만 어이가 없고 초조해서 나를 보았다 부장을 보았다 하며 어찌할 줄을 몰랐다. 너무 우스운 탓에 눈물이 나와서 눈을 아무리 크게 뜨려 해도 떠지지를 않고 그냥 웃어만 댔다. 나는 이 웃음을 끊을 힘이 없었다. 가슴이 조여 드는 것같이 아프고 배꼽이 꼬집어 뜯는 것같이 아프고 입이 찢어지는 것같이 아파도 그래도 웃음은 멎지 않았다.

어머니는 무슨 말을 하고 들어 보려고 무척 애를 썼다. 만일 이 장소에 나 혼자만 그렇게 웃었더라면 어머니는 내가 정신 이상이 생기었는가 하고 기가 막혔을 것이다.

그러나 부장도 너무 우스워서 얼굴을 책으로 가리운 채 말도 못하는 것과 남자 간수와 여간수가 모두 그렇게 웃는 것이니 설마 이 모든 사람들이 정신 이상을 일으켰다고 보지는 않을 것이다. 시간은 자꾸 가고 마음은 급해져서 말을 하려고 하면 또 큰 웃음이 터져서 또 새 웃음이 되어 버리는고로 하는 수 없이 나는 일어나서 여간수

에게 감방으로 돌아가자는 눈짓을 해 가며 웃었다. 그제야 부장이 가렸던 책을 얼굴에서 치우면서

"요시(그래! 보자)."

하면서 큰 소리로 하하 하고 웃어 버렸다.

나는 그냥 그대로 깔깔 숨이 넘어가듯 웃으면서 면회실을 나왔다. 일단 면회실에서 나온즉 웃음은 끊어졌다. 그제야 어머니를 보면서

"어머니, 이렇게 웃음이 나도록 제 마음은 평안하니 염려 마세요."

하니 어머니는 안심하는 얼굴로 고개를 끄덕하며

"죽도록 충성하자."

하셨다. 부장은 한국인이었다. 그는 유달리 미남이고 또 교양도 있어 보였다. 그는 나에게 공손한 말로

"믿을 수 없는 일이 이제 여기 일어났지요. 형무소인 여기서 갇힌 딸이 어머니를 면회하면서 울었어야 하는데 이렇게 웃다니 믿지 못할 일인데요."

나는 그의 말과 태도와 모든 일에 참 위로가 되었다.

"부장님이 좋으시니까 그런 일도 생겼겠지요."

그는 희고 가지런한 이를 쫙 보이고 웃으면서 어머니에게

"어머니, 이 다음에 오실 때도 오늘같이 요강께 데스까(건강하냐)만 외워 가지고 오세요."

나는 그가 내 어머니에게 '어머니'라고 불러 주니 더욱 고마운 생각이 났다. 내가 하도 웃었고 또 고마운 마음이 있고 감사해서 기쁨으로 마당을 걸어나오니 면회 온 사람들이 모두 이상한 얼굴로 나를 쳐다보는 것이었다.

구리야마 간수는

"사회에서도 이런 일이 없을 거요. 감옥 죄수가 그렇게도 오래간만에 만나는 어머니를 말 못 하도록 웃는다는 것은 참."

"나는 죄수가 되어서 웃는 것이 그렇게 신기했었더라도 부장과 간수들은 어찌된 셈이에요. 말도 못 하고 시간도 못 보고 나보다 한층 더 웃었으니 말이죠."

그는 또 웃음이 나서

"별별 일이 다 있다니까. 참 그렇게 웃음이 나와 못 견디어 보기는 나서 생전 처음인 것 같은데요."

나는 가슴에 무엇이 부딪치는 것 같았다.

"여보 구리야마 씨, 우리 왜 그렇게 웃었는지 아세요?"

"왜요?"

"하나님이 그렇게 웃도록 하셨다우. 하나님이 우리 어머니를 위로 하시기 위해서 그렇게 웃도록 하셨어요. 글쎄 나만 자꾸 웃었더라면 우리 어머니가 어떻게 나를 보셨겠어요. 내가 감옥에서 너무 답답해서 정신이 돌았나? 하지 않으셨겠어요. 그런데 부장님은 얼굴을 들 수 없이 책으로 가리고 웃음이 나와 어찌할 줄을 모르고, 또 그 남자 간수 웃음 소리 들으셨지요. 킥킥킥 히히히히 하면서 또 그리고 당신은 또 그것이 무슨 웃음 소리였소?"

하니 또 웃음이 터졌다.

그러나 구리야마는 시치미를 떼려고 애쓰면서 여감방까지 왔다. 구리야마는

"아니 요강께가 뭐야요, 글쎄. 요강께 데스까 하니 그런 곡께이(익살)가 어데 있어요. 뭐 우리는 그러한 일본어를 가지각색으로 들어와도 그저 속으로만 웃어 왔는데 이번에는 57번이 그렇게 웃어대니 웃음이 터졌지요 뭐."

일본 사람은 한국을 모두 일본인화한다는 정책하에 먼저 창씨(創氏)부터 시킨 후 이젠 어디서나 일본말이 아니면 통하지 못하도록 하기 위하여 감옥에 면회를 와도 노인이나 벙어리라도 우선 한마디 일본어를 해야만 면회를 시켜 주는 규칙이 되어져 버렸다. 그래서 여하튼 한마디라도 배워 가지고 온 말이 '요강께 데스까?(건강하냐)' 하는 말이었는데 쉽게 외우기 위해서 오겡끼(御元氣)를 요강께로 생각을 시켜서 외운 셈인 것 같았다. 그 말이 요강께였건 오겡끼였건 웃음이 그렇게도 나오고 부장과 간수들까지 그렇게 웃음으로 정복을 했다는 일은 기적이 아닐 수가 없었다.

물론 부장과 간수들은 이러한 경험이 매일일 것이다.

노인이나 무식한 이들이 면회하기 위해 한마디씩 외워 온 일본말은 대부분이 이같이 이상 야릇한 일본어 발음이었을 것이다. 그래도 그들은 웃지 않았으리라. 구리야마가 말한 대로 속으로는 우스웠겠지만 그렇게 소리를 내고 말을 못 하도록 웃었던 일은 없었을 것이다. 여하간 나는 그렇게 웃고 나니 내 심령 상태도 알 수 있는 것 같았다.

이 세상에는 웃지 못하는 사람들이 얼마나 많은가. 일본의 산 신(神)이라는 황제도 이렇게 웃어 보았을까. 합한국(合韓國)의 왕노릇 하는 남 총독(南總督)도 내가 웃는 웃음같이 웃지 못할 것이다. 고관이나 부자나 세력가들이 나만큼 웃는 일이 있겠는가?

주님이 같이하시면 이 감옥에도 이렇듯이 배가 찢어지는 듯 웃을 수 있는 것이구나. 웃는다는 일은 여간 마음이 기쁘고 좋은 것이 아닌가. 웃어도 그 웃음은 끊을 수 없는 웃음이 아니었나, 아! 참 그렇게 웃어 본 일이 있었던가. 웃기는 웃었지만 웃고 살아온 세상에 우스운 일이 그렇게도 많아 밤낮 웃어 왔지만 그러나 이렇게까지 고통이 와서 못 견디고 그 중요한 면회를 말 한마디도 못 하고 말 만큼 그러한 웃음은 없었던 것 같았다.

나는 주님이 내게 최고의 만족과 행복을 주신 것이라는 것을 증거한 것 같았다. 감방에 들어와 나는 나를 기다리고 있는 죄수들에게 시종을 이야기했다. 내 웃음은 아직 식지를 않아 이야기를 설명하기에 몹시 곤란하도록 웃으며 이야기하니 수인들도 나를 따라서 웃게 되어 감방에는 웃었던 그 여운이 더욱 번졌는지 여기서도 또 웃음의 홍수가 났다. 감방을 지키던 곰 같은 여간수는 큰 소리를 지르면서

"감옥 속에 들어온 것들이 무엇이 좋아서 웃는 거야. 다들 미쳤나? 그가 고함을 지르며 욕을 하니 웃음은 더 커져서 안 웃던 죄수까지 모두 우스워서 음음 하고 훅훅 하며 참는 웃음을 자꾸 웃어댔다. 나는 턱을 꼬집고 뺨을 쓰다듬으면서 웃음을 그치려고 애를 썼다. 조금 끊어졌는가 하면 다음에는 더 큰 웃음이 되어 푹 쏟아져 나왔다.

우리는 욕을 먹으면서 데굴데굴 마룻바닥에 굴러가며 웃었다. 웃음

은 웃음을 끌어서 공연히 자꾸만 웃게 되는 것이었다. 참으려고 애를
쓰면서 웃는 이 죄수들의 웃음을 간수는 마침내
　"미친년들, 미친 것이 아니고야 어찌 저래!"
하며 교대를 해 사무실로 가고 또 다른 간수가 왔다. 우리는 그만 웃
었다. 이런 일이 있은 후에는 무엇 별다른 일도 아닌데 공연히 웃음
이 늘 터졌다. 저마다 이러한 일이 있으면서 괴로운 날은 자꾸 갔다.
　나는 (죽은) 어린애에게서 가슴에 옮은 옴이 언제 없어졌는지 없
어진 채 내게는 옴이 다시 옮지 않았다. 또 한 가지 신기한 일은 빈
대가 많아 밤이 되면 이 빈대 때문에 사람들이 잘 수가 없는데 빈대
의 무리가 내게도 달려와서 돌아다니기는 해도 나는 절대로 물지 않
았다. 뿐만 아니라 이가 머리에나 온 옷에 그렇게 많이 퍼져서 어떤
빈대와 이는 너무 늙어서 누런 색깔이 되고 털이 나온 것들도 있는
데 이런 빈대나 이는 손으로는 도저히 죽일 수가 없어서 수인들은
이런 늙은 빈대와 이를 잡아 가지곤 목을 떼어 죽이는 것이다. 그런
데 이런 것에게 물리면 곧 붓고 종기가 나서 고름이 생기기도 했다.
　그래서 수인들은 늙은 빈대나 이를 보면 사정없이 잡아 목을 뽑으
면서 진저리를 떨었다.
　이 빈대나 이가 또 옴을 가지고 돌아다니며 누구나 옴쟁이를 만들
어 버리기도 했다. 이상한 일은 우리 방에 있는 사람들은 빈대에게
물리고 이에게 물려서 일단 옴이 올랐다가도 일주일도 못 되어서 저
절로 없어지는 것이었다. 그러므로 우리 방에 있는 수인들은 옴으로
고생을 하지 않았다. 항상 이 옴은 여감방뿐 아니라 남감방에도 그렇
게 많다고 구리야마 간수가 말하면서 더욱이 공장에나 감방을 들여
다보면 저마다 각기 긁고 있는고로 손톱에 피가 엉키어서 참혹하다
고 했다. 어느 때는 옴이 점점 더 과해져 옴이 한곳에 모여서 가렵고
쏘고 해 견딜 수 없어 자꾸 긁으니 손독까지 올라 피가 돌지 않아 소
가죽같이 딴딴하게 굳어져 심장까지 독이 퍼져 몇 사람이 죽기도 했
다. 이렇게 옴으로 인해 사람들이 죽은 후 옴은 살인병이라고 무서워
했다. 그런데 우리 감방엔 옴으로 죽은 사람은 한 사람도 없었다.

매일같이 감방에 갇혀 있으니 내 육체는 점점 굳어지는 것 같았다. 감방 안에서 운동을 좀 하려고 해도 좁아서 할 수가 없었다. 나는 특히 미용 체조를 전문학교 시절부터 해 왔었는고로 운동을 오래 안 하면 전신에 풀칠을 한 것같이 찌끈하고 무거웠다. 그래서 운동을 못해도 거꾸로 서 있으면 좀 나은 것 같았다. 앉아 있기만 한 것은 너무도 피곤했기 때문에 벽에 가서 거꾸로 서서 발끝은 벽 높이 붙이고 몸은 거꾸로 세워 벽에 꽉 붙이고 머리로 전신을 받들어 2,30분 이상씩 벽에 붙어 있었다. 그리고 좀 앉았다가는 또 도립(倒立)했다.

간수들이 들여다보고는

"아라마아!(어머나)"

하고 놀라도 그렇게 하지 말라고는 안 했다. 그래도 나는 몸이 지근지근 무거울 때마다 거꾸로 벽에 붙어 있기를 습관같이 했다.

하루는 여간수장이 출장을 갔다고 남자 부장이 여감에 들어왔다. 감방을 돌아보다가 내가 거꾸로 벽에 꽉 붙어 있는 것을 보더니

"아레아레 나안다?(저것 저것이 무어야)"

하고 지키고 있는 여간수에게 말하니

"실내 운동입니다."

"실내 운동은 저렇게 거꾸로 매어다는가?"

"거꾸로 붙은 것이지 매어달은 것은 아닙니다."

나는 그 소리를 듣고 웃음이 터져서 왁 하고 웃음이 터져 나왔다. 우리 감방 수인들도 모두 히히 대며 웃었다. 부장은 눈을 크게 뜨며

"어! 이게, 이게 웬일이야. 죄수가 웃다니, 죄수가 어떻게 웃어, 응?"

하며 고함을 친다.

나는 그 나온 주둥이와 그 말이 우스워서 어깨의 진동을 누르며 몹시 웃었다. 우리 감방 사람들도 나를 따라 저마다 웃는다. 부장은 더 놀라면서 감탄을 한다.

"아니 저것들이 웃는 것은 지어 웃는 것이 아니고 저렇게 우스워 못 견디며 웃는 것이 아니냐? 정말 그렇게 우스운 모양인데, 저것 봐! 저것 저렇게 웃어?"

그는 우리가 모두 제정신으로 이런 감옥에서 시달리고 갇히고 배고프고 춥고 우스운 일보다 울어야 할 일뿐인데 우스워 못 견디는 우리를 볼 때 그렇게 놀라지 않을 수 없는 것 같았다. 그는 한참이나 우리가 웃는 것을 들여다보더니

"요즘엔 사회에서도 저렇게 웃을 일이 없는데, 아! 이런 감옥 속에서 말이야. 이상한데, 참 이상해."

하여 유심히 보고 서 있었다. 나는 그의 말을 받아 속으로 생각했다.

'사회에 예수님이 없는데 무슨 웃음이 있겠나, 이 부장 영감아! 네 속에 네 주위에 일본 귀신이 가득하고 요사만 행하는 너희에게 웃음은 다 죽어 버린 것을 왜 모르는가?'

예수님을 모신다는 일은 나만을 웃게 하는 것이 아니었다. 나와 같이 있는 이들에게까지 예수님은 웃음을 주셨고, 나만 옴이 침범치 못하게 하신 것이 아니라 나와 같이 있는 이들에게도 옴이 침범치 못하게 하시는 주님이시다. 이렇게 좋아서 웃는 우리에게는 한 놈의 무서운 원수가 늘 웃음을 끊어 버렸다. 그것은 배고픔이었다. 항상 주린 배는 밤이나 낮이나 쉴 새 없이 우리를 못살게 괴롭혔다.

떡을 좀 실컷 먹었으면! 엿을 한 짝만 먹었으면! 먹어 보지도 못했지만 호박죽이라도 배가 부르도록 실컷 먹었으면….

텅 비어서 쉴 새 없이 돌아가는 우리들의 위장은 마치 큰 공장에 예민한 큰 기계가 빈탕대로 돌아가 쉬지 않는 것 같았다. 실컷 먹어서 위장이 불러서 트림을 하고

"아! 배가 불러서 더 못 먹겠네. 남은 것이 이렇게 많다니, 이렇게 많다니."

하는 이러한 소원은 언제나 마음속에서 없어지지 않았다. 우스워서 웃고 데굴데굴 구르면서도 무엇을 먹고 싶은 그 음식은 한 번도 주는 일이 없었다.

인간은 한 개의 동물같이 식물에 기생해 살아 있음을 통탄하지 아니할 수 없었다. 그 반면에 우리는 그리스도로 인해서 죄사함을 얻은 구원을 입은 증거로 사회에서도 웃음이 죽었다는 이 세대에 웃음을

끊을 길이 없도록 웃어서 남들을 웃음으로 집어 끌어들여 온 것이 아닌가…. 이 시국에 배고픈 사람은 우리 죄수뿐만이 아니었다.

배급은 날이 갈수록 적어져 온 백성들은 허기증을 면치 못했다. 그래도 민족을 파는 매국노들은 기름지게 먹고 떵떵거렸다. 이것은 이 땅을 일본 귀신으로 덮어 놓은 일본인들의 탓이었다. 그 일본 귀신이 이 땅에 있어 요사한 짓을 하는 이상 우리는 평안히 있을 수 없고 배부를 리가 없지 않은가. 이 백성이 눈을 똑바로 뜨고 거짓과 참을 구별하여야겠는데 모두 소경이 되어 끄는 대로 끌려가는 것 같았다.

나는 이 세상이 이렇게 무서운 줄 모르고 살아왔다. 또 밤이 왔다. 이 감옥이 어찌 추운지 한 사람도 가만히 앉아 있는 이가 없었다. 모두 부들부들 전신을 떨고 이빨이 자꾸 서로 부딪쳐서 딱딱 소리가 나고 숨소리도 마치 신음 소리같이 되고 종일 떨고만 있으니 마음엔 안정이 없고 허둥지둥해진다. 어깨는 위로만 자꾸 올라가고 목은 밑으로만 자꾸 빠져 내려가고 발은 너무 차서 만져도 감각이 없어져서 일어서려면 누구나 자꾸 넘어진다. 이렇듯 추운데 높고 조그마한 창으로 햇빛이 들어올 때는 그래도 그 햇빛으로 인해 좀 온기가 되는 고로 그 얼마되지 않는 햇빛 비치는 높은 벽은 무슨 보물같이 귀히 여겨 바라보고들 있는 것이다.

그러다가 해가 지고 밤이 오면 무서운 추위는 사정없이 엄습했다. 텅빈 위장을 움켜 안고 덜덜 떨리는 몸에 한잠도 못 자고 모두 웅크리고 앉아 이 모진 밤이 지나가기를 기다려야 했었다.

문 밖의 시멘트 복도에선 이 감방을 지키는 여간수들도 추위서 오들오들 떤다. 그들은 옷이라기보다 이불을 둘러 싸매어 놓은 듯한 두터운 솜옷을 정복(正服) 속에 포개 입고 두터운 솜 버선에 장화만큼 큰 구두를 신고 왔다갔다한다. 그들은 한 시간씩 교대하는 그 교대 시간도 몹시 어려운지 그 얼굴들의 표정엔 도무지 평안이 없었다. 한 시간 만에 매번 교대하는데 상대편이 1분만 늦어도 막 싸우는 듯이 짜증을 내는 소리가 들린다.

만주 여자 사형수

어느 날 밤엔 몹시도 추워서 우리 수인들은 마루 구멍으로 새어 들어오는 바람을 피해서 한 몸뚱이같이 가까이 모여 괴상한 소리에 모두 귀들을 기울였다. 그 괴상한 소리는 우리 옆 방에서부터 들려왔다. 우욱우욱 하기도 하고 말 소리도 같고 소 소리도 같은데 그 괴상한 소리는 때로는 중얼중얼하며 욕하는 음성 같기도 했다. 우리들은 모두 그 괴이한 음성과 말소리에 그것이 무엇이며 어찌된 일인지 몰라서 궁금했다. 이 사람은 이 말을 하고 저 사람은 저 말을 하여도 알 길이 없었다. 밤이 깊어지면 깊어질수록 그 괴이한 소리는 더 강해지고 더 심해졌다. 그때 마침 우리 방을 들여다보는 여간수에게 나는

"저것이 무슨 소리요?"

"만주 여자 살인범인데 미쳐 버렸구만요."

우리는 놀랐다. 나는 무의식중에 벌떡 일어서면서

"그가 혼자 있나요?"

"그럼 미친 사람이 혼자 있지, 누굴 저런 미친 짱골라와 같이 있게 해요."

"젊은 여자인가요?"

"젊고말고, 이제 20세인걸요."

"왜 미쳤을까요?"

"왜 미쳤는지 미쳐 버려서 오줌도 똥도 그대로 옷에 싸고, 문을 자꾸 양손으로 두들겨서 쇠고랑을 뒤로 차고 있기 때문에 종일 저렇게 지껄이고 있잖소."

나는 그 말을 들을 때 가슴이 아팠다. 이 추운 때 손에 쇠고랑을 차고 단 혼자서, 아무리 미쳤다고 해도 죽지 않고 살아 있는 사람을, 더욱 여자를 어쩌면 저렇게 동물보다 더 학대하는 일이 있을까. 나는 이 말을 듣고 그 방에서부터 들려오는 소리에 주의하여 들었다. 무시로 중얼중얼하는 말은 이때마다 한 번씩 커지는데 추위 때문에 떨려서 그야말로 몽둥이를 마루에 굴리는 소리 같은 것이 밤새도록 멎지 않았다. 나는 정신이 바짝 들며 가슴속으로부터 의분이 솟았다.

나는 눈을 감고 생각해 보았다. 이러한 일에 있어서도 내게는 힘이 하나도 없지 않나? 예수님은 살아 계실 동안에 언제나 불쌍하고 억울하고 병나고 가난하고 죽고 죄가 많고 버림을 당한 낮고 천한 그러한 종류의 사람들을 언제나 찾아보셨다.

만일에 이제라도 예수님이 육신(肉身)으로 계셨다 하면 누구를 제일 먼저 찾아오실까. 살인죄를 범하고 쇠고랑을 채우고 미쳐 버려 소나 돼지보다도 더 못된 취급을 받는 이 만주 여자에게가 아닐까…. 그가 제일 예수님을 필요로 하니까 주님은 자기가 제일 필요한 곳에 나타나시는 분이시기 때문에 그는 예수님을 잘 믿노라고 하는 나를 찾아오시는 것보다 제일 예수님이 긴급히 필요한 이 만주 여자에게 오실 것이다. 나는 그 여인과 나를 비교해 보았다. 나는 쇠고랑을 차지 않고 미치지도 않고 독방도 아니고 또 나는 살인죄라는 형벌에 매인 바도 아니었다. 그 여자도 사람이요 나도 사람이요 그도 여자요 나도 여자요 그도 젊었고 나도 젊었다. 그러나 그와 나는 너무도 차이가 심했다. 그에 비해서 나는 너무도 행복하고 다행한 환경을 통해 너무도 존귀한 상급을 받아서 이렇듯 죄인이 되었고 그는 너무도 좋지 않는 환경을 지녀서 제일 불행하고 무서운 종말을 짓기 위해 죄인이 되어 왔다.

나는 추위서 잠을 늘 못 자므로 자꾸 생각이 더 많아져서 마음속에서부터 일어나는 번뇌를 끊을 수가 없었다. 나는 시멘트 복도에 서 있는 간수를 불렀다. 그는 반가운 태도로 내게 왔다.

"중국인 살인범을 아시나요?"

"알지요."

"제게 이야기하여 주시면 안 되는가요?"

멈칫 못마땅하다는 표정을 지으면서도 그는 시간이 속히 가기 위해서 나에게 아는 대로 이야기를 해주었다.

이 만주 여자의 수인 번호는 92번이었다. 92번은 만주의 몹시 가난한 농촌에서 나서 감자 한 부대에 팔려서 10세 때에 어떤 중국 농부에게 시집을 왔다. 그는 자기 아버지보다 나이가 더 많은 남편의 사랑을 받았으나 언제나 감자 한 부대에 팔려 온 자신을 잊지 않고 원망해 왔다. 어느 날 자전거를 타고 약을 팔러 다니는 청년이 이 집에도 약을 팔려고 찾아왔다. 벽촌에서 별로 청년을 볼 수 없었던 이 92번에게는 큰 충격이 되었다.

이 청년도 이런 심산 유곡(深山幽谷)에 이렇게 아름다운 젊은 여자가 있는 것을 보고 몹시 놀랐다.

92번은 평생에 한이 되는 감자 한 부대에 팔려 온 자기의 신세를 이 청년에게 말했다. 약을 파는 이 청년은 이 산골 벽촌에 또다시 찾아왔다. 그때에 92번의 남편은 50이 훨씬 넘어 거의 노인이 되어 가고 있었다.

92번은 이 청년과 마침내 깊은 연애에 빠졌다. 남편이 혼자 들에 일하러 간 사이에 두 남녀는 여자의 남편을 죽이기로 의논을 하고 계획을 했다. 남편이 종일 들에서 일하고 저녁 늦게 돌아와서 시장한 남편에게 청년이 약과 같이 팔러 다니는 쥐 잡는 약을 밥에 섞어서 먹여 남편을 죽인 후에 그 시체(屍體)를 처치하기에 곤란해서 열두 도막을 내어 흘러가는 압록강 물 속에 하나씩 하나씩 던져 버렸다. 그러나 그 강은 깊은 데도 있었지만 한참 가다가는 얕아지는 데도 있는 것을 모르고 쪼갠 그 시체를 모두 강에 넣고는 이 두 젊은이는 대도시로 나왔다가 그래도 무섭고 불안해서 압록강을 건너서 평양으로 도망해 왔다.

이들이 쪽을 내서 강 속에 집어 던진 시체 열두 조각은 한참 떠내려 가다가 얕은 데 가서 모두 걸려 사람들의 눈에 발견됐다. 보고를 받은 경관이 와서 시체를 모두 거두어다가 범인을 잡기 위해 시체의 아내를 찾으러 가니 벌써 없어지고 말았다.

결국은 평양에서 잡혔는데 이 여자는 1년 동안 고문을 해도 '몰라'로 일관했다. 고문을 하다하다 못 해서 양 손바닥에 구멍을 뚫고 쇠줄로 꿰어 가지고 형사가 그 쇠줄을 잡아당기면서 고문을 해도 이 여자는 끝까지 '몰라' 한마디로 기절을 하면서도 자백을 아니했다. 남자는 무서운 고문에 모든 것을 다 실토했지만 여자는 끝까지 '몰라'였다. 그는 너무 무섭고 아픈 고문에 또 그리고 그가 잡혀 올 때에 산모(産母)였던고로 너무 놀라고 아프고 무섭고 해서 실신하고 정신이 돌아버렸다. 그의 입에서 항상 나오는 말은 저주였다. 나는 그를 보고 싶었다. 이튿날 아침에 세수하는 길에 나는 그 방을 들여다보았다.

검고 긴 머리가 온 얼굴을 가리워서 얼굴은 보이지 않지만, 뒤로 쇠고랑에 잠긴 채 소가죽같이 된 파란 수의(囚衣)를 걸친 채 흐트러진 검은 머리와 그 모양은 이 인간 세상에서는 볼 수 없는 비참한 모양이었다. 그는 밤이나 낮이나 그렇게 서 있다는 것이다. 구멍문으로 밥을 던져 주면 개와 같이 엎드려서 먹으므로 국은 줄 수 없다고 했다. 이런 말을 들으니 나는 참 어이가 없고 기가 막혔다. 어쩌면 인간을, 비록 정신병자일지언정 이같이 사람을 대접하는 일이 천하에 어디 있겠는가?

비록 그가 악한 여인이어서 남편을 죽여 강에 던졌다 할지라도 형사들은 그 얼마나 악하고 무섭게 이 여인을 마치 대장장이가 쇠를 녹여 무엇을 만드는 것같이 그렇게 두들기고 손에 쇠사슬로 뚫어 매고 때리고 잡아당기고 해서 미치도록 해 놓았을까! 죄과를 말하면 그렇게 형벌을 받아 마땅한지 모르겠지만 어찌하면 인간이 인간을 이렇게까지 만들어 놓을 수 있단 말인가. 형사를 생각해도 괘씸하고 또 이 여자의 한 일도 괘씸하다. 그러나 현재 그는 그 형벌을 받고 있지 않은가.

지금 나의 모든 신경은 그 방에 있는 만주 여자 살인범에게 기울어지고 내 온 생각은 이 92번을 생각하는 것밖에 아무것도 없었다. 또 저녁이 왔다. 그리고 밤은 깊어졌다. 잠을 잘 수 없는 우리 감방에 92번의 저주 소리는 점점 더 크게 들려왔다. 만주말로 하므로 무슨 저주의 뜻인지 알 수는 없어도 그는 쉬지 않고 계속했다.

이 무섭고 고약한 추운 밤에 독방에서 쇠고랑을 차고 말도 다르고 습관도 다른 이국(異國) 땅에서 멸시와 학대와 능욕과 절망의 생을 계속하여야 하니 그는 미치지 않고 어찌 보통 사람으로 살아 있을 수가 있었겠나. 그가 광녀(狂女)가 아니 되었다면 그것은 기적이었을 것이다. 나는 나를 그의 자리에 앉혀 놓고 생각해 보았다. 생각만 해도 미칠 것 같았다. 이 20세기 문명의 혜택을 조금도 맛 보지 못하고 그야말로 원시 시대 그대로의 생장(生長)에서 그는 이 세대의 저주의 주인공이 되고 만 셈이다. 인간의 불행이 많고 많지만 이렇게까지 비참한 불행을 가진 인간이 그 몇이나 있을 것인가. 나는 마음이 아프고 쓰리고 괴롭고 무서워서 어찌할 바를 몰랐다.

그에 대한 이야기는 내 심령에 깊은 상처를 주고 그의 저주 소리는 내 아픈 상처를 한없이 긁어내는 것 같았다.

"아!"

하고 나는 몇 번이나 소리를 쳤다. 나는 견디다 못 해서 우리 감방 사람들에게 내 소신을 말하고 그 92번을 우리 방에 데려다가 돌보아 주어야 한다고 했다. 내가 너무 강경하고 심각하게 말을 하니 모두 무어라고 반대하는 사람이 없었다. 나는 밤새도록 기도했다.

"주님! 나는 이 92번 때문에 내게 일어난 이 큰 고통을 주님이 아실 것입니다. 나는 내 가슴이 너무 아파서 앉지도 서지도 못 하겠습니다. 이 외국인 여자, 살인한 젊은 부인, 쇠를 차고 멸시와 학대에 미쳐 버린 이 여자를 돌볼 사람은 이 천하 수억 인류 중에 한 사람도 없습니다. 주님만이 그를 불쌍히 여기실 터이요, 주님을 따르는 나만

이 사정을 알았습니다. 이 여자를 내게 주소서. 당신의 사랑을 가지고 당신이 지시하는 대로 내게 있는 충성을 시험해 보겠습니다. 나는 나를 잘 알고 주님이 무엇을 하실지도 알 것 같아요."

이 같은 호소의 기도를 밤새껏 하는 동안에 내 마음은 점점 더 뜨거워지고 익어져서 결심은 굳어졌다.

아침이 되었을 때 그리고 주(朱) 간수가 왔을 때에 나는 내 소감을 말했다. 그리고 92번을 내 방에 넣어 주도록 간수장에게 보고하여 달라고 했다. 주 간수는 펄쩍 뛰듯이 놀라면서 만일에 그를 내 방에 넣으면 그 미친 여자가 저마다 물어뜯고 상처를 내고 큰 소동이 일어날 뿐 아니라 여하간 더러워서 못 견딘다고 단번에 물리쳤다.

나는 다시 말을 하면서 꼭 내 소원을 들어달라고 애원했다. 그래도 주 간수는 거절했다. 물론 그는 별로 깊은 생각도 없이 이제 조금 있으면 사형당할 미치광이를 무슨 까닭으로 끌고 다니며 문제를 일으키겠는가 하는 이유였다.

그가 너무도 강경하게 말하니 나는 또다시 생각할 수밖에 없었다. 내가 하는 말을 상대도 안 해 주는 주 간수에게 다시 말을 할 수가 없었다. 그러는 동안에 다시 밤은 왔다. 저주 소리는 쉴 새 없이 들려왔다. 나는 그 저주 소리가 모두 나를 향해 하는 것으로 들렸다. 그의 말소리도 모르고 뜻도 모르는 무서운 음성은 밤이 깊어 갈수록 더욱 잠 못 자는 내 귀에 요란스럽고 가슴을 찌르는 것같이 스며들어 온다.

'예수를 믿는다는 너, 찬송이나 하고 성경 잘 외우고 기도나 하면서 지옥을 면하려고 천국 가겠다고 하는 그것이 예수를 믿는 것이냐? 예수님은 죽으셨다. 사랑하시고 도우시고 또 건져 주시려고 죽으셨던 것이다. 사랑을 행할 때 예수님이 산 것이고 편히 앉아서 좋은 일 오기만 바라는 것은 우상을 섬기는 자와 다른 것이 없는 것이다. 죽는 것, 사랑 위해 죽는 것이 예수 믿는다는 것이 아닌가!'

나는 내 마음이 괴로워질수록 이 92번을 내게 데려다 놓고 예수님 사랑을 붓는 길밖에 내게 안식을 주는 길이 없는 것을 깨달았다. 나는 생각다 못 해서 주 간수나 구리야마 간수같이 순하고 좋은 이들한테 말하는 것보다 억세고 나를 좋아하지 않는 간수에게 부탁하는 것이 좋을 것 같았다. 나는 일본인 간수에게 내 소청을 말한즉 그는 사무적인 태도로 간수장에게 보고를 하겠다고 했다. '옳다. 되었구나'하고 일이 어떻게 되는가 몹시 기다렸다.

일본인 간수가 교대해 왔을 때에 내 소청을 간수장에게 보고한즉 이유를 말하라고 했다.

나는 간단히 이유를 말했다. 이유는 그 92번은 외국에서 낯선 땅에 와서 말도 모르고 또 미친 사형수인고로 사형 전에 내가 같이 있어서 이야기도 해보고 같이 있어 주고 싶다고도 했다. 그 후 간수장은 내 소청을 소장에게 보고했다. 소장은 단번에 허가했다. 오후도 퍽 늦어서 남자 간수가 한 사람 들어오더니 그 방문이 열리고 92번을 억지로 끌어다가 내 방문을 열더니 집어 넣었다. 악취가 코를 찔러서 모든 우리 감방 사람들은 코를 쥐고 악 소리를 치며 한구석으로 모두 몰려 도망을 친다. 와들와들 떨며 92번은 흐트러진 긴 머리 밑에 보이는 고름이 가득 낀 빨간 눈으로 이리저리 살피며 무어라고 저주를 하면서 누구나 물어뜯을 것같이 흘겨본다. 감방 모든 사람들은 무서워서 악악 소리를 지르며 이 미친 여자에게 해를 받지 않으려고 결사적으로 피한다.

어찌나 냄새가 고약한지 눈이 쓰리도록 심했다. 나는 갑자기 92번에게 달려들어서 허리를 양손으로 부둥켜 잡았다. 쇠고랑을 찬 그는 그의 머리를 숙여서 내 잡은 손을 물려고 애를 썼지만 미치지 못했다. 그는 내 잡은 팔을 놓치게 하려고 있는 힘을 다해서 풀어 보려고 안간힘을 썼다. 나는 놓치면 그에게 물려 뜯기고 또 어떤 봉변을 당할지 모르는고로 그 더러운 옷 잔등에 턱을 대고 붙든 팔을 죽어도 놓지 않았다. 그는 자기의 온갖 힘을 다해서 내 손을 풀어 내려고 결사적이고 나는 안 놓치려고 결사적이고 우리 둘은 그 때문에 이리 자빠지고 저리 넘어졌다. 이렇게 죽을 힘을 다하니 숨이 차고 허덕인 이 씨름은 죽느냐 사느냐의 격투가 되어 버렸다.

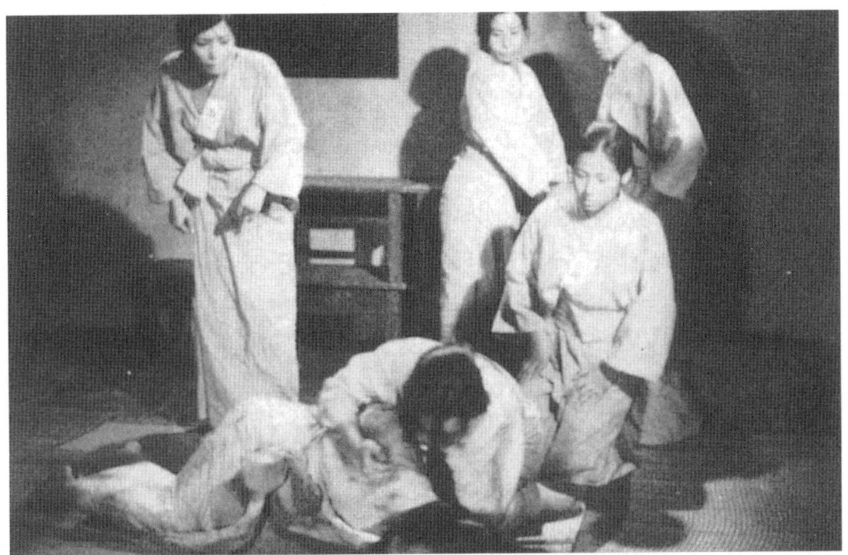

우리들은 마룻바닥에 넘어졌다. 그러나 난 그녀를 놓지 않았다.

　감방 사람들은 악악악 소리를 치면서 이 구석으로 밀리고 저 구석
으로 밀리고 간수는 밖에서 들여다만 보고 92번과 나는 기진맥진해
서 결국은 92번은 다리를 뻗치고 한편으로 자빠져 누운 채 움직이지
않고 숨만 헐떡이고 있었다. 그때에야 나도 숨이 차고 허덕이는 숨을
내어 쉬면서 그의 허리에서 손을 풀었다. 얼마나 녹아 빠졌는지 92번
은 죽은 사람같이 다리를 내어 뻗고 한쪽으로 자빠진 채 땀을 흘리
면서 숨만 쉬고 꼼짝도 안 했다. 그리고 그는 잠들어 버렸다.
　나는 그의 발이 차지면 잠이 깰 것 같아서 그 두 발을 내 가슴에
넣고 코를 찌르는 더러운 냄새가 나는 똥과 오줌에 굳어진 옷 옆에
아무도 눕지 않는다고들 야단을 하는 그의 발을 가슴에 안은 채 나
도 누워서 잠이 들어 버렸다.
　아침이 되어도 그는 깨지 않고 코를 골며 계속해서 잤다. 조반 때
가 되자 모두 밥을 먹어도 그는 그대로 코를 골며 잤다. 그가 만일
코를 안 골았으면 우리는 그가 죽었는가 했을 것이다. 종일 그는 코
를 계속해서 골며 잤다.

밤이 돌아왔다. 나는 다시 그의 발을 가슴속에 넣어서 잠이 깨지 않도록 발을 덥게 해주었다. 밤새도록 그는 계속해서 코를 골며 잤다. 그제야 비로소 코 고는 소리가 점점 약해지더니 그는 깨어났다. 거의 3일을 꼬박 잔 셈이다.

나는 간수에게 부탁을 해서 다른 옷을 입혀 달라고 했다. 소부(掃婦)들과 간수가 와서 우리 방문을 열고 깨끗한 옷을 가지고 와서 쇠고랑을 풀자 그는 악 소리를 지르더니 기절하고야 말았다. 그는 너무나 오랜 세월을 뒤로 쇠고랑을 찼었기 때문에 까무러친 것이다. 새 옷을 입힌 후에 우리는 그의 전신을 주물러 겨우 회복시켰다.

나는 간수에게 간청해서 다시 쇠고랑을 잠그지 말라고 애원했으나 위험하다고 거절을 당하고 다시 그에게 쇠고랑을 채웠다. 힘센 청소부 네 사람이 달려 붙어서 결국 쇠고랑을 채우고야 말았던 것이다. 그는 또 저주를 했다.

내가 그동안 모아 두었던 밥을 그에게 주니 개와 같이 엎드려서 훌쩍훌쩍 모두 먹어 버렸다. 또 국도 주니 개같이 훌훌 빨아 마시는 고로 내가 그릇을 들어 마시니 눈을 흘기면서도 모두 들어 마셔 버렸다.

계속해서 그렇게 오래 자고 난 92번의 충혈되고 부은 눈은 기적같이 맑아졌다.

더덕더덕 붙은 눈곱은 땀을 흘리며 씨름하는 동안에 떨어졌고 기름과 때가 섞여서 얼고 말라 버렸던 얼굴 피부에 잔뜩 끼었던 가죽같은 때도 씨름하며 땀을 흘리는 동안에 다 떨어져 없어졌다. 그러나 그의 흰 살빛과 맑은 눈엔 미움과 저주만이 가득했다. 그는 극히 심한 미움과 증오의 눈으로 나를 흘겨보았다.

나는 진저리가 나지만 '예수님의 눈'을 상상하고 예수님의 눈일 듯한 눈을 지어 가지고 그를 사랑하는 태도의 눈을 짓고 얼굴을 하고 웃음을 띠어 보였다. 그는 또 저주를 하면서 시선을 옮겼다. 다시 그는 나를 극히 미워하는 눈초리로 달려든다. 나는 내 밥과 국을 그에게 먹였다. 그는 개구리가 모기 잡아 먹는 것같이 먹었는지 말았는지 배가 고파서 허덕였다. 누구든 배가 안 고프련만 이 살인수는 굶주린 사자 같았다. 다음 식사 시간이 될 때까지 92번과 나는 무언의 씨름을 계속했다. 그는 나를 극히 미워하고 이해 못 할 말로 저주를 퍼붓고 나는 예수님의 눈과 얼굴과 심지어는 그리스도의 사랑의 심장으로 그를 녹이려는 전쟁이었다.

그는 뻘개진 눈을 흘기면서 나를 보고 저주를 퍼부었다. 그의 저주는 지금까지 해오는 저주보다 더 심하고 별스러운 저주였다. 그러나 다행히도 나는 그의 언어를 모르니 태평했다. 이제라도 기회만 있으면 달려들어서 여지없이 막 물어뜯을 기세였지만 미안하게도 그는 깨질 대로 깨지고 상할 대로 상해서 전신이 아파서 맥이 다 빠져 늘어진 셈이니 묶어 놓은 맹수 같아서 다시 달려들 힘도 없었다. 나도 힘이 빠지고 전신이 아파서 욕을 하든 저주를 하든 문제가 되지 않았다. 그러나 나는 이대로 일을 그칠 것이 아니고 겨우 시작한 것임을 알았기 때문에 연구했다.

'자, 이제는 싸움을 일으켰으니 잘 싸워야 하지 않나?'

순간에 나는 이 싸움은 내가 시작한 것이 아니고 순전히 예수님 자신이 하신 것을 인정하지 않을 수 없었다. 왜냐하면 나는 나 자신을 너무도 잘 알기 때문이다.

나 자신이라는 것은 이렇게 더러운 외국인 중국 사람, 더욱이 살인범! 게다가 오줌 똥을 옷에 그대로 몇 달을 싸 뭉갠 이 고약한 미치광이가 만일 내 방에 있었다면 나는 질식 상태에 들어가도록 아우성을 치며 이 방에서 뛰어나가려고 했을 것이고 그 여자를 내쫓아 버리려고 죽을 힘을 다했을 것이다. 그러나 일은 정반대가 아닌가?

예수님은 그러한 여자를 내 방으로 억지로 데려오게 하셨고 그 여자의 더러운 옷에 내 코를 박고 그의 허리를 잡아 씨름을 시켰고 예수님은 우리 둘로써 씨름을 해서 땀이 나게 하셨고, 또 예수님은 그 무슨 굉장한 일을 하시려고 내 협조를 간청하시는 것이다. 나는 비장한 각오로 머리를 들었다.

나는 어렸을 때 강에 가서 수영을 내 멋대로 익혀서 여름이 되면 헤엄치며 강가에서 놀다 오다가 전문학교에 가서 경도(京都) 아라시야마(嵐山) 밑에 있는 수영소에서 처음으로 다이빙을 배울 때 높은 나무 다리에 올라가서 수영 선생이 지도하는 대로 떨어질 때 많은 사람들은 무서워서 못 하는 일을 나는 '떨어져 보아야 무서운지 쉬운지 알 게 아닌가?' 하고 결심을 하고 가장 높은 다이빙 다리에 올라가서 용기 있게 떨어졌다. 떨어질까 말까 망설일 때는 겁도 났었고 무섭기도 했지만 마음에 작정을 하니 소망이 생겨서 용감해졌던 것을 나는 여러 번 회상한 일이 있다. 나는 이때도 그때의 일을 생각했다.

'예수님이 인도하시는 대로 막 떨어져 내려가면 일은 쉬워지지 않겠나!'

그는 나를 미워서 흘겨본다. 나는 예수님의 자애의 눈, 사랑이 넘치는 눈을 만들어 보려고 애를 썼어도 효과는 없었다. 그는 나를 더욱 미워하고 더욱 사나운 눈초리로 흘기며 저주를 쏟아 부었다. 다시 나는 그에게 내 최선을 다해 부드러운 표정을 하고 보아 주었다. 이러한 극적 장면은 자꾸 되풀이되었으나 거기에 아무 성과가 없었다.

이때에 여기에 만주에 다니며 야미장사를 하다가 붙들려 온 여인이 있었다. 그는 만주어를 아는고로 이 사형수의 꼴에 의분을 금치 못해서 주먹을 쥐고 달려들어 이 사형수를 처분해 보려는 기세를 보였다.

나는 그것을 만류해 놓고 우선 그에게 '네 말이 옳다' 라는 만주말을 한마디 배웠다. 나는 그의 저주가 조금 그칠 만한 기회에

"아! 참 네 말이 옳다."

하고 위로의 표정을 했다. 그는 저수하던 말을 뚝 끊었다. 그러나 다시 더 큰 말로 나를 흘기며 그 발광적인 저주를 퍼부었다. 알아들을 수 없는 말이지만 고개를 끄덕끄덕하면서 그녀가 결코 비웃음을 받는다는 인상이 안 되도록 조심하면서

"암, 참 네 말이 다 옳다!"

라고 했다. 또 저주를 한참 열심으로 들어준 후에는 나는 다정하게

"그럼, 네 말이 다 옳다."
라고 반복했다. 그 저주하는 어세가 조금씩 식어 가는 것 같은 즈음
에 나는 진실한 태도를 하고
"네 말이 다 옳다."
하니까 내 말이 끝나기도 전에 그는 웬일인지 무엇에 턱 걸린 것같
이 뚝 끊었다.

피곤이 극도로 올라온 것처럼 보였다. 그는 아픈 몸을 못 이기는
듯 눈이 가늘어지며 고개가 점점 앞으로 기울어지면서 잠의 엄습에
빠져들어 갔다. 그러는 동안에 밤은 왔다. 잠이 든 그는 코를 골기 시
작했다. 코고는 소리가 마치 기차가 눈앞에 지나가는 것 같은 요란한
콧소리였다. 길고긴, 그 얼마나 긴 세월을 그는 분해서 못 잤고, 무서
워서 자지 못했고, 추워서 자지 못했고, 배고파서 자지 못했을 것이
다. 그러나 지금은 비록 심한 씨름 때문에 온몸은 깨지고 다치고 아
파 쓰리고 저려도 그는 땀을 흘렸고 또 피곤이 전신을 녹여 놓았기
때문에 잠을 잘 수 있게 된 모양이다.

죄수들이 그 코고는 소리가 너무 요란스러워서 코를 찌르고 발로
뺨을 차도 그 코의 콧소리는 멎지도 않고 약해지지도 않았다. 나는
급히 쑤시고 아픈 몸을 일으켜서 그 더러운 벗은 두 발을 내 가슴속
깊이 넣고 끌어안았다.

얼음덩이가 된 그의 두 발은 내 가슴의 온기를 대번에 식혀 내리
고 내 온몸을 극도로 찬 얼음이 되게 했다. 그러나 그는 잘 자고 깨
어났다.

나는 또 만주어를 두 마디 더 배웠다.
"나는 당신이 좋아요. 나는 당신을 사랑해요."
이 두 마디를 외워 가지고 그가 나를 보면 나는 신실한 어조로
"나는 당신을 좋아해요."
그는 그 말을 듣자 눈빛이 달라지더니 무어라고 중얼거리며 저주
를 또 퍼붓는다. 나는 조용한 말로 또 했다.
"나는 당신을 참으로 사랑해요."

그는 한 대 얻어 맞은 아이같이 저주하던 말을 그치더니 또 나를 보며 다시 무어라고 저주를 한다.

나는 그의 저주하는 말을 이 야미장사 부인이 알게 하여 주려고 하는 것을 못 하게 했다. 좋은 말이면 알아서 필요가 있지만 으레 나쁜 말일 것이니 알면 마음만 상할 뿐이고 아무 도움이 안 되기 때문에 결코 그 뜻을 알려고 하지 않았다. 이 야미장사 부인은 화가 나서 92번에게 무어라고 만주말로 야단을 쳤다. 그리고 무어라고 한참 말을 하니 92번은 나를 자꾸 보고 또 보고 그러면서도 중얼거리며 저주를 하며 미워했다. 그 부인은 대노해서

"선생님, 이 계집년은 정말 미쳤어요. 미쳤을 뿐 아니라 소나 말만도 못해요. 저까짓 것 이제 죽게 내버려 두세요. 이런 년은 열두 번 죽어도 마땅해요. 이게 사람의 새끼인 줄 아세요?"

그는 울분을 터뜨렸다.

나는 92번이 나를 무어라고 저주하든지 모든 것이 기뻤다. 그래서 나는 그의 저주 소리가 흥이 났다. 그가 나를 볼 때마다 나는 똑같은 말을 계속했다. 이러는 동안에 큰 기적이 내 속에 일어났다. 내가 좋아하지도 않고 사랑하지도 않았던 이 살인범에게

"나는 당신을 좋아해요. 나는 당신을 참 사랑해요."

하며 계속하는 동안에 내 심장 속, 내 심령 안에 그 92번을 좋아하고 사랑하는 마음이 생긴 일이다. 나는 설레는 가슴을 부둥켜안으면서

'아! 이것이 그리스도의 말씀이었구나!'

하고 황홀해졌다. 내 마음속에 92번을 좋아하고 사랑하는 마음이 생겼다. 나는 그가 나를 쳐다볼 때마다 음성이 떨리고

"나는 당신을 참 사랑해요."

할 때 눈물이 쏟아졌다. 그는 저주하던 말을 뚝 그치고 나를 바라보면서 내 우는 것을 가만히 보고 있었다. 식사 시간이 또 되었다. 문구멍으로 들어오는 밥과 국을 먼저 92번에게 먹이고 내 밥과 국도 먹여 주었다. 만 3일간을 그는 완전히 내 밥과 국을 다 먹었다. 나는 수척해지고 그에게 먹여 주는 국그릇을 든 내 두 손은 부들부들 떨렸

다.

모든 사람들은 92번 때문에 내가 먹지 않는다고 그를 더 미워했고 또 욕설을 퍼부었다. 나는 그들에게 그것은 틀린 태도라고 책망하고 그들도 다 나같이는 못 하더라도 이 불쌍한 살인범을 사랑하라고 권했다. 그래서 아무나 92번을 미워하지 못하게 했다. 그는 제멋대로 대소변을 함부로 옷에 싸지만 내가 변소통을 가리킨즉 일어나서 다른 사람들같이 통에 가서 대소변을 보았다. 나는 이것을 보았을 때 몹시 기쁘고 자랑스러웠다. 내 밥을 3일간 먹은 그는 내가 이같이 쇠약해지고 또 자기에게 한 말이 거짓이 아닌 것을 보았는지 저주도 그치고 미워서 보는 눈초리도 달라졌다. 나는 간수에게 또 간청을 해서 그의 수갑을 풀어 달라고 했다. 간수는 보고했다. 그리고 남자 간수가 들어와서 그의 쇠고랑을 풀었다.

너무 오래 차고 있던 쇠고랑이었고 두 팔이 뒤에 매여 있은 지 오래여서 그는 수갑을 풀어 주었을 때 두 손을 앞으로 가져오지를 못했다. 나는 조용히 일어나서 그의 양팔을 문질러 주었다. 문지르고 문지르고 또 자꾸 문질러서 조금씩 앞으로 가져왔다. 그래도 그는 아파서 소리를 질렀다. 소리를 지르면 나는 그의 양팔을 아프지 않게 자꾸 더 문질러서 마침내 그의 양팔이 앞으로 돌아왔다. 그러나 그는 그 양팔을 들 수가 없었다. 나는 그의 팔을 잡고 조금씩 운동을 시켰다. 자꾸 운동을 시킨즉 팔이 점점 부드러워졌다. 나는 내가 하는 이 모든 일이 결코 내 자신이 하는 일이 아닌 것을 알았다.

나는 내가 어떠한 사람인지 알기 때문에 이와 같은 일은 도저히 나 자신으로서는 불가능한 일이 분명한고로 이것은 모두 예수님 자신이 나를 시켜서 하시는 것임을 너무도 잘 알았다. 나는 그의 사랑이 내 속에 부어져서 그의 손과 팔과 몸이 내 것을 통해서 하시는 것임을 알았다. 즉 예수님의 그 사랑을 나는 보았으므로 내 가슴은 감격에 넘치고 눈물은 자꾸만 흘렀다.

"주님! 주님의 사랑이 이렇듯 큽니다. 이것이 주님의 사랑인 것을 보았어요. 제 눈으로만이 아니라 제 몸으로 이 몸 전체로 주님의 사랑을 보았습니다."

내 가슴은 시원해지고 생수(生水)가 솟는 것같이 기뻐지고 화평해지고 평안해졌다. 요한복음 4장에 예수님께서 사마리아 여인에게 전도하실 때에 하나님의 뜻을 행하는 것이 자기의 양식이라고 하셨는데, 또 생수를 주신다고 하신 것을 생각하였을 때에 과연 하나님의 뜻을 행하는 것이 양식이어서 그의 뜻을 순종하니 양식이 풍족한 것같이 기쁨과 만족으로 배불러지고, 또 생수를 주신다고 하셨으므로 생수가 뱃속에 흘러서 시원하고 화평해진 이 사실을 나는 엎드려서 감사했다.

92번은 무서움과 추위에 얼마나 못 잤던지 일단 잠이 들면 좀처럼 깨어나질 않았다. 나는 그에게 더 오래 자게 하기 위해서 그의 두 발을 내 가슴에 언제나 묻어 주었다. 그는 언제나 코를 골면서 잤다. 잠을 많이 잔 그는 그의 얼굴이 부드러워지고 그 입에는 저주가 완전히 그쳤다. 힘살이 굳어서 머리 위로 올라갈 수 없는 두 팔을 조금씩 올려서 그는 그의 길고 흐트러진 머리를 손가락으로 빗기 시작했다. 나는 극히 조심스럽게 그의 태도에 주의하면서도 모른 척하고 도와만 주었다.

나는 또 야미장사 부인에게 만주어를 배웠다. 만주어를 배우면서 참 놀란 것은 만주어는 한문 그대로 발음을 하면 거의 다 되는 것이었다. 나는 재미가 있어서 얼마 동안 배우는 동안에 다 알아 버리고 말았다. 만주어를 3일간에 다 배워 가지고 통역장교가 되었다는 말을 듣고 "거짓말도 분수 있게 하지" 했는데 참 그 말이 사실일 수가 있는 것을 알 수 있었다. 나는 92번에게 말을 할 수 있는 정도가 되었다.

나는 그의 점점 아름다워져 가는 얼굴을 황홀해서 쳐다보면서

"아름다운 여인, 네 얼굴이 참 아름답다. 네 눈이 참 아름다워."
이렇게 한마디씩 해도 그는 들은 척 만 척하고 아무 반응도 보이지 않았다.

나는 우리 감방 사람 중에 한 사람이라도 92번에 대해서 못된 언

사나 짓궂은 행동을 하면 꾸짖고 92번을 아꼈다. 자연히 92번에 대해서 모두 조심했다. 얼마 후엔 92번도 우리들같이 앉아서 아침 점검을 받았다. 우리들이 하는 것같이 꿇어앉아서 경례를 하니 간수장 할머니가 놀라서 92번을 보고

"마아 고래가 아노 규쥬니방까. 가왔다와네(아, 이것이 저 92번인가. 변했구나)."

나는 곧 그 말을 92번에게 통역했다. 그가 우리와 같이 앉아서 보통 사람이 된 것을 보니 무언지 나도 예수님이 다르게 만들어 주셨음을 느꼈다. 나는 이런 느낌이 너무 많아서 그를 바라보고 있은즉 그는 나를 바라보았다. 그와 눈동자가 마주쳤다. 나는 참 사랑하는 마음이 더 복받쳤다. 나는 조용히

"나는 너를 참으로 사랑한다. 너는 알지?"

그는 얼마 있다가 낮은 음성으로

"왜 당신은 나를 사랑해요? 나 같은 것을."

나는 그가 말을 한 게 몹시 기뻐서 소리를 지를 지경이었으나 꾹 참고 조용한 말로

"왜? 너는 나와 똑같으니까."

자기와 똑같다는 말을 들은 그는 한참 생각하더니

"당신도 남편을 죽였소?"

나는 이 말에는 대답을 안 하고

"너와 나는 똑같은 인간이야."

그는 분명히 호기심을 가지고 추궁했다.

"당신에게도 남편 외에 연인이 있군요?"

나는 그의 말엔 대답을 안 하고

"우리는 다 같은 사람이거든."

그는 또 한참 생각을 하더니

"어떤 방식으로 당신은 남편을 죽였소?"

나는 그래도 똑같은 태도로

"나와 너는 똑같으니까 똑같은 줄만 알면 되는 거야."

그는 내가 자기와 똑같다는 말이 그에게 위로가 된 것 같았다. 나는 힘을 얻어서

"여기 있는 사람들은 나쁜 사람들이 아니라 다 너와 똑같은 사람들인데 틀린 점은 너는 만주 사람이요, 우리는 한국 사람인 것뿐이야."

이 말을 듣고 그는 눈에 표정을 하면서

"이 사람들이 다 남편을 죽였어요? 나같이, 응 옳지, 이 감옥엔 남편 죽인 사람만 잡아넣는 데구먼."

나는 92번이 이제는 다른 수인과 별로 다른 점이 없다는 일에만 만족할 수가 없었다. 그가 완전히 나와 같이 되려면 울기도 하고 웃을 줄도 알아야 하지 않는가. 나는 그가 어떻게 해서 미소라도 지을 수 있는 여인이 되길 바랐다. 어느 때는 장난도 쳐봤지만 그는 웃으려고 하는 기척도 없었다. 결국 웃게 할 수 있는 이는 예수님밖에 없는 것을 깨닫게 되었다. 그는 저주하는 것은 멎었지만 저주 대신에 한마디 똑같은 말이 입에서 언제나 흘러나왔다. 그것은 '뽀미' 하는 것이었다.

언제나 '뽀미' 하고는 기백이 떨어진다. 뽀미라는 말은 '강냉이떡'이라는 뜻이다. 어려서부터 강냉이떡을 제일 좋은 음식으로 먹어왔기 때문에 그는 늘 먹던 강냉이떡이 그렇게 먹고 싶은 모양이다. 나는 그의 간절한 강냉이떡 생각에 무시로 나오는 뽀미 소리를 들을 때 마음이 초조해지고 안타까워졌다.

사랑도 할 수 있고 도와 줄 수도 있고 잘 자도록 발도 가슴에 품어 줄 수 있지만 이 강냉이떡을 먹일 수 있는 능력이 내겐 도무지 없었다. 나는 보지도 못한 그 강냉이떡을 얼마나 사모하게 되었는지 모른다. 나는 이 여자에게 뽀미 한 덩이를 먹일 수 있다면 어떠한 희생을 가져오는 일이 있더라도 끝까지 해볼 심정이 되었다. 나는 구리야마 간수와 주 간수에게 의논을 해보았다. 그들은 똑같은 말로

"그런 것 말도 들어본 일이 없고 본 일도 없소."

라고 하면서 상대도 안 했다. 그는 말이라고 한다면 뽀미 하는 것밖

에 다른 말을 하지 않았다.

어느 날 밤에 추위를 못 이겨서 모두 잠을 못 자고 깨어 있는데 뒷벽에 높이 달린 조그마한 유리창으로 달빛이 들어왔다. 모든 수인들은 이 달빛을 볼 때 모두 한숨을 쉬며 집 생각을 하고 가족 생각을 하며 울었다. 92번은 다른 수인들이 하듯이 달빛을 한참 바라보더니

"내 아이, 내 어린아이!"

하며 부르짖었다. 나는 깜짝 놀라서 그를 주의해 보았다. 그는 다시

"내 아이야! 내 어린아이, 내 아들아!"

그는 좀더 큰 소리로 똑똑히

"내 어린 아가! 너는 어디 있느냐. 어찌되었느냐. 너를 누가 데려가서 굶겨 죽이지 않더냐. 너는 어찌되었니?"

나는 그의 그 슬픈 가슴에서 나오는 말소리에 간장이 상해 가는 듯한 느낌이 들었다. 그는 다시

"아이야, 내 아이야. 너 어디 있니, 너는 살았느냐? 죽었느냐? 엄마도 못 보고 아버지도 없고 이 외국 땅에서 젖도 없이 어떻게 살아가겠느냐?"

했다.

그는 마루에 콱 엎드려서 어이어이 하며 한없이 울었다. 그 소리가 너무 서럽고 처량하여 나도 목이 메도록 울었다. 다른 사람들도 다 울 수밖에 없었다. 한참이나 울고 나더니 그는 눈물을 씻으며 일어나 앉았다. 나는 그의 손을 붙잡으면서

"92번! 우는 일은 참 좋은 일이야. 잠을 자는 일이 제일이고 그 다음에는 우는 일이거든. 실컷 울면 마음이 시원해지지?"

그는 아직도 복받쳐 오르는 울음을 그치지 못하고

"내 아이는 어찌되었을까요?"

라고 내게 물었다.

나는 그에게 아이가 있다는 일을 생각해 본 일이 없어서 물어보았다.

"네가 잡혀 올 때 애기를 어떻게 했는가?"

"나는 아들을 낳았어요. 낳자마자 형사한테 잡혀 왔는데 나를 너무 때리고 고문을 너무 무섭게 해서 젖이 나오지 않자 갓난애기를 내게서 떼어 갔어요. 아무리 애기를 도로 달라고 하여도 어찌 되었는지 알 수 없대요. 죽었겠지요?"

나는 그의 질문에 대답할 아무 지식이 없었다.

"글쎄"라는 말밖에 아무 말도 할 수가 없었다. 그는 자꾸 울었다.

모성애! 살인범의 모성애! 남편을 죽이고 쪽을 떠서 강 속에 넣어 버리는 이 흉악한 여자에게도 모성애는 있구나! 그 모성애는 창조시에 하나님이 만드신 것이다.

이같이 주님이 만드신 것 중에 변치 않는 것이 있다면 이 모성애라는 아름답고 존귀한 성품일 것이다. 창조자이신 하나님이 그 지으신 인간을 통해서 인간에게 설명하시는 것이 아닌가! 이 모성애에 고민하는 중국인 살인범은 간장이 터져오도록 가슴이 아프고 그 가슴에서 나온 아들을 생각해서 목메어 우는 것이었다. 그가 울고 울어서 피곤이 올 때를 나는 기다렸다. 그는 멍하니 앉아서 달빛을 바라보며 추워서 떨고 있다. 나는 이제 기회가 왔다고 생각했다.

"92번! 너는 멀리서 누가 네 이름을 부르며 울면서 너를 찾는 이가 있는 줄 아느냐?"

그는 내 말을 듣고 한참 생각하더니

"우리 부모는 나와 원수예요. 나는 그들이 나를 감자 한 부대에 팔아먹은 것에 원한을 품고 원수를 갚았으니까요. 그래서 그들은 내가 어찌 되었는지도 모르고 또 이렇게 되었어도 아무 생각이 없을 거야요."

나는 그의 말을 듣고 속으로 놀랐다. 그러나 나는

"네, 어머니 아버지보다 너를 지으신 이가 너를 찾으며 부르고 계신단다."

라고 말해 주었다.

그는 의혹의 눈을 하면서

"나를 지으신 이가 나를 찾으며 나를 불러요?"

나는 옳다 되었다 하고

"그럼! 네가 네 아이를 자꾸 부르며 찾아도 네 아이는 어디 있는지 엄마를 모르고 헤매는 것과 똑같이 너를 지으신 하나님이 자꾸 너를 부르시면서 너를 찾는 것이야. 그래도 너는 모르지?"

그제야 그는 깜짝 놀라면서

"아! 선생님은 선교사시구먼요."

나는 그가 선교사라고 하는 말에 놀랐다. 그리고 반가웠다.

'그래 내가 선교사로구나!'

나는 마음에 만족하고 자랑스러웠다. 그는 나를 존경하는 태도로 몸을 다시 가지면서 나를 달빛 안에서 보고 다시 보았다. 그는 한참 나를 보더니

"예수님, 교회, 주일학교, 선교사!"

나는 더 놀랐다.

"어디서 그런 말을 듣고 알았나?"

그는 그 먼 옛날을 추억하듯이

"내가 어렸을 때 코가 크고 노랑 머리인 미국인 선교사가 와서 나를 데리고 교회에 갔어요. 거기서 '예수 사랑하심은' 하는 찬송을 배웠지요. 그러나 우리 부모는 자꾸 일만 하라고 하고 나를 주일학교에 못 가게 했어요. 나는 그래도 주일학교에 가고 싶어서 몰래 도망쳐서 갔다 와서는 무수히 매를 맞고 다시는 더 갈 수가 없었어요. 열 살이 되었을 때 우리 부모는 나를 감자 한 부대를 받고 내 남편에게 팔아 먹었어요. 내 남편은 나를 내 부모보다 훨씬 사랑해 주었지만 나는 그가 그렇게도 밉고 무섭고 싫었어요. 그래서 나는 여러 번 도망쳤지만 매번 남편과 살 수밖에 없었지요. 나는 내 부모가 너무 미워서 원수를 갚고 또 내 남편도 미워서 원수를 갚았어요. 아! 그러나…"

하더니 그는 이번에는 우는 대신에 치를 부들부들 떨었다.

"그렇게 원수를 갚은 일은 잘못한 것이죠?"

그는 나를 본다. 나는 무어라고 대답을 하는 것이 제일 좋을지 몰랐다. 나는 하는 수 없이

"예수님은 그러한 죄를 지은 것도 잘못한 줄만 알고 회개하면 용서해 주시는 분이시란다. 사람은 다 누구나 잘못하니까. 예수님 앞에는 큰 죄니 작은 죄니 하는 일이 없고 다 같이 보이니까."

그는 내게 끌린 듯이 더 가까워지며

"선생님은 내가 무엇을 했는지 모르시죠? 저는 무서운 일을 했어요. 왜 그렇게도 밉고 밉던지 원수를 갚아도 내 마음이 시원하도록 갚았어요. 부모에게 갚을 원수는 그렇다 치고 남편을 기어이 내 소원대로 죽여 가지고 각을 뜨기까지 했으니까요. 각을 뜨면서 속이 시원했어요. 그런데 선생님!"

그는 추위와 두려움과 회심(悔心)에 전신을 와들와들 떨면서

"그런데 지금은 왜 이렇게 후회스러울까요? 부모를 미워하고 남편을 미워한 만큼 내가 미워지는 것 같아요. 그리고 각을 떠 버림을 당한 그 남편이 그렇게 불쌍해지고 가엾어져요. 이게 무슨 일입니까? 선생님! 제 남편은 지옥에 갔지요?"

라고 그는 당황하고 급한 말로 내게 물었다.

나는 놀라서 대답하기에 곤란했다. 나는 대답 대신에 질문을 하였다.

"누가 네게 지옥이라는 것을 말해 주더냐?"

"우리는 언제나 지옥에 갈 년! 지옥에 갈 놈! 그렇게 욕하며 살아요? 그러나 지옥이 있는가요?"

나는 대답 대신에 고개를 끄덕였다. 그는 더욱 당황하고 급한 말로

"그러기에 제 남편은 지옥에 갔을 것이 아니겠어요?"

나는 또 고개를 끄덕일 수밖에 없었다. 그는

"아!"

하고 탄식의 한숨을 짓고 자기의 머리를 막 잡아 뜯으며 고민하면서 잠을 자지 않았다.

나는 그에게 자라고 아무리 재촉을 해도 그는 자려고 하지 않았다. 말도 없이 그는 깊은 고민에 잠기어서 자기를 수없이 미워하고 있었다. 입술을 꼭 물고 있다가 머리를 잡아 뜯고 가슴을 때렸다. 아침이

되었을 때 나는 그의 얼굴을 보았다. 나는 내 눈을 의심했다. 그리고 나는 지금 꿈을 꾸고 있지 않은가 했다. 이 모질고 악한 살인범은 마치 그 무슨 아름다운 초상화 같았다. 검고 긴 머리는 뒤에 늘어지고 맑고 흰 얼굴에는 수심이 끼고 그 눈은 애원하는 불안의 눈이었지만 그렇게도 아름다웠다.

내게 제일 깊은 인상을 준 것은 그의 음성이었다. 말하는 것이 그렇게도 음악적이었다. 나는 그에게 반한 듯이 바라보면서

"92번! 너는 굉장히 이쁜 여자다."

라고 하니까 그는

"나의 연인인 그 남자도 언제나 그렇게 말했어요. 또 누구든지 저를 보는 사람마다 그렇게 말하더군요. 그래서 어느 날 어떤 사람들이 와선 나를 마적단의 여왕으로 삼겠다고 했는데 나는 강한 남자들이 무섭고 싫어서 거절했지요."

"92번의 말소리에 나는 반했어."

"선교사가 '예수 사랑하심은' 찬송을 가르쳐 주면서 제 소리는 천사 소리보다 좋다고 한 말을 아직도 안 잊었어요."

나는 생각했다.

'천사보다 더 아름다운 음성을 가졌으면 무엇하며, 남보다 유달리 예쁜 얼굴과 눈을 가졌으면 무엇하나?'

사형수! 면치 못할 신세였다. 나는 가슴이 저리고 아팠다.

그는 항상 내 앞에서 어려워하는 태도였다. 무식하고 가정 교육도 못 받고 포악하고 악독스런 이 살인범 사형수가 어디서 이렇듯 바른 예절을 배웠으며 어떻게 이같이 조심하는 태도를 지키는지 나는 기적같이 생각했다.

어느 날이었다. 그날은 날도 풀려서 그렇게 몸도 떨리지 않는 아침이었다. 아침 기도가 끝난 후에 그는 심각한 표정으로

"선생님!"

하고 불렀다. 나는 대답을 하고 그의 마음에 심상치 않은 그 무엇이 있는 것을 짐작하고 그의 말을 기다렸다. 그는 조금 주저하더니

"선생님, 부탁 하나 해도 될까요?"

"아, 되고말고. 내가 할 수 있는 일이면 무엇이든 다 해볼 테니 말해 봐."

그는 더욱 심각해지면서

"선생님이 예수님께 부탁 하나 해주실 수 있을까요?"

"무슨 부탁인데?"

"선생님이 예수님께 부탁하시면 예수님은 다 들어주실 거예요."

"그래 무언데?"

"예수님께 부탁을 꼭 해주세요. 꼭 부탁해서 저를 우리 남편 있는 지옥에 꼭 보내 달라고요. 저는 남편에게 가서 힘을 다해서 사과하고 남편이 당하고 있는 모든 고통을 제가 다 받으려고 해요. 그래서 남편을 위로하고 사과해야만 되겠어요. 선생님, 꼭 부탁 좀 해주세요. 저는 여기서 선생님 말씀을 듣고 또 제가 회개했으니까 예수님이 저를 천국에 보내실까봐 두려워졌어요. 저 같은 것이 어떻게 천국에 가서 있을 수 있겠어요. 불안하고 미안해서 저는 도무지 천국에 있을 면목이 없으니까요. 꼭 저를 지옥에 보내 달라고 부탁해 주세요."

그가 너무도 간청하고 너무도 안타까워하므로 나는 그의 모습만 보고 그의 말을 듣고만 있을 뿐 아무 대답도 하지 않았다. 그는 더욱 애가 탄 듯이

"또 한 가지 선생님 부탁하겠는데 들어주세요."

"무언데?"

"저를 속히 사형하도록 부탁해 주세요. 이때까지 저는 죽는 것이 너무도 무서워서 무엇을 묻든지 '몰라요'만 해 왔는데 이제는 제가 판사 앞에 나가서 사실을 다 말하고 속히 사형시켜 달라고 하겠어요. 사는 것이 너무도 괴로워요. 남편 생각을 하니 너무 괴롭고 아파서 더 못 살겠어요. 만일 판사가 속히 사형해 주지 않으면 죽어 버리겠어요."

나는 이 일을 위해서 기도했다. 그가 원해서가 아니라 그의 기한이 되어서 어느 날 아침에 남자 간수 세 사람이 굵은 노끈과 쇠수갑을

가지고 여감방에 들어왔다.

내 방 앞에 서더니 92번을 불렀다. 92번은 놀라지도 않고 조용히 일어나더니 두 손을 이마에 잡아 대고 중국식의 절을 하면서

"선생님, 감사합니다. 안녕히 계세요."

그는 깊이 허리를 숙이고 이마를 땅에 닿도록 절을 했다. 다시 두 손을 잡고 이마에 댄 채로 또 엎드려서 내게 절을 하면서

"선생님, 감사합니다. 안녕히 계세요."

하고 또다시 세 번을 했다.

문이 열렸는고로 남자 간수 셋과 여자 간수장과 담당 간수는 눈을 둥그레 뜨고 92번의 하는 모양을 보고 서 있다가 92번이 조용히 문 밖으로 나서며 두 손을 내어민즉 수갑을 채웠다. 수갑을 찬 92번이 먼저 걸어나간다. 밧줄로 매어 끌어가야 할 줄로 알고 남자 간수가 셋이나 들어왔다. 그들은 아무 말도 없이 서로 쳐다보며 92번 뒤로 따라가고 있었다. 나는 설레는 가슴을 안고 감정을 어떻게 표현할 줄 몰랐다. 그러나 슬픈 눈물인지 감동의 눈물인지 모르는 눈물이 하염없이 흘러내렸다.

최덕지 선생

하루는 나이가 꽤 들어 보이는 부인 한 사람이 넘어왔다. 오랫동안 경찰서에서 시달려서 햇빛을 구경하지 못한데다 음식도 너무 부족해서 얼굴은 창백하고 거인같이 커 보였다. 나는 그가 누구인지 궁금했고 또 이야기도 하고 싶었다.

그러나 일단 방에 들어간 후에는 서로 볼 수도 없고 말도 할 수 없기 때문에 몹시 궁금할 뿐이었다.

그가 들어온 것은 늦은 오후였으므로 얼마 후에 저녁 식사가 왔다. 저녁 식사를 먹고도 모든 수인들이 배가 고파서 또 먹는 이야기들을 한참 지껄이고 있을 때 문득 더 한층 큰 소리로 찬송가를 부르는 소리가 들렸다. 지키던 간수가 그 찬송 부르는 곳으로 뛰어가더니 고함을 지르며 멈추라고 야단을 했다. 그러나 그 부르는 찬송은 더 한층 큰 소리로 모든 감방에 다 들리도록 계속되었다. 나는 놀라서 일이 어떻게 진행되는가에 주의하고 있었다. 그 찬송가를 부르는 이는 얼마 전에 어떤 경찰서에서 넘어온 키 큰 부인 신자였다. 간수가 소리를 지르면 지를수록 더 용감하게 찬송가를 3절이나 계속해서 부른다. 그러더니 성경을 외우고 큰 소리로 기도하기 시작했다. 고함을 지르던 간수는 그 방문을 열더니 들어가서 막 때린다. 나는 가슴이 떨리고 무서웠다.

온 정신과 신경이 들뜨며 마음에 찬바람이 분 것 같아서 마음을 안정할 수가 없었다. 그래서 나는 기도했다.

그의 유달리 오래고 긴 기도가 끝나자 때리고 못살게 소리를 지르던 간수는 저주하고 욕설을 퍼부으면서 감방문을 쾅 하고 닫아 버렸다. 나는 떨리던 가슴이 아파지고 불안해졌다. 여러 가지 생각이 많아져서 엎드려 기도를 할 수밖에 없었다. 새벽이 되자 도전하듯이 울려오는 형무소 기상 나팔 소리는 유달리 몸서리쳤다.

"기상" 하고 고함을 지르는 악한 간수의 음성도 유달리 험악하게 들렸다.

우리는 늘 아침에 잠깐 예배를 드리므로 찬송을 부르기 시작했는데 갑자기 다시 찬송가를 크게 부르는 소리가 들려왔다. 제5 감방에 있는 전도 부인의 찬송 소리였다.

힘을 다해 부르는 그의 음성은 우리 방에까지 들려왔다. 간수는 다시 쇠문을 열고 고함을 지르며 크고 굵은 열쇠꼭지로 어디를 때리는지 막 저주하고 욕하면서 치고 차고 하는 소리가 들려왔다. 소름이 끼치고 가슴이 떨려서 어떻게 해야 좋을지 몰랐다.

우리 방에 있는 모든 죄수들도 가슴이 떨려서 들려오는 간수의 때리고 치고 하는 데만 신경들이 예민해져서 예배를 보아도 전 같지 않았다. 예배 시간은 유달리도 길었다. 그의 기도는 똑똑히 알 수 없어도 온 힘을 다해 큰 소리로 계속되었다. 오래고 긴 기도였다. 이러는 동안에 식사가 왔다. 그렇게들 기다리는 식사지만 기도하는 제5 감방에서는 아침 식사도 아랑곳없이 계속 기도만 하고 있었다. 나는 식사를 거의 할 수 없었다. 어찌도 마음이 들떴는지 먹어도 먹는 것 같지 않았다. 오랜 기도 소리도 끝나고 때리고 욕하는 소리도 끝났을 때는 담당 간수가 점검하고 교대하는 시간이 되었다.

간수는 간수장에게 뭐라고 보고를 하고 제5 감방 앞에서 서성거렸다. 일이 어찌되나 하고 감방은 긴장 속에 잠겨들었다. 불안한 분위기 속에 점심 시간이 왔다. 점심을 먹고 나서 얼마 후에 나는 나 혼자 늘 드리는 낮 예배를 시작했다. 찬송을 조용히 입 속으로 부르니 그 뜻이 심각하고 더 간절해졌다.

> 영혼의 해 내 구주여 가까우면 어둡잖네
> 이 세상 구름 일어나 가리지 않게 하옵소서

나는 애처롭게 부르짖는 심정으로 이 한 절을 입 속으로 부르고 시편 55편을 외웠다.

나는 간절한 기도를 드렸다. 호소하며 주님의 도움을 간구하고 애원했다. 나는 그 전도 부인의 심정이 되어서 그가 얼마나 주리고 갈하여서 주님 앞에 자기가 맡은바 증인의 직책을 다하고자 저렇게 결사적인가를 생각할 때 애처롭고 불쌍하다기보다 마음이 타고 설레고 울려 해도 눈물이 나지 않았다.

오후 3시쯤 되었을 때 제5 감방에서 다시 힘있는 찬송가 부르는 소리가 들렸다.

'다니엘처럼 낮 기도를 시작하는구나.'

나는 즉각적으로 그렇게 판단했다. 찬송이 시작되자 오늘 교대해 온 간수가 제5 감방으로 달려가서 고함을 지르며 그치게 하려고 해도 힘을 다해 부르는 찬송 소리는 늠름히 계속되었다. 간수는 고함을 지르고 욕을 하다가 자기의 힘으로 할 수 없어서 사무실로 달려갔다. 간수장이 달려오고 다음 간수도 같이 왔다. 악독한 간수장은 따라온 간수를 시켜서 더러운 걸레를 잔뜩 가져오더니 찬송을 부르고 있는 그의 입에 꽉 틀어막기 위해 뒤로 수갑을 채운 후 입을 벌리고 걸레를 막 밀어 넣는 모양이었다. 소동이 온 감옥 안을 휩쓸었다.

내 마음은 깊은 구렁텅이에 자꾸자꾸 내려가는 것같이 어두워졌다. 나는 하나님께 매달릴 수밖에 없어서 주님 얼굴만 생각했다.

그런데 어느 날 여학생 같은 인상을 가진 젊은이인데 호기심으로 간수가 된 듯한 사람이 왔다. 나는 그의 태도를 보았을 때 무한히 좋았다. 하나님이 벌써 우리 기도를 들으셨구나 하고 위로가 되었다. 그는 여학교 학생 같았다. 나를 들여다보면서 알고 싶은 것이 많아서 질문을 하고는

"스미마셍 오쟈마 이따시 마시때(방해해서 미안합니다)."

라고 인사를 했다.

죄수를 죄수로 대한다는 언사나 태도는 전혀 없고 도리어 내 편이 미안하도록 겸손한 말을 쓰는 것이었다. 얼굴 모양도 못생긴 것은 아닌데 어쩌다가 이런 데 취직을 해 왔는지 그 동기를 알 수 없었다. 그가 무엇을 묻든지 나는 내가 아는 대로 다 가르쳐 주었다. 그는 내 번호를 부르는 것이 너무도 죄송해서

'아노오(저 거시기)' 하고 말을 시작하고 언제나 말끝에는 '대단히 고맙습니다' 라고 꼭 붙이고 경례를 했다. 나는 그가 교대해 섰는 시간이 얼마나 짧고 또 기다려졌는지 모른다. 그는 세 번째 교대 때에는 나를 "선생님" 하고 불렀다. 나는 얼굴이 변하면서

"나는 죄수니까 선생님 하고 부르면 안 되는 거야요. 57번! 하고 불러야 해요."

"당신은 훌륭한 일본어를 하고 또 고등여학교 선생이셨다면서요? 그리고 대신과 국회의원들과도 가깝다면서요?"

"누가 그런 말을 해요?"

"내가 이 형무소에 들어오려고 시험을 치고 났을 때 남자 간수들이 나더러 여감옥에는 거물 여자가 있다고 해서 물으니까 당신의 말을 다 하더군요. 나는 그래서 기어이 당신을 보기 위해서라도 간수가 되려고 결심했지요."

나는 빙그레 웃을 수밖에 없었다. 그래서 농담같이

"그래, 그 거물을 보니 거물 같았어요?"

"그럼요. 먼저 당신의 일본어에 놀랐고 또 당신과 같이 있는 이 사람들이 모두 당신을 얼마나 따르는가 알 수 있으니까요."

"그래 그것만이 다요?"

그는 미소를 지으면서

"나는 당신이 남자였더라면 얼마나 좋을까 하고 생각을 해요. 나는 당신이 그렇게 좋아요."

"남자? 남자였다면 나는 남자 감방에 갇혀서 당신을 보지도 못했을 거요."

"당신 같은 이를 가두어 놓고 이러고저러고 하는 일본의 법률이라는 것을 생각하면 나는 너무 화가 나서 못 견디겠어요. 가두어 둔 그 자들은 그 얼마나 죄가 많고 악한 사람들인데요. 모르는 척하고 있지만 누구나 다 알 것이에요. 그 사람들이 자기들의 못된 것을 알 거예요. 그들은 가두어 두기는 했어도 양심이 찔려서 정죄는 못할 거예요. 그리고 이 여감방 간수장이라는 늙은 여자 말예요. 아이구, 끔찍하고 싫어요. 여우 같아요. 늙은 여우! 그리고 그 눈 보세요. 뱀 같지요. 나는 그 여우가 나를 볼 땐 진저리가 나서, 에이 차라리 다른 직업을 얻고 더 월급이 적더라도 저 여우 없는 곳에 가서 일할 것을! 하고 후회해요."

나는 그의 말을 다 듣고 나서

"당신은 그럼, 내가 죄 없다고 생각해요?"

"그럼요, 무슨 죄가 있어요. 일본 신사에 절 안 하는 것은 우리가 교회에 가기 싫어서 안 가는 것이나 다름이 없는데 그렇다고 교회에 안 간다고 이렇게 가둬 죄인 취급을 할 수 있어요? 더욱이 죄인이라는 당신과 당신을 죄인으로 인정하는 저 간수장을 보면 너무나도 기가 막혀요. 세상이 바로 되었으면 그 여우는 당신의 집 뒷간 청소부나 되어야 해요. 그래도 넘치는 영광일 거예요. 그런데 자기가 뭣이나 된 것같이 당신에게 건방진 태도를 하고 간수장이라고 우쭐대는 꼴을 보니 울화가 치밀고 마음이 상해서 보고 있을 수가 없어요."

나는 그의 말에

"당신 같은 이가 와서 나를 지키는 일도 생기니까 이것 얼마나 좋아요?"

나는 그를 참 반가운 사람이라고 생각했다.

오후 3시쯤 되니 제5 감방에서 다시 찬송가를 부르는 소리가 들려왔다. 이 젊은 간수는 급하게 가서 보고 내게로 급하게 돌아와서는

"저 사람이 왜 저럴까요? 그러지 않아도 간수장의 주의가 있었는데, 만약 방에서 큰 소리가 나면 곧 알리라고 했는데 어떻게 할까요?"

나는 대답이 몹시 궁했다. 보고를 하지 말라고 하면 나중에 으레 알려질 텐데 그것으로 해서 이는 퇴직을 당할 것이고, 보고하라고 하면 그 부인이 또 큰 고난을 당할 것이고, 그만이 고난을 당하는 것이 아니라 나와 제3 감방에 있는 조수옥 씨도 그 얼마나 못 견딜 고통을 다 같이 받을 것인가를 생각할 때 무어라고 말할지 몰랐다. 내가 대답을 못 하고 괴로워하는 것을 보고 그는

"내버려 두겠어요. 몰랐다고 하지요, 뭐. 그 사람은 자기 혼자 노래를 부르고 누구도 해치지 않는데 무엇이 나쁘냐고 그렇게 말하지요 뭐. 틀렸다고 하면 그만두면 되지요. 이런 데 누가 좋아서 일이라고 하고 있을라구요."

그는 자기의 결심을 보였다.

제5 감방에서 들려오는 기도 소리는 속히 끝나지 않았다. 나는 죄는 가슴을 안고 간수가 교대되기 전에 그 기도가 끝나기를 기다리고 있었다. 교대 시간이 되어서 교대 간수가 오는 소리를 들었을 때 나는 제5 감방에 있는 그 부인과 또 이 새 간수의 처지 때문에 마음이 한없이 죄었다. 그러나 교대 간수가 와서 교대되었을 때 기도 소리는 끝났다. 나는 가슴을 쓸어내리면서 안도의 숨을 내쉬었다.

그러나 이튿날 아침이 되자 역시 제5 감방에서 찬송 소리가 들려왔다. 그는 또 아침 예배를 드리는 것이다. 찬송도 한 절만 부르는 것이 아니라 3절 있는 찬송은 3절을 다 부르고 4절로 된 찬송은 4절을 다 부르는 것이다.

일본인 여간수 후지다(藤田)가 사무실에 뛰어가서 몽둥이를 가지고 오더니 제5 감방문을 열고 들어가서 막 때리고 발로 찼다. 뼈만 남은 몸에 그 모진 매를 맞는다는 일은 얼마나 무서울까 생각하니 나는 눈앞이 캄캄해졌다. 기도 소리는 매를 맞으면서도 더 커지고 더 요란스럽게 더 길어졌다.

나의 전신의 신경은 칼날처럼 예민해지고 마음이 불안해서 앉아 있을 수가 없어 마룻바닥에 꿇어 엎드려 주님의 특별한 도움을 간구했다. 오래고 긴 기도가 그 모진 매 속에서 끝났을 때 나는 또 그 부

인이 생각나면서 괴롭기 짝이 없었다. 이렇게 불안감이 아직 다 없어지기 전에 오후 예배를 드리는 그의 찬송 소리는 더욱 크게 들려왔다. 나는 부어 터진 상처를 누가 건드린 것처럼 아이구 소리를 지를 뻔하도록 긴장했다.

드디어 간수가 신호를 하여 여자 간수장과 또 교대하고 쉬던 간수와 남자 간수가 하나 들어와서 제5 감방을 열고 그 부인을 끌어내서 시멘트 복도에 앉혔다. 그대로 찬송을 계속해서 부르는 부인을 남자 간수가 힘찬 손으로 뒤로 수갑을 채웠다. 입에는 긴 막대기를 가로 물려 놓고 노끈으로 막대기를 양편으로 매어서 머리 위에 잡아매고 막대기 사이에 열려진 입 틈에다 걸레를 마구 틀어막았다. 그리고 여간수장은 일본말로 더러운 욕을 퍼부으면서 부인을 미치광이라고 욕했다. 나는 그 모든 추악상을 목격하자 가슴이 메어 터지는 것 같았다. 그래도 그 부인은 기도를 그치지 않고 계속하였다. 기도가 끝났을 때 그 간수의 무리들은 그를 다시 풀어서 저주하고 욕설을 퍼부으면서 감방에 집어 넣고 언제나 소리만 내면 그렇게 다시 입을 막겠다고 협박했다.

저녁 식사 후에 다시 제5 감방에서 찬송 소리가 났다. 이때에는 간수장이 집에 돌아갔기 때문에 감방을 지키는 일본인 여간수가 방문을 사정없이 열고 들어가더니 그 큰 열쇠대로 그녀를 잔인하게 때렸다. 머리를 저렇게 때리면 두개골에 구멍이 나고 깨지고 말 것만 같아서 무섭고 소름이 끼치고 안타까웠다. 지긋지긋하게도 잔인 무도하게 열쇠대로 두개골을 때리는 소리는 뭇 사람의 신경을 모두 곤두세워 소름을 끼치게 했다.

나는 마룻바닥에 엎드려서 기도를 하지만 그 소리가 너무도 진저리가 나서 마음을 졸일 뿐이었다. 그러한 몹쓸 매를 맞으면서도 그 부인의 기도 소리는 더 강해지고 더 길어지고 더 열렬해졌다. 저주와 욕설을 퍼부으면서 사정없이 때려부수는 이 일본인 간수 후지다는 악마 같았다. 나는 떨리고 걷잡을 수 없는 심정으로 밤새도록 엎드린 채 주님 앞에 호소했다. 아침이 되어서 다시 제5 감방에서 찬송 소리가 났을 때에 나는 전신의 피가 대번에 모여서 내 가슴속에 뭉친 것 같았다. 신경이 양편에서 잡아당기는 것 같은 긴장 속에 나는 다시

"주여, 또 견디지 못할 시간이 왔습니다."

하고 엎드린 채 얼어 가는 가슴을 안고 부르짖을 수밖에 없었다.

"예수님, 저에게도
최 선생 같은 용기를 주십시오."

그 부인의 이름은 최덕지(崔德支)라고 제 3 감방에 있는 조수옥(趙壽玉) 씨에게 들었고 또 성경학교의 선생이었고 과부로서 그에게는 장성한 딸이 하나 있다고 하였다. 그는 과부가 된 후에 주님을 사랑하고 주님을 위해 죽기를 결심하고 이 일본인 귀신을 미워해서 죽음으로 항거하는 신앙 태도를 가지고 경찰서에서도 끝까지 이렇게 싸웠다고 했다. 나는 그의 담대하고 강한 신앙 태도를 극히 존경하고 훌륭하게 생각하는 동시에 나와 같이 연약하고 부족하고 적은 신앙자로서는 옆에서 보기만 해도 견디기에 너무 무서운 고통인 것이 안타까웠다.

나도 저분같이 강했으면, 같이 찬송을 크게 부르고 같이 매를 맞고 같이 주리를 틀리고 같이 저주와 욕설을 받고 같이 애썼으면 얼마나 큰 힘이 되었고 위로가 되었겠으며 또 얼마나 큰 이적(異蹟)을 가져올 수 있었을까 하고 나는 몇 번이나 생각하였다.

그러나 그렇게 되기는 별을 따라 가기만큼 불가능한 나 자신을 알았기 때문에 회심(悔心)하는 쓰라림과 애처로운 아픔이 뒤섞여서 나는 지금까지 맛보지 못한 말로 할 수 없는 불안에 떨고 헤매는 것이었다.

물은 크고 둥근 데 담으면 둥글고 큰 물이 되고, 적고 얕은 그릇에

담으면 적고 얕은 물이 되는 것처럼 나는 적고 얕은 그릇인고로 크고 둥글고 깊은 물이 될 수 없는 것이 사실인 것 같았다. 낮과 저녁 3시를 똑같은 태도로 조금도 굴하지 않는 그의 찬송과 기도 소리는 전 감방을 울리게 했다. 때려도 쓸데없고 저주와 욕설도 그를 어쩌지 못했다. 마침내 그는 양손을 뒤로 묶여 쇠로 잠기고 입에 자갈을 물려서 소리도 낼 수 없이 되고 말았다. 아무 저항도 할 수 없었다. 이 죄 없는 최 선생에게 이 악마의 자식들이 하는 행동을 보는 나는 이 원수들을 위해서 무어라고 기도할지 몰랐다. 회개하기를 구하는 것이 당연했지만 나는

"주여 이 사람, 이 악마들이 회개할 수 없으면 이 악한 이들을 먼 데로 옮겨 주시고 예수님과 하나님을 무서워하는 사람들을 보내어 우리를 지켜 주소서."
기도할 수밖에 없었다. 내 자신의 생각으로는 이 악마의 자식들이 모두 독감에 걸려서 자리에 누워서 직장에 나오지 못하기를 바랐지만 차마 하나님께 그렇게 구할 수가 없어서

"주님! 제 생각 같았으면 어떤 것을 원하는지 아시지요. 그러나 주님은 저 악마라도 제가 보는 것같이 보시지 않으실 테니까 우선 좀 먼데로 보내서 최 선생을 저렇게 아프게 하지 못하게 해주세요."

뒤로 두 손이 잠겨 매이고 입에는 자갈을 물고 애처로이 그래도 찬송을 부르고 기도를 드리는 최 선생을 악한 후지다는 당번이 될 때마다 쇠를 열고 들어가서 머리를 사정없이 때리고 구둣발로 차고 저주하는 것이었다. 그러나 다른 간수들은 최 선생이 쇠고랑을 차고 자갈을 물린 만큼 내버려 두었다.

주 간수가 교대해 섰을 때에 나는 주 간수에게 탄원을 해서 제5 감방 최 선생의 방을 들여다보았다. 최 선생은 나를 보더니 얼굴에 반가운 표정을 했다. 나는 그의 모습을 볼 때 놀라지 않을 수 없었다. 나는 그가 거의 다 죽어 가는 몹시 시달려 풀어진 비참한 형세일 줄로 알았는데 그의 얼굴은 비록 입에 자갈을 물려서 흉하게 보이지마는 그 눈은 빛났고 그의 모양과 태도는 백절 불굴의 결심을 말하는

것 같았다.

　나는 끓어오르는 동정심을 가지고 그를 들여다보았지만 그의 태도와 눈빛을 보고 내 마음에 더 큰 존경심과 경의의 눈을 크게 뜰 수밖에 없었다. 그는 뭐라고 말을 했지만 분명히 알아들을 수는 없어도

　"염려 마라, 미안하다."

는 뜻을 내게 전하는 것 같았다. 나는 뭐라고 대답할 말이 없었다. 위로할 말도 없었다. 막 울고 싶은 충격만을 받고 떨어지는 눈물을 씻지도 않고 서 있다가 내 방으로 돌아와서 전신에 맥이 다 빠진 채로 생각이 많아졌다.

　최 선생은 그야말로 매맞아 죽을 것이다. 죽을 때까지 매를 맞아야 하니 그 얼마나 큰 고역인가. 그는 어쩌면 여자로서 그러한 믿음을 받았던가. 그는 매를 맞으며 죽으면서까지 일본 귀신을 대적해서 싸울 것이다. 그러나 그녀는 자기 혼자가 아니다. 그를 붙드신 분이 확실하게 그의 편이시다. 그 빛나는 눈, 얼굴, 태도, 그것은 나를 놀라게 했다. 나로 하여금 그 별다른 것이 이때까지 보지 못하던 그 신기한 무엇을 보게 했다.

　나는 내 미약한 것을 깨닫는 시간에 그와 같이하시는 주님이 한시도 그를 혼자 두지 마시기를 주님 앞에 기도할 수밖에 다른 길이 없었다.

　어느 날 과장이 감방을 순회했다. 그러고 나서 그 이튿날 최 선생의 수갑을 풀어 놓고 자갈도 입에서 치워 버렸다. 최 선생은 매일 세 번씩 찬송하고 성경 외우고 장시간 기도를 여전히 큰 소리로 하였다.

　음악에 예민한 나로서는 그의 찬송 소리가 비록 크고 높아도 아름답지는 않았지만 감명을 주고 복음을 선포하는 나팔 소리같이 들렸다. 그의 기도 소리는 어떻게 유창하고 똑똑한지 모든 죄수들 귀에 여지없이 하나님의 법은 서고야 만다는 것을 아름답고 선명하게 선고(宣告)하는 것이었다.

　그런데 후지다가 오는 날이면 그는 쇠문을 열고 찬송하고 기도하는 그를 전같이 때리고 못살게 굴었다. 매를 많이 맞고 고난이 많은

그를 주 간수에게 부탁해서 가보면 그는 메말라 다 죽어 간 화초에 비가 내려서 다시 살아난 것같이 그의 얼굴은 환하게 화색이 피고 그 눈에는 자신이 있고 그 입에는 화려한 미소가 감돌았다. 세상에는 이런 일도 있을까 싶었다. 최 선생은 겸손하게도 내게 몇 번이나 절을 했다.

나는 서서 들여다보며 고개를 숙여서 절을 해도 그가 마루에서 내게 절하는 것같이 되지 않았다. 나는 그것이 더 괴로웠다. 내 감방에 돌아와서 나는 자책하는 괴로움이 나를 불안하도록 했지만 최 선생의 그 피어 오른 것 같은 가득한 기쁨과 승리로운 힘을 볼 때 주님이 그와 같이하시는 것을 보았으므로 감사하고 기뻤다. 나는 후지다가 오는 날은 종일 무섭고 괴로웠다. 이것이 정말 감옥이었다. 나갈 수도 없고 면할 수도 없고 피할 수도 없는 감옥, 곧 생지옥(生地獄)이었다. 나는 주님께 내 심령이 이같이 눌려서 최 선생이 매를 맞을 때마다 왜 이렇게 괴로운지 이 후지다를 먼 곳으로 옮겨 주시지 아니하면 최 선생보다 내가 더 비참하니 판단해 주시라고 자꾸 부르짖었다. 어느 날 후지다가 감방에 서 있지를 못하고 자꾸 시멘트 바닥에 주저앉는 것을 보았다.

주저앉으면 노곤해져서 그런지 움직이지 않았다. 그러나 최 선생의 찬송 소리만 나면 어디서 힘이 나는지 뛰어들어가서 쇠작대기로 사정없이 때리는 것이었다. 때리고 나서는 시멘트 바닥에 나와서 주저앉아 움직이지 않았다. 이런 일이 얼마 동안 계속되더니 그는 다시 오지 않았다. 나는 주 간수에게 왜 후지다가 안 오는가를 알아보라고 했더니

"후지다는 폐병이 들어서 그만두었다."

고 했다. 그래서 최 선생을 치고 때리고 저주하던 후지다를 영원히 다시 보지 않아도 된 우리들은 개가를 불렀다.

후지다가 폐병이 나서 다시 오지 않는다는 말을 듣고 나는 너무 기쁘고 감사했다. 그러나 그 순간 나는 내게 질문했다. 원수가 회개하기를 기다리시는 주님은 나를 보실 때 어떻게 보실까? 이것이 예수

님, 즉 예수님의 사랑을 증명하는 크리스천의 태도이며 심경일까? 나는 또 부끄러웠다. 부끄럽고 미안하고 그래서는 안 된다고 자기에게 가르치기는 했지만 여하간에 후지다가 폐병 환자가 되었든지, 문둥이가 되었든지 간에 최 선생을 못살게 때려 죽이지는 못하게 된 것을 생각할 때 기쁘지 않을 수 없었고 예수님이 그를 따르는 자들에게 감당치 못할 시험에서 건져 주시는 사실을 볼 때 기뻐하지 않을 수 없었다.

나는 기뻐하면서도 그 어느 구석에 내가 이만치 아직도 나대로 있구나 하는 것을 의식할 때 한심하고 꺼려지고 평안치 않았다. 그리고 나는 이런 나를 아직 가지고 있기 때문에 최 선생같이 담대하지 못하고 두려움이 없는 믿음을 소유하지 못하는 것을 절실히 깨달았다. 동시에 아직도 나라는 것이 살아 있어서 나를 미약하게 할 뿐 아니라 그것이 여러 모양으로 변해서 어떤 때는 인정으로, 어떤 때는 욕심으로, 특히 식욕·정욕 등으로, 어떤 때는 자랑으로, 연정으로, 교만으로, 예속적으로, 법으로, 부정으로, 불평으로, 심지어는 낙심으로 나타나는가 보다.

나는 이 '나'가 완전히 죽으면 예수님과 항상 동행할 수 있으며 그렇게 이 일을 위해서 기도하면서도 용이하게 죽어 없어지지 않는 것이 답답했다.

사기범 전과자

어느 날 우리 감방에는 특별한 죄수가 들어왔다. 젊은 여자인데 얼굴이 매끈하고 머리는 최신식 헤어스타일로 꾸미고 모양과 태도도 교양미가 풍겼고 서울 말씨로 퍽 세련되어 보였다. 그는 들어와서 눈치를 보더니 별로 말을 많이 안 하고 정숙하게 꿇어앉아서 한숨을 쉬었다. 미(美)를 좋아하고 즐기는 나는 머리 모양과 얼굴빛과 교양미가 풍기는 그에게 큰 흥미를 느끼고 또 그를 보는 것만으로도 즐길 수 있는 그 어떠한 반가움을 가지게 되었다. 나는 그를 사랑스럽게 보았다. 그리고 위로해 주고 싶었다. 그는 내가 그러한 태도로 나오는 것을 보고 나서는 더 큰 한숨을 자꾸 쉬었다. 나는 애처로운 생각이 들어서

"12번! 그렇게 한숨이 나오도록 괴롭겠지만 일이 어찌되어서 이런 데 오셨소?"

그는 마지못해 대답을 하면서

"제 말은 아무나 믿어 주지를 않으니 말할 필요가 없어서 말 못하겠어요."

그는 또 큰 한숨을 쉬었다. 나는 더 동정을 하면서

"믿지 않다니, 그럴 수가 있어요? 나는 다 믿을 테니 염려 말고 이야기해 보시죠. 이야기를 하면 가슴이 시원해지는 수가 많으니까요."

그는 기가 막힌 듯이 입을 다시면서

"내가 말만 하면 모두 거짓말이라고만 하니, 글쎄 어떻게 말을 할까요?"

나는 그때 마침 저녁 기도 시간이 되어서 늘 하던 습관대로 찬송을 가만히 부르기 시작했다. 12번은 제법 부르는 음성으로 곧잘 따라서 찬송을 부르며 경건한 태도로 기도회에 참석하였다. 2절을 부를 때도 늘 부르던 솜씨같이 곡조에 맞추어 가사도 틀리지 않게 부르는 것이다. 찬송을 부르면서 나는 이 젊고 예쁜 여자도 크리스천으로서 실수를 해서 여기 들어온 것인가 하고 놀라면서 같이 불렀다. 찬송이 끝난 후 그는 애원하는 태도로

"선생님, 다시 한 번 더 부르면 안 될까요?"

"왜 안 될 리가 있어요? 가만가만히만 부르면 괜찮지요."

그는 따라 불렀다. 그리고 흐르는 눈물을 손으로 닦으며 우는 것이었다. 나는 더욱더 마음이 움직여서 그를 사랑하는 마음이 생겨, 위안해 줄 마음으로 그를 위해서 기도하였다. 또 성경을 외울 때도 그는 열심으로 따라서 같이 외우는 것이었다. 나는 간절한 마음으로 다시 기도를 하고 나서 그의 불행한 사연을 듣자고 했다. 그는 서글픔을 억제하면서 실신한 언사로

"저는 함흥여고를 최우등으로 졸업하고 함흥에서 이름이 높은 부자 가문에서 자란 평양의 부잣집 아들 대학생과 결혼한 지 얼마 안되어서 글쎄 이렇게 잡혀 왔으니 이런 꼴이 어디 있겠어요. 흑!"

그는 말을 채 끝맺기 전에 울음을 터뜨렸다. 나는 하도 딱해서

"찬송을 잘 부르시니 교회에도 나가셨군요?"

"그럼요, 저는 어렸을 때부터 교회에서 자랐어요. 교회가 아니면 어떻게 살아가요?"

나는 그의 이야기가 더 듣고 싶어서 재촉을 할 수밖에 없었다. 그는 그야말로 어이가 없는 듯이

"아이 참, 글쎄 말이지요. 이런 억울한 이야기를 어떻게 다 해요. 기가 막히고 간장이 뒤집혀지는 것 같아서 말을 하려면 눈물만 자꾸 나서요."

그는 눈물을 닦은 후 우리 마음들을 들쳐 놓도록 그의 이야기를 진실하게 하는 것이었다.

"우리들은 결혼을 하고 너무도 사이가 좋아서 더욱이 대학생인 내 남편은 나를 너무 사랑해서 늘 동반하여 다니기를 좋아했어요. 하루는 어떤 화려한 고급 식당에 들어가서 둘이서 재미있게 남이 부러워하는 것을 느끼면서 음식을 먹고 있노라니까 어떤 형사가 오더니 제 남편의 사상이 불순하다고 하면서 잡아가고 저도 남편의 불순한 사상을 옮겨 가졌을 것이라고 하면서 경찰서로 끌려갔어요. 아무리 울며 애걸을 하면서 우리는 그렇지 않다고 해도 기어이 이 감옥까지 보내고야 말았어요."

나와 감방 안에 있는 사람들은 그가 하는 이야기를 듣고 억울하고 노한 마음이 가득해졌다. 나는 12번을 위로하면서 재판이 잘 되면 다 나갈 것이라고 격려해 주었더니 그는 내게 공손하게

"참, 이런 생지옥 같은 감옥에 와서 내가 기절해 죽지 않는 것이 기적 같아요. 그런데 이런 훌륭한 선생님이 계신 것을 보니 얼마나 위로가 되는지 모르겠어요. 선생님이 계시지 않았더라면 저는 벌써 기절을 했을 거야요."

내게 선생님이라고 경어를 쓰며 유달리 공손하게 따르는 것이었다. 그럴수록 나는 그가 더 애처롭고 가여웠다. 그는 말이 적고 조용한 태도로 교육을 받은 좋은 집 자녀같이 공손하고 침착했다. 나는 어떻게 해서 이 젊은 여자의 재판이 잘 되어 속히 나가서 신혼의 꿈을 다시 찾아 가지게 할까 하고 생각하니 마음이 더욱 괴로워졌다.

이튿날, 새 간수가 교대하여 올 때 구리야마 간수가 후지다를 대신해서 다시 감방에 와서 서게 되었다. 나는 참 고맙고 감사하고 반가웠다. 구리야마는 와서 자기 시간이 되었을 때에 감방문을 열고

"자, 운동 시간이니 3분간 마당에 나가서 걷고 오시오."

우리는 모두 기뻐서 마당에 나갔다. 구리야마 간수는 나를 쿡 찌르며 서게 하더니 내 귓속에 대고

"어제 들어온 12번, 조심하세요."

"왜요?"

"그것 사기꾼이고 전과 4범. 굉장한 사기쟁이래요. 차차 이야기해 드릴게."

나는 놀라서 설마 하고 믿을 수가 없었다. 12번은 벌써 눈치를 챘는지 방에 들어서자 슬픈 눈빛을 하면서

"선생님! 저 간수가 선생님께 무슨 말을 하는 것 같은데 제게 대해서 무어라고 했지요?"

유순하게 질문을 했다. 나는 뭐라고 대답할지 몰라 우물쭈물하고 있었다.

"필경 제 말일 거예요. 제가 아주 제일 못된 형사에게 걸려서 나를 제 마음대로 하려다가 그래도 내가 말을 안 들으니까 서류를 꾸미는데 나를 글쎄 사기꾼이라고 그랬다는군요. 저는 사기꾼을 세상에서 본 일도 없는데 어떻게 사기꾼이 될 수 있어요. 형사들은 그렇게 악해서 제 말을 안 듣는 나를 글쎄 그렇게 만들어 놓는군요. 저는 제 남편 이외에는 다른 남자는 어떠한 처지에 있더라도 제 몸을 허락할 수가 없어요. 비록 사기꾼이 아니라 살인죄수로 만들어 놓아도 저는 남편에게 죄가 되는 일은 양심이 아파서 못 해요. 죽는 편이 낫지, 글쎄 어떻게 그렇게 하겠어요. 선생님 그렇잖아요?"

그는 결백하고 진실한 것을 나타내려고 애썼다. 나도 그의 말에 찬동을 하면서

"그렇구말구."

"간수들은 남의 내용도 모르고 형사들이 제멋대로 쓴 것을 가지고 사람을 보는 것 같아서 참 불안하고 무서워요."

나는 그를 안심케 하기 위해서

"무얼 그러겠소. 그저 죄패를 읽고 그렇다고 하는 것뿐이지 사람이야 마음씨에 따라 판단할 것 아니겠어요?"

구리야마 간수와 같이 한날 와서 감방을 지키는 간수는 김(金)이라고 하는 한인 간수인데 그는 그동안 공장에서 지키다가 감방으로 오게 되었다. 이 여자는 천하고 욕심이 많았다. 허허 웃기도 하면서

죄수들의 마음을 사서 자기를 높이고 사랑하게 하고 또 공장에서 물건을 훔쳐다가 제 것을 만든다고 해서 결국 공장에서 좌천이 되어 감방으로 온 셈이었다.

그는 건달같이 흔들거리면서 아주 난잡했다. 나는 그의 말이나 웃음도 싫었고 특히 눈빛이 무언지 음모가 가득해 보여서 진저리가 났다. 그는 간수장 할머니에게 이런 것 저런 것을 사다 주고 그의 마음을 잡아 놓고는 공장에서 무엇이든 도둑질해도 말을 못 하게 만들어 놓았다고 들었으므로 왠지 무섭고 싫었다. 12번은 김에게 유달리 애교를 피우면서 달려들었다. 뭐라고 하는지 김을 불러 가지고 수군수군하니 김은 우리를 다 운동하라고 내보내고는 12번과 같이 무엇을 쏙덕거리며 이야기를 많이 했다.

나는 12번이 김에게 자기의 사정을 말하는 것으로 추측하고는 별로 주의하지 않았고 다른 아무 생각도 없었다. 나는 12번의 말을 무엇이나 그의 말한 대로 믿어 버렸고 사랑했다. 그러던 어느 날 밤에 그는 잠을 한잠도 못 자고 울고 있었다. 나는 너무도 가엾어서

"12번! 왜 이렇게 괴로워해요. 자면 시간이 가는 것이니 자도록 애를 쓰고 참아요."

그는 설움이 복받쳐서 더 크게 울면서

"선생님, 저는 임신중이에요. 애기를 처음 배서 얼마나 단 것이 먹고 싶은지 눈알이 빠지도록 배도 고프고 단 것이 그리워서 잘 수가 없어요. 임신했을 때 이렇게 너무 먹고 싶은 것이 있어 눈알을 잡아 당긴 것 같으면 애기가 나서 소경이 된다고 하던데요. 이 애기가 소경이 되어 나오면 그 일생은 어떻게 할까요. 나는 그것만 생각하면 무서워서 잠이 오지 않으니 애를 써도 소용이 없어요. 잠은커녕 죽고만 싶어서 혀를 깨물고 죽으려고 해도 내 뱃속에서 움직이기 시작한 이 어린것을 생각하니 그렇게도 안 되는군요."

그의 울며 하는 이야기를 들으니 나는 마음이 너무도 아파졌다.

"어린것이 무슨 죄가 있다고 글쎄 일생을 소경으로 나서 살아야 할까요? 죄도 없이 형사놈의 수작으로 이렇게 이런 망측한 곳에 들

어와서 이 귀한 애기를 일생 동안 소경으로 만들다니 어떻게 잠이 들 수가 있겠난 말이에요."

　나는 그 말을 듣고 어린것이 소경이 되면 참 그 얼마나 비참하고 가엾을까 하니 신경이 예민해져서 나도 잘 수가 없었다. 자지도 못하고 서성거리니까 구리야마 간수는 왜 무슨 일로 잠을 안 자고 있는가를 물었다. 나는 벌떡 일어나 쇠문에 매달리듯이 기대서 구리야마와 오래간만에 이런저런 애기를 했다. 구리야마가 교대해서 가고 김 간수가 와 섰을 때 12번은 내게

　"선생님! 선생님은 구리야마 간수하고 아주 친하시군요."

　나는 묵인하면서

　"구리야마같이 순진하고 좋은 부인이 무엇 때문에 이 형무소 죄수지기를 하는지 모르겠소."

　그도 구리야마 간수를 칭찬하면서 그는 이 감옥의 천사라고 불렀다. 나는 그의 말을 들으면서 구리야마같이 좋은 간수를 이 감방에 다시 서게 해주신 하나님께 감사하지 않을 수 없었다. 12번은 내게 매달리듯이

　"선생님! 구리야마 간수는 선생님이 부탁하는 것은 무엇이나 들어줄 거예요. 그렇잖을까요?"

　내 대답을 기다리더니 그는 몸을 비꼬면서

　"선생님은 예수님을 믿으시니까 자애로운 마음이 얼굴에 나타나요. 선생님, 어린것이 세상에 소경으로 태어나서 평생을 소경으로 마친다는 일은 너무도 가혹하고 소름이 끼치는 일이 아닐까요?"

　그리고 눈물을 흘리면서

　"선생님! 선생님만은 이 애기를 소경으로 만들지 않을 수가 있어요. 선생님 말씀 한마디면 이 어린것이 소경이 안 되고 일생을 보통 인간으로 살아갈 수 있단 말예요. 죄도 없는 어린것이 선생님 말씀 한마디에 소경이 되느냐 소경이 안 되느냐가 결정된단 말씀입니다. 한마디만 해주시면 이 애기는 일생을 구원을 받고 예수님도 선생님을 잘했다고 칭찬하실 것이 아닐까요?"

나는 그의 울음에 목이 멘 말을 들으면서

"그게 대체 무슨 말이오. 어떻게 내가 말을 한마디 하는데 그 아기가 소경이 되고 안 되고 하는 것이겠소?"

12번은 눈에 빛이 나면서

"선생님! 과연 선생님은 예수를 진실로 믿는 분이시군요. 그래서 저는 선생님을 정말로 존경하고 흠모해요. 선생님! 선생님께서 구리야마 간수에게 강엿을 사다가 달라고 하면 으레 말을 들을 것이에요. 선생님의 말이라면 잘 듣잖아요."

나는 놀라면서

"12번! 당신은 그게 무슨 소리라고 하고 있소? 이곳이 감옥인데 어떻게 강엿을 사오라고 간수에게 죄수가 그런 말을 하겠난 말이오."

그는 고개를 숙이면서

"그렇지요. 그것은 참 못할 일이지요. 그래 이 어린것이 소경이 되어 나와서 일생을 인간을 저주하면서 세상을 어둡게 살다가 죽는 길밖에 없지오. 소경이 안 될 기회가 이같이 있었는데도 불구하고, 하는 수 없지요."

그는 한숨을 쉬며 낙심했다. 나는 그의 낙심 천만한 태도와 그의 아파하는 눈물과 또 그가 그렇게도 잘하는 말을 생각할 때 정말 내가 구리야마 간수에게 부탁을 하면 강엿을 사 줄 것인가. 만일 구리야마 간수가 거절을 하는 때는 그와 나 사이에 금이 가지나 않을까. 나는 염려가 되었다. 그렇지만 어린 생명이 지금 생기는데 내가 내 형편과 처지를 희생하고 이 어린 생명을 도와서 소경이 안 되게 한다는 일은 나로서 으레 해야 하는 일이고 또 12번이 말하는 것같이 예수님의 마음을 기쁘게 하는 일이 아닐까 싶었다. 나는 그날 밤 한잠도 못 자고 번민하며 생각했다. 규칙을 잘 지켜서 예수인으로서 책잡힐 것이 없도록 하고자 하는 것이 내 노력이었다. 그런데 이같이 감옥 속에 엄연한 법과 규칙을 범하려는 것은 내 양심에 큰 두려움을 자아내고야 말았다. 그래서 나는 어느 것이 옳은지 판단할 수 없었다. 물론 우리 감방 죄수들은 거의 다 반대했고 몇 사람은 모른다

고 했다. 그런데 옆에 있는 사기해 먹고 들어온 중년부인이

"저까짓 년 말 믿지 마세요. 선생님, 저 사람 말을 믿으면 큰 봉변을 당할 겁니다."

나는 깜짝 놀라 어쩌면 이 수인이 이렇게 말할 수 있는가 해서 눈을 크게 뜨고 그를 바라본즉 그는 입을 손으로 씻으면서

"여우가 꼬리가 나올 때가 있지요. 꼬리를 봐야 여우인지 아닌지 아니까요."

모든 사람은 다 놀라고 서로 쳐다보아도 12번은 못 들은 척하고 울기만 하고 있었다. 나는 12번이 울고 마음이 떠서 그의 말을 못 알아듣기만을 바라면서 그 수인의 말을 가로막아 버렸다. 사기 죄수는 혀를 척척 다시고 코웃음을 치면서 말을 더 하려다가 말았다.

나는 12번이 너무나도 가엾어 보여서

"12번, 여기 들어오면 사람들의 마음이 다 작아져서 말도 함부로 나오니까 저 아주머니가 뭐라고 했어도 과히 상심치 말아요. 응?"

그는 놀란 듯이 나를 보면서

"저 아주머니가 뭐라고 했나요? 그 말을 저보고 했을까요? 저는 아무렇지도 않았는데요."

그는 아주 무시해 버리고 말았다. 나는 이 조그마한 방, 더욱이 깊은 밤에 숨소리도 다 들리는 이러한 지경에 그가 그런 몹쓸 말을 듣고도 모른 체하는 것이 놀랍기도 하고 이상하기도 하고 모를 일도 같았다. 나는 무엇이 무엇인지 판단할 수는 없었으나 여하간 12번이 상심하지 않는 것에 안심했다. 그는 다시 크게 한숨을 쉬면서

"선생님, 예수님을 따르는 선생님, 저를 살려 주실 수 있을 때에 살려 주세요. 그 은혜는 꼭 갚을 테야요. 은혜를 모르는 제가 아니에요. 저는 얼마 후에 석방이 되어 나갈 텐데 이 급한 요 며칠을 도와 주시면 일생을 두고 신세를 잊지 않겠어요. 그리고 제 남편과 같이 선생님 집에 찾아가서 선생님이 얼마나 훌륭하게 간수들까지 잘 인도하고 계신지 전하고 이 신세진 사실을 보답하도록 노력을 다하겠어요. 제 부모들도 이 사실을 아시면 절대 가만히 못 계실 것이에요. 이제

두고만 보세요. 제가 나가서 어떻게 할 것을 아시면 선생님은 거짓말 같아서 믿지도 못하실 거예요. 그리고 구리야마 간수에게도 어떻게 가만 있겠어요. 그 열 배라도 갚아야지요. 만일 또 일이 들켜서 간수직을 떼이는 날에는 제가 돌보아 드려야지요. 그만한 힘은 저에게 넉넉하니까요. 차라리 나는 구리야마 간수가 직을 떼이고 우리 집에서 도와 주는 것으로 산다면 더 평안하고 쉬울 거예요."
말을 하는데 그 말하는 언사(言詞)가 모두 그럴 듯하기도 했다.
　나는 그의 말을 하나하나 들으면서 어쩌다가 부잣집 딸이 이렇게 고생을 하게 되었으니 얼마나 기막힐까. 또 얼마나 애가 타면 내게 이렇게 애걸할까. 나는 그가 너무도 불쌍하고 가엾어 마음이 아팠다.
　나는 그래도 어떻게 할지 몰랐다. 그는 한숨 쉬며 배를 쓰다듬었다.
　"너는 기회가 있었어도 구원해 줄 이가 없어서 소경이 되는구나. 소경이 되어 나와서 나를 원망하고 세상을 원망하고…."
　그는 갑자기 악 소리를 지르며 통곡하기 시작했다. 이때 구리야마는 놀라서
　"이게 무슨 일이야?"
하면서 들여다본다. 나는 구리야마에게 말을 하려고 해도 입이 열리지 않았다. 죄수들은 입을 척척 다시며 귀찮아했다. 나는 우는 12번을 달래면서 구리야마에게 모든 사정 이야기를 할 수밖에 없었다. 정직하고 인정이 많은 구리야마는 내 말을 다 듣더니
　"그래서 나더러 엿을 사오라는 거요?"
하고 웃는다. 나는 고개를 끄떡하고 부탁했다.
　"그런 일을 할 수 있을까 모르겠는데요. 다음 당번 날 사오도록 해 보지요."
　그 말을 듣던 12번은 벌떡 일어나서 내게 절을 몇 번이나 하면서
　"선생님, 선생님은 정말로 예수님을 믿으시는 분이세요. 예수를 안 믿으시면 이런 일을 누가 하겠어요."
　그는 기뻐했다. 나도 무언지 큰일한 것 같으면서도 몹시 불안했다.
　구리야마가 당번이 되어 오는 날을 우리들은 불안 가운데 기다리

며, 12번은 생기가 넘쳐 보였다. 구리야마를 기다리는 날과 시간은 유달리 길었다.

구리야마는 당번이 된 어느 날 아침에 와서 점검을 하기 시작했다. 그러나 그는 시치미를 떼고 아무 일도 없다는 듯이 점검만 했다. 나는 내 속으로 그가 엿을 사오는 것을 잊어버렸든지 또 생각해 보고 그만두었든지 했기를 바라면서 그가 감방에 서는 시간을 몹시 기다렸다. 그가 교대해서 섰을 때 나는 엿에 대한 말을 물어 보아야겠는데 마음이 떨려서 말을 할 수가 없었다. 12번은 내게 재촉하면서 구리야마 간수에게 알아보라고 마음이 급해져서 조르는 것이었다. 나는 구리야마가 먼저 내게 말을 건네기를 기다릴 수밖에 없었다. 마침내 그는 내 감방을 들여다보았다. 나는 그의 행동을 예민하게 살펴보았으나 말이 나오지 않았다. 나는 12번이 재촉하는 말이 귀찮아졌다. 그래서 가만히 있으니까 사기해 먹고 들어온 부인이

"선생님, 쓸데없는 일 하지 마세요. 변이 나면 선생님 혼자 코가 떼인다우."

나를 경고하는 눈치를 한다. 나는 그를 자세히 보고 또 12번을 자세히 보았다. 12번은 그 희고 매끈한 얼굴에 미소를 지으면서 공손히 내 처사만을 기다리는 모습을 하고 있고 사기쟁이 부인은 험상한 표정으로 12번을 흘겨보고 있었다. 12번은 둥근 얼굴에 매끈한 흰 살빛을 가졌고 두 뺨은 불그스름하게 연지를 찍은 것같이 분홍색이고 눈도 제법 크고 맑고 오똑한 코와 얇은 입술과 그 속에 가지런히 박힌 예쁜 치아가 모두 서로 잘 조화되어서 흔치 않은 미인이라는 것을 누구나 인정하게 생겼다. 그리고 말을 어찌 그리 정들게 잘하는지 여간한 교육을 받은 사람이 아니고는 이렇게 행동을 할 수 없으리만큼 세련되어 있었다. 나는 사기쟁이 부인의 무례한 언사에 불만했고 12번의 너그러운 태도에 동정이 갔다. 그래서 다음 교대 시간이 되어서 구리야마가 감방에 왔을 때 용기를 내어서 물어 보았다.

"구리야마 간수! 내가 부탁한 것 잊어버렸지요?"

그는 고개를 흔들면서 저리로 갔다. 그래서 나는 12번에게

"좋은 소식일 거야."
라고 말했다.

12번은 너무 좋아서 또 내게 절을 하며 자꾸 고맙다고 했다.

기다리고 기다리던 밤이 왔다. 모든 사람들이 잠이 들었을 때 구리야마는 어린애 주먹만한 시커먼 엿덩어리를 구멍 문으로 주었다. 나는 그것을 받아서 12번에게 주었다. 그는 그 엿을 받자 혼자 다 먹어 버렸다. 나는 얼마나 먹고 싶었던지 와들와들 치가 떨렸다. 그가 엿을 혼자 다 먹는 것을 보았을 때 나는 눈물이 터질 뻔하도록 섭섭했다.

'어쩌면 저렇게 혼자 다 먹어 버릴까?'

그래도 인사로라도 '좀 잡수어 보시죠' 하기를 기다렸지만 그것은 어린애 소경 안 되기 위해서 한 일이니까 더 생각할 필요가 없었다. 화춘(和春)이도 깨어 있었던 모양이다.

"선생님, 어떻게 저것이 혼자서 다 먹어 버리고 인사도 없어요?"

나는 나이 제일 어린 화춘이는 얼마나 먹고 싶을까 할 때에는 가슴이 아프고 한편 깊은 동정이 나서 설움이 터질 것 같았다. 나는 화춘의 손을 꼭 쥐면서

"천국에 가면 엿보다 더 맛있는 것이 많단다. 너와 나는 거기 가서 같이 앉아서 실컷 먹고 이야기하자, 응?"
하고 손을 꼭 쥐어 주었더니 그는 눈물이 나서 코가 멘 소리로

"네. 엿보다 더 맛있는 것이 무얼까요?"

"거기는 엿보다 더 맛있는 열두 가지 실과나무가 있어서 따 먹고 또 따 먹어도 없어지지 않고 그 실과를 먹으면 언제나 정신이 새롭고 마음이 즐겁고 늘 맛이 있어 아무리 먹어도 싫어지지 않는단다."

"먹어서 싫어지는 것이 있을까요. 나는 사람을 잡아먹어도 배가 부를 것 같지 않아요. 먹을 수만 있다면 이 형무소라도 먹어 버릴 것 같아요. 그렇게도 배고파요. 선생님!"

나도 이렇게 배가 고픈데 이 어린 촌 아가씨가, 많이 먹고 일만 하던 소녀가 얼마나 배가 고프고 먹고 싶을까 생각하니 가슴이 쓰리고 괴로워서 견딜 수가 없었다. 12번은 엿을 혼자 먹고 나서는 잠이 들

어서 자는 것 같았다. 나는 좋은 일을 했는지 나쁜 일을 했는지 나 자신으로서는 도저히 판단할 수가 없었다. 12번은 이튿날 또 내게 조르기 시작했다. 한 번만 꼭 다시 떡을 먹게 하여 달라는 것이다. 떡을 먹고 싶어서 이번에는 환장을 하겠다는 것이다. 이미 시작한 일이니 다시 한 번 더 구리야마에게 떡을 사다 달라고 부탁했다. 그는 큰 떡 한 개를 사다 주었다. 12번은 그 큰 떡을 받아서 단번에 먹어 버렸다. 또 얼마나 있더니 그는 다시 엿을 사오라고 또 조른다. 나는 이때에 염증이 나서

"12번! 염치가 있지. 어떻게 구리야마 간수에게 먹고 싶은 것을 다 사 달라고 하겠소? 더욱이 그들의 월급이라는 것은 극히 박봉인데 어떻게 매번 그러한 부탁을 한단 말이오?"

12번은 눈을 홱 돌리더니 나를 딱 바라보면서

"선생님, 한 번 한 사람은 백 번이라도 해야 한답니다. 안 하면 큰일날 줄 모르세요?"

나는 그의 태도와 언사가 그렇게 변해진 데 입을 딱 벌리면서 그의 말이 무슨 뜻인가 하고 어리둥절했다. 그는 늠름해지며 자신 있는 태도로 뻐기면서

"간수가 죄인의 말을 듣고 죄인이 하라는 대로 했으면 무슨 사바사바가 있는 증거고요, 또 엿을 사오라 떡을 사오라 한 당신은 쇠고랑을 차고 매를 실컷 맞고 주리를 틀 거요. 구리야마는 간수직을 떼일 뿐만 아니라 우리 같은 죄인이 된단 말이에요. 아시겠어요?"

그의 예쁜 얼굴은 악마같이 차고 날카로웠다. 그의 온순하던 눈은 독사같이 독스럽고 무서워서 바라보는 내가 뒤로 넘어질 것 같았다. 나는 앞이 캄캄해지며 수천 척 벼랑에서 떨어져 내려가는 것 같은 아득함에 머리가 아찔했다.

나는 문득 에스더서에 나오는 수산도성(水山都城)에 있는 에스더를 생각했다. 모르드개가 보낸 소식, 즉 하아만이 유대인들을 도살하려고 계획한 왕의 인직 공포(公布)를 에스더가 알았을 때 모든 시녀와 같이 금식하겠다고 하고 모르드개에게도 기도하라고 했다. 나는

이 생각이 났을 때 내 가슴속 깊이 잠재해 있는 어떤 힘이 나를 받치고 있는 것 같은 느낌이 들었다.

'이때다. 이것이다.'

나는 내 속에 더 큰 힘이 잠재해 있는 것을 느꼈다.

'일은 일어났구나! 보자!'

12번은 내가 처음에는 놀라고 약해지는 것을 보고는 개가를 부르는 것같이 강해졌다.

"자, 여보. (선생님이 여보가 됐다.) 당신이 구리야마에게 내가 하라고 한 대로 시킬 것이오? 안 그러면 쇠고랑을 차고 몽둥이로 뼈가 부러지고 피가 흐르도록 맞을 것이오? 자, 당신이 교육도 받고 선한 체도 하는데 얼마나 선한 마음이 있어서 구리야마를 건져 주나 보잔 말이오."

나는 입을 딱 다물고 그를 냉정히 보았다. 그는 계속 비굴한 어투로 빈정대면서

"아! 비상한 결심을 했군요. 구리야마를 건진단 말이죠? 즉 구리야마를 통해서 내가 하라는 대로 한단 말이죠? 흥."

우리 감방 죄수들은 주먹을 움켜쥐고 분이 나서 치를 떨었다. 사기쟁이 부인은

"내가 뭐라고 했어요? 보기만 해도 나는 저년을 벌써 알았어요. 눈을 보면 다 알겠는걸 뭐. 지독히 해먹은걸."

나는 나의 떨리는 가슴을 꽉 누르면서 잠잠케 했다.

나는 이런 때에

'자, 예수님이 어떻게 하시는가 보자.'

하고 생각하자 지금까지 경험해 보지 못한 어떤 감이 일어났다. 나는 점점 마음에 여유가 생기며 그렇게 요동하던 폭풍이 단번에 잔잔해진 것을 느꼈다. 나는 벌써 힘이 가득해진 것을 알았다. 구리야마가 우리를 들여다보고 이상한 공기에 곧 불안한 표정을 했다. 나는 그에게 선생에게 하는 태도로

"구리야마 간수! 좋은 일을 희생해서 해주셨으니 내가 믿고 따르

는 예수님이 상금을 주실 것이에요. 벌이 아니고 상금 말입니다."

그는 그대로 불안한 눈빛을 하면서

"왜 무슨 일이 났어요?"

"네, 12번이 자기의 말을 듣지 않으면 간수장에게 구리야마 간수가 엿과 떡을 사다 주어 먹었다고 보고를 한다고 하는데 염려 마세요. 내가 예수 믿는 것은 허공을 치고 천국에만 가겠다고 하는 것이 아니라, 천국에는 죽어서 가지만 이 세상에서도 모든 죄와 악에서 나를 구원해 주시므로 그를 따르는 데 생명을 걸어 놓고 믿는 것 아닙니까? 이같이 믿는 예수님이 판단하실 것입니다. 내게는 힘도 지혜도 아무것도 이럴 때는 정말 없으니까요. "

그를 위로한즉 12번은 도전적이 되면서

"그래 예수님이 나를 죽인단 말인가?"

그 말에 말이 없던 한 죄수가 말했다.

"애 12번, 못된 년아. 네가 짐승만도 못한 인간이라도 너를 사랑하고 도와서 싫은 일이지만 너를 위해 네가 먹고 싶은 것을 다 갖다 먹였는데 이 죽일 년, 네가 어떻게 감히 그러한 입질을 한단 말이냐. 여기 후지다라는 여간수는 예수 믿는 부인을 때리고 구박하다가 폐병이 나서 나간 일을 들어 볼래? 이런 훌륭한 선생님을 무엇으로 알고 쫄렁대는 거야. 이 여우 같은 죽일 년아."

그는 얼굴에 불이 나도록 빨개지며 욕을 퍼부었다. 그리고 그는 12번을 때릴 것같이 흥분했다. 12번은 내가 냉정해지고 구리야마도 자기를 미워하는 눈치를 보더니 이제는 모든 계획이 틀어진 것을 알고

"자, 놀라지 말어. 너희들이 좋아하는 이 57번이 매를 맞고 쇠를 차고 아이구 소리를 지르는 것을 보면 너희도 생각이 달라질 게다."

12번은 아주 악마같이 말한다. 그가 강해지면 강해질수록 내 마음속 깊이 솟아난 힘은 더 커지고 더 확실해지는 것을 느꼈다.

저녁때가 되어서 간수장이 점호를 하러 왔을 때 12번은 무슨 말을 할 듯하다가 끊으면서 간수장이 지나간 후에

"자, 57번. 내일 모레 구리야마 간수를 시켜서 엿과 떡을 사다 줄

거요, 말 거요? 말을 들어 봐야 나도 보고 하려던 것을 연기할 수 있
으니까 말예요."

나는 아무 대답도 안 했다. 그는 구리야마를 부르더니 똑같은 말을
한다. 구리야마는 얼굴이 변하면서 나더러

"저년을 어떻게 할까요?"

나는 냉정하게

"하고 싶은 대로 하라고 하세요. 자, 성경이 우리에게 무엇을 가르
치나 봅시다. 나는 성경밖에 나를 가르치고 인도하는 이가 없으니까
요. 성경은 하나님의 약속인데 약속이 어떻게 우리의 생활을 지도하
시는지 이제 볼 때가 된 것 같아요. 내게는 그 길밖에 아무것도 없어
요. 자, 봅시다."

나는 이 말을 구리야마에게만 한 것이 아니라 12번에게 일러주는
말인 것이었다. 12번은 점점 더 자기 본체를 드러냈다. 앉는 것도 함
부로 앉고 언사도 상스럽고 얼굴도 악마같이 삐뚤어지고 행동이 극
히 교활했다. 어느 누구한테나 욕설을 퍼붓고 음란한 말을 예사롭게
지껄이고 누구나 업신여기고 못살게 굴고 자기보다 나이가 훨씬 많
은 사람들에게도 반말을 하고 함부로 행동했다.

죄인들이 저마다 부러워하던 조그마한 낙원 지소(樂園地所)인 이
제1 방은 단 하룻밤 사이에 폭풍이 일어나서 이제는 폭풍에 꺼져 가
는 등불같이 휘둘러지고 뱀의 떼에 피할 곳이 없는 구렁텅이가 된
것 같은 느낌이다. 나는 결심하고 금식을 시작했다. 3일간 먹지도 않
고 마시지도 않고 주님께 특별한 도움을 구할 수밖에 없었다. 나는
힘을 얻어서 3일간의 금식 중 아무 음식에도 유혹을 받지 않았다. 나
는 긴장해지고 내 믿음은 일단 풀무 속에 들어갔다.

12번은 내 태도가 점점 더 강경해지고 구리야마 간수는 퇴직하면
된다고 겁내지 않는 것을 보고 더 기다릴 필요가 없었던지 어느 날
여간수장이 아침에 점검할 때

"간수장님, 저는 중대한 비밀을 폭로할 것이 있습니다."

간수장은 그 흐릿한 눈을 안경 밑에서 깜박거리더니 간수에게

"10시에 12번을 사무실에 데려가겠으니 그렇게 알라."
고 했다. 나는 가슴이 써늘했다. 구리야마 간수도 긴장했다. 화춘이는 이상한 결심을 하더니
"선생님, 저는 사형을 받았으니까 아무래도 죽을 몸인데 저년의 목을 물고 늘어져 저년도 죽이고 나도 속히 죽었으면 좋을 것 같애요. 선생님, 제가 그년 목을 물고 늘어질까요?"
나는 화춘이를 책망하면서
"너는 예수님만 바라봐야 해. 왜 12번 같은 것을 보는가 말이다. 가만히 있으면 다 일이 잘 될 거야. 염려 마!"
라고 말했더니 말이 없던 한 죄수가
"악마 귀신이 와서 저년을 잡아 물어뜯고 늘어질 거야."
나는 이들의 하는 말이 이렇게 악화된 데 진저리가 났다. 10시가 되어서 12번은 불려 나갔다. 얼마 동안 있더니 우리 방 사람을 한 사람씩 불러냈다. 한 사람씩 불러다가 묻고는 사무실 저편에 모아 놓고, 감방으로 보내지 않았다. 맨 나중에 나를 불렀다.
나는 차분해지는 내 마음에 나도 놀라면서 간수를 따라 사무실에 들어섰다. 사무실 윗자리에는 여자 간수장이 앉았고 그 바로 옆에 남자 간수부장이 앉았고 남자 간수한 사람이 그 옆에 있고 구리야마 간수가 그 건너편에 서 있었다. 12번은 수인인고로 시멘트 바닥에 꿇어앉아 있고 우리 감방 수인들은 모두 사무실 옆방에 모아 둔 것 같았다. 간수장은 그 비천하고 교만한 태도와 언사로
"57번은 감옥의 규칙을 모를 리가 없지 않은가?"
나는 그러나 담담한 마음으로
"네."
하니 그는 거친 소리로
"그렇게 형무소와 감방의 법을 잘 알면서 그것을 범한다는 것은 무슨 일인가?"
나는 서슴지 않고
"내가 만일 교육자뿐으로서 이 감옥에 갇혔으면 12번의 그 안타까

운 요청을 거절하고 감방 규칙을 엄수했을 것입니다. 그러나 나는 교육자로서뿐만 아니라 종교인이라는 점에 어린 생명이 소경이 될까봐 울고 고민하는 태중인 12번의 말을 안 들어줄 수가 없어서 내 신앙의 명령으로써 그랬을 뿐입니다. 나는 이 범법한 결과의 벌을 12번에게 들어서 잘 알고 있으니 처분대로 하십시오."

"57번은 그래 그 엿을 좀 먹었는가?"

"안 먹었습니다."

"떡은?"

"물론 안 먹었습니다. 구리야마 간수의 손에서 받아서 12번에게 주니 12번 혼자서 모두 먹었습니다."

"그럼 아무도 안 먹었나?"

"아무도 안 먹었습니다."

"모두 다른 수인들은 자고 있었나?"

"다 자고 있었지만 12번이 엿을 받을 때나 떡을 받을 때 모두 깨어 있었다고 봅니다. 모두 한숨을 짓고 화춘이는 울었으니까요."

"왜 57번은 안 먹었나?"

"나도 먹고 싶었지만 그것은 내 것이 아니었는고로 먹으려고 안 했습니다."

간수장은 12번을 향해서

"너, 엿과 떡을 누구에게 나누어 주고 먹었는가?"

12번은 미처 대답을 못 하고 우물쭈물했다.

"네가 혼자 다 먹었지? 그래? 혼자 다 먹었지?"

라며 재촉하니 12번은 하는 수 없이

"네."

하고 대답했다.

"네가 다른 사람들과 나누어 먹었다고 해도 그 1방에 있는 모든 수인의 증거가 있으니까 이제야 바른말을 하지."

하니 남자 간수가 벌떡 일어나 굵은 밧줄을 들더니 12번을 사정없이 때린다. 계속 마구 내려치니 등이 터지고 목과 어깨에서 피가 튀어

옷을 적시고 시멘트 바닥으로 흐르고 있었다. 12번은 비명 한 번 지르지 않고 숨소리도 없이 맞고 있었다. 나는 그 광경을 눈뜨고는 차마 볼 수가 없었다. 눈을 감고 몸을 뒤틀며 치를 떨었다. 나는 일본인 경관들의 책을 빌려서 읽었을 때 그 경찰사법 첫 조항이

"고의 없는 행위는 벌하지 않는다."

라고 한 것을 기억하면서 내 감방으로 나와 우리 감방 모든 수인들은 돌아오고 12번은 고문 감방에 갇혀 버렸다. 내 감방 수인들은 모두 12번의 악에 대하여 분개했다.

모두 마음이 시원해진 그들은 조사받을 때 12번이 나를 어떻게 꾀고 움직여서 구리야마 간수의 마음에 호소했는지 그 사실을 낱낱이 고했는데 저마다 똑같은 말을 했다고 했다.

구리야마 간수는 수인의 말을 들었다고 하여 시말서를 써서 사과하고 무사했다. 그러나 싸움은 끝난 것이 아니고 이로부터 시작되었다. 12번은 자기의 가지고 있는 온갖 수단과 머리를 다 써서 김 간수를 위시한 못된 수다쟁이 간수들을 손에 넣어 자기편을 만들었다. 김은 또 구니무라(國村)라는 못된 간수를 꾀어서 모두 한편이 되었다. 뿐만 아니라 이 못된 간수는 죄수 중에 못되고 음모 잘하고 능한 죄수들에게 마음을 사 가지고 모두 한편이 되었다.

본래 구리야마나, 주 간수같이 순진한 간수들을 싫어하고 미워하던 이 못된 간수들은 12번의 무슨 말에 동요가 되었는지 그들은 마음을 같이하고 구리야마와 주 간수와 나를 대항해서 일어난 것이다.

김은 수단을 써서 야미로 간수장에게 떡도 사다 주고 계란도 사다 주고 또 담배와 술도 사다 주면서 그의 마음을 샀다. 하루는 구리야마의 얼굴이 변해서 내게 모든 이야기를 했다.

"그들은 나를 못살게 굴면서 '하! 57번은 부잣집 딸이니까 그래도 뒤에서 무엇을 받은 게 있기에 수인인 그에게 종 노릇을 하지 뭐야' 하면 김은 맞장구를 치며 '그야 뭐 월급 적은 간수에게 한줌 집어 주면 1년 내내 번 것보다 나으니까 누군들 안 좋아할까봐? 그러나 한 때 꼬리만 잡혀 보라지 감방 신세를 못 면하지' '좋지, 같이 57번과

한방에 들어가 있으면' 하는 둥 빈정대는 꼴을 보면 분해요."

그리고 구리야마가 고문 감방을 들여다보면 픽픽 웃어댄다는 것이다. 감방에 또 못된 그 두 간수가 와서 지킬 때는 나는 신경이 극도로 예민해졌다. 그들은 지금 내 위에 권세를 가졌으나 나는 수인인고로 몹시 조심할 수밖에 없었다. 나는 공손한 태도로 언제나 단정히 앉아서 한 틈이라도 책잡힐 일이 없도록 주의했다. 또 나와 같은 감방 수인들도 그랬다.

수인 중에 가장 수단이 있고 억세고 악한 죄수가 13번이었다. 이여자는 나이가 40에 가까운 수인인데 사형수로서 무기를 받았는데어찌 수단이 좋고 머리가 좋은지 전에는 교육을 하나도 받지 않았지만 감옥 안에서 글을 배우고 일도 제일 잘하고 말도 제일 잘해서 부하를 많이 만들었고, 간수들의 마음을 얼마나 샀는지 10년 되던 날에청소부로 뽑혀 나갔다. 그는 자기의 남편이 싫어서 다른 힘센 남자와연애를 하다가 남편을 때려 죽였는데 다 죽은 줄로 알고 끌고 산밑으로 가서 묻어 버리려고 하니 죽었던 남편이 살아나서

"여보, 내가 먼데 가서 없어질 테니 살려만 주시오."
하고 애걸을 하는 것을 다시 그 머리를 바윗돌 위에 부딪쳐서 죽게하고 산밑에 묻어 버리고 집에 돌아왔다는 사람이다.

그는 그 모든 일을 숨기고 모른 척했지만 연인인 남자가 숨어서모든 것을 보고 오히려 경찰서에 고발을 했다. 결국 그 남자가 증인이 되어 사형을 받았지만 일본 천황의 득남(得男)으로 특사를 받아사형이 무기가 되었다.

얼마 전에 김이 무엇 때문에선지 이런 말을 다 내게 해주었고 또다른 죄수들에 대해서도 이러저러한 말을 많이 해준 일이 있었다. 그런데 이제 와서 13번을 끼고 공장에 있는 몇 전과자들과 함께 무엇을 계획하고 수군거리고 밥을 돌리는 일과 청소하는 일 등 모든 말버릇과 태도가 심상치 않고 더욱이 13번이 밥을 들여 보내 줄 때의행동과 태도는 극히 불온했다.

구리야마 간수가 그들을 감독할 때 13번은 극히 반항적이라고 말

했다. 김은 감방에 오면 무언지 살기가 있고 그 마음속에 음모를 하고 있다는 것을 우리 감방 수인들은 똑같이 말하고 있었다. 12번은 고문 감방에서 6호실 독방으로 옮겨졌다. 고문실은 사무실 쪽에 있어서 무엇이 어떻게 되는지 몰랐지만 12번이 6호실로 옮겨 왔을 때는 더욱이 밤중에 그들이 무엇을 하는지는 몰라도 여하튼 김이 당번일 때는 밤으로 무엇인가 분주한 계획을 하고 진행중인 것을 짐작할 수 있었다. 그때마다 운동 시간이 되어 감방에서 마당으로 나가다 보면 12번은 감방 앞 유리문을 열고 승리감 같은 것으로 노려보고 서 있었다. 이젠 구리야마 간수가 밤에 당번이 되어도 함께 대화도 나눌 수 없었다. 그를 감시하는 눈이 있어서 혹시 김에게 재료를 만들어 주는 것 같다고 구리야마는 무서워했다.

이제 이까짓 직장을 그만두고 말려 해도 나와 또 몇몇 좋은 수인들과 정이 들었으므로 자기가 그만두면 악질 간수들과 죄수들이 악독한 여간수장에게 술과 담배를 사다 주어 입을 막아 놓고 어떠한 짓을 할지 모른다고 하는 것이다. 그래서 아무리 못된 죄수들과 간수들이 자기를 향해 음모를 꾸며도 계속해서 와야 한다는 생각이 들고 또 어떻게 된 셈인지 힘이 난다고 했다.

나는 신경이 점점 더 예민해지고 심령은 점점 더 무거워졌다. 먹고 싶어하는 것을 희생을 해서 먹이고 사정하고 위로하고 도와 준 구리야마와 나를 무엇 때문에 저렇게 해쳐야만 하는가. 물론 더 먹으려고 애를 쓰다가 안 되니까 원수로 여기고 못살게 하는지 모르겠다고 구리야마는 걱정했다.

일이 점점 커져서 여감은 결국 두 파로 갈라졌다. 12번과 13번 두 간수를 비롯, 그외에 모든 악한 수인들을 끼고, 어떻게 해서라도 주 간수와 구리야마를 감옥 간수의 직에서 떨어뜨리고, 나에게 쇠고랑을 채우고 욕을 먹일 뿐만 아니라 나를 좋아하고 따르는 수인들에게까지도 쓴 잔을 마시게 하려고 그들은 여러 가지 음모를 꾸몄다.

일이 이렇게 된즉 수인들의 표정도 모두 긴장이 되어 보였다. 더욱이 청소부 네 명과 12번을 낀 이 죄수들은 전과자와 같이 내게 인사한 일도 없었는데 곁눈으로 나를 쳐다보고도 슬쩍 피하는 사이가 되어 버렸다. 그러나 그들의 눈치를 보면 그 중 한 중년 부인의 눈빛은 달랐다. 언제나 나를 들여다보고 어떠한 틈을 타서라도 종이 한 장이라도 더 주려고, 또 일체 말을 하거나 웃거나 하는 일이 없었다.

김은 능청대면서 소제부들을 놀려 대고 그들도 크게 웃게 하면서 아양을 떠는 것이다. 구리야마와 주 간수를 받들 듯이 내 마음속에 붙잡고 그들이 받은 희롱과 학대와 모욕을 내 것같이 받아지는 내 심정은 날이 갈수록 저 밑바닥으로 내려가서 내 신경은 극도로 예민해지고 불안은 안개같이 무시로 내게 휩쓸려 오는 것이었다.

더욱이 못된 간수들이 의기양양해서

"자, 하나님. 하나님 하는 것들이 어떻게 되나 보자. 남자 경관들이나 판사들을 쥐고 놀아 보았어도 이제 누구를 어떻게 해볼라구, 흥!"

나에게 퍼붓는 선전 포고 같은 말에 앞이 캄캄해지는 것이다. 누가 무엇을 어떻게 했기에 이 악한 이들이 이러는가. 무엇을 지어내고 무엇을 말하는 것인지 마음이 몹시 괴롭고 쓰라렸다.

나는 금식을 며칠씩 여러 번 했다. 화춘이도 나를 따라서 금식을 하는데도 이 원수들의 빈정대는 것과 구리야마 간수의 괴로운 얼굴을 보면 불안하기 그지없었다. 나는 피할 길도 없고 나갈 길도 없고 설명할 기회도 없고 전혀 자유가 없는 죄수일 뿐이었다. 지금 내가 앉아 있는 감옥은 과연 철로 싸여진 철구렁 같았다. 소리를 질러도 아무도 들어줄 이가 없었다. 나는 산 채로 깊고깊은 천척 만척 되는 무덤 속에 깊이 파묻힌 채로 나갈 길을 찾을 수 없이 숨을 쉬고 있는 것이 아닌가 하고 생각도 했다. 나는 다윗이 부르짖은 시편 55편을 외우고 또 외웠다.

이렇게 지나기를 얼마 동안이나 지났는지 나는 무척 침착해지고 화춘이는 몹시 수척해졌다.

구리야마가 당번 때 그는 나를 보면 왜 안 먹느냐고 울면서 권했다. 주 간수도 나를 보고 울고만 있었다.

어느 날 이 여감옥에는 큰 광풍이 일어났다. 공장에서는 회사에 있는 어떤 상점들과 계약을 해 원료를 가져다가 이것저것을 만드는데 더욱이 천을 짜는 일과 털실로 각색 스웨터와 내복을 짜기 때문에 각색 털실과 비단실과 무명실이 많았다. 그런데 김은 12번의 코치를 받아 가지고 13번과 또 다른 악한 죄수 몇과 짜고 털실과 비단실, 또 이미 짜 놓은 비단들을 도둑질해 내어 운반하기로 했는데 불행히 같이 음모를 꾸몄던 문지기 간수가 별안간 지키는 위치가 바뀌는 바람에 그 도둑질하던 것이 탄로났다. 남자 간수들과 부장들과 과장이 공장에 들어와 모든 것을 조사하고 죄인들을 심문하고 야단법석이었다.

김은 현장에서 잡혔으므로 곧 구속이 되고, 모두 같이 음모를 꾸몄던 다른 간수도 자기는 모른다고 끝끝내 피하고 죄수들도 그가 억지로 가져갔다고 했지만 모두 벌을 받았다.

그 모든 음모는 12번이 도둑질해서 야미로 팔아다가 김과 잘 먹고 잘 지냈다는 것이 탄로가 났다. 12번은 다시 굵은 쇠고랑을 차고, 구리야마와 주 간수가 도둑질하고 수인에게 뇌물을 받았다는 보고를 한 것이 모두 거짓말이라는 것이 증명이 되었다. 도리어 이들은 시간을 잘 지키고 직장에 충성했으므로 새 구두 한 켤레씩 상을 받았다. 나는 꿈을 꾸는가 하고 입을 벌린 채 할 말을 몰랐다. 나는 참 기뻤다. 나는 하나님 앞에 어찌 무안스러운지 부끄러워서 웃기만 했다.

이제야 모든 긴장했던 신경이 풀려 눈물이 자꾸 나와서 울기만 했다. 나는 이제는 제법 큰 소리로 찬송도 부르며 감사도 하게 됐다. 예배도 좀더 마음을 놓고 여유 있게 드릴 수 있었다. 3방에 있는 조수 옥 씨도 몹시 시달렸었다.

"나 이제 생명 있음은 주님의 은사요…"

하는 찬송이 3방에서 들려왔다. 우리는 모두 기쁨이 터지고 즐겁고 고마웠다.

사 과

　나는 몸이 몹시 약해졌다. 너무 자주 금식한 연고인지 내게는 손가락 하나 움직일 힘도 없는 것 같았다. 내 속에서 무시로 주리를 트는 것같이 아프고 괴로운 것이 점점 더 심해졌다.

　'사과!' 사과가 그렇게도 먹고 싶었다. 시원한 사과를 한입 '뻐지직!' 하고 물어서 그 시원한 단물을 혹 들이마시면서 버적버적 깨물어 먹으면 얼마나 좋을까 하고 생각했다.

　나는 눈을 감고 하나님이 지으신 천지 만물을 그려 보았다. 그 모든 것이 내게 이 시간에는 사과 한 알의 가치와 비길 수 없는 것 같았다. 내게 만일 만원의 돈이 있어 사과 한 개가 만원한다 할지라도 나는 그 사과 한 개를 사기 위해서 내 재산 전체인 만원을 주고 샀을 것이다. 사고 나서도 후회하지 않을 것이다. 내가 만일 이 세상에서 가장 귀한 보배를 가지고 있는데 누가 와서 사과 한 개와 바꾸자고 하면 나는 그 한마디에 곧 바꾸어 먹었을 것이다. 그 순간 나는 소리를 질렀다.

　"예수님이여! 그렇지만 나는 그럴 듯한 사과 만 개를 누가 주겠다고 예수님 싫어하시는 신사참배를 하라고 하면 나는 절대로 절대로 그 사과를 단번에 차 버릴 것입니다. 주님 싫어하시는 일은 사과를 차에 하나 실어다 주어도 안 하겠어요. 나는 그만치 당신을 사랑하는 것이야요."

사과라는 것이 그렇게도 그립고 그렇게도 먹고 싶어서 견딜 수 없어서 내 머리와 가슴과 온 오관(五管)에서는 사과를 달라고 아우성치고 주리를 틀고 고문을 하는 것이었다. 나는 이러한 강한 욕구에 어지러워지는 내 심령을 부둥켜안고 기도를 드렸다.

"이 우주 만물을 만드신 하나님, 사과나무도 인간을 위해 주신 아버지여! 저의 육체가 이렇게까지 주리를 틀며 사과를 먹겠다고 이 야단인 것이 보이시지 않습니까? 사과 한 개만 보내 주셔야겠습니다. 사과 한 개라는 것은 너무도 내게는 중대합니다. 이것이 먹고 싶어서 눈은 당겨지고, 신경은 비틀어지고, 피는 더 말라 가고 살은 더 쪼들려 드는 것 같습니다. 이것의 필요성이 어떠한 정도인 것은 이 세상 모든 사람들은 한 사람도 알지 못하나 당신만은 아실 것이 아닙니까? 나는 길도 모르고 방법도 모릅니다. 내게 사과 한 개만이 필요할 뿐입니다. 예수님! 인정을 가지셨던 예수님! 떡 달라고 하는 이들에게 돌을 안 주시겠다고 하신 하나님, 예수님! 내게 사과 한 개만 보내어 주시옵소서. '무엇이든지 내 이름으로 구하라 그리하면 이루리라' 하신 약속의 말씀에 의해 예수님 이름으로 간구하옵니다. 아멘."

나는 기도를 드린 후에 대체 이러한 세상에서, 더욱이 감옥에서 어떻게 사과가 구해질 수 있을까 하고 생각하니 그것은 불가능한 일이라고밖에 더 생각할 수가 없었다. 그렇게 생각되는데도 불구하고 사과가 먹고 싶은 욕구는 더 깊어지고 더 심해만 갔다. 나는 아프고 저려 드는 지체를 웅크리고 고민하며 애원했다.

"예수님! 제게 무슨 상급이 있습니까? 저를 위해서 무슨 상급을 주시려고 생각하시며 준비하십니까? 무엇을 계획하시든지 그것은 다 그만두시고라도 지금 이 시간에 나를 위해서 사과 한 개만 먹게 해 주옵소서. 이 사과 한 개의 가치는 장차 그 어떠한 상금보다 나에게는 급하고 중대한 것을 아셔야겠어요. 주님이 나를 위해 금면류관을 준비하실 계획이 있으시더라도 내게는 그런 것보다 지금 이 시간에 사과 한 개가 더 중하고 귀하다는 것을 알아주소서. 만일 주님께서 저를 위해 굉장한 자리를 준비하셨다면 그것은 지금 이 시간에 내게 있어서 사과 한 개의 가치만도 못하나이다. 만일 주님이 저를 위해 금광을 수없이 준비하셨다 해도 그것들은 제게 있어서 이 시간 아무 흥미도 희망도 일으키지 못합니다. 이 우주를 나를 위해 지으셨더라도 지금 내게 사과 한 개를 먹을 수 없는 우주일진대 무엇이 내게 아름다우며 기쁨이 될 수가 있겠습니까? '사과 한 개!' 나는 이것이 이 시간에 내게 주실 주님의 상급일 것이고, 주님께서 나를 기쁘게 해주시는 증거가 되겠습니다. 저를 사랑하시는 주님의 증거가 없이 이 연약한 여종이 어떻게 이 강력한 원수에 대해 항거하고 접전해 이길 힘이 있겠습니까? 내게 힘을 주시고 내게 증거를 주시고 내게 사과를 먹게 해주시옵소서. 내 지각으로나 가치로 생각할 때 이것은 불가능하지만 주님은 무(無)에서 말씀으로 유(有)를 지으사 만물을 조성하시지 않았습니까? 예수님, 내 주여! 사과를 먹게 하여 주옵소서. 당신의 언약의 말씀과 그 사랑의 이름 받들어 빕니다. 아멘."

이렇게 간구하고 나니 내 마음도 점점 부드러워지고 그 안타깝게 갈급하고 주리틀던 사과욕은 웬일인지 날이 갈수록 약해져 갔다.

그러던 어느 날, 마침 이날 주(朱) 간수가 교대를 하면서 구리야마에게

"오늘 사과 배급 준다 해서 사무실에 가서 알아보니 다 썩은 사과래요. 썩은 사과를 배급받아서 무얼 해?"

한다. 구리야마는

"우리에게 배급된 것 무엇이 좋겠소. 좋았으면 소장 과장들이 모조리 먹어 버렸을 것인데."

나는 이 말을 듣고 군침이 나왔다. 나는 곧 주 간수를 붙들고

"여보, 정말 썩은 사과 배급이 나와요?"

"썩은 사과니까 줄 거 아뇨."

한다. '옳다, 됐다' 하고

"그래 얼마나 주는가요?"

"암만 준다면 썩은 것을 무얼 해요?"

나는 주 간수에게 달려들 듯이

"썩은 사과 배급받아 오세요. 네?"

그는 눈치를 챈 것같이

"썩은 사과 먹으면 병이 난다고 다 집어 내버릴 텐데요."

"여보 주 간수! 그 내버리는 썩은 사과 한 개가 내게는 이 천지만큼 가치가 있다고 생각해요. 내게 그 썩은 사과 한 보따리 가져다 주세요. 정말이야요. 나는 이러한 부탁을 하리라고 전혀 생각 못 했는데 나는 지금 결사적이야요. 내게 그 썩은 사과 한 보따리 곧 가져다 주세요. 정말이에요."

"그것 참 쉬운 일인데 그것 못 하겠소. 내 힘껏 가져올 수 있는 대로 가져올게요."

나는 이 말을 들을 때 내 영혼이 공중에 훨훨 나는 것 같았다. 너무도 좋고 너무도 기쁘고, 아! 좋고 좋고 좋아서 어쩔 줄 몰랐다.

구리야마가 교대해 왔다. 내가 춤을 들썩들썩 추고 노래를 부르고 장난을 하고 거꾸로 서고 별짓을 다하니 구리야마는 놀라서

"이거 웬일이오?"

한다. 나는 더 신이 나서 더 까불며 좋아서 춤을 자꾸 추었다. 나를

이상히 보고 있는 구리야마가 나를 미쳤나 생각하는 것 같아서 다시 정상으로 조용해졌다.

"아! 사과! 하나님이 만드신 식물 중에 최고다. 은과 금은 썩은 사과만도 못해요. 사과가 피조물 중에 최고야!"

나는 사과를 그렇게 높이 평가했다. 구리야마는

"사과도 먹을 만한 사과야지, 다 썩은 게 뭐 그리 먹을 것 있겠어요?"

나는 눈을 부릅뜨고 구리야마를 바라보면서

"여보, 구리야마 간수. 아무 다른 말을 말고 그 썩은 사과를 보따리로 가져올 수 있는 대로 다 가져오란 말이오. 그래서 그것을 나를 주세요. 나는 그것을 우리 감방에서 나눠 먹고 3방과 5방에도 좀 줄 거예요."

우리는 결국 사과를 먹는다고 기다렸다. 부탁대로 구리야마와 주 간수는 교대해서 한 보따리씩 얻어 놓았다고 내게 말했다. 사실은 한 사람분이 여섯 개씩이었는데 얼어서 물이 줄줄 흐르므로 여러 간수들이 가져가지 않아서 마음대로 한 보따리씩 가져다 사무실에 갖다 놓았다고 했다. 우리는 밤이 오기를 기다렸다. 기다리는 시간인지라 밤이 되는 것이 그렇게 오래였다. 깊은 밤이 되었을 때 구리야마가 그야말로 한 보따리의 냄새가 굉장히 좋은 언 사과를 가지고 와서 구멍문으로 들여보내 줬다. 우리는 둘러앉아서 막 먹어댔다. 얼어서 물렁물렁한 사과는 입에 넣자 물마시듯 넘어갔다. 어찌도 맛있고 훌륭한 사과였는지….

"아! 주님이 지으신 냄새 중에 이 사과 냄새가 최고다."

나는 손으로 움켜서 입에 자꾸만 넣었다. 그렇게 맛있게 잘 먹는 나를 보고 모두들 좋아서 웃기만 하고 족히 나를 따르지는 못했다. 삽시간에 한 보따리 되는 사과는 다 없어졌다.

주 간수가 교대하면서 자기가 받아 놓았던 사과를 또 가져왔다. 구멍문으로 들어오는 물이 줄줄 흐르는 썩은 이 사과야말로 이 천지에 하나님이 지으신 실과 중에 가장 아름답고 가장 사랑스럽고 가장 고

귀하고 가장 가치 있는 것으로서 느껴졌다. 우리는 모두 삽시간에 먹어 버렸다. 내 뱃속에는 적어도 4,50개의 사과가 들어갔을 것이다. 아! 사과물 맛보다 좋은 것이 세상에 또 있을까? 내 뱃속에는 사과 향기가 가득해졌구나.

나는 너무도 좋고 기뻐서

"주님! 왜 당신은 나를 이렇게까지 좋게 해주셔야 했습니까. 한 개의 사과만 주셨어도 만족했을 텐데 배가 차도록 채워 주셨으니 말입니다. 머리와 가슴을 내리누르고 내 영혼의 주리를 틀던 악령의 사자들을 치워 주시고 또 내게는 이 큰 상급으로 사과를 많이 먹게 해주셨으니 이 사과는 얼고 썩은 사과였으나 생생하고, 다른 이들이 좋아먹는 그런 사과보다 그 얼마나 가치 있는 것인지 모릅니다."

세상에 부자들은 제일 좋은 사과를 먹어도 맛이 없다고 잘 먹지도 않는다. 가난한 이들과 예수를 믿고 주의 뜻을 좇는 이들의 가정에는 무엇이나 다 맛있는 것이 아닌가. 똑같은 음식에도 내 부친 집에 가면 음식이 맛이 없어서 나는 늘 굶다시피 했다. 죄악에서 사는 그들의 혀에 맛있는 것이 있을 수 없어서인가. 내 어머니와 가난한 집의 음식이 그리 맛있었다. 주님이 먹게 하시고 축복해 주신 것이기 때문인가 싶다. 그렇게 맛이 있을 수 있나!

으레 배가 고프면 맛없는 것이 없다고 하지만 진실로 이 썩어 문드러진 사과는 천국의 실과와 같았다.

나는 찬송을 절로 부르며 어깨춤을 추었다. 이 어깨춤이라는 것이 참 묘하다. 나는 선화에게 어느 날 춤을 한번 추라고 하니 자리가 좁아서 출 수가 없다고 어깨춤을 추는 것을 보았다. 그 어깨를 들썩거리며 곡조도 멋대로 지어서 어깨춤에 맞추어 보니 흥이 나는 게 여간 아니었다.

나는 최권능 목사가 한참 찬송을 부르며

울어도 못 하네 눈물만이 흐르되 겁을 없게 못 하고
죄를 씻지 못하니 울어도 못 하네

십자가에 달려서 예수 고난 보셨네
나를 구원하실 이 예수밖에 없네

이 찬송 마지막 절에 "믿으면 하겠네 구주 예수만 믿고" 하면서 벌떡 일어나 춤을 훨훨 추면서 양팔과 어깨를 들썩들썩하며 얼굴에 기쁨이 가득해져서 울며 웃으며 추던 춤을 생각했다. 그리고 나도 어깨춤을 추면서 내 사랑을 주님께 고백하며 기뻐하면서 또 문득 내 어머니를 생각했다. 예배를 보면 꿇어앉아서 치마로 발이 보이지 않도록 가리고 정성을 모두어서 경건하고 거룩되게 기도를 하며 찬송을 부를 때도 공손하게 두 손으로 찬송가를 붙들고 부르고 한 절이나 두 절을 부르든지 셋째 절을 빼고 넷째 절을 부르든지 하는 일 없이 다섯째 절이건 여섯째 절이건 모두 다 불러야 했고, 성경을 볼 때도 두 손으로 경건히 받쳐 들고 한 자씩 똑똑하게 읽는 것이었는데 나같이 외람되게 어깨춤을 들썩거리며 찬송가에도 없는 찬송을 지어서 제멋대로 부르는 내 꼴을 보면 어머니는 이마를 찌푸리지 않을까 하고 생각했다.

나는 한국 고대춤을 좋아했다. 이런 레코드가 많아도 사올 수가 없었다. 어머니는 한국 고전 노래를 내가 입으로 흉내를 내면 그것을 곧 집안에 씻지 못할 수치로 생각하는 까닭이다. 내가 언젠가 한번 친구네 집에 간즉 그 집에서 '흥부 박타령'이라는 창을 들었다.

어찌도 멋이 있고 흥이 돋던지 그 테이프를 빌려 가지고 왔다. 나는 언제나 오페라 새 판이 도착되면 곧 사다가 그것을 외울 때까지 돌려서 기어이 그 곡조를 다 외워 버리고 마는 버릇이 있었다. 어머니는 오페라가 무언지 늘 외국어로 하니 전혀 이 일에는 별로 그럴 듯한 의견을 말하지 않고 그것은 그저 신식 음악인가 보다 하고 타이르려는 아무런 눈치도 없이 지내왔다. 그러나 내가 이 '흥부 박타령'을 빌려 와서 레코드 판에 돌린즉 어머니는 눈이 둥그레지며 큰일이나 난 것같이

"얘얘, 이게 무슨 소리냐?"

하고 야단이 났다. 나는 설명을 하려고 해도 어머니는 여하간에 그치라는 것이다. 아무리 설명을 하고 이 박타령은 흥부가 좋은 사람으로서 상급을 받은 참 기쁜 노래라고 설명을 해도 그런 종류의 음악이 집에서 들리면 그것은 천하고 부끄러운 일이라는 것이다.

그래서 나는 장마비가 쏟아질 때 두꺼운 이불을 쓰고 레코드를 이불 속으로 가져다가 거기서 들었다. 땀을 흘리며 숨이 막히도록 답답한·데서도 그것을 듣고 배운 일을 생각했다.

어서 속히 그 판을 돌려주라는 어머니의 명령에 일주일간 빌린다는 약속보다 빨리 돌려보내 주면서 나는 그 집에서 '춘향가(春香歌)'를 들었다. 그 중 춘향이와 이도령의 이별가는 오페라처럼 예술 가치를 느끼게 했다. 이렇게 가슴에 부딪쳐 오는 한국의 고전 음악에 대해서 왜 음악가들은 이것을 멸시하는가.

나는 큰 매력을 느끼고 좀더 듣고 싶었어도 주위 환경에 의해 사양할 수밖에 없었다. 그러나 나는 이러한 고전창(古典唱)을 주님께 드리는 가사를 지어서 맞추어 부르면 참 멋이 있으리라고 생각했지만 오페라는 얼마든지 흉내를 낼 수 있어도 이 고전창은 도저히 음성이 그렇게 되지 않아 따라 부를 수가 없었다. 그래도 비슷한 흉내만 내어도 흥이 났다. 이러는 동안에 봄이 지나가 버렸다.

곤충 떼들과 여러 가지 생각

12번에 대한 이야기는 구리야마 간수와 주 간수를 통해서 자세히 들었다. 조서에 기록된 이 젊은 여자는 함흥에서 전당포를 하여 고리대금하는 집에서 태어나 그 부친의 간교하고 포악한 성품을 타고나서 소학교를 다니며 매력 있는 말로 선생들 사이에 이간을 붙이고 싸움을 일으키고 결국은 졸업도 못 했다 한다. 또 그 우수한 재능과 말로써 어떤 여자중학교에 입학을 해서 선생을 유혹해 그 선생도 퇴직을 시켰다. 그때부터 본격적으로 나서서 사기치며 다니다가 붙들려서 징역살이를 했다.

그러나 미성년인고로 단기간의 징역을 살고 나가서는 더 악해지고 더 교묘해져서 취급 경관도 유혹하여 같이 도망가는 일들을 예사로 했다고 한다. 그리고 그의 경험으로 제일 이용하기 쉬운 길을 발견했는데 그것은 교회에 가서 믿음이 있는 신자들을 유혹하고 이용하고 속여먹는 것이 가장 후환이 없고 제일 쉽고 제일 안전하다고 했다고 한다.

그는 찬송가도 많이 알고 또 성경에도 익숙했다. 그래서 나를 속여먹는 데는 아무것도 아니었다. 남자는 경관이나 간수나 검사나 판사까지도 얼마든지 속이고 마음대로 할 수 있지만 어느 형무소에서든지 여자 간수장만은 속여먹기 힘들고 속지도 않는다고 했다. 제일 처치 곤란하고 방해꾼이고 힘든 것은 사기꾼들이라고 했다.

징역을 3년 반 선고받았는데 그는 언제나 감방이나 공장에서 너무도 사건을 많이 일으켰다. 공장 안은 미움과 싸움과 암투가 벌어졌고 악한 편이 너무 강해서 순하고 좋은 죄수들은 탄식과 억울함에 못살겠다고 구리야마 간수와 주 간수에게 탄원할 뿐이었다. 그는 사내아이를 낳아서 업고 일을 하게 하였으나 일은 안 하고 문제만 만들어 내는 데 전력을 다했다고 한다.

무더운 여름이 왔다. 여름이 되니 똥통이 방안에 있는 탓에 그 냄새를 맡고 달려드는 파리 무리는 사정없이 사람도 물어뜯었다. 쉬지 않고 손을 놀려서 파리가 몸에 붙지 않게 해야지 그렇지 않으면 막 물어뜯겼다. 나는 이같이 많은 파리와 종일 싸우면서 애굽의 재앙 중의 파리 재앙을 능히 상상할 수 있었다.

그러나 밤이 되면 더 무서운 전쟁이 일어난다. 모기는 모기대로 빈대 떼는 강하게 수없이 떼를 지어 막 쏟아져서 누워 있으면 얼굴, 몸, 눈에까지 천장과 벽에서 떨어져 막 물어뜯는 것이었다.

빈대는 나를 물지 않는 것으로 믿었던 내게도 피는 안 빨아도 우선 막 물어뜯는 것이었다. 내 피는 빈대들에게 맞지 않는지 먹지는 않고 나를 물어뜯는 빈대는 비틀거리며 왔다갔다하다가 빠져 나가고 또 들어오곤 했다.

피를 막 빨아 먹는 빈대들은 탱탱해지고 몸이 무거워서 다치기만 하면 터져서 피는 마루와 옷에 수없이 묻는다. 그리고 빈대들은 어찌 빠르게 다니는지 가만히 있어 보면 미친 군대들과도 같았다. 너무 늙어서 털이 나고 희어진 빈대의 이빨은 사납기가 동침대 같았다.

또 작은 빈대들은 먼지같이 작은데도 어찌 행동이 신속하고 예민한지 금방 손으로 문질러도 어느 틈에 피해 버린다. 이 빈대를 타는 이들은 새벽이 되어야 잠이 들어서 낮에 자려고 해도 파리 때문에 잘 수 없는 형편이다. 감옥이라는 곳은 춥고 배고픈 것만이 고통이 아니고 동료 죄인들에게 받는 고통도 고통이지만 이 피 빨아먹는 것들에게 당하는 고통은 사회에서는 못 볼 기형적 고통이다. 그런 중에도 배고픈 것은 가장 큰 설움이다.

저마다 말하기를 빈대 벼룩과 파리와 12번 같은 수인이 더 많이 있더라도 먹고 싶은 것만 한끼 잘 먹으면 만족하겠다는 것이다. 나는 그들의 의견을 듣고 그러면 나는 어떤 상태인가 생각했다. 그러면서 나를 살펴볼 때 나는 이 다른 수인들이 갖지 않은 또 별다른 고통이 내게 있었다.

한 달에 한 번씩이라도 푹신한 햇솜 이불을 덮고 잤으면 하는 생각과 정기적으로 매월 나는 아랫목이 그리워졌고, 또 그때가 되면 유달리 단 것과 신 것이 먹고 싶어서 그야말로 눈알을 잡아당기는 것 같은 고통을 받았다. 또 그뿐 아니다. 나는 화식과 양식이 몹시 먹고 싶어 눈물이 났다. 나는 벽돌과 기와색밖에 눈에 보이지 않는 이 감옥에서 아름다운 색깔이 그립도록 보고 싶었다. 푸른 하늘을 쳐다보며, 그 안에 떠다니는 흰구름을 보는 것이 습관이 되었는데 그것만으로는 내 주린 신경을 채울 수가 없었다. 나는 또 연한 색깔, 진한 색깔, 가지각색 색깔이 그리웠다.

가을 들녘에 피어 있는 연보라빛 들국화와 봄철에 장독대 연안으로 연연하게 피어 번지는 갖가지 색깔을 가진 채송화와 또 각색 빛을 가지고 피는 꽃들, 무성한 푸른 나뭇잎들이 작은 녹색 연두색 연초록색 등….

나는 이런 데까지 주리고 목말랐다. 그리고 나는 또 음악에 굶주렸다. 유명한 심포니를 가을밤 달빛 아래서 들으며 보지 못한 유럽의 땅, 미지의 외국 도시, 외국인 그 사회, 가정들을 상상해 보면서 하나님이 그 어떠하신 취미와 마음으로 그 모든 것을 그렇게 다르게 오묘하게 지으시고 보존하시는가를 생각하니 감개 무량하여 울었던 일도 생각난다. 아름답고 장엄한 심포니, 피아노, 바이올린, 첼로 등등…. 가슴을 들추고 감정을 북돋우는 좋은 오페라, 아름답고 듣기 좋은 현대 노래, 드디어는 동요나 유행가라도 좀 들었으면 했고, 가슴이 저리고 부시고 안타깝도록 그리운 음악은 특별한 날의 찬양대의 음악이었다.

언젠가 모든 교회가 연합해서 남산제일교회(南山第一敎會)에서 찬양음악회가 있었다. 그때 부르던 할렐루야 코러스, 주의 영광 등 나는 고성 소프라노 파트를 큰 음성으로 화려하게 부르며 다른 파트들의 뒷받침을 받아 인도하는 격에 소프라노 소리를 어떻게 그리 찬란히 불렀을까?

노래를 부르며 그렇게 좋고 즐거웠던 일, 그렇게 장하고 기쁘던 일, 그렇게 굉장하고 아름답던 찬송, 아! 그리고 수천의 군중이 "예수의 이름 권세여 엎디세 천사들" 하고 땅이 진동하고 교회당이 하늘에 오를 듯이 울려 퍼지던 찬송 소리, 아! 나는 어렸을 때 온종일 노래를 부르는 바람에 할머니가 그치라고 야단을 해서 언제나 지붕 위 기왓장에 앉았거나 서서 노래를 실컷 부르던 일을 생각했다.

그리고 8월 추석이나 2월 한식에 가족들이 먹을 것을 사환에게 지워 가지고 성묘하러 갈 때 따라가서 무덤에서 우는 여자들의 소리가 가슴에 스며들도록 감명 깊고 또 듣기가 좋아서 언제나 따라가서 소나무 위에 올라가 앉아서 울음 소리를 듣고 나도 울고 또 즐기기도 한 것도 여실히 생각났다. 여자들은 구슬피 울고 남자들은 아이고 아이고 음성만 내고 있는 그 소리는 넓고 텅 빈 산중에 울림이 되는 것이었다. 할머니가 살았을 때는 며느리들을 못살게 해서 며느리들은 어깨를 못 펴고 살았다 한다. 그런데 며느리들, 삼촌, 어머니들이 할머니 무덤에 가서 그렇게 슬피 운다는 일은 이해하기 힘들었다.

무덤에서 돌아오는 길에 나는 유모에게 물어본 일이 있었다.

"할머니가 살았을 때 그리 못살게 했다는데 유모들과 숙모들은 할머니 무덤에서 왜 그리 슬피 울어요?"

빙그레 웃는 유모는

"할머니를 생각해서 우는 것이 아니라 세상 살기가 모두 귀찮고 서러운 일이 많으니까 그 핑계를 대고 속이 시원하도록 울어대는 것이지 뭐."

나는 그 말이 귀에 박혀서 잊지 못했다. 집에서는 울 수가 없으니 한식이나 추석에 성묘하러 간 길에 무덤에 엎드려 자기 신세, 자기 설움을 터뜨려 놓고 쌓였던 설움을 실컷 울어 버리는구나!

내 어머니는 울지 않았다. 나는 어머니가 우는 것을 보지 못했으나 매일 새벽에 일어나서 기도한 뒤의 어머니 얼굴에는 기쁨이 가득하면서도 눈은 언제나 젖어 있었다.

나는 처음에는 염려했으나 그는 "너무도 감사해서"라고 했다. 예수를 믿게 된 것이 그렇게도 감사했다는 것이다. 집에서 명절을 준비할 때나 무슨 특별한 일이 있어서 음식을 준비할 때 넓은 마당에 짤을 치고는 지짐을 부치고 그 옆에서는 맷돌을 갈고, 밤을 칼로 쳐 다듬고, 한쪽에서는 과줄을 튀기고, 또 그 앞에서는 약과를 지지고 또 사람들의 소리와 음식 만드는 각색의 소리가 무언지 멋이 있는 음악 같아서 지붕 위에 올라가서 한참이나 듣고 내려다보고 하던 일도 기억이 났다. 지붕 위에 올라가는 습관은 내게 언제나 거기 안식처가 되기 때문이고 겨울에는 담요를 쓰고 올라가고 눈이 덮이면 눈이 녹기만 몹시 기다리곤 했다.

그래서 지금도 꿈을 꾸면 언제나 지붕 위에 올라가고 날아다니다가는 언제나 지붕 위에 내려앉는다. 꿈엔 또 날고날면 언제나 이집 저집 지붕만이 많이 보이고 어떤 때는 지붕이 기와가 아니고 짚으로 덮여서 발이 짚 속에 자꾸만 빠져들어 가서 다시 힘을 내어 높이 공중으로 날고날아서 지붕들만이 보이는데 제일 높은 기와집 지붕에 멈추는 꿈을 언제나 꾸었다.

한갖 부끄러운 말이지만 나는 사람이 죽어서 장사 지내는 것을 보는 것에 참 흥미가 있었다. 장사 지내는 일이 크면 클수록 애가(哀歌)도 더 구슬프고 그 행렬이 볼 만했다.

굵은 베옷을 입고 베감투를 쓴 남자 상주와 그의 친척 남자들이 줄을 서서 앞에 가며

"아이구 아이구!"

하고 그 다음에 시체가 들어 있는 관을 장사꾼들이 긴 나무 두 개에 높이 싣고

"어이 어이!"

하고 높이 어깨 위에 실린 다채롭게 장식한 널 앞에 서서 고용인인

사설쟁이가 구슬픈 그럴 듯한 말로 죽은 자를 대언해서

"내가 살던 내 집이나 마지막으로 돌아보자. 내 가족 내 친구가 있고 내가 자라서 잊지 못할 내 동리와 길과 거리나 마지막으로 돌아보자구나."

하면 그 말이 끝나자 앞에 남상(男喪)들이

"아이구 아이구!"

하고 널 뒤에 여상(女喪), 즉 사자의 가친 여자들이 베상복을 입고 베수건을 쓰고 뒤에 줄로 서서 따라가며

"아이고오 아이고오!"

하며 마구 받아 우는 것이다. 수작을 그럴 듯이 지어내어 울음을 돋우는 고용 사설쟁이의 말도 음악적이고 리듬이 있고 남성들의 '아이구 아이구' 하는 소리는 베이스와 테너 격이고 여상들의 울음 '아이고오 아이고오' 하는 소프라노와 알토의 듀엣청은 남상들의 청과 어울려서 기묘한 감정을 돋우게 했다.

나는 그 사설쟁이 말에 설움을 자아내고 남상들이 같이 화답하듯이 우는 소리에 나도 소리쳐서 같이 울고 싶은 충격을 받으면서 기어이 상여를 따라가던 때를 생각했다.

성경에 결혼식에 가는 것보다 초상집에 가는 자가 지혜가 있다고 했는데 나는 지혜가 없는 겨우 어린 시절에 그같이 초상집과 상여를 좋아했다. 또 흔히 사람들은 사람이 죽으면 혼(魂)이 나와 다닌다고 하면서 무서워서 사람이 죽은 집 근처에 가기를 몹시 꺼려하고 무서워했고, 만일 집 근처에서 누가 죽었으면 저녁때까지 문을 꼭 닫고 밖에도 못 나가는 것이 관습이었다. 그러나 나는 사람이 죽었다면 그 집 가까이 가서 보고 싶었다. 정말 혼이 나와서 다니는가, 그래서 그 혼은 사람 같은가, 또 귀신이 되어 나와 다닌다면 그 귀신이라는 것은 어떻게 생겼는가 보고 싶어 궁금했다. 또 한편으로는 죽은 혼이 무서워서 떠는 가족들에게 몹시 동정이 가서 그런 것도 있었다.

이 감옥에 들어오는 수인들마다 남편이 있는 사람은 모두 누구보다도 남편 때문에 걱정하고 마음을 제일 많이 썼다. 아이들 염려, 부

모님들 염려도 으레 했지만 남편이 있는 여자들은 그 남편이 좋은 남편이었든지 못된 남편이었든지 여하튼 모두 남편을 제일 생각하는 것 같았다. 내 육정도 어머니를 생각하고 언제나 머리에서 사라지지 않는 것은 어머니께 대한 염려와 생각이었다.

모든 것은 다 하나님께 맡겼는데도 불구하고 무시로 마음속에 머릿속에 붙어서 애처롭고 가엾게만 생각이 되고 또 보고 싶고 안타까운 정도 생겼다.

나는 어떤 때는 너무 괴로워서 내 육체의 소망을 모두 십자가에 못박아서 나를 부인하려고 싸우는 마당에 이같이 강렬한 육정과 애정으로 아직도 나를 못살게 하는 이 고통은 무엇을 말하고 있는가. 내 간절한 기도 중에도 어머니를 위한 기도도 간절했는데 주님을 모르는 사람이나 별로 큰 차이가 없지 않은가.

나는 내가 이러한 불가능한 신앙을 여실히 설명하고 있는 나를 볼 때 마음이 불안해졌다. 불안이 하나 생기면 불안은 불안을 낳아서 무엇이나 다 불안이 되어 버렸다. 이렇게 배고프고 또 그 모질고 무서운 악독스런 간수들, 여자, 악당의 죄수들, 빈대, 벼룩, 파리, 이, 구린 변 냄새, 가지도 오지도 못하는 이 쇠문 안의 감방, 보고 싶은 것, 그립고 누리고 싶은 것, 가지고 싶은 것, 먹고 마시고 싶은 것, 무식하고 야만적인 죄수들, 이 모든 것을 생각하니 내 마음과 가슴은 불안과 불행에 가득 차게 되었다.

아침 나팔 소리는 내게 두려움의 기상을 시킨다. 긴 나팔 소리는 내게 원수의 도전 같다. 또 어찌 이 하루를 사는가! 왜 목숨은 나를 버려 주지 않는가! 왜 나는 이 모양으로 오늘도 살아야 하는가? 주님은 왜 나를 이렇게 오래 살라고 버려 두시는가? 내가 받은바 고난은 이만하면 족하지 않은가! 나는 늙기 전에 죽기를 그렇게도 원해서 일본을 경고하는 일에 순종했다. 나를 오래 살지 않게 해주시기를 바라서 주님이 내 소원을 들어주실 것을 믿고 바라면서 한 일이 아니었던가. 이 배고픔과 내 모든 괴로움을 주님은 방관하시는 것인가. 무시하시는 것인가.

나는 욥기를 외우며 생각해 보았다. "욥이 어찌하여 내가 태에서 죽어 나오지 아니하였던가 어찌하여 낳을 때에 내가 숨지지 아니하였던가… 거기서는 악한 자가 소요를 그치며…거기서는 작은 자나 큰 자나 일반으로 있고 종이 상전에게서 놓이느니라"고 했다.

내게는 모든 것이 짐이 되었다. 심지어는 청소부들의 말소리조차 나를 희롱하는 것같이 들릴 때가 있었다.

어쩌다가 간수장이 지나가면 뱀이 독을 내뿜듯이 끔찍스러웠고 간수들도 내게는 큰 압박이 되었다.

나는 언제나 죽어서 이 추위와 배고픔을 면할까. 나는 지옥을 생각해 보았다. 이 감옥도 내게는 이렇게 감당하기 힘이 드는데 지옥에는 악한 간수장, 형사들, 죄수 12번·13번, 그 외의 그 악한 죄수들이 다 가는 곳일 터이다. 이러한 악하고 강한 자들이 이 감옥뿐 아니라 온 천하에 얼마든지 있을 텐데, 그러한 인간들이 모인 것만 해도 그 중에 산다는 일은 펄펄 끓는 불이 없어도 굉장히 무서운 지옥일 것이다. 다른 아무 고통을 주는 것이 없어도 이러한 인간들의 혼이 모이면 그곳이 지옥일 것이다.

나는 이 악당들을 희한하게 바라보는 때가 많아졌다. 저 사람들은 하나님이 없어도 어떻게 저리 활발하고 든든할까? 양심의 가책도 없고 하는 일에 법도 장래에 대한 거리낌도 없고 추위도 안 타고 배도 안 고파 보이고 늠름하고 씩씩하고 강하고 악하고 철면피하고 징그럽고 그러면서 그들은 저렇게 활발하다. 저들은 지옥에 가도 늠름할 것이다. 저들은 강해서 지옥에 가서도 후회하거나 부르짖지 않을 것이 아닌가? 어떤 죄수가 12번에게

"이년 네가 그러다 지옥에 가는 거야, 응?"

하니까,

12번 대답이

"그래 지옥에 가면 갔지 어때. 남이 다 가는데 난 못 가? 나와 같이 지옥에 가는 이가 더 많지, 천국에 그래 몇 사람이나 갈 테야? 또 천국에 보내 주어도 나는 평안치를 못해. 나는 내 성격대로 내게 맞는

곳 지옥이 좋아."

라고 했을 때의 말을 기억했다. 아! 인간이 이같이 강할 수가 있을까? 나는 거기 비하면 너무도 약자였다. 눈빛 하나에 전 심령이 들쳐지고 말 한마디에 가슴이 울렁거리고 누가 나를 잡아 때리고 치고 한다면 아마 나는 단번에 기절해서 죽어 없어지지 않을까? 어렸을 때 부모들은 아이를 잘 때린다.

나는 아기 때부터 너무 약해서 큰 소리만 해도 빈혈을 일으켜 넘어졌다. 그래서 타이르는 말은 들었어도 책망을 들어본 적이 없었다. 그래서 나는 언제나 사람들을 피하여 지붕의 기왓장 사이에서 놀든가 그네에 높이 올라가 놀든지 혹은 빈방에 혼자 있는 것을 좋아했다.

나는 소학교에 다닐 때 잘 뛰고 눈싸움을 좋아하고 스케이트를 좋아하는 사촌 동생들을 몹시 부러워했고 존경했다. 나는 여름만 되면 내 세상이어서 종일 강에 가서 살다시피 했다. 그러나 일단 가을이 되면 추워서 꼼짝을 못 했다. 그런데 이제 나는 내게 지옥인 이 추위 속에서 얼마나 더 살아야 하나 싶을 때 앞이 캄캄하고 가슴은 무거운 쇠뭉치가 누르는 것 같았다.

쇠고랑

어느 날 아침 나는 몹시 흉한 꿈을 꾸었기 때문에 아침에 일어날 때 마음이 참 무거웠다. 꿈에 큰 썩은 나무에 크고 새파랗고 새까만 독사가 감겼는데 그 큰 독사가 눈을 흘기며 나를 보고 있었다. 나는 예수님의 이름을 부르며 달려들어서, 창검으로 그 독사의 몸통을 내려치니 독사는 두 개가 되어 꼬리는 꼬리대로 죽지 않았다.

다시 큰 소리를 치며 또 그 대가리를 창검으로 치니 또 두 동강 나면서도 죽지를 않았다.

이날 아침에 간수장이 점검을 하면서 하는 말이 누구나 다 동방(東方)을 향해서 아침마다 천황에게 산 신으로 경배하라고 시킨 것이었다. 나는 당연히 거부할 수밖에 없었다. 간수장은 대노해서 상관에게 보고했다.

다음날 아침에도 천황에게 산 신으로 경배를 하고 일본 팔백만 귀신에게 일본이 전쟁에 이기게 해 달라고 절을 하며 기도하라고 하는 것이었다. 얼마 있더니 남자 간수가 쇠수갑과 쇠사슬을 가지고 내 방 문을 열더니 내 감방 죄수들을 모두 딴 방으로 옮기고 내 두 팔을 뒤로 모아서 수갑을 채우고 수갑에 긴 쇠사슬과 쇳덩어리를 달아놓았다.

남자 간수는 한인이었다. 쇠를 매달면서 그는 내 귀에 대고,
"이 개들에게 겨누어 싸울 것이 뭐요, 하라는 대로 하시지."

나는 그의 호의에 고마웠다. 처음에 쇠를 찼을 때

"이까짓 것 못 견뎌?"

하고 비웃었지만 시간이 갈수록 전신은 달라졌다. 너무 패래서 뼈와 가죽만 남은 내 몸에 무거운 쇳덩어리와 쇠사슬은 내 전신의 뼈를 뒤로 비틀어 당겼다. 뼈가 바작바작하면서 뒤로 당겨지니 그 아픈 것은 마치 칼을 가지고 가슴과 어깨와 목 밑을 도려내는 것같이 아팠다. 눈에서는 눈물보다 불이 나는 것 같았다. 입에서도 뜨거운 불길이 나서 마침내 이 고통에 쓰러져 버리고 말았다. 쓰러져 엎드러지니 전신에 불을 붙인 것같이 쑤시고 아팠다.

나는 이곳이 지옥이 아닌가 했다. 그리고 꿈에 본 독사의 흘기던 눈이 화살같이 떠올랐다. 나는 너무도 아픈 고통에 생각도 무엇도 다 없어지고 그 아픈 일을 견디는 데에만 싸워야 했다. 나는 먹지도 마시지도 않았다. 기도할 수도 없었다. 주 간수와 구리야마 간수는 울면서 권하며 먹으라고 했다. 그러나 나는 쇠고랑을 차고 개와 같이 엎드려서 음식을 먹을 수는 없었다. 아무리 배가 고파도 나는 이 아픈

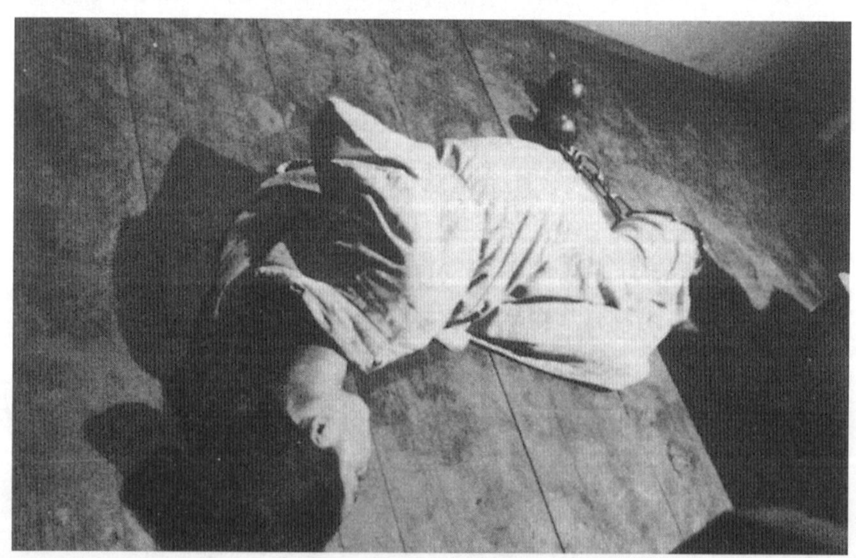

"주님! 이 모양을 보아 주세요. 사진을 하나 찍어 두셨다가
내가 천국에 들어설 때 내게 보여 주세요."

것에 비길 수가 없었다. 며칠이 지났는지 그 기간은 내게 있어서 한 10년이나 간 것 같았다. 어느 날 이 여감방에 판사가 온다고 떠들썩하더니 낯선 구두 소리와 함께 어떤 남자가 내 감방을 들여다보고 있었다. 그는 한참 나를 보고 섰다가 나갔다.

나는 이렇게도 아픈데 의식이 몽롱해지거나 의식을 잃지 않은 것이 원망스러웠다. 나는 겨우 소리를 지르며

"주님! 이 모양을 보아 주세요. 사진을 하나 찍어 두셨다가 내가 천국에 들어설 때 내게 보여 주세요."

하다가 기도를 더 계속할 수가 없었다. 내가 만일 믿음이 독실하고 거룩하였더라면 이런 때에 더 기도를 했을 것이고, 이렇게 아픈 일도 없었을지 모르며, 또 아팠어도 늠름했을 것이 아닐까. 믿음도 없고 거룩하지도 못한 내가 왜 이러한 고난을 자취하였던가. 나는 차라리 무식하고도 어려운 집에 태어나서 남의 집 아이나 보아주고 사는 여자였더라면 그 얼마나 쉬웠을까. 나는 문둥병 환자보다 더 비참한 것이 내 생애 같은 감이 들었다. 나는 또 죽어 가는 소리로

"아버지, 나는 스올에서 부르짖습니다. 나를 구원하시기에 너무도 당신의 큰 기적이 필요한데 내게는 그런 믿음이 없고 그렇게 거룩지 못해요. 한 가지 진실로 이 자리에서 고백할 것은 나는 당신을 사랑하고 순종하기를 원합니다. 그리고 나는 나 자신을 모르겠습니다. 주님은 아실 것입니다. 저를 이 무서운 고통에서 건져 주시옵소서. 건져 주실 만한 믿음을 내게서 못 찾으시거든 급히 불러 가시옵소서. 내 영혼을 내 몸에서 건져가 주시옵소서. 저는 십자가에 달리신 예수님을 기억합니다. 주님! 당신은 십자가에 달리셨으니 저보다 얼마나 몇 천 배나 더 아프셨습니까? 그런데 당신은 신이셨고 또 남성이셨는데 저는 가장 약한 여자입니다. 이렇게 아픈 것이 이렇게 길고긴 날 동안입니다. 차라리 저도 못에 박혀 피가 속히 나와서 며칠 안으로 죽어 버리게 해주세요. 제 뼈는 모두 잡아당김을 받아서 불이 난 것처럼 아프고 눈은 어둡습니다. 눈에 불이 항상 납니다. 주여, 십자가에 달리신 예수 내 구주여! 내가 여자인 것을 잊지 마세요. 여자는 남자

의 뼈 한 개로 지음을 받았으니 남자의 12분의 1밖에 안 되는 것이 아닙니까. 나를 장군같이 용사같이 씩씩한 남자같이 대접하지 마세요. 예수님! 여기 이 자리에 내려오셔서 저와 같이 이 쇠고랑을 차 보세요. 주님은 이러한 경험은 없으시지 않습니까? 얼마나 아픈가를 경험해 보세요."

나는 죽을 힘을 다해서 예수님께 부르짖었다.

이튿날 아침에 남자 간수가 들어왔다. 내 감방문이 열렸다. 그는 내 수갑을 풀어 주었다. 순간 나는 아악! 소리를 치고 기절해 버렸다. 얼마 있다 의식이 들었다. 내 전신은 칼로 찌르고 째고 베듯이 쑤시고 아프며 나는 병자가 되어 버리고 말았다. 흰죽이 들어와서 마시니 흐릿흐릿한 정신이 더 몽롱해지고 고통은 더 계속되었다.

의무과장이 들어와서 진찰을 하고 약을 보내 주었다. 그 후 나는 여러 날 동안을 앓았다.

일본 여자 포주

　이제는 큰 추위도 거의 가고 봄을 기다리고 있던 어느 날, 일본인 중년 부인이 내 감방에 들어왔다. 배급난이 되어서 형무소 밖의 사람들도 먹을 것이 없다는데 무엇을 어떻게 잘 먹었는지 몹시 뚱뚱하였다. 그의 펀펀한 얼굴에는 기름이 번지르르하였고 보기만 하여도 심술궂게 생긴 눈에는 핏줄이 이리저리 뻗쳐 있어서 인상이 아주 고약했다. 형무소에 잡혀 온 것이 못마땅해서 빈정대는 그의 표정에는 어딘지 천박한 티가 돌았다.

　죄수가 새로 들어오면 으레 감방이 떠들썩하고 웅성대는 것이 예사였는데 이 새 죄수는 일본인인 만큼 말이 통하지 않아서 서로 눈치만 보고 말을 주고받을 길이 없었다. 그렇지만 우리 감방 죄수들은 도대체 이 일본 부인이 무엇을 어떻게 해서 들어왔는지 알고 싶고 궁금해하는 것을 나는 잘 알았으나 모른 척하고 보고만 있었다.

　이 여자는 모든 죄수들이 저마다 자기에게만 눈이 가고 있는 것이 견디기 힘이 들었는지 또는 저마다 한국인인데 자기 혼자 외국인 죄수가 된 것이 분하고 겁이 나서였는지 그는 몹시 불안한 눈으로 이 사람 저 사람의 얼굴을 힐끔힐끔 보다가 마침내는 혼잣말같이

　"마루데 오오까미노 나까니 하잇데루 믿따이(마치 이리떼 속에 들어온 것 같구먼. 에이 참)."

하면서 이런 속에 일본말을 아는 사람이 없는 것으로 알고 이렇게

투덜댔다. 그러나 그의 뻘건 눈이 내 눈과 부딪쳤을 때 그는 웬일인지 당황하는 눈치와 태도를 취했다. 죄수들은 마침내 제각기 추측하는 말을 자기네끼리 했다.

"이 여자 야미 장사꾼일까?"

하고 지껄인 한 죄수의 말에 다른 죄수는

"일본 사람은 사람 잘 죽인다는데 살인범인지도 모르지."

"꼴을 보니까 사기꾼 같은데. 사기나 해먹었겠다."

"뚜쟁이 같은데. 뚜쟁일 거야! 비위 좋고 밉살스럽게 생기잖았소?"

제멋대로들 판단하고 떠들썩했다.

그는 비록 한국말을 몰라도 이 쑥덕거리며 자기에 대해 하는 말들이 좋은 말이 아닌 것을 알았는지 한참 이 말하는 얼굴, 저 말하는 얼굴을 번갈아보더니 점점 그 불안은 더해져서 꿇어앉은 무릎을 들었다 놓았다 하며 안절부절이다. 그는 마침내 참다못해서 간수를 불렀다. 뭐냐고 물으니

"여기는 일본 여자 죄수가 있는 감방이 없는가요?"

"왜?"

"말을 모르니까 이 사람들이 뭐라고 하는지 모르겠고 기분이 몹시 상해지는데요."

간수는 일본말로

"한국말을 모르면 일본말을 하면 되지 않나?"

"글쎄 말입니다. 일본말을 하는 사람이 있어야 일본말을 할 게 아닙니까?"

간수는 그를 보는 대신 나를 보면서

"일본말하는 사람이 이 방에 없어? 그래? 일본말하는 사람은 없어도 일본말 선생님이 있는 걸 몰랐군. 그렇지만 일본말이고 한국말이고 말하러 온 것이 아니니까 입을 꼭 다물고 가만 있으면 되는 거 아니야?"

그는 간수의 말에 고개를 끄덕이고 절을 하면서 그러나 몹시 불쾌한 표정으로 입을 다물고 한참 앉았더니

"일본말하는 사람은 없어도 일본말 선생은 있다고?"
하면서 고개를 이리 기웃 저리 기웃하고 앉아 있었다.

죄수들은 이 여자와 간수가 무슨 말을 주고받았으며 또 도대체 이 여자가 무슨 죄로 잡혀 왔는지를 알려고 내게 묻기 시작했다. 하는 수 없이 나는 대충 말해 주었다. 내 말을 듣고 있는 죄수들이 내 말이 끝나자 모두 웃어 버렸다. 우리끼리 말하고 웃고 하니 그의 불안과 불쾌는 더 눈에 보였다. 다시 간수가 우리 감방을 들여다볼 때 그는 또다시 간수에게

"간수님, 도대체 맨 앞에 앉은 이 젊은 여자는 누구인가요? 어떻게 보면 석가(釋迦) 같은 데도 있지만 그 여자 눈이 날카로운 형사의 눈알 같애요."

그의 말에 간수는 깔깔 웃으며

"형사의 눈알 같애? 그래 잘 보았는데."
하고 나를 보더니,

"왜 당신의 눈은 형사의 눈알 같고 석가의 눈 같소?"
하고 웃으면서 저편으로 가 버렸다. 나는 간수가 깔깔 웃으니 나도 웃음이 났지만 보다 더 나는 그의 말인 '형사의 눈알'이라든지 '호도 께사마(석가)'라든지의 언사에 모욕감을 느꼈다. 그러나 다음 순간에 나는 곰곰이 생각해 보았다.

불상과 귀신밖에 모르는 일본인이 다른 무슨 좋은 말을 알까? 좋은 뜻으로 석가 같다고 하는 말에는 그렇다고 할지라도 형사의 눈알 같다는 데는 심상치 않은 뜻이 들어 있음을 나는 짐작했다.

형사의 눈알 속에는 무식과 무지가 섞인 포악과 잔인한 행패의 악독과 살기가 번뜩인다. 나는 물론 그까짓 말에 유의할 바가 아닌지 모르지만 내가 만일 남자였고 정치범이나 사상범이나 스파이라면 모르지만 첫째 나는 여자요, 또 보다 더 나는 예수인이다. 나는 기분이 안 좋았다. 내 불쾌한 감정이 그대로 보일 것 같아서 한참 참고 있었다. 내가 혹 내 감정을 이런 미천한 여자에게 노골화한다면 그것은 나 자신을 낮추는 것이기 때문에 눈을 감고 한참 있다가 나는 픽 자

연스러운 태도와 일본말로

"당신 일본서 온 일본인이오? 한국에 사는 일본인이오? 그렇지 않으면 만주나 중국에 있는 일본인이오?"

하고 물은즉 그는 깜짝 놀라면서 내 앞에 바로 앉으면서 절을 끄덕하더니

"아! 당신은 굉장한 분이시군요. 일본어 선생이 있다더니, 아 그것은 당신이시죠? 나는 당신이 한국옷을 입고 있기에 꼭 한국인인 줄만 알았어요. 참 실례를 했는걸요."

그는 또다시 고개를 끄덕하고 절을 하며 태도를 고쳤다.

"나는 일본인이 아니오. 나는 한국인이오."

그는 한번 더 크게 놀라며 그 보기 싫은 눈을 크게 뜨면서

"아! 그래요? 그런데 어떻게 도무지 한국인 일본어가 아닐까요? 한국인의 일본어는 아무래도 다르던데, 당신은 아마 동경에서 나신 한인인가 보지요?"

하면서 나를 보았다. 나는 크게 고개를 좌우로 저으면서

"아니오. 나는 한국 이 땅에서 나서 한국 이 땅에서 자랐소."

"아이구머니나! 그런데 어쩌면 표준어를 그렇게 잘하시죠. 굉장히 공부를 많이 하셨나본데, 그런데 이런 데는 무엇 때문에 오셨어요?"

내가 대답할 사이도 없이

"그래 그래 그렇죠. 말씀 안 해도 제가 알아요. 옛날부터 해 온 말에 이런 말이 있지 않아요? 제일 악한 사람과 제일 훌륭한 사람은 형무소에 가야 찾을 수 있다는 말이오. 제일 훌륭하신 분이시기 때문에 이런 데를 오신 거겠지요. 그렇죠?"

그는 내 눈알이 형사의 눈알 같다고 한 자기의 말을 어떻게든지 땜질을 해보려고 입술에 발린 좋은 말을 자꾸 내게다 붙여 나를 추어올렸다.

더욱이 나는 대꾸도 안 하고 듣기만 하고 있으니까 그는 더욱 흥분이 되어 내게 아첨하는 데 여념이 없었다.

나는 본래 근거 없이 추어 주는 사람을 싫어했는데 이런 여자가

나를 추어올리는 그런 말은 나를 무시하는 말보다 더 불쾌하게 들렸다. 그는 무어라고 한참 지껄이다가 묻지도 않은 말을 부끄러움도 없이

"나는 공창(公娼) 주인인데요."

나는 대답은 안 했으나 속으로는 한걸음 뒤로 물러갈 뻔한 기분이었다. 그리고 그의 부끄러움도 없고 가책도 없어 보이는 얼굴에 더 울화가 났다. 그 비참한 창기들의 신세를 이 감방에서 보고 알아온 내 가슴은 아직도 그 상처가 아물 수 없이 영원한 것이지 않나! 나는 창녀 애자와 경희와 그 외의 여러 창녀들의 신세를 세밀히 알았을 때 그 얼마나 뼈저린 의분에 가슴이 타고 캄캄했던가! 그런데 이제 그들같이 무지하고 가난한 젊은 여자들을 꾀어 그물에 넣고 자유를 빼앗은 후에, 자기만의 더 큰 밥을 위해서 비참한 이 땅의 딸들의 피를 빨고 살을 뜯고 진액을 짜 먹는 이 공창주를 내가 만난 셈이다. 소위 갈보 장사를 나는 내 눈앞에서 보는 것이다.

그는 내 태도에 무엇을 느꼈는지 허둥지둥하면서

"공창이라는 것은 사람들이 생각하는 것같이 그렇게 나쁜 일이 아니랍니다. 생각해 보세요."

그는 염치도 없이 말을 계속했다. 시뻘겋게 추잡한 눈알을 이리저리 굴리면서 썩은 핏빛같이 보기 싫은 입술을 놀리며

"글쎄 외로운 남자들이 또 장난을 좋아하고…."

나는 그의 더러운 언사에 귀를 두 손으로 꽉 막았다. 그래도 그는 뭐라고 한참 자기 이야기를 끊지 않고 계속했다.

그것은 너무도 우리 세계에서는 쓰지 않는 언어들이었고 그는 아무 거리낌도 없이 그러한 언어를 보통 말같이 감히 입으로 말이라고 하고 있는 것에 얼마나 증오심이 폭발하던지

"야메나사잇!(그만두라)"

하고 나는 고함을 질렀다. 그는 한참 말을 하다가 하는 수 없이 그쳤다. 그리고 그 불결해 보이는 입술을 내밀면서

"듣기 싫다면 안 하지요."

하면서 주인의 발에 채어서 비실비실 피하는 사냥개 같은 눈을 하고 마주 앉았다.

내가 이렇게 고함을 지른 일은 지금까지 없었는고로 간수도 와서 들여다보았다. 죄수들도 난데없는 내 고함 소리에 모두 어리둥절해서 공기는 이상해졌다. 죄수들은 무슨 일인지 궁금해서 이 사람은 이 말을 하고, 저 사람은 저 말을 하면서 나를 위로하려고 하고 이 일본 죄수를 때리려고 들었다.

나를 들여다보는 간수에게

"이렇게 철면피하고 인도(人道)를 모르는 인간을 난생 처음 보는걸요."

나는 분개해서 아직 흥분된 음성이었다.

아! 어쩌면 저 머리로 저 정도의 생각밖에는 할 수 없는 걸까. 죄 없는 사람들을 몇 푼 안 되는 돈을 주고 꾀어다가 무거운 부채를 그들의 어깨에 짊어지우고 허덕이는 그들의 피와 살을 짜 먹는 것이 그들을 도와 주는 길이라고 하니, 이런 고약한 인간이 사람의 말을 하고 사람의 먹는 것을 먹고 사람인 척한다는 일은 인간을 창조하신 하나님을 모독하는 것이 아니고 무엇인가 생각하니 나는 온몸에 불이 붙도록 분했다.

이러는 동안에 못된 간수가 와서 교대를 했다. 끼리는 끼리를 찾는다고 음란하고 덜된 간수는 이 음탕의 모리배 일본인 죄수를 슬금슬금 들여다보며 말을 건넸다.

사투리 섞인 서툰 일본말로 그는 말을 주고받더니 간수에게

"이 앞에 앉은 이는 도덕가군요."

"그래, 넌 공자왈 맹자왈 방에 들어왔으니 말이다. 통할 수 있나? 그러니 입 꼭 다물고 있으면 돼."

하는 말은 그녀에게 입을 다물고 말하지 말라는 뜻보다 내가 곧고 고지식하니 상대하지 말라는 뜻으로 느껴졌다.

내가 일본에서 공부할 때 절절히 느낀 것은 일본은 귀신의 땅이요, 음란한 민족이란 것이었다. 여학생으로서 남자 하숙에 찾아가는 것은

예사였고 공창 골목이 너무나 많아서 길을 잘못 들었다가는 창녀들이 우굴우굴하는데 부딪혀서는 악 소리를 치고 두 주먹을 쥐고 뛰어 나오려고 뛰면 뛸수록 끝없이 계속되어 있는 것은 갈보집이었다. 나는 지금도 그 광경을 꿈에 보는 때가 있어서 무서운 기억으로 남아 있다.

그렇게 더러운 민족이 무지하고 순진한 이 백성을 속여서 이 나라에 들어와 땅을 빼앗고 권세를 박탈해서 애국자를 모두 학살한 후에 이 백성을 가난과 무지의 함정에 쓸어 밀쳐 넣고 그 음탕한 우상 숭배와 공창 제도를 실시해서 권력에 주리고 갈한 자들에게는 그 우상을 주어 개를 만들고, 배고프고 살 길 없는 부녀자들을 감언 이설로 꾀어 가지고 그들의 피를 팔고 살을 팔고 진액을 짜서 쓰러지고 늘어져도 자기의 배만 채우는 그러한 사슬을 이 땅에 펼쳐 놓았으니 얼마나 분통한 일인가? 이 일본인들 머리에 유황불이 하늘에서 떨어지지 않으면 젊은 우리들의 심장이 어찌 터지고 찢어지지 않고 살아 있을 수 있을 것인가?

어떤 미결수인 창기는

"살면 살수록 그리고 과역(過役)은 계속하는데도 부채는 어둑선같이 커만 지고 늘어만 가는걸요."

했고 또 다른 창녀는

"아! 저도 죄수가 되어서 이 감옥에서 다만 1년이라도 여기 이 방에 살 수 없을까요? 밤에는 잠자고 낮에는 남과 같이 일을 하면서 사람들이 사는 삶을 살아보았으면 얼마나 좋을까 해요."

하는가 하면

"왜 저 같은 인간은 죄를 지어도 죄수조차 될 수 없을까요?"

하고 힘없는 탄식을 하면서 이 감방을 나가던 창녀 기꾸꼬(菊子)가 아직도 머리에 생생하다.

그는 고녀를 중퇴하고 허영심에 댄서가 되었지만 돈을 더 주는 데라고 찾아든 곳이 결국 그의 발을 창기의 쇠사슬에 얽매고 말았다는 것이다. 오랜 성병에 지치고 무너진 그를 고용주는 자기의 재산이라고 찾아갔으니 그의 부채는 일생 동안 물어도 헤쳐 나갈 길이 없을 것이라고 생각하니 나는 온몸에 소름이 끼쳤던 것이다.

이 일본인은 말이 많았다. 잠시도 가만히 있으면 못 사는 모양이다. 간수를 붙들고 어이없는 수작을 부리고 제법 사람같이 말을 지껄이고 있는 것이 나는 너무도 싫었다. 음성도 천하고, 말도 천하고, 웃어도 천하고, 움직여도 천하고, 눈도 더럽고, 피부도 구질하고, 이빨도 징그럽고, 겨드랑이 냄새, 입과 코는 불결하고 더러웠다.

나는 인간적인 생각으로

'야! 인간 쓰레기통에 들어오니 별 인간을 다 보는구나!'

하고 눈을 감고 귀와 코를 막고 속으로

"더러워! 에이 더러워! 더럽다!"

한 것이 그만 소리를 질렀다. 죄수들은 모두 놀라서 웬일인가 해서 눈이 동그래졌다.

그제야 눈을 뜨고 죄수들의 표정을 보고 미안해졌다. 나는 다시 눈을 감고

'예수님은 이것을 어떻게 보실까!'

하고 생각해 보았다. 나는 조용한 마음이 되고 심각한 마음이 되었다.

더럽다고 악 소리를 지른 나는 무서운 생각이 났다. 예수님은 어떻게 하실까 하는 것이 문제일 때 나는 성경을 따라가야 했다. 곧 머리에 떠오른 것은 사마리아의 음란하였든지 불행하였든지 남편 다섯을 가졌던 한 여자였다. 주님은 그를 구원해 주셨다.

그 다음에는 음행하다가 현장에서 잡힌 여자이다. 예수님은 그에게 가혹하지 않으셨다.

그 다음에는 일곱 사귀들린 막달라 마리아였다. 예수님은 그도 구원해 주셨다. 예수님은 세리 마태도 구원해서 제자를 삼으셨고 모리배 삭개오도 구원해 주셨다. 그러나 예수님은 이 일본인 포주와 같은 인간을 어떻게 하실까?

나는 알 수 없었다. 예수님이 이 여자도 사랑하라 하시면 어떻게 할까 하니 진저리가 나서 벌떡 일어나졌다. 나는 온몸에 땀이 나는

것 같았고 앞이 캄캄해졌다. 머리가 핑핑 돌며 더 서 있지 못해서 털
썩 주저앉으면서

"예수님! 싫어요. 이것만은 하라고 하지 마세요. 이것들은 지옥에
가야 마땅하니까요. 이런 자까지 구원하시지 마세요. 이런 자가 구원
을 얻어서 천국에 가고 지옥을 면한다면 주님! 애자와 경희와 국자
와 다른 모든 이 세상에 수없이 많은 피를 빨리고 살을 뜯기고 진액
을 짜인 창녀들을 생각해 주세요. 이런 인간에게 먹히는 그들은 지옥
에서 신음하고, 그들을 삼킨 이런 인간은 구원을 얻어서 감사하고, 아
그럴 수가 없습니다. 저를 시켜 이런 인간에게 그 귀한 복음을 전하
라고 하지 마세요. 그 복음은 억울한 자, 눌린 자, 가난한 자, 살 길을
빼앗긴 자, 의롭고 슬픈 자에게 주세요. 저는 협력하겠어요. 그러나
이런 인간에게는 말아 주세요. 복음을 마귀에게 줄 수 없는 것같이
이런 몹쓸 더러운 인간에게 어찌 줄 수 있겠습니까? 사랑하라고 하
지 마세요. 친절하라고 하지 말아 주소서. 당신이 만일 이 포주에게
복음을 전하라고 하시고 이 포주가 회개해서 천국에 가면 거기서 그
를 만난다면 나는 기절을 한 채 깨어나지 못할 것만 같습니다. 너무
도 너무도 억울한 일을 잊지 못하기 때문에 내 방을 거쳐 나간 창녀
들을 내가 안 보았으면 또 모르겠어요. 그러나 그들이 해준 말을 내
가 천국에 가선들 어찌 잊을 수 있겠습니까? 그런데 그들을 그렇게
만드는 이런 인간이 천국에 가서 앉아 있는 것을 보면 주님 제가 기
억하는 모든 기억을 어떻게 해결하게 될 것인가요. 그러한 일이 있다
고 생각조차 하기 싫어요. 너무 가혹해요."

나는 이렇게 진심으로 기도하면서 만일에 주님이 이것조차 하라
하시면 나는 하여야 했다. 나는 기도는 이렇게 했으면서도 어느 정도
의 결심이 되어 있는가를 알았다.

나는 눈을 뜨고 그를 한번 더 보려고 했을 때 나는 내 눈이 변했을
까봐 무서웠다. 만일 불쌍한 생각이 나든지 가엾어 보이든지 말해지
든지 하면 나는 내 태도를 고쳐야 했을 것이다. 그러나 싫고 밉고 고
약한 색안경을 꼭 끼고 보는 내 눈에 그의 기름낀 누런 얼굴은 추하

고 더러워서 진저리만 났다.

'아이구 더러워!'

나는 다시 눈을 감아 버렸다. 나는 눈을 감고 내가 피할 길을 찾으려고 더듬었다. "거룩한 것을 개에게 주지 말며 너의 진주를 돼지에게 던지지 말라"는 성구를 생각했다.

"옳지! 옳지! 나는 살아났다."

했지만 그래도 나는 사실 참 평안이 내 속에 없는 것이 서러웠다. 그것은 '왜 하필이면 내 방에 저런 것이 왔을까?' 하는 의식이 내 속에서 속히 사라지지 않기 때문이었다.

우연이라는 것은 없는 것으로 믿고 사는 내게 이런 일이 결코 우연한 일이었다고 판단을 내릴 수 없었기 때문에 나는 목에 가시가 걸린 것같이 편치 않은 내 감정을 처리하지 못했다. 그가 일본인인 만큼 속히 판결이 나서 공장으로 나갔지만 두 주일도 안 되는 짧은 날이 어찌 그리 지루했는지 모른다. 그가 기결(既決)이 되어서 공장으로 나간 후에도 나는 내가 그러한 태도를 가진 것이 주님을 거역했는가 해서 마음이 쿡 찔릴 때가 없지 않았다. 그러나 나는 비록 내가 큰 잘못을 해서 주님을 거역하고 만홀히 행동했다 할지라도 주님은 그 사랑으로 나를 용서해 주실 것을 믿기 때문에 죄를 용서해 주시는 주님을 쳐다볼 때 감격한다.

내 죄가 크면 클수록 예수님은 나를 더 용서해 주실 것이기 때문에 나는 이 은혜에 늘 엎드러지고 회개하는 것이다.

소녀 사형수

화춘(和春)이는 16세의 살인범 소녀였다. 그러나 그가 경찰 유치장에서 이 감옥으로 넘어와 우리 감방으로 들어왔을 때 우리들은 이 소녀가 남편을 죽인 사형수라는 것을 믿을 수가 없었다.

매끈한 피부와 윤기가 흐르는 까만 아름다운 머리칼은 아직도 그가 성인(成人)을 향해 자라고 있다는 것을 증명하는 것이었다. 어느 죄수든지 처음으로 두리번두리번 감방을 살펴보고 각 죄수들의 얼굴을 낱낱이 살펴보고, 또 가지각색의 질문을 하면서 형무소의 형편을 단숨에 알아내려고 하는 것이 예사였지만 화춘이에게서는 그러한 태도를 조금도 볼 수 없었다. 그는 유치장 생활과 고문에 지쳐서인지 또는 살인자라는 그 죄명이 너무도 부끄럽고 무서워서인지 피곤이 그 어린 얼굴에 꽉 차 있었고 이렇게 처음으로 들어온 형무소 감방에 대해서는 아무런 관심이 없는 것같이 보였다.

이미 있는 형무소 죄수들은 새로 죄수가 들어오면 으레 화살 같은 질문을 퍼부어서 그 새로 들어온 죄수가 몇 살이며, 무엇을 하고 들어왔으며, 어디서 왔으며, 어떤 일이 일어났으며, 가족이 몇이나 되는가 등등으로 막 따져 물어 새로 들어온 죄수의 정체를 기어이 알아내고야 마는 것이 관습이었다. 그래서 화춘이에게도 이 사람들은 이 말로, 저 사람들은 저 말로 막 물어 대도 화춘이는 몇 마디 겨우 '네' 하든지 '아니오' 하든지 극히 소극적인 대답을 했을 뿐이고 그들이 원하는 질문에 좌우되지 않았다.

그래서 어떤 성급한 죄수는

"뭐 일단 이 감옥에 왔다는 것은 벌써 죄를 지었다는 것인데 얌전한 척하면 무슨 뾰족한 수가 있는 줄 알아?"

하며 대들었다.

"남이야 아무랬든 왜 야단이어요? 놓아 두어요."

하고 동정을 하는 이도 있는가 하면

"그렇게 그래 저런 새파랗게 어린것이 무엇을 했을까봐. 일본놈들이 공연히 얌전한 새악시를 잡아왔겠지, 뭐!"

하며 비꼬는 이도 있었다. 그렇게 얄미워서 웅성대는 판에도 화춘이는 무관심했다.

나는 조용히 앉아 있는 화춘이를 유심히 지켜보았다. 오랫동안 햇빛을 보지 못한 화춘이의 젊은 얼굴은 마치 저녁 노을에 반사되어 핀 담장 위에 박꽃같이 야드르르한 게 가련하게 보였으며 오른 쪽 눈 위에는 제법 보기 흉한 큰 흠집이 있어서 꽃 같은 예쁜 얼굴을 적지 않게 험상한 인상으로 만들어 놓았다. 이리 묻고 저리 물어도 별로 신통한 답변을 받지 못한 죄수들은 하나씩 둘씩 배고픈 이야기에 말이 옮겨지고 그것조차 말할 기운이 없는지 저녁이 늦어서 밤이 되어 올 때는 보다 피곤에 잠겨서 늘어지고 조용해져 갔다.

그러나 화춘이는 반대로 달랐다. 그는 밤이 깊어 갈수록 얼굴이 긴장되어 가고 눈은 무시로 높이 달린 창문과 방 뒤 구석을 힐끔힐끔 보는데 그 눈에는 불안이 나타나고 점점 공포에 휩싸이는 듯했다. 아직 자지 못하고 있는 죄수 중엔 화춘의 달라지는 모양을 보고서 이때까지 얻지 못한 그들의 호기심을 기어이 채워 보려고 또 질문을 시작했다. 대체 무엇하고 들어왔느냐 하는 것이 제일 궁금해하는 것이다. 화춘이는 마지못해 하는 수 없이

"저는 아주 못되고 죽일 년이야요."

하고 한꺼번에 그의 정체를 말해 버린 듯한 대답을 하고는 더 말하지 않으려고 했다. 그보다도 그의 눈은 높은 천장과 벽 위에 높이 있

는 뒷창문과 구석구석 어두운 데만 가고 그 눈에는 무서움이 뚜렷해지고 그것 때문에 죄수들의 말소리나 질문이 귀에 들어오지 않는 것 같았다. 겁먹은 얼굴과 큰 흠집의 눈은 이 희미한 등불 아래서 참으로 그가 말한 '아주 못된 년'이라는 말을 붙여서 그를 볼 때 내 마음은 복잡해졌다.

얄미워하는 죄수들이 떠밀 듯이 변소 옆으로 그를 보냈을 때 그는 변소 때문에 싫어하는 것보다 그 자리는 구석이었고 창 밑이기 때문에 싫어했던 것 같았다. 그래서 그는 하는 수 없이 변소 옆에 쫓겨가서 마루에 누울 수밖에 없었다.

그와 같은 그의 모양을 나는 유달리 주의해 보았다. 수인들이 다 자리에 누운 후에 나는 슬그머니 몸을 일으켜서 변소 맨 끝에 누운 화춘이를 보았다. 억지로 심하게 꽉 감은 눈 끝에는 주름이 잡혔고 바른편 흠집이 있는 눈은 그 흠집 때문에 감아지지 않아서 3분의 2는 떠진 채였다. 얼마 있다가 또 보니 그는 억지로 눈을 꼭 감고 얼굴에는 불안과 공포에 싸인 채로 잠들어 보려고 애를 쓰는 기척이 보였다.

순회 감시하는 간수의 발자국 소리가 점점 내 감방에 가까이 올 때 그는 놀라며 "엄마" 하고 벌떡 일어나더니 와들와들 떨었다. 이 소리에 잠이 들려고 하던 죄수들과 잠이 들었던 죄수들이 짜증을 내며 얼굴을 찌푸리고 어떤 이는 혀를 쩍쩍 하고 어떤 이는 중얼거리고 또 어떤 이는 욕설을 퍼부었다. 놀란 화춘이는 일어나서 공포에 떨며 눈을 감고 고개를 숙였다간 또 자리에 누웠다.

나는 지금도 기침을 몹시 했다. 더욱이 자려고 할 때와 자고 깨어나서는 무섭고 강한 기침이 온 감방을 울리도록 하고 나서야 자기도 했고 깨기도 했다. 나는 잠을 자려고 하지 않았는데도 별안간 강한 기침이 나왔다. 그 소리에 화춘이는 '악' 하고 소리를 치며 다시 일어나서 몸이 부들부들 흔들리도록 치를 떨며 구석구석을 바라보며 눈을 공중에 흐느적거렸다. 또 감방엔 소동이 났다.

성격이 못된 죄수는 주먹으로 화춘이의 옆구리와 가슴을 쥐어박으면서 시끄럽다고 못살게 굴었다. 웅성대고 떠들썩하는 소리에 간수가 와서 소리를 지르며 또 야단을 했다. 나는 벌떡 일어나서 맨 끝자리인 화춘이의 옆에 가서 누웠다. 나는 화춘이의 몸을 꼭 붙들어 안았지만 그의 몸은 추워서 떠는 것이 아니라 공포에 떨고 있었다. 나는 조용한 말로

"화춘아, 참 춥지?"

하니 그제야

"추운 것은 아무래도 좋아요. 무서워서 그래요, 저는 무서워 죽겠어요."

하며 머리를 내 가슴에 묻고 달려들었다. 나는

"무엇이 무서워?"

하니 제법 똑똑한 말로

"제 남편이 제 남편이 자꾸 저를 쫓아다녀요. 어둡기만 하면 저런 창으로 자꾸 들여다보아요. 또 구석에 서서 저를 자꾸 보고 서 있거든요. 무서워, 아이 무서워. 저는 무서워서 죽겠어요."

한다. 그제야 나는

"너, 무섭지? 정말 무섭지?"

하고 말하니

"네 네. 정말 무서워요."

"화춘아, 나와 같이 기도할까? 내가 기도하면 하나님이 도와 주신단다. 하나님이 도와 주신다면 굉장한 거야. 내가 하나님께 기도하면 귀신들이 꼼짝 못 하고 다 도망가는 거야. 왜냐하면 하나님은 이 세상에서 제일 높으시고 제일 힘이 많으시고 또 제일 사랑이 많으신 이가 되어서 하나님을 믿는 사람들이 그 아들이신 하나님의 이름으로 기도하면 아무것이라도 그 앞에서는 꼼짝을 못 해. 어때? 나와 같이 기도할래?"

한즉 그는

"네 네, 어떻게 하는 건가요? 해주세요."

하며 애걸을 했다. 그리고 그때서야 내 얼굴을 보고 나를 의지하려

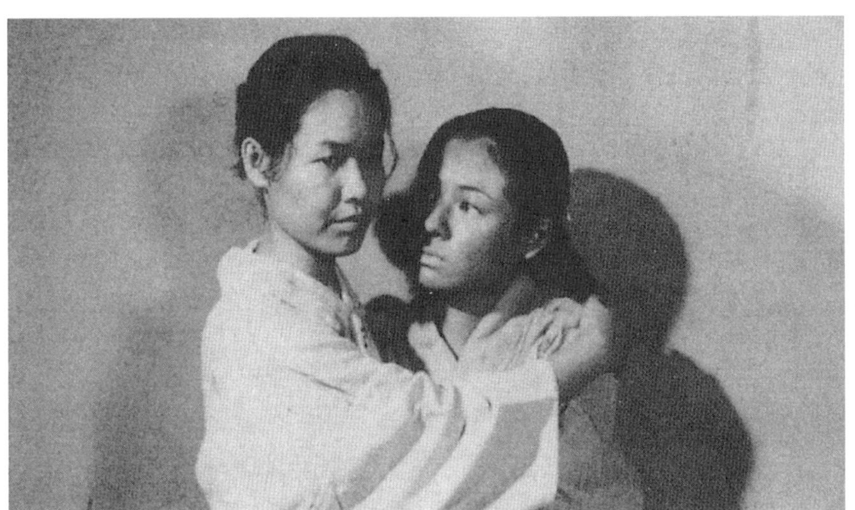

는 태도를 보였다.

"그럼 일어나 앉자."

하고 나는 일어나서 그도 일어나게 하고 내 손으로 그의 두 손을 꼭 잡아 내 손 속에 넣어 붙들고

"눈을 감고 내가 하나님께 기도할 텐데 내가 무어라고 말하는지 조심해서 들어야 한다."

하고 다시

"나는 예수 믿는 사람이다. 예수님은 하나님의 아들이시고 또 사람도 되시는 분이야. 그래서 예수님은 그를 믿는 우리가 예수님의 이름으로 하나님께 기도하면 예수님이 우리 기도하는 것을 다 들으시고 우리에게 좋게 해주시는 거야! 예수님은 제일 좋은 분이신데 쓸데없는 말을 많이 하면 실례가 되고 또 그에게 기도할 때에 딴 생각을 해도 그것은 틀리는 일이니까 정성스럽게 기도해야 해! 알았어?"

하니 알았는지 몰랐는지 여하튼 대답을 했다. 나는 그의 두 손을 꼭 잡고 눈을 감고 예수님을 향해 앉았다.

나는 가슴이 뜨거워지고 설움이 막 복받쳐 왔다. 말도 시작 안 했는데 눈물이 쏟아져 나왔다.

'이 어린것이 악마에게 쪼들려서 비록 모르고 미련해서 그리했을 것인데 악마는 기어이 따라다니며 못살게 구는구나!'

하고 생각하니 가슴이 아팠다. 나는 울음 섞인 간절한 심령으로 "아버지!" 하고 부르고 얼마 동안 내 음성이 안정되기를 기다렸다. 나는 다시

"예수님! 이 어린 죄수 소녀를 보십니까? 예수님의 그 자비하신 눈으로 보시는 이 화춘이는 측은해 보일 것으로 믿어집니다. 이 소녀를 낚아채고 주리틀며 괴롭히는 악령을 예수님의 부활하신 사랑의 힘으로 모조리 소멸하여 주시고 화춘이에게 예수님으로 인해 오는 평안을 보내 주옵소서. 예수님의 이름으로 무엇이든지 구하면 주시겠다고 약속하신 그 약속에 의해서 하나님의 아들 예수 우리 구주의 이름으로 비옵나이다."

기도를 마친 후 눈을 뜨고 화춘이는 무엇인지 모르면서도 나를 의지하는 힘찬 표정을 했다. 나는 일부러 웃음을 띠면서

"내가 그래 무어라 기도하던가?"

하고 물으니 화춘이는 서슴지 않고

"아버지라고 하셨어요."

"그럼. 그래 아버지라고 했어. 하나님은 아버지시니까 아버지에게 내가 무어라고 말했나?"

"아버지 하고 우시니까 저도 울고 싶어졌어요."

나는 다시

"그래 내가 울면서 무어라고 했을까?"

"무언지는 잘 모르겠어요."

"몰라도 괜찮아. 예수님이 내가 드린 기도를 들어주시면 되니까. 예수님은 죄인들이 기도하는 것을 잘 들으시는고로 이제는 걱정 없어."

하면서 유심스럽게 나를 보고 또 보는 화춘이를 나는 사랑하는 눈으로 보았다. 그리고

"자, 이제는 무서울 것이 없다. 귀신 같은 것은 사실 아무것도 아니

야. 귀신들은 예수 믿는 사람들이 예수님 이름만 불러도 겁을 집어먹고 모조리 도망을 쳐 없어진단다. 너를 자꾸 들여다보던 귀신은 저 만주 벌판쯤 도망해 버렸을 거다. 자! 눈을 뜨고 창문을 쳐다봐! 어디 귀신이 있어? 천장과 구석구석 다 봐! 어디 있어. 어디 무엇이 있어?”

하며 내 손을 꽉 잡고 두리두리 살펴보는 그 얼굴은 공포 속에도 흥미와 관심이 떠올라 보였다.

“자, 자세히 봐! 어디 무엇이 있어? 아무것도 없지?”

하며 내 팔을 들어 창을 가리키니 그는 겁을 집어먹고 “엄마” 하고 소리를 질렀지만 그렇게 공포에 싸인 그런 얼굴은 아니었다. 나는 힘을 내도록

“자, 자세히 봐 없지? 아무것도 없지? 있어 없어? 말해 봐.”

하니 그때서야

“없어요.”

하고 숨을 내쉬었다.

“정말 없지?”

하니

“네.”

나는 웃음을 띠면서

“귀신들이 어디 갔는지 알어?”

“만주 벌판에 갔어요.”

나는 정말 웃음이 났다. 그래서

“만주 벌판에 간 것이 아니고 그 귀신은 벌써 죽어 없어졌어.”

하고 잘못 말한 내 설명을 고치려고 하니 어떤 죄수가

“귀신도 죽나요?”

한다. 또 다른 죄수가 그 말을 받아 가지고

“사람이 죽어서 귀신이 되는 것인데 뭐 또 죽어요? 그럼 귀신이 죽으면 뭐가 되는 거야요?”

나는 어리둥절해서 대답할 말을 생각하는데 또 한 죄수가

"선생님, 지난번엔 귀신이 사람에게서 나갔다가 그 사람이 또 죄를 지으면 그때는 나갔던 귀신이 자기 동무 귀신을 일곱이나 데리고 다시 들어온다고 했지 않아요?"

하며 항의를 한다. 나는 화춘이를 위로해야겠는데 일이 엉뚱한 방향으로 뻗어 나가는 것이 곤란했다. 나는 하는 수 없어서

"여보세요, 나는 목사님도 아니고 전도사님도 아니어서 모르는 것도 많고 또 설명도 잘 못하는데 가만 계세요. 차차 내 그 말에 다 대답해 보겠으니까."

하고 나서 화춘이 들으라고 나는 이렇게 강조했다.

"귀신은 예수님이 무서워서 예수를 믿는 사람까지도 무서워한다. 그래서 귀신이 아무리 창으로 들여다보고 싶어도 예수님을 믿는 내가 여기 있으니 꼼짝도 못 하고 벌벌 떠는데 더욱이 내가 예수님께 기도한 것을 보았으니까 이제는 다시 이 방을 들여다보려고도 못 한다."

화춘이는 꽉 잡았던 내 손을 점점 풀면서 내가 하는 말을 극히 긴장해서 들었다. 나는 그의 긴장이 조금씩 풀리는 것을 느꼈다.

그래서 다시 화춘이의 손을 잡으면서

"화춘이는 이때까지 잠 잘 잤어?"

"자다가 곧 깨지기만 해서 못 잤어요. 잠이 들기도 전에 벌써 놀라서 무섭기만 해요."

"예수님은 우리가 기도하면 다 들어주시는데 우리 예수님께 같이 기도할까? 잘 자게 해 달라구?"

한즉 공손히

"네."

나는 또

"눈을 꼭 감고 머리를 숙이고 내가 무어라고 기도하는지 들으면서 딴 생각하지 마. 그러면 예수님 앞에 실례가 되니까, 응?"

하니 그는 벌써 눈을 꼭 감고 고개를 숙이고 내가 기도하기를 기다렸다. 나는 화춘이의 두 손을 내 두 손에 넣어서 꼭 붙잡고 또 기도

를 했다.

　사랑이 많으신 영광의 주님을 향하여 말을 하려고 하니 또다시 가슴이 뜨거워지고 목이 떨려 울먹이는 소리가 나왔다.

　"예수님!"

하니 눈물이 또 쏟아졌다.

　"화춘이의 잘못을 보시지 마시고 그 죄를 당신의 피로써 씻으시고 이 기도가 허공을 치는 부르짖음이 되게 하지 마옵소서. 하나님께서 죄를 보시면 그 어느 사람이 주님 앞에 설 수 있겠습니까? 죄가 많으면 많을수록 주님의 긍휼이 더욱더 필요하옵니다. 악마에게 쫓기고 쪼들린 이 딸에게 잠을 주소서. 자고 쉴 수 있게 하여 주옵소서. 우리에게 쉼을 약속하신 예수님의 이름 받들어 기도드립니다."

하고 나는 아멘 했다.

　나는 고개를 숙이고 아직 머리를 들지 않고 있는 화춘이를 불러서 눕게 하고 그의 옆에 바싹 누웠다. 그는 나를 의지하고 내 가슴에 머리를 묻고 얼마 동안 애를 쓰다가 잠이 들었다. 나는 그의 발을 내 가슴에 넣어 온기를 주기 위해서 거꾸로 누워서 그의 얼음같이 찬 발을 내 맥이 뛰고 있는 따뜻한 가슴속에 넣었다. 나는 한없이 기뻤다. 그가 잠이 들어서 발을 내 품에 넣어도 모르도록 깊이 자고 있다는 것도 나를 기쁘게 했지만 한걸음 더 나아가서 나는 무언지 예수 믿는 사람같이 되는 나를 볼 때 기뻐서 만족했다.

　예수님께 무엇이든지 구할 수 있고 또 그가 그렇게도 내 기도를 무시하는 일이 없으신가 하니 참 즐겁고 기쁘고 만족해서 화춘이의 고르르고르르 하는 코고는 소리조차 사랑스럽고 좋았다.

　이 몹쓸 감옥에서도 그리고 이 추운 밤중에 변소 옆에서 살인 죄수를 품에 안고 그 찬 두 발을 내 교만하던 가슴속에 넣고 추위에 몸은 와들와들 떨려도 내 마음은 한없이 즐거웠다. 나는 생각이 많았다. 비단 옷으로 단장하고 자유로이 오고가며 하고 싶은 대로 누구에게나 제재를 받지 않으려고 교만과 허영과 자기 중심의 생활뿐이었을 때는 왜 짜증이 그렇게도 많고 왜 모든 것이 분한 일이었고 왜 그렇게도 불만 덩어리였던가?

나는 모든 사람들과 친척들이 모두 나를 그렇게 부러워했음에도 불구하고 죽고 싶었던 유혹을 언제나 받았었다. 그래도 자살하면 지옥에 갈 것이 무서워서 감히 행하지는 못했다.

나는 내가 만일에 이러한 옥고(獄苦)의 연단 없이 내 인생을 좋은 옷 입고 배불리 먹고 따뜻이 자고 시원하게 살면서 불만과 짜증에 일생을 마쳐 버렸다면, 아! 그 얼마나 참혹하고 비참한 일생이었을까 하고 생각하니 나는 이 감옥이 내게 다시 없는 은혜의 연단소가 되어서 예수님의 진리를 내 몸과 심령에 채워지게 하는 장소가 된 것에 감사했다.

다른 사람들의 잠을 방해할 수 없어서 큰 소리로 찬송은 못 불러도 내 심장과 온몸은 추워서 떠는 것이 내 영의 개가의 노래를 반주하는 것 같기도 했다.

"앗다, 추위야! 오라 오고 더 오라. 그래서 내 몸을 떨게 할 뿐 아니라 공중에 떠오르도록 흔들어 보라! 추위야! 너는 내게 가장 강한 원수지만, 올 테면 와 보라! 네 힘 다해 내 몸을 얼음덩이로 만들어 보라. 내 이 기쁨은 마침내 너를 억누르고 나는 정복한 자, 곧 이긴 자로서의 노래를 천국 보좌에까지 울리게 하고야 말 것이다."

나는 변소 옆에서 처음으로 자는 기쁨을 체험했다. 맨 앞 자리는 일등 자리라고 그 자리를 점령한 나는 변소 옆에서 자는 사람들에게 늘 미안해하면서도 그만한 아량을 써 보지 못하고 있다가 오늘밤에 비로소 주님이 마련해 주셨기 때문에 여기 누우니 그렇게도 좋았다.

구멍으로 들어오는 식도(食刀)같이 예민한 찬바람이 옆구리에 너무 강하게 들어와서 '보자!' 하는 기세 같았지만 나는 '응, 보자! 나는 예수님을 믿는 사람이다' 하고 태세를 취하고 호응했다. 화춘이는 비록 먹지 못하고 자지 못하고 파란 만장한 곡절뿐이었지만 지금 한창 자라는 몸이라 잠이 들어서 전신의 긴장이 풀리고 온기가 전신에서 뿜어서 점점 내 파리한 몸에까지 훈훈하게 옮겨왔다. 나는 화춘이에게 바싹 들어가 박혀서 얼음같이 차던 화춘이의 두 발이 내 가슴속에서 확 달아올라 더워져 오는 데 놀랐다.

새벽에도 화춘이의 따뜻해진 두 발을 안고 잤다.

아침이 되어서 그는 내 자리에 왔다. 화춘이는 겁을 먹고 나를 따라 내 옆에 와 앉았다. 우리는 다 같이 기도를 하여야겠는데 화춘이가 내 옆에 와 앉는 것이 못마땅해서 죄수들은 불평이었다. 무어라고 야단들을 치면서 기어이 화춘이를 뒷구석에 보내고야 말았다. 나는 예배를 드리고 기도를 한 후에 다시 화춘이를 따라 그의 옆에 가 주기 위해서 변기 옆으로 갔다.

아침 점호하고 교대하는 간수들과 간수장이 내가 늘 앉았던 앞자리에 없는 것을 보고 다시 더 한번 감방을 들여다보더니 내가 변소 옆에 화춘이와 같이 앉아 있는 것을 보고 안심한 표정을 하는 것이 우스웠다. 설마 내가 도망한 줄로 알았을까? 또는 감옥에서 사회로 나간 줄로 알았든가 했을 것이다. 화춘이는 늘 나를 주시했다. 저녁이 되면 나는 언제나 성경 이야기를 죄수들에게 해주는 것이 습관이 되어 있었다. 예배를 볼 때나 성경 이야기를 할 때 나는 내 자리에 돌아와 앉았다. 화춘이는 나를 따라 내 옆으로 오려고 했다. 그러나 죄수들이 염치없다고 막 억누르는 통에 내 곁에 오지 못하고 불안한 표정으로 제자리에 남아 있을 수밖에 없었다.

그는 아직도 간수의 발자국 소리만 들려도 공연히 흠칫하고 놀랐다. 누가 사무실 편에서 감방 쪽으로 오는 발자국 소리에도 그는 극히 긴장했다. 그리고 그 발자국 소리가 우리 방에서 멎으면 그는 몹시 동요했다.

어떤 때는 '엄마!' 소리를 내면서 감방문을 뚫어지게 보았다. 감방 죄수들의 미움을 받는 화춘이는 이 죄수들에게서 받는 멸시와 학대에는 별로 큰 충격을 받는 것 같지 않았고, 그는 보다 다른 더 강하고 압박하는 그 어떤 것에 여념이 없는 것 같았다. 나는 성경 이야기를 다 마치고 자는 시간이 되면 화춘이의 옆에 갔다. 나는 그의 손을 붙들고 예수님 앞에 간단하고 짧은 기도를 하고 그에게 필요한 잠을 주시기를 간구해 마지않았다. 날이 갈수록 그는 밤에는 별로 어려운 일이 없고 잠도 잘 잤지만 낮에는 역시 언제나 황급한 얼굴로 놀라는 일이 멎지 않았다. 나는 그것이 무엇인가를 알게 되었다. 즉 그는 사형 선고를 받았기 때문에 자기를 죽이려고 간수들이 데리러 오는 것만 같아서 구두 발자국 소리에 그렇게도 예민하고 무서워하는 것이었다. 이러한 일에 어떠한 태도와 말로 그를 도울 수 있을까?

그러나 인간적으로 볼 때 여기 내 마음속에도 복잡한 인간성이 머리를 들고 나서는 것을 보아 이 감방 죄수들이 화춘이를 얄미워하고 천대하는 심리도 공연한 일은 아니라고 생각해졌다.

그 이유로는 화춘이 오른쪽 눈꺼풀에 흠집이 있어서 험상 궂고 어떤 면으로 보아 험살스러웠다. 더욱이 남자들에 비해서 신경이 얇고 가늘고 좀더 예민하다고 할 수 있는 여자들은 자기네들이 직면한 어려운 문제들 때문에 머리가 복잡한데 이렇게 별달리 보이는, 즉 정상이 아닌 얼굴을 볼 때에 그들의 불안한 감정은 기형적인 자극을 받는 것 같았다. 그래서 화춘이가 이 감방에 같이 있게 된 것을 ‘재수 없다’ 고들 하는 것이다.

또 이럭저럭 눈치로나 언사에 나타나는 추측으로써 화춘이는 남편을 독살한 심상치 않은 악한 죄수요, 또 이제 겨우 16세밖에 안 되는 새파란 계집애라는 점에서 그를 미워한 죄수들은 화춘이와 같이 한 방에 있다는 것만으로도 큰 탄식거리가 되는 ‘재수없다’ 가 되는 셈이다.

나는 화춘이에게뿐만 아니라 화춘이를 ‘재수없다’ 고 꺼려 하는 다른 죄수들을 위해서 성경을 가르치고 난 후에 이런 이야기 저런 이야기를 많이 했다.

화춘이는 점점 듣기 시작했다. 그리고 특별히 사형은 다시 재판을 받고 나서도 백날이 되어야 하는 것이니까 2년 후에야 사형할 테니 2년을 나와 같이 살아야 한다고 하였다. 그리고 나도 사형을 받을 것이라고 했다. 나도 사형을 받을 것이라고 했을 때 그는 내가 몹시 마음에 들었던 것 같았다. 친구가 되려면 동류가 되는 것이 제일 쉽고 제일 확실한 방법 같다. 화춘이는 내가 자기와 동류인데 동정이 갔고 왜 사형을 받아야 하는지에 대해서는 별로 설명이 필요 없는 것같이 캐묻고 하지 않았다.

나는 어느 날 이러한 말을 했다.

"화춘이 이야기할게 들어 봐. 이곳은 사실 감옥이지만 우리가 생각하는 데 따라서 친구들이 모여서 재미있게 지내고 쉬는 곳도 될 수 있단다. 그래 세상엔 배고픈 사람이 없어? 화춘이도 몹시 배고픈 일이 많았지? 이 감옥에 들어오기 전에?"

"그럼요. 배가 너무 고파서 버섯을 뜯어 먹고 다 죽을 뻔했는걸요."

나는 그가 말이 잘 나오는 것을 보고 옳지 옳지 했다.

"또 감옥이 아니라도 세상에서는 사람을 꼼짝 못 하게 압제하는 부모나 시부모도 있지 않아?"

하니 그는 또

"그럼요. 저의 남편은 웃지도 못하게 하고 먹지도 못하게 했었는데요."

하며 지금도 그 생각을 하는지 입이 찌그러질 만치 그 말에 억울함이 담겨 있는 듯했다. 나는 계속했다.

"사람은 다 마찬가지야. 배가 고프면 누구나 도둑질하고 속여먹고, 미우면 죽이고, 그런데 어떤 많은 사람들은 이러한 죄를 많이 지었어도 큰소리치며 높은 자리에서 늠름히 출세하여 잘사는 이가 세상에 참 많고, 어떤 이는 별치도 않은 일에 걸려서 이곳에 잡혀 와서 고생을 해야 되는 거거든. 그래서 예수님은 사람을 다 똑같이 보시는 거야. 더 좋은 사람도 없고 더 나쁜 사람도 없고 모조리 같은 것으로 보신다고 나는 믿어."

한참 말이 나오는데 어떤 죄수가 흥분이 되어서

"선생님 말씀이 꼭 맞아요. 내가 아는 사람 하나도 아주 못되고 남을 속여먹기를 떡 먹듯 하는데 잘살아서 첩을 셋이나 두고 밤낮 뚱땅거리면서 잘 처먹거든요. 사실 나는 죄라고는 하나도 없는데, 글쎄 그 죽일 놈들이 나를 이렇게 못살게 굴지 않아요. 아! 억울하고 기막혀 죽겠어요."

그 말이 끝나기도 전에 또 다른 죄수 하나도 자기가 얼마나 청백하고 좋은 사람인가를 드러내려고 분을 뿜으며 말을 막 쏟아 놓는다. 나는 급하게 그의 말을 막듯이 내 말을 이어서

"그러나 사실 우리는 다 죄인이야. 사람들은 누구나 똑같아서 속일 수만 있으면 속여먹으려고 하고, 남의 것 바라고, 공짜를 좋아하고, 미워하고, 또 게으르고, 욕 잘하고, 성 잘 내고, 없는 말 지어내고, 세상 사람은 다 똑같이 나뻐. 그러나 하나님께 돌아와서 용서해 달라고 해서 예수님이 다 용서해 주시면 그때는 보통 사람이 아니고 달라지는 거야!"

이 말이 채 끝나기도 전에 한 죄수가 비꼬는 어조로

"예수 믿는다고 다 좋은 건 아니던데요. 요즘 목사를 보면 형사보다 더 나빠요. 가난한 사람을 미친 개 보듯 하고 돈 있는 사람만 칭찬을 하고, 신사(神社)에는 제일 먼저 올라가 절을 잘하던데요, 뭐."

또 말 많은 죄수가

"우리 친구가 요릿집을 하는데 저녁에는 목사라는 이도 장사하는 사람들과 섞여 오는데 기생 계집애들이 '목사님! 한 잔 더 하세요' 하며 달려들던데요. 선생님, 그런 사람들이 정말 목사님일까요?" 한다. 나는 그 말을 듣고 망치로 머리를 맞는 것 같았다.

세상이 그렇게 되어가고 있는가? 두렵다는 것보다 죽어 버려서 이 세상을 아주 잊어버렸으면 하는 생각이 났다. 일본인들이 신사에 올라가 절한 목사들을 대동강으로 데리고 가서 일본 신의 이름으로 물세례를 주었다고 한 내 어머니의 말을 들었을 때도 나는 이 세상에 살아 있는 것이 저주 같았다.

이기선(李基宣) 목사님의 설교 중에서

"고무신이 낡아 떨어져서 구멍이 났을 때 물을 밟으면 물이 들어오고 진탕을 짚으면 뚫어진 구멍으로 진탕이 들어오고 똥을 밟으면 똥이 들어온다. 마찬가지로 귀신에게 굴복을 당해서 믿음에 구멍이 나면 그 구멍으로, 가는 대로 밟는 대로 모든 세상의 죄악은 다 들어와서 그 영혼이 멸망하고야 만다."

고 하신 말씀을 생각했다.

나는 화제를 돌려서 맨 처음에 알아보려던 화춘이의 눈에 있는 흠 집에 대해서 물어 보았다. 화춘이는 한참 망설이더니 자기의 이야기를 다 해주었다.

그가 어렸을 때 낮에 자고 있는데 선반에 올려놓여 있던 가위를 아버지가 내리다가 떨어뜨려서 그 가위 칼날이 어린 아기인 자기 눈에 떨어져서, 요행히 눈알은 안 다치고 눈가죽을 찔러 상해서 쇠독이 올라 살은 곪고 또 곪아서 몇 달을 앓는 동안에 거의 아물어진 것이 그같이 큰 흠집을 남겨 놓고 말았다는 것이다.

그래서 얼굴에 그런 흠집이 있으면 언제든지 사람을 죽인다는 미신이 있어서 사람들은 화춘이를 싫어하고 또 그를 아내로 원하는 사람이 없었다고 한다. 그러나 그가 13세 되던 해에 어디서 떠돌아다니다 온 정체 모를 30대 남자가 그 가난한 동리에 와서 살게 되었는데 아내를 구해도 그 동리에 처녀가 없어서 결국 가난한 화춘이를 부모에게 곡식을 주고 데려갔다고 한다.

화춘이는 그날부터 지옥이었다. 그 남자가 어찌나 싫고 무서운지 밤이 되면 도망을 하려고 기회를 엿보고 아침이 되면 들에 나가서 일을 하여야 했다. 종일 일을 하다가 저녁이 되어 집으로 돌아오면 호랑이 굴 속으로 들어가는 것같이 그렇게 무서웠고 안타까웠다. 그래도 세월은 가서 여름 동안에 자란 강냉이는 키가 크고 무성해서 화춘이가 강냉이 밭 속에 숨어 있으면 그 포악한 남편은 화춘이를 찾아 가지고 집에 끌고 와서 때리고 밀치고 밥을 굶기고 옷을 벗겨 밖에 쫓아내었다. 또 그 남편은 술을 좋아했다. 그가 술집에 가서 술을 먹고 취해 들어오면 화춘이에게 술을 사 오라고 고함을 질러서 돈도 없이 그는 술을 사러 아랫마을에 있는 술을 몰래 만들어 파는 술집에 외상으로 술을 사러 갈 수밖에 없었다.

어두컴컴한 밤길을 외상술 사러 걸어가는 화춘이는 언제나 호랑이가 나와서 자기를 먹어 줄까 하고 기다렸다고 한다. 왜냐하면 극히 비밀리에 막걸리를 만들어서 몰래 조금씩 파는 그 술집 아주머니도 화춘이를 보기만 하면 입을 비죽거리고, 이미 먹은 술값도 안 내고 또 외상술을 가지러 왔다고 천대하고 냉대할 뿐 아니라 화춘이의 얼굴 흠집 때문에 화춘이를 보는 것이 재수없다고 노골적으로 막 말을 쏘아댔기 때문이었다. 화춘이는 이 모든 모욕을 다 달게 받아야 했다. 멸시를 받고 욕을 먹더라도 외상술을 가져다가 남편에게 주어야지 그렇지 않으면 그 무서운 모진 매를 또 맞아야 했기 때문에 그 술장사 마나님이 무어라고 해도 가만히 서서 욕을 실컷 먹으면 나중에는 미안해져서 외상술을 병에 조금 따라 주어서 쫓겨나는 일과 모진 매를 면할 수 있었다.

그런데 화춘이가 어렸을 때 한 동리에서 같이 자라난 한 소년이 있었다. 어렸을 때에는 같이 놀기도 하고 싸움도 했지만 화춘이가 시집을 온 후로 그가 그렇게도 불행한 신세가 된 것을 안 이 소년은 그가 자라면 자랄수록 그를 불쌍하고 가엾게 여기고 있었다.

어느 여름에 강냉이가 키가 크고 우거졌을 때에 화춘이가 강냉이 밭에 늘 숨어 있다가 남편에게 잡혀 간다는 말을 들은 이 소년은 용기를 내어서 화춘이를 만나 위로하기 위해 화춘이가 숨어 있을 만한 강냉이 밭을 헤매었다. 드디어 화춘이를 찾아낸 소년은 화춘이를 보고 너무도 가련해서 만나자마자 울었다고 한다.

화춘이는 그가 어렸을 때 놀고 장난하던 날을 기억하고 역시 설움이 복받쳐 같이 실컷 울었다. 그 후에 이 두 소년 소녀는 늘 강냉이 밭에 숨어서 만나 옛날같이 앉아서 화춘이의 불우한 신세를 탄식하며 우는 수밖에 다른 길은 몰랐다. 그들은 어느 동안에 서로 만나지 아니하면 못 견디는 사이가 되었고, 따라서 어떻게 해야 화춘이가 이 포악한 남편에게서 벗어나 자유로운 몸이 될까 하고 갖은 지혜를 다해서 생각해 보았다.

소년은 들짐승을 잡으러 산에 가는 일이 늘 있었다.

그날도 비상(砒霜)을 가지고 가서 노루를 잡아온 이야기를 했는데 화춘이는 그 말을 듣자 눈에서 빛이 나면서 노루 잡은 비상을 자기에게 조금만 가져다 달라고 부탁했다.

화춘이는

"집에 쥐가 많아서 쥐를 죽이겠다."

하고 말했다. 소년 천수는 아무 말 없이 비상을 조그마한 종이에 싸서 화춘이 손에 주었다. 화춘이는 그것을 조금씩조금씩 음식에 타서 남편에게 먹였으나 남편에게 아무 징조가 없고 때마다 음식에서 고약한 냄새가 난다고 불평을 하면서도 배가 고픈 그는 맛있게 음식을 다 먹고도 늠름했다. 그러는 동안에 화춘이는 조급해졌다.

하루는 무르익은 호박을 추수해서 모두 방 속에 들여다 놓고 그 중에 제일 잘 익은 호박을 한 개 썰어서 호박죽을 맛있게 쑤고 그 속에 남은 비상을 다 넣어서 시장해 들어온 남편에게 먹였다. 남편은 늘 나는 고약스런 냄새가 오늘은 더 고약하다고 하면서 배가 고팠으므로 한 그릇 되는 호박죽을 맛있게 다 먹어 버렸다.

얼마 아니 되어서 남편은 배가 아프다고 소리를 지르며 곤두박질을 하고 고함을 고래고래 지르다가 새벽녘에 죽어 버리고 말았다. 남편이 고함을 지르며 죽는 소리를 쳐도 먼 동리 사람들은 으레 들었겠지만 그 못된 사람이 또 아내를 때리며 욕을 하는가 보다 해서 아무도 무어라고 하는 일 없이 그 남편은 죽어 버린 것이다.

화춘이는 그가 죽어 가는 소리를 해도 그의 너무도 포악하던 생각을 하니 만일에 저러다가 죽지 않고 살아나면 어찌 되는 것일까 해서 무서웠다고 했다. 그가 숨만 지고 아주 죽어 버리면 자기에게는 대낮과 같은 밝은 햇빛의 자유가 오리라고 믿고 그가 죽기만을 기다렸다고 했다. 그러나 일단 그 남편이 숨지고 그 강하던 몸뚱이가 싸늘하게 식어서 돌같이 굳어져 올 때 화춘이는 별안간 무서워지고 앞이 캄캄해졌다.

밝은 아침이 올 것으로 믿고 기다리던 화춘이에게는 캄캄하고 어둔 밤이 덮여져서는 자기는 말할 수 없는 수렁으로 깊이 빠져가는 것 같았다고 했다. 화춘이는 아침이 되자 곧 일어나서 소년을 찾아갔다. 그리고 남편에게 비상을 섞은 호박죽을 먹여서 죽였으니 어떻게 하면 좋은가 하고 의논을 했다. 소년은 그 말을 듣고 펄쩍 뛰면서

"그것이 어찌 사람의 할 짓이냐?"
하고 놀랐다. 화춘이는
"호박 속에 넣은 비상은 네가 주지 않았느냐?"
하고 말한즉
"비상을 달라고 한 것은 네 집에 쥐가 많아서 곡식을 자꾸 먹으니 쥐를 죽여야겠다고 해서 내가 준 것이지 사람을 잡으라고 준 것은 아니다."
라고 했다. 그들이 주고받고 하는 말을 방에서 들은 소년의 어머니가 방에서 뛰어나와서
"저년이 살인할 흠집이 있으니 가까이 하지 말라고 안 하더냐?"
하고 대소동을 일으켰다. 화춘이는 그들의 말과 천대에 더욱 앞이 무너지는 듯했다. 그 소년의 냉랭한 태도에도 한없이 마음이 아팠지만 그의 어머니의 말에 '살인할 흠집'이라는 말은 가슴에 창을 박는 것 같았다. 강한 충격을 받은 화춘이는
"나는 살인할 팔자였나? 타고난 팔자가 되어서 결국은 내 얼굴에 흠집이 생기고 또 살인할 팔자가 되었기 때문에 그런 포악한 남편을 만나 모진 매와 압박과 천대와 학대를 받았으며 그것 때문에 아래 동리 소년 천수와 사랑이 생겨 그렇게도 좋아했으며 살인할 팔자가 되어서 비상을 얻어 과연 살인을 한 것이었구나!"
화춘이는 그 가슴에 뭉쳐진 모든 억울하고 통분한 운명에 울 수도 없고 죽을 길도 보이지 않았다.
그리고 소년 천수의 변심이 무엇보다도 가슴을 아프게 했다. 쥐를 잡겠다고 말은 했으나 천수는 으레 자기가 남편을 죽인다는 일을 몰랐을 리가 없었을 것이 아닌가. 그래서 오랫동안 오지 않다가 결국 그것을 바랐기 때문에 다시 찾아왔을 때 비상을 가져다 주었던 것이 아니고 무엇이었을까? 이제 일이 이렇게 되고 나니 천수는 변심했다. 뭘까? 화춘이의 사랑은 분한 김에 증오로 변해 버렸다.
경관에게 잡혀 갔을 때 화춘이는 기어코 천수가 자기 남편을 죽이면 같이 살겠다고 약속하고 비상을 사다 주었다고 천수에게 모든 책

임을 돌렸다. 천수는 천수대로 자기는 화춘이를 사랑한 일이 없고 너무도 구박과 학대와 모진 매를 맞는다는 소문을 들었기 때문에 하도 불쌍해서 찾아가서 위로를 했을 뿐이라고 했다. 그리고 비상을 준 것은 화춘이가 쥐가 너무 많아 광 안에 있는 호박까지 먹어 버리니 기어이 쥐를 잡아 없애야지, 가난한 살림에 얻어 먹을 것이 없다고 사정을 했기 때문에 노루를 잡는 비상을 조금 가져다 주었다고 끝까지 살인에 대해서는 책임이 없다고 말했다.

소년 천수는 화춘이가 그렇게도 무섭고 사나운 소녀인가 생각하니 무서워서 병이 나 버렸다.

이 모든 이야기는 화춘이가 변해져서 거듭난 후에 한 말이지만 여하튼 화춘이는 자기가 남편을 죽였다고 밝혔다.

감방 사람들은 화춘이가 독약으로 남편을 독살했다고 독살스러운 년이라고 더 미워했다. 나도 그의 얼굴을 볼 때 정말로 그의 운명의 파란이 너무도 어린것 위에 지치도록 험악한 데 놀라지 않을 수 없었다.

어떤 사람은 어쩌면 나면서부터 이렇게도 비명 속에 꽉 결박이 되어 자라면 자랄수록 그 비명은 곡절과 파란으로 엉켜져 도망할 길이 없을 수가 있는가? 이러한 숙명의 인간이 되어 세상에 나올진대 차라리 금수나 곤충이 되었던 편이 그 얼마나 더 나을까 하고 생각도 했다.

죄도 없는 어린아이 때 아버지의 부주의로 선반에서 떨어진 가위 끝에 눈을 맞아 상처를 받고 쇠독으로 인해서 오랫동안 고생을 하고 아픔을 겪다가 그 억울한 진통이 끝났을 때는 무섭고 험상스러운 흠집이 되어 보는 이들에게마다 냉대와 "재수없다, 저런 년을 만나서" 하고 천대를 받아와서, 한번도 기쁜 일을 맛본 일이 없고 일생을 빈곤과 싸우고 먹고 싶은 대로 먹어 보지도 못하고 남편이라고 만나서는 노예보다 더 심한 고역과 고문에 그 몇 번이나 쓰러졌던가? 천수와 만나서 몇 번의 달고 따뜻한 사랑을 느껴 보았지만 결국은 살인자로 자기를 모두 떨어뜨리고 말았으니 타고난 팔자라고 하지만 어쩌면 이런 일이 있을 수 있는가? 그리고 그렇게도 믿고 바라고 기다리던 천수가 지금은 자기를 악마같이 보는 눈빛을 겪어야 하니. 아! 차라리 사랑을 맛볼 기회가 없었던 게 좋았을 것을….

나는 그를 앞에 두고 마음이 아프고 머리가 무거워졌다. 나는 화춘이를 끌어안고 실컷 울었으면도 했다. 아! 사랑을 모르는 이 소녀 화춘에게 사랑을 부어 주어야 한다. 나는 용기를 더 내었다. 옥중에서 사랑을 나타낸다는 일은 밥을 먹이는 일 외에 다른 가능한 길이 없었다. 나는 결심한 대로 금식을 시작하고 내 밥을 화춘이에게 먹도록 권했다. 화춘이는 먹지 않는 나를 원망스럽게 쳐다보면서 내 밥을 먹으려고 하지 않았다. 나는 기어이 화춘이에게 내 밥을 먹이려고

"화춘이! 내 말을 잘 듣겠다고 하지 않았어? 내 밥을 먹어 응? 생각해 봐! 그 어느 누가 화춘이를 너무 사랑해서 굶어 가며 자기 밥을 화춘이에게 주어 먹게 한 사람이 있었던가 생각해 봐! 이것은 굉장한 사랑이란다. 너, 이 사랑 안 받으면 안 되는 거야. 자! 먹고 누가 너를 이렇게까지 사랑한다 하는 것을 느껴 봐! 너는 이 같은 사랑이 필요했어. 그러니까 받아야 하는 거야!"
하며 달래고 달래면서 먹도록 했다.

그는 젊으니까 사실 우리보다 더 배가 고팠었지만 기어코 먹지 않는 나를 쳐다보면서 울먹울먹하며 먹어야 하는지 안 먹어야 하는지 결정을 짓지 못하고 갈팡질팡했다. 그러나 그는 내게 복종하고 내 밥을 3일간 울면서 먹었다. 그는 다 먹고서 하는 말이

"나는 내 남편을 죽였을 때보다도 더 죄를 지은 것같이 마음이 답답해요."
했다. 나는 놀라서

"왜! 무엇 때문에?"

"선생님은 밥을 자시고도 배가 고프셨는데 사흘이나 안 잡수셨으니 얼마나 배가 고프실까요. 그래서 마음이 참 답답해요."
하며 눈물을 떨어뜨리며 말을 더 이상 하지 못했다.

나는 그가 '사랑에 운다' 하고 느껴질 때 참 마음이 기뻤다. 그리

고 16년간이나 받았어야 할 사랑은 네가 사형받기 직전에 받아볼 것이다 하니 큰 사업을 경영하는 상인같이 내게는 소망이 컸다. 그는 내 밥을 먹은 이후로 저녁 성경 이야기 때에 유달리 조심해 듣는 것 같았다.

나는 또 기생 라합의 이야기를 했다. 그리고 모압 여인 룻의 이야기와 모세의 어머니와 모세의 누이 미리암의 이야기도 해주었다. 그는 무거운 사형수라는 죄명을 가진 만큼 자기의 문제에 압박을 받아서 이야기를 듣기는 하면서도 기억을 못 했다. 나는 똑같은 말을 또 하고 또 하면서 그에게 질문을 하는 양식으로 화춘이에게 될 수 있는 대로 대답을 하게 했다.

나는 또 막달라 마리아와 사마리아 여인의 이야기도 해주었다. 그리고 예수님이 그 얼마나 좋으신 분인가를 인식시키는 데 힘을 다했다. 그리고 요한복음 3장 16절을 따로 외우게 했다. 그래서 그가 따로 외우려면 뜻을 자세히 알아야 하겠는고로 설명을 세세히 한 후에 한마디 한마디 외우도록 가르쳤다. 그리고 찬송도 가르쳤다.

> 웬일인가 날 위하여
> 주 돌아가셨나
> 이 벌레 같은 날 위해
> 큰 해 받으셨네

화춘이는 어느 날 금식을 시작했다. 그리고 그 금식은 3일이 지나도 그대로 계속되었다. 나흘 동안 먹지도 않고 마시지도 않고 그 나흘 동안의 음식을 모조리 내게 먹게 했다. 나는 놀랍고 이상해서

"웬일이야! 나는 3일간 금식을 했는데 왜 넌 나흘이나 하는 거냐?"

"저는 죄가 많아서 하루 더 했습니다. 그래야 선생님이 더 잡수시지요."

당돌하게 앉아 금식을 계속했다. 금식중에 그는 요한복음 3장16절, "하나님이 세상을 이처럼 사랑하사 독생자를 주셨으니 이는 저를

믿는 자마다 멸망치 않고 영생을 얻게 하려 하심이니라."
를 완전히 따로 외웠다. 그리고 찬송가도 몇 장 따로 외웠다. 특히
"이 벌레 같은 날 위해 큰 해 받으셨네" 하고 부를 때엔 울었다. 나
는 그가 우는 것을 볼 때 나 역시 눈물이 나왔다.
 '진리는 역사하시는구나!'
 이렇게 속으로 외쳤다.
 음정도 똑똑하지 않은 그의 찬송 소리는 아름다운 것이 하나도 없
고 들을 맛이 하나도 없었지만 울음 섞인 그의 찬송 부르는 태도는
무언지 거룩한 것을 느끼게 했다. 나도 가슴이 뜨거워져서 그의 부르
는 찬송에 합쳐 그 음정이 틀리지 않도록 받들면서 같이 '이 벌레 같
은 날 위해 큰 해 받으셨네'를 불렀다. 화춘이는 금식 후에 믿음이
생겼다.
 그는 내게 자기가 주범이고 천수가 전적으로 무죄하다는 것을 실
토하면서 원통하게 회개했다. 그리고 자기의 모든 사연을 터놓고 내
게 이야기했다. 그리고 그는 어떻게 해서라도 이때까지 천수에게 덮
어씌운 모든 죄과를 자기에게 돌이켜야겠는데 사형을 받기 전에 그
러한 기회가 있을까에 대해서 몹시 초조해하는 것이었다.
 나는 그를 위로했다. 그리고 다시 기회가 올 때에는 양심대로 하라
고 가르쳤다. 그는 그것이 너무 괴로워서 자주 금식하고 울었다. 금식
하면 할수록 울면 울수록 그는 참 사랑스러워졌다. 뿐만 아니라 모든
죄수들도 화춘이를 미워하던 언사를 고쳤다. 그리고 화춘이는 그런
나쁜 짓인 살인을 안 했으리라고까지 말하는 사람이 생겼다. 간수들
도 화춘이를 사랑하게 되었다.
 하루는 화춘이가 재판소에 불려갔다. 재판소에서 돌아온 그의 얼굴
은 꽃이 핀 것같이 환하고 아름다웠다. 이제 그의 얼굴에는 흠집이
보이지 않고 그의 조용하고 사랑스런 눈과 매끈하고 흰 얼굴이 언제
나 예쁘게 보이게 된 것이 이상했다. 더욱이 그가 웃으면 유달리 사
랑스러워 어떤 죄수는
 "고것이 저렇게 귀엽게 웃으니까 천수가 반했지 뭐야!"

하고 화춘이의 예쁜 것을 증명하는 이도 있었다.

화춘이는 신이 나서 오늘 재판소에서 일어난 광경을 설명했다. 이때까지 천수에게 모든 책임을 돌렸던 화춘이는 판사 앞에서 담대히

"판사님! 지금까지 말해 온 제 말은 모조리 다 거짓말이었습니다."

라고 하니 모든 재판소 안은 조용해졌다고 한다. 화춘이는 다시

"판사님! 천수는 제가 제 남편을 죽인 일에 아무 상관이 없습니다. 천수에게 저는 쥐를 죽인다고 속여서 비상을 달라고 했습니다. 저는 제 남편이 너무도 싫고 무서워서 몇 해 동안 그를 죽여 버리려고 늘 생각해 왔어요. 천수는 그것도 모릅니다. 제가 혼자서 다한 것이고 천수는 저를 불쌍히 여겨서 위로해 준 것뿐입니다. 이것이 정말입니다. 이때까지 말한 것은 다 헛소리였습니다. 판사님! 저를 곧 죽여 주십시오! 저는 속히 죽어야지 마음이 안타깝습니다. 저를 하루 바삐 죽여 주십시오! 저는 예수님을 믿습니다."

하고 똑똑히 말했다고 했다.

나는 그가 한 말을 들어 보고 참 놀랐다. 이 무식한 벽촌 소녀가 어떻게 말을 그렇게 유식한 사람같이 했을까?

어떻게 그렇게 조리 있게 설명할 수가 있었던가? 믿을 수가 없었다. 그러나 화춘은 내가 말하는 대로 본떠서 내가 하듯이 말하는 태도로 하는고로 모두들 보고 놀라지 않을 수 없었다. 그리고 사람이 결사적이면 아무것도 배우지 못한 벽촌의 소녀도 그럴 듯한 말 재능이 나는구나 하고 생각했다. 감방에 간혹 가다가 우스운 일이 일어나면 그는 소녀같이 웃어댔다. 그렇게 되어가는 화춘이를 보면서 화가가 자기의 작품이 완성되어 가는 것을 보고 즐기는 것같이 나는

'아! 내 믿음의 작품!'

하고 즐거운 눈과 마음으로 그의 행동을 지키는 자가 되었다.

그는 유달리 나를 아꼈다. 여름이 와서 더워지면 그는 꼭꼭 끼여 자서 무더운 것이 내게 괴롬이 될까 해서 어떻게든지 내게 조금이라도 더 틈이 있어 바람이 돌기를 원해 애쓰고 자지 않고 빈대 사냥에 밤을 새우고 모기가 달려들어 내 피를 빨아 먹는 것이 원통해서 눈

을 횃불같이 밝히고 모기 잡는 데 힘을 다했다. 낮에는 파리를 잡고 밤에는 빈대와 모기 잡는 데 쉬지 않았다.

날이 갈수록 그가 나를 사랑하는 마음은 더 극진해졌다. 하루는 그가 기도를 하느라고 엎드린 채 일어나지 않고 길고긴 기도를 그칠 줄 몰랐다. 나는 그에게 무슨 별다른 소원이 생겼는가 해서 호기심으로 물었다.

"화춘이, 너 무얼 그렇게 간절히 원하고 기도할 일이 생겼니?"
하니 그는 방글방글 웃기만 하고 대답을 안 했다.

나는 더욱더 호기심이 나서

"나한테도 말 못 할 일이 그 무얼까? 내가 알아내면 알아낼 수 있을까?"

그래도 그는 방글방글 웃기만 하고 즐거운 듯이 장난만 치고 말하지 않았다 .

나는 더 호기심이 났다. 그래서 기생 선화에게 기어이 알아내라고 했다. 선화가 화춘이를 달래고 어르고 하더니,

"선생님, 화춘이가 기어이 말을 안 하겠다니 그것은 고집죄지요?"
했다. 화춘이는 그 말을 듣더니

"죄? 고집죄?"
하며 얼굴빛이 달라졌다. 그리고 꿇어앉았더니,

"선생님, 죄라니 무서워요. 저는 예수님께 선생님이 자꾸 기침을 하니까 힘이 들어 보여서 그 기침을 제게 옮겨 달라고 졸랐어요."
한다. 나는 그 말을 듣고 눈시울이 뜨거워지며 눈물이 쏟아져 나왔다.

'그 어떠한 사랑인가?'

나는 하나님께 참 무어라고 감사해야 할지 몰랐다.

이 모진 옥 속에서 우리는 사랑에 부딪쳐 울게 되니 얼마나 놀라운 은혜인지 너무도 고마웠다.

한번은 이런 일이 있었다. 여간수들 중에 못되고 악한 간수가 있어서 12번과 짜고 나를 해치려 계획을 하고 내게 달려들어 나를 심하게 감독하고 흘기는 눈으로 보고 비웃으며 능청대며 "예수를 믿는

것들!” 하며 모욕을 했다.

나는 그의 태도에 늘 충격을 받아서 그 간수가 감방을 지키는 시간은 한없이 고통스러워서 맥이 빠졌다.

화춘이는 그 간수가 서는 시간에는 온 얼굴이 굳어지고 무엇인지 심각한 표정을 짓고 말도 안 하고 마룻바닥만 뚫어지게 들여다보고만 있는 것이었다. 나는 그가 역시 나와 같은 심정으로 마음이 불안하고 괴로워서 그러는 것이려니 하고 별로 물어보려고도 하지 않았다. 이러한 날이 가면 갈수록 화춘이의 얼굴 표정은 더 심상치 않아졌다. 그래도 나는 그 심상치 않은 얼굴을 내 멋대로 해석하고 괴로운 내 심령에 주님이 힘 주시기만을 바라고 바라면서, 시편으로 기도하고 주님이 가르쳐 주신 기도로 기도하고, 언제나 마음이 타고 불안해서 숨만 가쁘게 쉬었다. 내가 그렇게 되면 될수록 나를 사랑하는 선화와 화춘이는 더 얼굴이 어려워졌다.

어느 날 새벽에 아직도 내가 엎드린 채 기도를 하고 나니 화춘이는

“선생님! 사람을 또 죽이면 예수님이 안 좋아하실까요?”

나는 벌떡 일어나면서,

“뭐야?”

하니 화춘이는 침착한 태도로,

“오늘 또 저 악한이(나쁜 간수를 그렇게 불러 왔다) 교대해 와서 방을 조사할 때 저는 그의 목을 내 이빨로 물고 늘어져서 죽여 버리고 말려고 해요. 아무래도 저는 사형을 받았고 또 지옥에 갈지 모르는데, 저 악한 이를 죽여 놓고 갈까 해요.”

아! 나는 쌓아 놓은 담이 와르르 하고 무너지는 것 같았다. 그래서 화춘이를 자세히 자세히 보며 그 몸을 잡아 흔들면서

“얘! 화춘아! 네가 시험에 들었다. 큰 시험에.”

그제야 그도 놀란 듯이,

“그럴까요? 왜요? 저는 지금은 저를 생각하는 것은 하나도 없어요. 선생님만 조금이라도 평안해지신다면 나는 또 살인을 할 수 있는데

요.”
　나는 화춘이를 뚫어지게 쳐다보면서,
　“누구를 위해 죽이든지 죽이는 것은 예수님이 미워하시는 거야. 예수님이 미워하시면 나도 미워할 수밖에 없어. 네가 그러면 예수님에게도 미움을 받고, 내게도 미움을 받고, 모든 사람에게도 다 미움을 받게 되어 버리는 것이다.”
하니 그는 눈물을 흘리면서
　“선생님 저를 미워하지 말아 주세요.”
하면서
　“저는 그것을 몰랐어요. 그 악한이 하나만 없어지면 선생님이 평안해질 것 같아 그랬는데, 선생님이 저를 미워하신다고 하시지 마세요.”
하며 엉엉 소리를 내어 울었다.
　나는 그의 사랑에는 무어라고 말할 수 없이 깨달아졌으나, 그의 말을 들으니 정이 떨어지도록 무서운 생각이 났다. 그리고 그의 얼굴을 보니 흠집이 크게 보이고 그의 귀엽던 모습이 그처럼 싫어지도록 악해 보였다. 나는 피곤해서 눈을 감고 이런 일을 어찌 처리할까 했으나 캄캄한 마음에 생각이 나지 않았다.
　이런 일이 있은 지 얼마 후에 그는 다시 무엇을 결심하고, 또 금식을 시작했다. 3일간이면 끝이 났어야 하는데 나흘이 되고, 한 주일이 되어도 먹지 않았다. 열흘이 되고, 두 주일이 되어도 그의 금식은 계속되었다.
　나는 너무도 애처롭고, 속이 타고, 상하고, 아팠다. 더욱이 그가 금식하는 동안에 그의 음식은 꼭 내게만 먹게 하고, 다른 사람은 절대로 먹지 못하게 했다. 나는 피를 먹는 것 같고, 그의 살을 먹는 것같이 괴로우면서도 그의 강권에 이길 힘이 없어서 15일간을 먹고 말았다.
　15일이 지나고 16일 되어서 그는 처음으로 국이라고 하는 허드렛물 같은 국을 마시려고 국 그릇을 들고 부들부들 떨면서, 감격해서 눈물을 두 줄기로 뺨 위에 흘리며 감사의 기도를 올렸다. 금식을 시작한 지 2, 3일간은 몹시 기뻐 보였지만, 4일이 지나고부터 그는 얼마나 힘이 드는지 얼굴이 노래지고, 뺨은 점점 들어갔다. 10일이 지나자 그는 고통으로 얼굴이 비뚤어지는 것같이 보일 때도 있었다.

나는 내가 10일 금식을 했을 때 얼마나 힘들었던가를 기억했다. 그것은 내가 죽는 것을 의미했기 때문에 거의 다 죽었어도 신앙으로 견디어 냈지만, 그는 기도도 못 하는고로 내가 옆에서 기도해 주고 하여 결국은 어렵고 무서운 15일이 지나갔던 것이다.

죽을 마시고, 밥이라고 하는 대두박 덩어리를 부들부들 떨며 입에 넣었다. 그렇지만 그 얼굴에는 신앙의 광채가 났다. 나는 놀랐다. 그리고 그의 모습은 그렇게도 아름답게 보였다. 나는 나만이 그런가 해서 죄수들에게도 묻고 간수들에게도 물어보았다. 누구의 의견이나 다 같았다.

화춘이는 드디어 거룩한 예수인이 되었다. 그는 교육을 받은 사람보다, 오래 믿은 사람보다 희한하게 믿음에 익어졌다.

나는 물론 그가 먹기 시작한 날부터 또 교대로 금식을 하고 내 음식을 먹었다. 3일이 되던 날 화춘이는 울면서 내 금식을 더 하지 말아 달라고 애걸을 하였다. 그의 애걸이 너무도 결사적인고로 나는 3일 만에 끝냈다.

15일간을 금식한 화춘이는 몹시 기뻐했다. 너무 기쁘고 좋아서 그는 소녀 그대로였다. 그의 피부와 눈은 그렇게도 맑고 부드러웠다. 별치 않은 일에도 그는 우스워서 때굴때굴 구르며 웃고, 우리 죄수들도 공연히 웃을 일이 많아서 간수에게 고함 지름을 받았다. 조용하라고 고함을 지르면 우리는 더 우스워서 웃음판이 되었다.

크게 자유로이 못 웃는 우리는 배가 아프고 허리가 끊어지도록 우스워 한참을 웃고 나서 후에 알고 보면 웃을 일은 아무것도 없었다.

"이런 감옥에서 대두박 짜개이 먹고 무엇이 좋아 그렇게 웃는 거야?"

하고 간수도 고함을 지르지만 우리의 웃음에는 사랑이 엉겨졌고 평안이 깃들이고 소망이 흘러 터지는 나팔 소리임을 간수도 이해했다.

한때는 그가 한숨을 지으면서

"아! 나도 저렇게 한번 마음놓고 웃어 보았으면. 지금 사회에서도 볼 수 없는 일이야. 아마도 정신이 돌았든지 무엇이 틀려졌지 않고야, 그렇지만 감방에 들어가는 죄수마다 저러니 모를 일이야, 참."

하며 혀를 찼다.

'아! 예수님은 살아 계시다. 그의 진리는 이렇게 역사하신다.'

하고 생각하니 나는 너무도 좋았다. 뿐만 아니라 날이 갈수록 화춘의 행동에 감방의 모든 사람들은 큰 감동을 받았다. 나도 얼마나 깊은 감동을 받았는지

'아! 이 소녀가 도시에서 태어나서 교육을 받았더라면 그 얼마나 큰일을 했을 것인가!'

하고 생각했다.

얼굴에 있는 흠집이 살인을 할 천성적 표적이라고 미신해 온 습관이 그를 미움 속에 처박아서 앞길을 밟아 포악한 악조건을 만들어 그 어린 소녀에게 퍼부어 준 이 미개한 사회를 화춘이는 원망할 줄도 모르는 채 그 짧은 생애를 교수대에서 마치고야 말게 될 것이다. 분하고, 원통하고, 진액이 마르는 슬픈 일이다. 이 형무소 안에서 사는 짧은 2년간의 매일매일 중에서도 그는 완전한 사랑을 다 차지하지 못했다는 것을 나는 충분히 회개하였다.

나는 참 너무도 내 자신이 인간적인 것이 서럽고 아프고 원통했다.

'왜! 어떠한 일이 있더라도 이 가련한 소녀를 주님이 변함 없이 사랑하신 그 사랑처럼 내 마음이 만족하고 시원하도록 못 했을까? 그를 좀더 쓰다듬어 주고 더 금식을 여러 날 해서 내 밥을 좀더 많이 먹이지 못했던가!'

나는 다시 회개하고 그를 정말 사랑하기로 다시 결심했다. 나는 이 일을 위해 원통하고 흥분한 마음으로 기도했다. 내가 애를 쓰는 동안에 화춘이는 내가 다시 금식할까봐 비상한 눈초리로 나를 감독했다. 하루는 화춘이가 연설을 했다.

화춘이는 내가 성경 말씀을 늘 해줄 때같이 앉아서 정말 심각한

말과 태도로

"제가 일생 동안 못 받은 사랑을 이 감옥에 들어와서 다 받아 채워 졌어요. 사회에 있을 때에 16년 동안 한 번도 사랑을 받은 일이 없어 도 하나도 서럽지도 않고 분하지도 않습니다."

하고 제법 연설적인 억양으로 말했다. 다른 이들 중에는 그 말과 태 도에 비웃는 자도 있었지만 나는 많이 울었다.

사실은 내가 그를 사랑한 것은 그가 나를 사랑한 마음의 10분의 1 도 안 되었기 때문에 부끄럽기도 했지만 그의 심령에 부딪친 나는 울기만 했다.

겨울이 되었을 때 내가 유달리 추워서 남보다 더 떠는 것을 보고 어깨를 위에서부터 안아 주고 허리를 뒤에서부터 안아 주고 언제나 내 발을 꼭 가슴에 넣어서 녹여 주었다. 기침을 몹시 할 때면 언제나 벌떡 일어나 엎드려서 기침을 멎게 해 달라는 기도를 열심히 했다.

'나는 왜 이렇게 사랑을 받는가?'

나는 사랑을 했어야 하는데 받는 것이 너무도 크고 강했다. 나는 이것이 소녀 화춘이의 사랑이라는 것보다 거듭나고 새로 지음을 받 아 변화한 화춘이를 통한 그리스도의 사랑인 것을 자꾸만 느끼기 때 문에 항상 감격이 없을 수가 없었다.

어느 날 새벽이었다. 온 세상은 깊이 잠들어 아직 동틀 때도 아닌 데 화춘이는 나를 불렀다. 나는 벌써 기도하는 중이라 속히 끝마치고 대답을 했다. 화춘이는

"선생님, 저는 이상한 꿈을 꾸었어요."

한다. 꿈은 이 감옥에 갇혀 있는 우리 죄수들의 심령을 강하게 좌우 하는 일이 많다. 무슨 훌륭한 꿈을 꾸면 언제나 어려운 곡절이 꼭 생 겼다. 나는 정신을 가다듬으면서

"그래 무슨 꿈을 꾸었니?"

"글쎄 꿈에 보니까 제가 희고 깨끗한 긴 옷을 입고 자꾸자꾸 하늘 로 올라갔어요. 한참이나 날아가며 좋아하다가 깨어났어요."

나는 곰곰이 생각해 보았다.

　그날은 그가 사형 선고의 확정을 받은 날로부터 백일쯤 되는 날이었다. 사형수들이 확정된 사형 언도를 받은 날부터 백일이 되면 꼭 사형을 집행해 왔었는고로 나는 이날이 화춘이의 사형날이 왔다고 짐작할 수밖에 없었다.

　그가 사형의 구형을 받고도 살인한 것을 부인해 왔기 때문에 거의 2년이라는 길고긴 세월을 이 미결 감방에서 나와 같이 살아오게 되던 것이다. 그러나 그가 회개한 후에 재판소에 나가서 사실대로 고백한 후에 자기는 예수를 믿게 되었다고 말해서 판사와 모든 사람들을 놀라게 한 후에 얼마 있다가 다시 나가서 사형의 언도를 확실히 받고 들어왔던 것이다.

　나는 화춘이에게

　"우리 일어나 예배 볼까?"

하니 그는 "네" 하고 벌써 일어나 꿇어앉았다.

　모든 죄수와 온 세상은 아직도 깊은 잠에 들어 있었다.

　우리는 단 둘이서 일어나 꿇어앉아서 조용히 숨은 소리로 찬송을 불렀다. 나는 화춘이에게 기도를 시켰다. 그는 자기가 얼마나 남편이 밉고 싫어서 죽여 버린 것을 또 자복했다.

　그리고 그는 비상이 섞인 호박죽을 남편 대신에 자기가 왜 먹지 않았던가를 늘 후회하여 왔었는데 이 아침에는 자기 대신에 남편을 죽여 버리고 잡혀 들어와서 예수님이 구원해 주신 데 대해서 너무도 넘치는 은혜에 고마운 뜻을 여실히 밝힌 기도를 올렸다.

　감옥에 들어와서 그 얼마나 기쁜 생활을 하게 해주셨는가도 서툰 말법으로 분명하게 말했다. 그리고 어떤 일이 있더라도 자기는 내가 가는 곳으로 가게 해 달라고 빌었다. 흐느껴 울면서 또 가슴이 타오르고 안타까운 심령으로 나를 위해서 간구했다. 오래고 긴 기도를 마치고 우리 주 예수님의 이름으로 빌었다.

　그 뒤를 이어서 나도 거의 같은 뜻의 말로 기도를 했다.

　"예수 내 주님이시여! 이 무슨 은혜며 이 무슨 섭리이니까? 우리는 죄인인데 어쩌면 이렇게도 사랑하셔서 짧은 나그네 세상을 마치고 주님과 같이 영영히 살게 하시려고 우리를 불러 가시나이까? 그곳이 너무도 좋아서 우리는 이 세상에 더 살지 않기를 원하고 바라지만, 그러나 한때가 오면 우리는 다 같이 모여서 우리를 구원해 주신 그 은혜를 한 음성으로 같이 찬송하고 경배드리게 될 것을 늘 바라며 기다리나이다. 우리를 하루 바삐 데려가 주시고 이 어려운 세상에서 속히 거두어 주시옵소서. 예수님 이름으로 기도하옵나이다. 아멘."

아직도 우리가 기도하고 묵상할 때에 힘찬 남자의 발자국 소리와 함께 우리 방문이 열리고, 화춘이의 번호가 불렸다.

화춘이는 문득 나를 보았다. 나도 그의 얼굴을 지켜보았다. 화춘이는 눈치를 채고 설레는 마음을 걷잡으려고 경련이 나는 입을 꼭 다물더니 다시 나를 쳐다보고 조용히 일어났다.

그는 별안간 큰절을 내게 하고 또 하고 또 했다. 나도 설레는 가슴을 끌어안고 할 말을 몰라 머뭇거리다가

"화춘아! 너 예수님이 누구신지 알지?"

하니 그는 이때까지 보지 못했던 당돌한 태도와 말로

"예수님은 저의 구주십니다, 선생님!"

하더니 갑자기 눈물이 눈에 가득해지고 뚝뚝 떨어졌다.

나는 그의 많은 눈물을 보니 기가 막혔다. 그는 설움이 터질 듯한 것을 참으면서

"선생님! 저는 이렇게 가고 말지만 선생님은 이 몹쓸 자리에서 얼마나 얼마나 고생을 하셔야 할까요. 저는 차마 선생님을 이런 데 놓아 두고 떠나기가 너무도 괴로워요. 제 염려는 마셔요. 선생님, 저는 선생님 때문에 우는 거예요. 저는 마음 든든합니다."

나는 큰 감동을 받았다. 그리고 급한 말로

"화춘아! 너 예수님 만나면 나도 속히 데려가시라고 부탁해 주어, 응?"

"네, 절대로 잊지 않고 말씀드리겠습니다."

하고 나를 자세히 보더니 눈물을 자꾸 떨어뜨리면서 절을 하고 또 했다.

"선생님! 저는 차마 선생님을 이런 데 놓아 두고 떠나기가 너무도 괴로워요.
선생님, 전 선생님 때문에 우는 거예요."

　　"선생님! 안녕히 계셔요."
하더니 그는 손으로 눈물을 닦고 나서 감방문 밖으로 선뜻 나섰다.
　　이것을 보고 있던 남자 간수들은 그 가지고 들어온 굵은 노끈을 늘어지게 잡은 채 큰 감동을 받아서 어리벙벙하고 서 있다가 화춘이가 나서니 그때야 화춘이 뒤를 따라가고 여간수들도 손으로 눈물을 닦았다. 뒤도 돌아보지 않고 얌전히 서서 나가는 화춘이의 뒷모습은 자신 만만했다. 나는 큰 감동과 감격에 넘치는 말로
　　"예수님! 이것이 당신이 하신 일이요, 훌륭하고 아름다운 당신의 작품입니다. 자! 저도 더욱더 당신의 뜻에 순종해서 보다 더 많고 보다 더 아름다운 작품을 계속해서 내도록 힘쓰겠습니다."
　　나는 화춘이가 사형을 받으러 나가던 그 모습을 오랫동안 잊을 수가 없었다. 2년이나 되는 긴 세월을 그렇게도 다정히, 그렇게도 내 가슴 깊이 살아온 그를 잃어버린 내게는 인간적인 육정과 인정으로 인해서 울 때가 많았다. 왜 그를 좀더 사랑하지 못했던가 하는 가책에

가까운 괴로움도 없지 않았지만 그가 없는 감방은 텅 빈 곳간과 같이 으스스하고 마음을 붙일 수가 없었다.

나는 며칠 동안을 설움에 잠겨 있었다. 저녁이 되어도 쓸쓸하고 아침이 되어도 눈은 자꾸 설움이 계속해서 울어만 졌다. 그 어느 때 나는 화춘이에게 힘을 주기 위해서 말했다.

"화춘아! 사형받는 것을 무서워 말아라. 세상 일은 모른단다. 나도 예수님이 불쌍히 보셔서 사형을 받게 하시면 너하고 나하고 둘이서 사형틀에 매달려 3분 동안에 죽어서 천국을 향해 손에 손을 잡고 훌훌 올라갈지 누가 알겠니? 너도 나 위해 기도하여 한날 한시에 사형받게 해 달라고 예수님께 졸라 봐!"

그는 그 말이 너무도 좋아서

"저는 목매달려 죽는 것은 하나도 무섭지 않아요. 제 남편은 저를 그 거센 손으로 목을 몇 번이나 잡아 쥐고 숨이 거의 넘어가려고 하면 놓아 주곤 했는데요. 그따위 것쯤은 열 번이라도 무섭지 않아요. 때리고 차고 문지르고 굶기고 발가벗겨서 문 밖에 내쫓는 것이 무섭지 목을 잡아 비트는 것은 아무것도 아니던데요."

한 것을 기억할 때 지금도 말하는 모습이 눈에 보이는 것 같았다.

그날 나는 그의 말을 듣고 어떻게나 의분이 솟던지 그가 비상이 든 호박죽을 먹고 밤새도록 아우성을 치며 곤두박질을 하다가 새벽녘에 죽었다는 그는 자기가 행한 대로 받았다고까지 생각했다.

16년간 살아온 그의 비참한 생애는 이 사형틀에 올라갈 연습이었고 준비였던가? 그러나 그 후 2년간의 찬란한 신앙의 옥고(獄苦)는 그를 그 영화로운 영원한 복지에 입국하게 하는 대학이었다.

돈이 많고 집도 크고 먹을 것도 많고 세력도 있어서 제멋대로 일생을 살다가 죽어 보니 '아차! 이랬었나!' 하고 지옥에 영원히 떨어져 영원히 영원히 후회를 계속하여야만 하는 불신자에 비해서 화춘이는 얼마나 복된 인간이었는가 했다.

또 믿기는 믿으면서 좋은 집에서 잘 먹고 잘 입고 자유롭게 오고 가고 하면서 일주일에 한두 번씩 교회에 나가서 예배 보고 십일조도

드리고 그것으로 가장 잘 믿는 것으로 자타가 인정하고 도움이 없고 사랑이 없어 망해 가는 사회와 이웃에게 무관심하다가 죽어서 천국에 가 그 순교한 성도들의 광채 나는 얼굴을 보고 그 몸과 살과 생명까지 주신 예수님의 낯을 대할 때, 소위 예수인들의 부끄러움과 후회는 그 얼마나 크고 영원할까 할 때 화춘이는 그 얼마나 복된 소녀였는가를 생각할 수 있었다.

92번 만주 여자 사형수가 머리에 떠올랐다. 기생 선화의 그 깨끗한 얼굴이 눈에 보이는 것도 같았다.

아! 성화된 예수인들! 복음을 받아 변화된 이들! 교육이니 이치니 환경이니 하는 것은 예수 믿고 변화할 때 초월한다.

예수인으로 변화된 후의 화춘이는 그 얼마나 유식하게 말을 잘하고 행동했던지 나는 매번 깜짝깜짝 놀랐다. 예수님은 나를 진구렁텅이 속에 넣으셨다고 어떤 경관은 말했지만, 그는 내게 이렇듯 한 감탄과 환희와 능력 속에 나를 초청해서 그의 뜻을 행하게 해주셨다.

내가 천국에 들어설 때 제일 놀라고 감격되어 기뻐 경배드릴 이는 물론 예수님이다. 얼마나 얼마나 뵙기 원했던 분이었는가. 나와같이 너무 기쁘고 너무 좋고 너무 놀라워 못 견딜 이들은, 같이 한 뜻을 먹고 순교하자고 서로 권면하며 사망의 골짜기를 같이 걸어온 성도들일 것이다.

그리고 나는 내 가슴을 울리게 할 큰 자랑과 기쁨의 얼굴들을 거기서 볼 것인데 그것은 화춘이! 그리고 92번 만주 여자! 아! 나는 즐겁고 좋아서 이 옥고를 주님께 다시 감사하고 경배하지 않고는 견딜 수가 없었다. 할렐루야!

귀 가

내 몸은 몹시 쇠약해지고 더욱이 눈은 안개 낀 것같이 뿌옇고 손으로 눈을 닦고 닦아도 똑똑히 보이는 것이 없었다. 또 더욱이 눈을 뜨고 있으면 무언지 평안치 않고 눈을 감고 있으면 평안했다. 그리고 눈곱은 자꾸 끼어서 손으로 닦으면 눈이 몹시 아파서 눈곱이 덮여도 그대로 버려둘 수밖에 없었다. 나를 사랑하고 아끼는 구리야마 간수는 나의 이러한 모습을 보고 나를 염려해서 의무과에 보고했다.

의무과장이 들어와 보더니 눈도 얼고 발도 얼고 손도 얼어서 그런 것이라고 하며 염려 말고 기다리라 하고 나갔다. 이 일이 있은 얼마 후에 나는 집으로 돌아간다는 말이 전해졌다. 나는 깜짝 놀라서 이런 일이 있을 수 있나 하고 믿을 수가 없었다. 구리야마 간수는 기뻐 축하하면서 한편 섭섭한 얼굴로

"감방에 올 재미를 잃어버리게 되는군요. 아무 말도 하지 말고 집에 가라고 하니 가세요. 얼마나 좋은 일이에요?"

나는 아직도 믿을 수 없어서 물었다.

"글쎄, 나는 신사참배 안 한다고 이같이 가두어 놓았는데 신사참배는커녕 신사에 불을 질러 놓을 기세인 나를 왜 놓아 준단 말이오?"

그는 손을 입에 대며

"쉬쉬! 그런 위험한 말을 함부로 하지 말고 그저 조용히 집으로 가면 되지 않아요?"

"왜 나를 집으로 돌려보내는 걸까요?"

구리야마는

"눈 때문이에요. 57번의 눈이 이대로 있으면 영원히 소경이 된다고 의무과장이 보고를 한 모양이에요. 그러니까 재판소에서 속히 집으로 보내라고 지시가 나왔지요 뭐. 전에 쇠고랑을 찼을 때도 가마다 판사가 친히 와서 당신을 한참이나 들여다보더니 그 후에 곧 풀어 주지 않았어요? 간수장이 그때 뭐라고 했는지 아세요? 체! 판사가 57번에게 반했다고 하면서 픽 하고 코웃음을 쳤다오. 그런데 이번엔 또 그 여우(간수장)가 뭐라고 했는지 아세요? 의무과장이 당신에게 반했대요. 글쎄 하긴 그 사람들이 다 반했는지 모르죠. 우리도 반했으니까."

경찰서에 있을 때도 늘 듣던 말을 이 감옥에 와서도 듣게 되었다. 우리 어머니가 들으면 펄펄 뛰며 걱정을 할 일이지만 내가 누구에게 반했다면 몰라도 그들이 내게 반했다는 것이 무슨 나쁜 일인가 하고 나는 생각했다. 또 그들이 반했는지 안 반했는지 나를 좋게 보고 나를 도우려는 것은 내게서 악을 발견하지 못하고 내 속에 강력한 진리를 본 까닭도 있다고 분명히 믿어졌다. 나는 이렇게 믿어야 할 그 어떤 지나간 날의 일을 지금도 잊지 않는다. 언니가 나를 청하고 자기의 친구인 귀부인들을 많이 초청해서 언니 집에서 저녁 잔치를 크게 한 일이 있었다. 이들은 거의 다 교회에 출입하는 여자들로서 돈 잘 버는 남편들 때문에 식모, 침모, 사환을 두고 게으름을 피는 여자들이 태반이었다. 나는 이 좌석이 내 비위에 맞지도 않았고 또 모두 언니의 연령들의 여자들이고 취미와 교육 환경이 나와 전혀 다른고로, 별 신통스런 재미도 찾지 못해서 말도 많이 안 하고 묻는 말이 있으면 대답이나 할 생각이었는데 언니는 내가 너무 사랑스럽고 또 자랑스러워서 어떻게든지 나를 빛내 보고 높여 보려고 재주를 다하는 것 같았다. 가지각색 음식을 실컷들 먹고 놀고 난 후에 밤이 픽 깊어서 돌아가는 그들 중에 제일 생각이 깊어 보이는 언니의 한 친구가 내 손을 꽉 잡으면서 말했다.

"안 선생, 마음속 깊이 박혀 있는 흰 진주가 보이는 것 같습니다."

나는 그 말을 들었을 때 그게 무슨 말인가 했는데 후에 언니가 자려고 하는 나의 방에 들어오더니

"얘, 너 내 친구 한 사람이 뭐라고 했는지 알아? 진주를 소유하고 있는 아름다운 현대 여성이래."

나는 언니를 보면서

"누구를 말하는 것인데요?"

"아! 물론 너를 말하는 거지 뭐야."

"나는 말도 안 하고 구경만 하고 있었는데 그분은 내가 어떤 사람인지 어떻게 아우?"

"보면 몰라? 냄새가 나거든. 또 그렇게 말한 내 친구는 너같이 대학은 안 나왔어도 고등여학 시절에 너같이 이름을 날리고 우등생이고 또 글도 잘 쓰고 말도 잘한단다. 어디 가나 회장격이야."

나는 이때 들은 말을 잊지 않았다. 진주가 내 마음속 깊이 있어서 빛이 난다면 나는 예수인으로 이보다 더 만족한 일이 없고 또 그것이 내 생의 목표가 아닐 수 없기 때문이다. 나는 내가 낙심될 때 언니 친구의 말을 언제나 기억하고 위로받았었다. 정말 내 속에 들어 있는 진주, 이 참된 진리를 사람들이 보고 남자나 여자나 아이나 어른이나 노인이나 젊은이나 심지어이 감옥 직원들까지도 다 내게 반해 내 증거를 듣고 받아 주었으면 그 얼마나 좋은 일일까 생각했다.

나는 집에 간다는 말을 들은 후에는 어찌나 내 마음에 자극이 되었는지 너무도 좋고 너무도 기뻐서 전신이 하늘에 훨훨 날고 있는 것 같았다. 아! 이 철문들을 열고 이 철창 속에서 벗어나서 자유의 몸이 되다니 아무리 생각해도 너무 좋고 너무 믿을 수 없는 일 같았다. 나는 그날 밤 너무 흥분이 되어서 한잠도 못 자고 밤새도록 공상과 환희에 어찌할 줄을 몰랐다.

아침이 좀 늦을 때 간수는 내 감방문을 열고 나오라고 하며 다른 간수가 나를 데리고 긴 복도를 지나서 또 한 문을 거치고 다시 문을 거쳐서 여감의 문을 열고 형무소 마당에 나왔을 때, 나는 천지가 어떻게도 좋은지 세상이 이렇게도 좋을 수 있나 했다. 여간수는 나를

어머니가 기다리고 있는 사무실로 데려갔다. 사무실에 들어가니 거기 낯익은 조그만 부인이 내게 뒷등을 보이고 서 있었다. 나는 그 모양을 볼 때 단번에 그가 내 어머니인 것을 알았다. 나는 뛰어들어 가서

"어머니!"

하고 그를 꽉 부둥켜안으며 너무도 반갑고 너무도 기뻐서 이것이 천국문이 아닌가 했다. 그러나 내 어머니는 아무 표정이 없이 나를 바라보았다. 자세히 자세히 어머니를 보니 어머니의 눈은 엉뚱한 곳을 보며 얼굴은 무표정이고 내 몸을 만져 보면서

"이게 웬일이냐? 왜 나오느냐?"

하는 그 음성엔 기쁨이 하나도 없고 오히려 불안과 근심이 가득 실린 어조와 표정이었다. 나는 어머니를 더 꽉 끌어안으면서

"어머니! 염려 마세요. 나는 예수교인으로 변한 것이 하나도 없어요. 오히려 더 강해지고 더 똑똑해졌어요. 정신을 차리고 흔들리지 않고 넘어가지 않았어요."

그는 내 말이 끝나기도 전에

"그러면 어떻게 이렇게 나올 수가 있냐? 다른 성도들은 하나도 못 나오시는데?"

"아 그것은요, 어머니. 저는 눈알이 얼어서 눈에 고름이 많이 생겨서 이대로 두면 눈이 멀고 또다시 얼어서 고름이 자꾸 생기면 아주 장님이 되고 만대요. 그래서 집에 가서 언 눈이 낫기를 기다리라는 거예요. 눈 때문에 나온 것이지 다른 이유는 없어요. 절을 하고 안 하고는 여기에 관계가 없어요."

어머니는 그래도 이해를 못 해서 얼마 동안 머뭇머뭇하고 있더니

"애, 너를 잡아 가두는 편은 네게 원수일 텐데, 또 너를 죽이려는 이들인데 네가 장님이 되는 것을 생각해 줄 리가 어디 있겠니? 네 눈을 염려해 줄 형편이면 왜 너를 잡아 두겠니?"

나는 어머니의 이해치 못하는 마음을 충분히 알았다. 그래서 나는 어머니를 우선 이해시켜야 한다는 생각이 들어서

"어머니! 주님이 이 같은 기적을 베풀 수 없을까요? 주님이 특별히

베푸신 기적으로 믿을 수 없어요? 주님이 나를 위해서 이만한 기적을 베푸시지 아니하실까요?"

어머니는 나의 말을 진실로 알아듣지를 않았다. 나는 공든 탑이 삽시간에 무너지는 것 같았지만 그래도 기쁘고 좋아서

"어머니! 집에 가서 영양 있는 음식을 먹고 좀 따뜻한 방에서 산 다음 눈이 나으면 다시 부르는 때 감옥으로 돌아오라는 거예요. 이제는 아셨죠?"

하니 어머니는 내 손을 잡으면서

"애, 어디 이 천하에 영양 있는 음식을 얻을 수 있으며 따뜻히 방을 덥게 할 나무를 살 수 있느냐? 모든 것은 다 배급 제도인데 나는 나라법을 안 지킨다고 아무것도 배급을 안 줘서 비지 찌꺼기와 잡풀을 먹어 내 눈은 거의 다 어둡고 발이 얼어서 걸음도 걷지 못하는데 네가 나오면 네가 나라법을 지키지 않는 한 어디서 영양 있는 음식을 구하여 먹을 수 있겠니? 나나 너나 일반이다. 너는 감옥에서 살고 나는 형무소 담장 밑에서 너를 위해 밤마다 종야 기도하고 낮에는 집에 가서 비지 찌꺼기도 있어야 먹고 없으면 물만 마시는 판이다."

나는 이 말을 들을 때 땅이 꺼지는 것 같고 하늘이 무너지는 것 같았다. 현기증에 흔들리는 몸을 겨우 지탱할 수 있었다.

"어머니! 나는 그렇게 된 세상을 몰랐어요. 저는 미련하기가 벌레 같았어요. 전혀 몰랐어요."

나는 울래도 울 수 없어 가슴에 뜨거운 열이 올랐다. 단념과 억울함에 가슴이 메이고, 칼로 찌르고 한 것같이 내 심령은 쑤시고 아팠다. 나는 어머니의 눈을 자세히 보았다. 내 눈이 흐려져서 잘 보이지 않았지만 어머니의 눈은 나보다 더 상하고 더 악화되어 가고 있는 것이 분명했다. 나는 너무도 애처롭고 가엾어서 어머니 얼굴을 내 가슴에 끌어안고

"오! 주여."

하고 기도했다. 어머니는 조용히

"애! 너 왜 눈을 위해 염려하니? 네가 네 생명을 주님께 바쳤을 때

넌 네 눈도 같이 바치지 않았느냐?"

나는 그 말을 들었을 때 가슴이 찢어지는 감을 느꼈다.

"아무렴요. 눈도 바치고 모든 것 다 바쳤어요. 어머니! 알았어요."

"주님께 일단 드렸으면 주님의 것이지 네 것이 아닐 게 아니냐? 주님께 한번 바친 네 몸과 네 생명은 주님이 알아 잘하실 것인데 너는 왜 네 것같이 네가 염려하며 네 재간으로 어떻게 하려고 하느냐? 주님이 그 능한 지혜로 다 좋게 하시는 것인데, 너나 내가 눈이 어두워야 좋을 것인고로 어둡게 하시는 것이 아닐까? 주 목사님은 도라홈으로 벌써 눈을 못 쓰게 되셨고 그로 인해 더 충성하시는 것 잊어버렸냐? 사도 바울도 눈에 가시 때문에 순교하는 데 도움이 되었지? 눈을 뜨고 보지 못할 것을 보고 마음이 더 상하는 것보다 눈을 감고 아무것도 안 보는 것이 너를 위해 좋은 것인 줄 생각해 본 일이 없지?"

나는 이러한 위대한 대선생이 내 어머니인 것에 또 한번 탄복했다. 언제나 그는 내게 이런 대선생이었다. 주는 내게 합당한 신앙 모범의 어머니를 주셔서 지금까지 나를 기르시고 권면하시는 것을 알았다.

나는 내 마음을 진정시키고 어머니를 품에서 내놓으면서

"어머니! 안이숙의 어머니는 이 세계에서 1등 가는 대선생님이십니다. 그래서 저는 더 자랑스러워요. 저는 어머니의 10분의 1만 되기를 원해요. 10분의 1이면 만족하겠어요."

그리고 나는 얼굴에 웃음을 띠우면서

"자! 우리는 용사들인데 무엇 눈 같은 것 가지고 이러쿵저러쿵 하겠어요. 자, 어머니 진정하세요. 저도 용진 맹진하겠어요."

그리고 바라만 보고 섰던 여간수와 부장과 남간수에게

"미안합니다. 저는 제 갈 곳으로 돌려보내 주세요."

하고 사무소를 나왔다. 여간수는 기가 막혀서

"나는 세상에 살다가 이런 일은 처음 봐요. 딸도 딸이지만 어머니는 더 하시는군요."

나는 명랑하고 활발한 소리로

"어머니가 좋으시니까 이런 굉장한 딸을 낳지 않았겠어요?"

하고 웃으면서

"사실은 굉장한 이는 내 어머니고 나는 아무것도 아니에요."

하고 감방문으로 들어섰다. 내 속에서는 우렁찬 찬송이 용솟음쳤다.

"내 주여 뜻대로 행하시옵소서 내 모든 일들을 다 주께 고하고 저 천국 먼길로 향하여 가리니 살든지 죽든지 뜻대로 합소서."

나는 여간수에게

"여보, 내 마음 깊은 데서 우렁찬 찬송이 용솟음치는데 큰 소리로 한 절 불러 볼까요?"

하고 묻자 그는 이렇게 대답했다.

"너무 크지 않게 조용히 부르세요."

나는 옳지 하고 속에서 나오는 찬송을 내 음성으로 부르려고 음을 잡았다. 그러나 가슴속에서 우러나오는 내 생각과 같이 흘러나오지 않고 숨만 가빠왔다.

'아! 음성도 죽는구나!' 했을 때 찬 가을바람이 내 가슴을 스쳤다. 나는 마음이 우울해졌다.

눈이 흐릴 때는 그렇게 놀라지 않은 것 같은데 음성이 죽고 음성 대신에 숨만 차고 앞이 어두워 잘 보이지 않고 발길을 옮겨 놓을 때 다리가 더 떨렸다. 그러나 감방으로 다시 돌아오니 간수장도 놀라고 감방 안이 떠들썩했다. 나는 감방에 다시 갇혀 버렸다. 내 음성은 죽고 내 노래는 안 나와도 내 가슴엔 다시 우렁찬 찬송이 흘러나왔다.

전능하신 예수께 내 소원 다 있으니
혼자 있게 마시고 위로하여 줍소서
구주 의지하옵고 도와 주심 비오니
할 수 없는 죄인을 주여 보호합소서

여러 가지를 묻기 위하여 나에게 가까이 다가앉는 수인들에게 묻는 말에 답변할 필요도 힘도 없어서 내가 늘 외우는 성경을 다시 외웠다. 로마서 8장을 한 장 외웠다. 특히 18절에 "생각건대 현재의 고난은 장차 우리에게 나타날 영광과 족히 비교할 수 없도다"라는 말씀과 또 21절에 "그 바라는 것은 피조물도 썩어짐의 종노릇한 데서 해방되어 하나님의 자녀들의 영광의 자유에 이르는 것이니라."

그리고 나는 31절에서 39절까지는 오늘은 유달리 더 힘이 되었다. 나는 골로새서 3장을 또 한번 거듭해 외웠다.

"위엣것을 생각하고 땅엣것을 생각지 말라 이는 너희가 죽었고 너희 생명이 그리스도와 함께 하나님 안에 감취었음이니라(2, 3절).

성경 말씀은 내게 양식이었다. 나는 성경을 외우고 다시금 오늘 일어난 일을 생각해 보았다. 그야말로 아름다운 한 폭의 값비싼 그림이 아니었던가? 예수님이 나타나는 곳은 그렇게도 신기한 감격과 미를 빚어 낸다. 그의 막대기가 되고 그의 쓰시는 그릇이 된 이 놀라운 자격을 무엇으로 어떻게 하여 그에게 충성하여 드릴까. 죽자! 죽자! 그래서 그와 함께 사는 일, 그 일밖에 없는 것 같았다. 내 마음 한구석엔 저 높은 뻘건 벽돌담 저쪽 편에 초라하고 배고픈 어머니가 젊은 딸을 감옥에 넣어 놓고 비지 찌꺼기가 있으면 조금 자시고 없으면 물만 마시고 밤을 새워 예수님께 호소하고 기도로 받들고 계시는 백발이 늘어가는 인자하신 어머님의 모습이 언제나 사라지지 않았다.

너무 애처로워서 내게 마음의 고통이 되어가는 것을 나는 어찌할 수 없었다. 무시로 담장을 쳐다보면 한없이 가슴이 무겁고 아팠다.

때가 되면, 그때가 왜 이렇게 먼가! 나는 이렇게 이 감옥 속에 있더라도 어머니만은 주님이 천국으로 데려가 주셨으면 그 얼마나 내게 위로가 되며 어머님께서 편안하실까. 그러나 어머니로서 나를 감옥에 둔 채 돌아가시려면 얼마나 괴로울까. 우리 모녀는 죽어도 같이 죽고 살아도 같이 살고 순교를 해도 같이 해야 한다.

그렇게도 생각해 보았다. 그러나 감사한 것은 어머니에게 효녀딸 내 언니가 있었다는 사실이다. 그도 믿음을 지키기 위해서 모든 것을 버리고 부귀를 등지고 나와서 어머니를 숨어 보살피고 있었다.

나는 언니를 생각해 보았다. 그는 어렸을 때 너무 예뻐서 이름이 '부전'이었다. 부잣집에 시집을 간 그는 남편의 방탕으로 눈물로 나

날을 보냈다. 그러나 어머니의 간곡한 기도로 그는 신앙 중심의 생활을 했다. 그는 남편의 사랑은 잃었어도 재물에는 자유로웠다. 그래서 언니는 아버지 집에서 나온 어머니에게 집도 사 드리고 생활비도 대어 드리고 내게도 너그러웠다. 그는 언제나 제일 좋은 옷을 입었다. 더욱이 겨울이 되면 명주를 안팎으로 한 햇솜바지를 둘씩 입고 저고리도 둘씩 입고 그 위에 양털 갓저고리나 값진 두루마기를 입었다. 겨울이 될 때면 그는 어머니와 나를 위해서 양단 구단 값비싼 옷에 햇솜을 넣어서 한 벌씩 해오고 특별히 나를 위해서 여우 목도리와 값비싼 장갑과 두루마기 등을 잔뜩 만들어 가져왔다.

나는 새 옷을 보면 으레 묵은 옷은 남에게 모두 주었다. 그러나 어떤 땐 양심이 찔려 새 옷을 남에게 다 나눠 주면 언니는 섭섭해하며

"애쓰고 애써 고르고 골라서 해 오니까 그렇게 쉽게 남을 다 주어 버리다니."

하면서 못마땅히 여겼다. 더욱이 내가 정거장이나 전차 속에서 어렵고 헐벗은 사람을 보고 두루마기를 벗어 주고 여우 목도리를 주고 돈과 장갑도 다 주고 오면 언니는 울상을 짓고 기가 막힌 모양이다.

나는 미안하기도 하고 죄스럽기도 해서

"언니, 그러게 절 위해서 너무 고가의 옷을 만들어 주시지 말라고 안 그랬어요? 나는 좋은 것을 잔뜩 입고 배가 부르게 먹고 지갑에 돈도 있는데 그 사람은 추운데도 불구하고 입은 것은 그야말로 홑겹이고 부들부들 떨고 있는데 예수님이 나를 어떻게 보겠어요? 예수님 얼굴이 보이는 것 같아서 언니 수고한 것 잊어버렸어요."

하면 그는 언제나 웃는 얼굴로

"너는 나보다 백 배나 훌륭한 예수인의 자격을 가졌다."

하고 도리어 칭찬을 해주면서

"너는 어렸을 때 새 신을 이틀 동안 신은 법이 없었다. 누구를 벗어 주고 오는지 맨발로 들어오고 좋은 옷을 해 입히면 두 번만 나갔다 오면 벌써 벌거벗고 고의만 입고 들어오는걸 뭐. 곳간에 밤낮 드나들며 한 섬씩 되는 밤을 쉴 새 없이 날라다 누구를 주는지, 그래

너는 어렸을 때부터 예수님의 아이였어."

하며 옛이야기를 했다. 우리는 기차 정거장에 전도지를 가지고 전도하러 자주 갔다. 나는 정거장에 사람들이 한가히 앉아서 기차를 기다리는 이가 많은 것을 보았기 때문에 언니가 오면 재촉해 가지고 전도지를 손에 들고 같이 나갔다. 정거장에 가서 보면 참 가난한 이가 많았다. 어떤 이는 기차표 살 돈이 모자라서 걱정이고 어떤 이는 전혀 돈이 없어서 기차표를 못 사고 또 많은 사람들은 배고픈 얼굴로 아이들이 팔러 다니는 엿이나 사탕 그릇을 뚫어지게 바라보며 침을 꿀떡꿀떡 삼키는 이가 여기저기 많았다. 나는 언니에게

"언니, 저 사람 기차표 좀 사 주세요."

"애 너는?"

하고 나무라다가 주머니에서 돈을 꺼내어 그 사람에게 주었다.

"언니, 이 사람 상당히 배고파 보여요. 한 장만 주세요, 저이에게."

"한 장? 그렇게 큰 돈을 막 주는 거야?"

하다가도 한 장을 썩 집어 주었다.

"왜 큰 돈 한장을 주었어요? 은전이나 주지."

하고 놀려 대면

"나는 어떤 때는 네 말을 반박하다가도 네가 또 예수님 얼굴을 생각한 것 같아서 결국 네 말대로 하고야 말아진다."

전도지가 다 없어질 때쯤 되면 언니의 주머니도 텅 비어서 둘이서 기쁨으로 돌아왔다. 어느 겨울날은 돈도 다 주고 없는데 추워 떨고 있는 사람들을 보면 언니에게 부탁했다.

"언니, 언니 바지 하나 벗어서 저 사람 주세요."

언니는 화를 내면서

"애, 설마 입은 바지까지 벗으라고? 어찌 그리 야속하냐?"

"언니는 잘 자시고 저 사람은 먹지도 못하고 헐벗고 떠는데 언니는 몇 가지를 껴입고 늠름한데 왜 생각 못 하세요?"

"사람이 많은 장판에서 어떻게 바지를 벗는가 말이다."

"하는 수 없지요. 제 두루마기를 주는 수밖에."

언니는 순식간에 바지를 벗어 그에게 주었다. 그러나 집에 오면

"아! 바지를 벗어 주길 잘했지. 네 두루마기는 참 귀한 천이고 살 수도 없는 것인데."

한다. 그러면 나는

"언니는 그럼 내 두루마기를 주는 게 무서워서 바지를 벗었구려."

"그럼 그러니까 나는 믿음과 사랑으로는 네 제자격이야."

하며 겸손해한다. 나는 그런 언니를 사랑하고 존경하고 그로 인해 감사했다. 언니는 또 나를 정혼시키려고 몹시 애썼다. 언니는 부자 친구들을 통해 부자 청년들을 잘 알았다. 그런데 그들에게 신앙이 없다는 것을 아는 언니는 내게 소개할 자신이 없었다. 그러나 그 편에서 너무 간절히 바라고 자꾸 재촉을 하니 하는 수 없이 내게 말을 건넨다.

"애, 나는 너더러 그 청년과 정혼하라는 것은 아니고 그저 청년이 하도 잘났고 또 자격도 그만하고 하니 생각해 보란 말이야. 너와 혼인만 하면 자기도 진짜로 교회에 잘 나와서 예수를 믿고 너같이 된다고 하니까 말이야."

나는 그런 말이 싫지는 않았지만

"언니, 그러면 그 집에 가서 그렇게 말해 보세요. 혼인이 되면 나와 같이 예수 믿고 내 마음대로 재물을 가난한 사람들에게 나눠 주고 그 청년은 나와 함께 나가서 정거장과 장터에 가서 전도지 가지고 전도하여야 한다구요."

내 논리는 언제나 같았다. 나는 언니가 내게는 어머니 다음가는 중한 역할을 가지고 나를 아끼고 사랑하고 돌보고 위하는데도 불구하고 나는 너무나 독선적이고 독재적인 것을 느끼고 언니를 오랫동안 못 보면 마음이 아프고 그리웠다. 그래서 다시 만날 때는 좀더 잘하려고 노력도 했지만 워낙 언니는 나보다 나이도 많고 또 지극히 나를 사랑하므로 내 마음이 아픈 것만큼 언니는 아무런 내색도 하지 않았다. 나는 주님께 내 어머니를 위해서 항상 감명이 깊었고 내 언니를 주신 것으로 인해서 항상 감사할 뿐이었다.

대동아 전쟁

어느 날, 아침밥을 먹고 난 후에 남자 간수가 들어오더니 내 이름인 57번을 불렀다. 나는 기운을 내서 일어나 문이 열리는 대로 간수를 따라 나갔다. 내 눈에 안개 낀 것같이 모든 것이 뿌옇게 뵈는데 나는 마당에 나와서 눈을 들어 하늘을 보았다. 내 흐릿한 눈에 비친 하늘은 잿빛이고 몹시 어두웠다. 나는 이것이 내 눈 탓인가 하고 생각했지만 오고가는 간수들과 면회 온 사람들이 다니는 것을 보니 그런 것은 아니고 왜 그런지 하늘을 보니 가죽을 씌운 것과 같이 어둡고 침침한 기색이 온 천하를 덮은 것 같았다. 나는 수갑을 차고 짚으로 만든 갓을 쓰고 굵은 밧줄로 허리를 동여 매고 남자 간수의 호위를 받으면서 여러 다른 죄수들과 재판소에 갔다. 나는 내 몸도 움직이기 어려울 줄 알았는데 이같이 감옥 밖으로 나오니 놀라운 힘이 어디에서 생겼는지 제법 잘 따라가게 되는 것이었다. 나는 내 눈을 위에 두고 내 마음은 주님 앞에 열어 놓고 발만 움직이며 따라가는 것이었다. 문득 내 가슴속에서 찬송이 흘러나왔다.

너 눈을 들어 사면을 보니 산악이라
날 돕는 구원 어디메 오나?
그 어디에서
하늘과 땅을 지으신 여호와

날 도와 주심 확실하도다

주 너의 발이 가는 곳마다 늘 따르사
졸지도 않고 깨어 계셔서 늘 지키네
이스라엘을 지키시는 이
내 주는 졸며 쉬지 않도다

여호와 너의 보호자시니 늘 지키며
오른편 그늘 되시는 날개로 늘 가리사
낮에는 해가 상하지 못하며
또 밤에 달도 해하지 못하네

여호와 너의 혼을 지키사 돌보시며
네 몸에 화를 면케 하시고 늘 지키네
주 너의 출입 지켜 주시되
이날로부터 영원까지라

　내 마음속의 찬송은 유창하고 명백했다. 나는 내 속에서 불러지는 찬송을 들으면서 은혜를 받는 일이 매우 많다.
　어떤 때는 내가 찬송을 부르다가 그치면 내 속에서 그것을 받아 계속해서 부른다. 그러면 나는 계속해서 고요히 듣고 있을 때가 많다. 어떤 때는 내가 분주히 말을 하고 있는데도 내 속에는 굉장한 찬송이 자꾸만 불러져서 말을 하다가 뚝 그치고 그 찬송이 어떤 찬송인가 알아내느라고 주의해서 듣다가 어떤 때는 무슨 찬송이었는지 갑자기 생각이 안 나서 속에서 부르는 그 소리에 따라 음성으로 같이 부르면서, '옳지! 그 찬송이구나' 하고 알아낼 때도 있다. 내 속에는 언제나 음악이 가득 차 있다. 어떤 때는 찬송이 아닌 음악이 있을 때 나는 강제로 부인하고 내 음성으로 찬송을 불러서 내 속의 음악을 성화시키는 때도 있다. 하여간 나는 내 속에 항상 있는 그 음악으로 인해서 내 심령의 강약과 형편을 알아내는 때도 많다. 이 넉 절을 다 부르는 내 마음속의 찬송에 나는 내게 가까이 걸어 다가오는 간수더러

"날이 이렇게 흐린가요? 눈이 오려고 이렇게 어두운가요?"

그는 친절하게

"무언지 이런 하늘을 본 일이 없던 것 같은데요. 기미가 없을 만큼 어둡거든요. 무슨 징조가 아닐까요?"

하며 내 대답을 기다리는 것 같았다.

"징조? 글쎄, 그런지도 모를 일이지요. 징조가 있어야지요."

"꼭 무슨 큰 불이 나서 불과 연기가 자욱해진 것같이 하늘이 아주 어둡거든요. 하나님이 노하신 모양이지요."

나는 이 일인 간수가 하나님이 노하셔서 무서워하는 것을 느끼는 것 같아서 아무리 강하거나 악한 자라도 대자연의 변화가 있을 때는 몹시 무서워 자살을 한다는 글을 읽은 기억이 났다. 우리는 재판소에 도착하였다. 도착하자마자 나는 제일 먼저 재판정에 불려 갔다. 재판정에 들어가는 도중에 나는 이상한 광경을 보았다. 재판소 안은 큰 소리와 떠드는 소리와 호의를 가지고 읽으며 왔다갔다하는 관리들이 큰 요동들을 하고 있었다.

"얏따와 얏따와(마침내 했다: 전쟁을 시작했다는 뜻)."

하며 큰 소동이다. 그들은 너무 흥분이 되어서 오늘은 죄수들을 모두 형무소로 도로 데리고 가라고 명령했다.

명령을 받은 간수는 우리를 모두 데리고 다시 형무소로 돌아올 수밖에 없었다. 우리를 데리고 간 간수들도 몹시 흥분이 되어서 무어라고 지껄이며 또 말들을 많이 했다.

귀도 희미해서 잘 들리지 않고 눈도 희미해서 잘 보이지 않는 나는 아무런 흥분된 일도 없이 '잘 떠드는구나' 하고 형무소로 돌아왔다. 나는 으레 그들이 어디를 폭격하고 좋아서 그러는가 했는데 알고 보니 일본 군인이 진주만을 폭격해서 미해군을 전멸시켰다는 것이다. 옛날부터 "큰코 다치지 마라. 미국인 해치지 마라" 한 말을 기억하고

이 조알 만한 일본인이 그 거대한 민족에게 달라붙어서 무엇을 하려
는가 하고 웃음이 나왔다.

다음 순간에 나는 생각했다.

'그래, 그들이 이제 망할 구멍을 파고들어 가고야 마는구나.'

동경에 경고하러 갔을 때 일본 장군 정치가들의 한 말이 기억났다.
일본이 중국과 싸움을 한다는 것은 모기가 구렁이와 싸우는 것과 같
다고 했는데 또 일본이 이제는 미국과 싸운다는 것은 파리가 독수리
와 싸우자고 달려드는 것이 아니겠나? 일본과 러시아의 전쟁 때 이
긴 것을 언제나 코에 붙이고 자랑하는 일본인은 그 얼마나 싸움을
좋아하는가를 설명하는 것만 같다. 형무소에 돌아오니 여기서도 떠들
썩하고 야단들이었다. 나는 하늘이 붉고 캄캄해진 이유가 무엇일까?
그것만이 흥미가 있었고 알고 싶었다. 하늘이 붉고 캄캄한 일이 있었
다는 말은 들어본 일이 없었고 성경에 보면 애굽에 열 가지 재앙의
하나가 애굽인이 사는 데는 어둡고 캄캄했고, 이스라엘이 있는 고센
땅은 밝았다고 했다. 예수님이 십자가에 달리셨을 때 온 세상은 캄캄
했다. 그러나 이 어둔 것은 그러한 어둔 것은 아니었지만 모두 그렇
게 이상한 어둠이라고 했다. 어둡고 캄캄한 마음을 가진 자들이 세력
을 부리는 이 사회는 이런 일이 나지 않아도 모두 일본이 멸망할 것
을 바라고 기다리는 만큼 이러한 초자연적인 변화가 있을 때에 모두
더 희망을 가지고 그 무엇을 기대하는 것이었다.

큰 밥과 고깃국

　봄이 되면 배는 더 고팠다. 더욱이 눈이 흐리고 모든 것이 안개같이 뿌옇고 흐릿한 것이 눈을 뜨고 있는 것보다 감고 있으면 더 편했다. 눈을 감으면 생각은 언제나 집으로 돌아간다. 그 옛날 어렸을 때에, 아버지 집에서는 봄철이 되면 배를 보내서 조기를 배째로 사다가 그것을 강가에서 모두 간을 하고 말려서 달구지에 싣고 집에 들어가서 곳간에 채워 두고 1년 동안 식량으로 할 때 꾸들꾸들 잘 마른 큰 조기를 숯불에 구워서는 알밴 조기는 할아버지와 할머님께 드리고 아버지와 삼촌들은 다음이고 여자들과 사환들이 그 다음을 먹고 그 나머지는 거지에게 주었던 생각이 났다.

　또 어떤 때는 뱀장어, 메기 등 생선을 한지게씩 사서 실어다가 바깥 큰 솥에 씻어 넣고 파를 한지게나 되게 실어다가 사환들이 씻어서 끓여 가지고 동리 사람들을 모두 불러서 큰 마당에서 둘러앉아 나누어 먹으며 즐겼으나, 나는 일체 생선 냄새도 싫고 구역질이 나서 가난한 집인 백(白)씨네 가서 조밥을 얻어먹고 싶어서 그 집에 가면 먹으라는 말 한마디 없이 자기네들끼리만 다 먹어 치울 때는 그처럼 섭섭하던 생각도 났다. 또 곳간에 밤을 가지러 들어가면 기둥의 큰 못에 매달려 있는 쏘가리와 갈비들을 보고 어찌나 진저리가 나던지 고기는 일체 먹지 않고 찬으로 무 동치미만 먹던 생각도 어제 일 같다.

밥을 너무 많이 짓기 때문에 누른 밥이 모여서 광주리로 쌓이고 쌓이던 그 누른 밥은 이제 내 눈앞에 갖다 놓으면 열 광주리를 먹어도 배가 부를 것 같지 않았다.

12번이 먹던 그 꺼먼 강엿, 내 할머니께서 항상 보시기에 한 보시기씩 뚝뚝 떼어서 오고가는 사람들에게 주면서 자신도 종일 잡수시던 그 엿, 그렇게도 먹기 싫던 그 엿이 오늘날 이 자리에 한 보시기 있으면 보시기가 비도록 먹어도 싫지 않을 것 같았다.

동짓날이 되면 집집마다 팥죽을 쑤고 그 팥죽 속에 찹쌀 경단을 동글동글하게 빚어 넣고 또 어떤 집에서는 강냉이 묵이나 메밀로 묵을 만들어 죽 속에 넣기도 하고 잘 만들어, 동짓날 새벽이 되면 대문을 활짝 열어 두어 우리 집 죽은 퍼서 사방으로 나누어 주고 다른 집에서는 자기네들이 쑨 팥죽을 가져오고 해서 우리 집은 웅성웅성, 북적북적, 야단법석이었다. 그리고 동짓날은 종일 팥죽, 녹두죽, 콩죽, 메밀죽 등을 먹으며 즐기던 생각도 눈에 보인다. 또 명절이 되면 1년에도 거의 매달 한 번씩 집에서는 떡을 치고, 돼지를 잡고, 소다리를 삶고, 계란을 부치고, 지짐이를 지지며 약식, 별식, 각색 채소나물 등 밤을 새워 가면서 명절 준비를 하고 명절에 남은 떡을 말려 가지고 사환들이 불에 구워서 맛있게 먹던 광경도 잊혀지지 않는다.

그렇게 음식이 많고 흔했어도 나는 식욕이 없어서 그 중 어느 음식이나 입에 대지 않아서 마르고 약하고 비참하지 않았던가. 그런데 지금은 그 모든 음식이 이렇게 그립고 먹고 싶으며 먹어야 하는데도 내게는 하루 세 끼를 썩은 대두박에 조와 수수와 밀과 콩이 섞인 어린애 주먹만한 밥 한 덩어리와 모래가 한 숟가락씩 밑에 섞인 껌껌한 잡초 국물밖에 아무것도 없다.

이 콩밥은 먹은 후에 더 고파지고 이 국물을 마시면 더 목이 마르는 것은 웬일일까? 나는 눈을 감고 성경을 외우고 있었다. 나는 아침과 낮과 저녁에 우리 감방수인에게 성경 이야기를 해주는 것이 습관이 되어 왔다.

그러던 어느 날 나는 이스라엘 백성이 애굽에서 나오던 이야기를 하고 있었다. 이 이야기는 내가 감옥에 들어와서 벌써 여러 번 되풀이해 온 이야기였다. 그날 나는 눈을 감고 이 이야기를 하면서 광야에 와서 만나와 메추라기를 먹은 이야기를 하는 것이었다. 문득 내 가슴에 부딪치는 무엇이 있었다. 나는 다시 조용히 이야기를 했다.

"광야라는 곳은 논도 밭도 없고 거기는 실과나무도 채소도 없으며 가도 가도 모래와 돌멩이와 잡초가 성했을 뿐이고 먹을 것이라고는 하나도 찾아볼 수 없는 곳이 광야란 말이오. 그러니까 말하자면 이 감옥과 같았겠지요."

그때에 나는 하나님이 거기서 맛있는 만나를 이스라엘 사람들에게 먹여 주신 사실을 놀라며 생각해 냈다. 나는 가슴에 무엇이 꽝 하고 부딪쳤다. 그때 한 죄수가

"그러면 이 광야 같은 감옥에 있는 선생님은 만나를 먹을 수 있는가요?"

나는 가슴이 설레었다. 그러나 그 다음 순간 나는 비상한 용기를 얻었다.

"여러분! 여러분은 어떻게 생각하세요? 하나님이 우리와 같은 이 감옥살이하는, 즉 광야와 같은 이 감옥에 있는 우리에게도 만나와 메추라기를 족히 먹여 주실 수 있다고 생각하세요?"

그들은 별로 깊이 생각함도 없이 우선 먹고 싶은 정과 또 내 믿음을 의지하는 것이었기 때문인지,

"그러믄요, 정말 우리 하나님이 지금 선생님 말씀하시는 그 같은 하나님이시면 왜 못 하실라구요?"

누군가 이렇게 대답을 하자, 다들 그렇다고 끄덕끄덕하며 긍정했다. 나도 그렇다고 고개를 깊이 끄덕이면서,

"그렇지요. 그럴 수밖에 없지요. 내가 전하는 예수님은 그 이스라엘 백성을 광야에서 인도하신 하나님의 아들이시니까요. 예수님께서 말씀하시기를 '무엇이든지 내 이름으로 구하면 이루리라'고 하셨으니까 우리는 예수님 이름으로 구하면 받을 수 있습니다. 이것이 하나님의 약속이시니까요."

나는 엄숙해지는 마음을 모으고 수인들을 모두 꿇어앉게 했다. 그리고 내가 하는 기도에 전심을 다해서 하나가 되어 달라고 했다. 나는 엄숙해지며 심각해진 마음을 터뜨려 열고 하나님 앞에 의논했던 것이다.

"하나님! 이스라엘을 애굽에서 인도해 내어 오신 하나님! 바로와 그 군대의 손에서 홍해를 육지처럼 만들어서 건너가게 하시고 그의 강한 원수들을 홍해에 장사해 버리시고 이스라엘을 광야에 인도하셨습니다. 거기서 당신은 그들에게 먹을 것이 없는 것을 아시고 만나를 주셔서 먹게 하셨습니다. 진미가 필요할 때는 메추라기를 주셔서 배가 부르도록 먹이셨습니다. 그런데 우리는 광야보다 더한 이 감옥 속에서 먹을 것이 부족하고 배가 고프고 주리고 목말라서, 사는 것보다 죽는 것을 얼마나 사모하고 기다리고 있는지 주님은 아실 것입니다. 주여! 주는 그때의 하나님이 아니십니까? 우리도 그때의 이스라엘 자손과 같은 형편에 놓여 있습니다. 이 일본인은 죄도 없는 우리를 가두어 놓고 먹이지도 않고 마시게도 않으며 춥고 떨어도 몸을 녹여 주지도 않습니다. 애굽의 바로가 이스라엘을 학대한 것같이 이 일본인은 우리를 까닭 없이 미워하고 학대합니다. 배가 고픕니다. 하나님, 우리는 모두 배가 고프고 주려서 더 살아갈 희망이 없습니다. 우리에게도 만나를 주시지 아니하시려나이까? 우리는 만나를 땅에서 거둘 수 없습니다. 그러니까 좀더 큰 밥 덩어리와 고깃국을 먹여 주소서! 큰 밥과 고깃국, 이만하면 족하겠사오니 예수님이여, 허락해 주소서. 예수님의 이름으로 구하면 주신다고 약속하셨사오며 우리는 우리를 구원해 주신 예수 그리스도, 하나님의 독생자의 이름으로 기도드립니다. 아멘."

나는 이제 큰 선언을 했다. 나는 내 마음속에 한껏 두려움이 생겨났다. 그것은 내가 과거에 간절히 기도해서 주님께 응답을 받지 못한 두 가지가 똑똑히 내 머릿속에 살아 있기 때문이다.

한번은 어느 선교사가 교회에서 특별한 모임이 있었을 때 나를 믿음이 있는 여성이라고 나더러 간증을 하라는 부탁을 하였다. 나는 간증을 전혀 해본 일이 없어서 그 통지를 받은 후에 거의 두 주일간을 기도하기를 내 입을 열어서 적당한 말로 예수님을 높이 증거할 수 있는 지혜와 언어를 달라고 간구하였다. 나는 말도 준비하고 기도를 많이 했는고로 옷을 차려 입고 온갖 준비를 다해 가지고 교회에 나갔다. 사람이 어떻게나 많이 왔는지 빈틈이 하나도 없고 모두 기뻐 보였다.

찬송을 부르고 기도를 하고 또 다른 여러 순서가 있은 후에 이 여선교사는 나를 무어라고 칭찬을 많이 하면서 소개를 했다.

나는 주님이 도와 주시기를 꼭 믿고 다리가 부들부들 떨리는 것을 겨우 걸어서 강대상에 올라가서 섰다. 말을 하려고 아무리 입을 열려고 해도 얼굴만 확확 달아오르고 두 다리는 후들후들 떨리고 혀는 바짝 말라 입을 열어 말을 할 수가 없었다. 조용해진 군중은 내가 무엇을 말하는가 모두 기다렸다. 나는 더욱 안타까워졌다. 기침도 나지 않았다. 강대에 섰는 내 얼굴은 화덕처럼 달아오르고 내 손과 발과 전신은 선교사가 알아볼 수 있도록 떨고 있는 것이었다. 한참이나 기다리던 관중은 수군수군하기 시작하더니 어떤 젊은이들은 끼득끼득 웃기 시작했다. 나는 정신을 바짝 차리고 속히 입을 열려고 몹시 노력을 했다. 하지만 노력을 하면 할수록 내 머리는 캄캄해지고 내 입은 꼭 다물어진 채 열려지지 않았다. 사람들은 모두 수군거리고 기다리던 여선교사는 내 옆에 가만히 다가오더니,

"이 학생은 독창하라면 잘하는데 아마 간증은 처음이어서 부끄러워 말이 나오지 않는 모양입니다."

하더니 또 나를 무어라고 칭찬을 많이 해주었다. 그리고 나더러 간증 대신에 독창을 하라고 했지만 그땐 그처럼 잘 불렀던 노래마저 나오지 않았다.

그날 밤 어찌나 부끄럽고 민망하던지 나는 집으로 뛰어 돌아와서 울지도 못하고 그저 죽고만 싶은 마음이었다. 그래서 나는 내 기도에 하나님이 응답해 주시지 않았다고 하는 인식이 뚜렷하게 남아 있었다.

또 한 가지 쓰라린 경험은 내 어머니는 몹시 가난한 생활을 했다. 아버지가 내 학비와 생활비를 주었지만 어머니는 그것을 절대로 쓰지 않았다. 그것은 어머니가 마음에 결심한 바가 있어서 주님 앞에 그렇게 맹세하는 기도를 했었기 때문이라고 하며 아무리 부친 집에서 좋은 것을 가져와도 일절 쓰지도 않고 관계도 하지 않고 모두 내가 남에게 나눠 주어 버리게 만들었다.

더욱이 언니가 주는 돈으로 약과 식물(食物)을 사 가지고 가난한 동리에 전도하러 다니며 돈도 주고 식물과 약도 주는고로 자신의 생활은 극히 절제되어 있었다.

우리 집에 매일 오는 아주머니 한 분이 있는데 이 여인은 딸과 사위와 함께 사는 과부로서 사위가 벌어 오는 밥을 먹기 싫다고 언제나 와서 어머니의 밥을 나누어 먹었다. 그는 눈치도 코치도 없는 양 어머니의 적은 밥을 사양치도 않고 제 마음대로 먹기를 매일같이 계속했다.

한 그릇 지어 가지고 아침과 점심을 먹을 어머니는 언제나 점심을 못 잡수셨던 것이다. 저녁에도 아주머니는 꼭 어머니와 내가 먹는 두 배의 밥을 먹었고 매일매일 여름이나, 봄이나, 가을, 겨울을 가리지 않고 그 아주머니는 언제나 와서 밥을 많이 먹기 때문에 어머니는 끼니가 무척 모자라고 굶는 게 예사였다.

나는 보다 못해서,

"어머니, 그 아주머니더러 어머니가 굶었다고 한번 말씀하셔요."

하니 어머니는

"예수님이 옷 두 벌 있는 자는 하나를 남에게 주라고 하시지 않았니? 밥 한 그릇 나누어 둘이 먹는 것이 혼자서 다 먹는 것보다는 좋은 일이다."

하며 절대로 싫은 얼굴 표정을 짓지 않았다. 나는 또 한번,

"아주머니, 우리 어머니가 어제도 굶은 것 아셔요?"

하니 그녀는 놀라는 듯이 미안해하면서,

"너의 어머니는 부자 남편, 부자 딸이 있어서 무엇이나 다 가져다

주는데 굶기는 왜 굶어? 굶는다면 그건 너의 어머니가 원해서 그러
시는 것이지, 나처럼 없어서 못 먹는 것이려구? 나처럼 없어서 못 먹
으면 그건 불쌍하지만 싫어서 안 먹는 건 굶는 게 아니야."
하며 아무래도 듣지 않았다. 그리고 그대로 계속해서 꼭 와서 어머니
밥을 모두 먹어 버리는 것이었다.

나는 이 아주머니가 큰 짐이 되었다. 그래서 어머니에게 의논도 없
이 그 아주머니가 우리 집에 오지 않도록 기도를 했었다. 그래도 그
아주머니는 한번도 지각하는 일도 없고 결석하는 일도 없이 꼭 와서
어머님의 진지를 먹어 버렸다. 나는 너무 마음이 무거워져 언니에게
의논을 했다.

언니도 그 아주머니에게 골치를 앓아서 그 집을 팔아 버리고 그
집에서 좀 멀리 떨어진 곳으로 새 집을 사 주어서 이사를 했다.

나는 하나님이 이제야 내 기도를 들으셨는가 했더니 그는 집이 멀
어졌다고 불평을 하면서 땀을 흘리며 허덕이며 찾아오면서 자기 딸
집에 가지도 않고 어머니 방에서 같이 자고 먹고 해서 더 두통이 되
어 버렸다. 나는 그 아주머니의 양순한 말씨와 태도와 또 믿음 있는
말만 하는 데는 언제나 존경했지만 이처럼 내 어머니의 밥을 사정없
이 먹어대는 데는 머리가 아프고 싫증이 나고 진저리가 났다. 나는
늘 어머니의 얼굴을 보고 마음이 아팠다. 어머니는 내 심정을 아는
까닭으로 내가 학교에서 돌아오기 전에 아주머니의 저녁을 일찍 해
드려서 집에 늘 보냈다. 하루는 어머니가 내게 이 아주머니에 대해서
가르치듯이,

"왜 너는 아주머니를 싫어하니? 그러한 태도를 예수님께서 좋아하
실까 생각해 보았니? 사랑스러운 사람만 사랑하자면 예수 안 믿는
사람도 누구나 다 할 수 있는 거 아니냐. 사랑스럽지 않은 것을 사랑
하는 것이 예수님 말씀하신 대로 너를 미워하고 너를 이용하는 자도
사랑하라고 하신 말씀을 순종하는 것이다."
하며 누누이 일러주는 것이었다. 그래서 나는 이것을 위하여 기도한
그 기도가 응답을 못 받았다 하는 의식이 있었는고로 내가 기도를

해도 주님이 응답을 하실는지 몹시 두려워졌다.

전과 같이 나 혼자에게만 관한 일이면 그렇게 큰 문제가 되지 않겠지만 만일에 내 기도가 다른 사람들의 웃음거리에 지나지 못하게 될 때에는 내가 어떻게 주님을 증거할 것이며, 나 자신에게 그 어떠한 영향을 가져올 것인가를 염려하지 않을 수 없게 된 것이다. 나는 성을 쌓는 자가 성을 쌓는 데에 필요한 재료를 갖추고 그 기초를 닦는 것과 같이 하나님의 약속을 선포한 것으로 인해서 그가 진실로 살아 계시고 그 약속을 지키시고 이제 그를 의지하는 자들에게 나타나시는 것을 증명하여야 할 모든 성경에 기록된 재료를 수집하여야 했다. 나는 항상 외우는 성경을 한마디 한마디 조심스럽게 외우면서 주님께서 우리의 기도를 들으시고 또 우리 현실의 사정을 아시고 큰 밥과 고깃국을 주셔야 할 약속의 말씀을 조사해 보았다.

나는 예수님이 하신 말씀이 기억나서 정신이 펄쩍 들었다.

"구하라 그러면 너희에게 주실 것이요 찾으라 그러면 찾을 것이요 문을 두드리라 그러면 너희에게 열릴 것이니… 너희 중에 누가 아들이 떡을 달라 하면 돌을 주며 생선을 달라 하면 뱀을 줄 사람이 있겠느냐 너희가 악한 자라도 좋은 것으로 자식에게 줄줄 알거든 하물며 하늘에 계신 너희 아버지께서 구하는 자에게 좋은 것으로 주시지 않겠느냐"(마 7:7-11).

나는 또 예수님이 자기를 따르는 5천 명에게 그 주린 것을 보시고 보리떡 다섯 덩이와 생선 두 마리로 실컷 먹게 하시고 부스러기 주운 것이 열두 광주리 된 것을 기억했다.

나는 지금까지 뜻없이 성경을 외우기만 했을 뿐이고 아무 힘도 유익도 내게 끼친 일이 없이 지내왔다는 사실에 어이가 없어졌다. 나는 울렁거리는 가슴을 부여안고 눈을 감고 지극히 진실하신 예수님을 바라보았다. 모든 것을 다 하실 수 있으신 예수님은 거짓말만은 못하시는 분이시다.

그가 약속하신 것이 내게 이렇게 뚜렷하고 선명한데 왜 나는 몰랐던가 생각하니 미안하고, 부끄럽고, 가슴이 떨렸다.

그리고 기쁨과 자신이 폭포같이 터져 내 마음에 흐르고 솟았다.

"예수님이여, 당신의 약속해 주신 말씀을 이제 증명해 주실 때가 되었습니다. 이 배고픈 사정은 주님께서 아직 알아주시지 않았습니다. 먹어야 살게 지으신 하나님, 먹고 싶어도 없어서 먹지 못하고 있는 주린 여종을 보아 주소서. 배가 고파서 먹어야만 하겠는데 이 조그마한 콩밥 음식으로는 차마 배를 채울 수 없는 상태이고 영양이 극도로 부족해서 살아 있어도 목숨이 붙어 있을 뿐이고 이 모양을 다른 사람의 눈으로 볼 때는 저주를 받은 우상의 자식만도 못하여 보입니다. 당신의 말씀을 인하시고 당신의 약속의 말씀을 세우시며 당신의 사신 것을 증명하실 때는 이때입니다. 나는 죽으면 어느 누가 기억하오리까마는 당신의 말씀이 선포되었으니 이제는 일어나셔야 되겠습니다. 예수님 이름으로 구하는 특전을 주셨사오니 그의 높으시고 진실하신 이름으로 기도하오니 큰 밥과 고깃국을 먹여 주옵소서."

나는 감방 수인들에게도 기도하라고 했다. 그들은 어서 속히 큰 밥과 고깃국을 먹기를 너무 원해서 모두 심각하고 간절한 기도를 하게 되었다. 나는 눈을 감고 속으로 또 어떤 때는 소리를 내어서 성경을 외우며 성경에 약속하신 것을 선포하면서 기도하였다. 아무리 기도를 해도 부족해서 그런지 들어오는 밥을 받아보면 변함 없는 그대로의 조그마한 콩밥이었다. 나는 내 기도가 부족한가 해서 그 다음에는 자꾸만 계속해서 주님께서 가르치신 기도를 하였다.

예수님은 사람으로 오셔서 인간의 모든 인정(人情), 감정, 서정(敍情), 육정(肉情), 욕정(慾情)을 다 알아보셨을 것이고 또 여자에게 대해서 한 번도 어렵게 하신 태도가 없으셨다.

막달라 마리아같이 귀신이 들리고 더럽고 낮고 천하였어도 예수님은 그렇게도 그에게 친절하셨고 또 사마리아 여인과 같이 자기 남편이 다섯이나 있는데도 불구하고 다른 남자와 동서(同棲)하는 여인인 불결한 계집에게도 영생의 말씀을 전하셔서 생수가 솟는 생명의 진리를 주셨던 것이다. 죽은 야이로의 딸도 일으키시고 마리아의 오빠 나사로는 죽어서 썩은 냄새가 났어도 마르다와 마리아의 우는 것을 보시고 같이 우시며 죽은 자를 다시 돌아오게 하셨다. 주님은 나를 여인으로 대접하실 것이고 나를 존 번연이나 바울이나 실라같이 대하시지 아니하실 것을 나는 믿었다.

"예수님, 저는 남자가 아니에요. 나약한 여자입니다. 저는 여자인고로 남자의 12분의 1밖에 되지 않아요. 저를 용사나 큰 제자와 같이 보지 마시고 어리고 약하고 한이 없어 허우적거리는 계집종인 것으로 기억해 주십시오. 예수님께서는 생선 두 마리와 보리떡 다섯 덩어리로 5천 명을 먹이시고 남은 것을 거두게 하신즉 열두 광주리가 되게 하지 않으셨습니까? 그 당시에 예수님을 따르는 5천 명, 3천 명보다 더 배고프고 더 힘없고 더 기진 맥진해 가는 이 여종이 원수의 손에 잡혀 이 무서운 감옥에서 떨고 배고파 더 살아갈 수가 없어요."

나는 이때까지는 늘 죽기를 원해 왔었다. 밤이 되면 간절한 심정으로 다시 내일 아침이 내게 없게 해 달라고 간구했고, 아침이 되면 다시 새 날이 내게 없고 이 밤으로 내 생명은 이 땅에서 끝을 맺게 해 달라고 진실로 구해 왔었다. 그러나 내가 책임을 지고 하나님의 약속을 선언하고 선포한 이상 나는 이대로 죽어져 없어질 수 없는 책임감에 떨었다.

나는 하나님의 약속이, 즉 우리들의 기도가 응답이 되어서 주님께서 약속하신 것이 거짓말이나 지어낸 말이 아니고 정말로 역사하시고, 살아 있는 약속인 것이 증명되는 것을 볼 때까지 살아 있어야 하지 않을까 할 때 한편 사는 것이 무서우면서도 기가 막히게 멋있는 일 같았다.

내가 지금까지 이러한 믿음의 모험을 꿈꾸고 그러한 일이 내 일생에 있어지기를 그 얼마나 원하여 왔던가를 기억하게 되었다. 즉 예수를 믿는 일로 인해서 핍박을 받는다는 일은 굉장히 멋이 있는 일이라고 생각하게 되었고, 또 이같이 어려울 때에 주님이 그 어떻게 역사하시며 또 나는 그의 약속의 말씀에 얼마만큼 신앙할 수 있는가 알 수도 있게 될 것을 생각할 때 나는 이 기회를 가지게 된 것이 특별한 하나님의 은사라고 생각되었다.

죽을 힘이 들더라도 나는 그의 말씀인 약속에 매달려 보는 것이다. 아무리 힘이 들고 어려워도 그가 어떻게 나타나시는가 보고자 했던 것이다. 나는 그의 약속이 말씀에 꼭 의지하고 믿으면서 또 바라면서 하루하루를 긴장 속에서 살피며 기다렸다. 밥은 변함 없이 언제나 같은 채로 몇 주일이 지나갔다. 기다리고 바라던 수인들은 불평을 시작했다. 어떤 여인은

"믿기는 뭘 믿어요. 떡을 믿어요. 떡을 믿으면 떡이나 먹지."
하며 코웃음으로 대했다. 또 다른 수인들도

"암만 보아도 조그마한 밥은 큰 밥이 되지 않는구먼. 어디 국이나 맡아 보자."
하면서 코로 국 냄새를 맡아 보더니

"고기 냄새는커녕 발구린 냄새 같은 것밖에 다른 냄새가 없는데."
하며 빈정거린다.

나는 그들의 태도에 두 눈을 감고 가만히 있기만 했다. 이때에 나는 눈이 나빠져서 눈을 감고 있다는 사실에 비로소 감사했다. 만일 내가 눈을 뜨고 그 여인들의 빈정대는 얼굴을 보았더라면 마음이 얼마나 상했을 것인가 하고 생각했다. 또 다른 수인들은 그렇게 빈정대는 수인을 책하면서,

"당신네 같은 것들 때문에 오려고 하던 큰 밥도 못 오는 거예요. 쇳덩어리들이 무슨 큰 밥을 먹어 보겠다고, 큰 밥이 와서 먹어도 당신네 같은 사람들은 먹자마자 죄가 나타나서 곧 죽게 될 것 같으오."
하면서 화를 낸다. 또 한 수인은

"선생님, 큰 밥 주시라고 기도하시지 마세요. 저 따위 것들이 먹고 건강해질까 심히 두려워요. 나쁜 말만 지껄이는 것들!"
하는 이도 생겼다. 그래서 결국은 큰 밥은 오지 않은 채 문제가 되어 우리 감방 사람들의 마음은 두 파로 나누어지고 말았다.

나는 할 말이 없어서 이 편도 안 들고 또 그렇다고 저 편도 못 들었다. 이제는 기도할 대로 다 했으니 기다리는 수밖에 다른 방편이 없었다. 주님이 기도에 대해서 하신 말씀에 너희가 구하기 전에 아버

지께서 너희 쓸 것을 아신다고 하셨고, 이방 사람같이 오래 기도하지 말라고 하셨으며, 그들은 많은 말을 하여야 들으시는 줄 안다고 하셨다. 또 구약에서 다니엘이 금식하고 기도할 때에 미가엘 천사가 와서 하는 말이,

"은총을 입은 자여, 네가 기도하려고 결심한 때부터 주께서 네 뜻을 아셨다."

라고 했다.

나는 기다리는 길밖에 없어서 묵상하며 기다리는 마음으로 바랐다. 그러나 또 문득 생각이 난 것은 내가 기도한 사실을 우리 감방 사람들만 알고 있는 것이 합당치 않은 것을 깨달았다. 그래서 우선 간수들에게 알게 하고 또 다른 죄수들에게도 알려야 할 것을 생각해 냈다.

나는 구리야마와 주 간수에게 먼저 말했다.

"여보 구리마야 간수! 우리는 예수님에게 큰 밥과 고깃국을 먹여 달라고 기도를 했는데 아마 때가 되면 올 것이니까 모든 죄수들에게 좀 전해 주십시오."

하니 구리야마는 눈을 크게 뜨면서,

"아이구, 그런 일이 어찌 있겠소. 벼락이나 떨어진다면 믿어도 큰 밥, 고깃국, 꿈도 꾸지 마세요. 그런 것은 바깥 사회에서도 도저히 있을 수 없는 일이니까요."

한다. 이튿날 주 간수에게 똑같은 말을 하니, 주 간수는

"여보, 당신은 세상을 모르는군요. 도지사도 요즈음엔 밀밥에 보리죽을 먹는다는데 감옥의 죄수를 무엇이 그리 중해서 큰 밥을 먹이며 고깃국을 먹이겠소. 농담도 작작하세요."

나는 그들이 무어라고 하든지 내가 할 말을 전할 수밖에 없었다.

"글쎄 믿고 안 믿는 것은 당신 마음에 달린 것이고 우리는 큰 밥과 고깃국을 먹게 해 달라고 기도하고 기다린다는 줄만 아시란 말이오."

하고 나는 구멍문과 그 위에 창문을 열어 제치고 공장에서 일하고 뛰어들어 오는 기결수에게 모조리 큰 소리로

"여보, 당신은 큰 밥과 고깃국을 먹고 싶지요? 이제 큰 밥과 고깃국이 들어와서 먹을 테니 그때에는 놀라지 말고 예수를 믿는 내가 기도했다는 사실을 잊지 마시오."
하며 똑같은 말을 자꾸만 계속했다.

주 간수와 구리야마 간수는 어이가 없고 하도 기가 막혀서 도리어 나를 불쌍히 여기는 표정을 지으면서

"얼마나 배가 고프면 그렇게 되었는가요?"
하고 애처로워했다. 나는 이날 밤 그들의 말을 빌려 가지고 다시 기도했다.

"주님, 나를 지키는 간수들도 내게 친구가 되어서 내가 배고픈 것을 볼 수 없어 불쌍히 보고 있습니다. 그렇지만 그들에게는 나를 먹여 줄 능력도 방법도 없어서 그저 불쌍히 여길 뿐이지 아무런 실시가 되지 못합니다. 그러나 주님은 할 수 있어요. 아버지여! 당신은 무(無)에서 유(有)를 창조하신 하나님이십니다. 광야에서 만나를 지으신 손으로 그 마음 그 사랑으로 이제 이 감옥에서 큰 밥과 고깃국을 먹이실 수 있는 하나님이십니다. 내가 금식 후에 50개의 사과를 당신께서 먹여 주심은 결코 우연히 된 일이 아니고 주께서 저뿐만 아니라 나와 같이 있는 이 모든 수인들에게 다 똑같이 큰 밥과 고깃국을 먹이실 수 있는 하나님이시라는 것을 잘 알고 있습니다. 저를 먹여서 살리신다든가 또는 저의 기도를 들으시고 먹이시어 저를 증명해 주시라는 것이 아니라 우리가 배고프고 필요하니 이때에 당신께서 약속하신 언약(言約)을 지키시어 이 수인들과 간수들에게 먹이시어 주께서 이제도 살아 계셔서 그 믿는 자들의 구하고 전도하는 바가 참이라는 것을 증명해 주시기를 바란다는 것입니다. 큰 밥이 안 오고 고깃국이 아니라도 저는 살 때까지 살다가 죽어 당신 앞에 가면 그뿐이겠지만 내가 전한 주의 언약은 주님 자신이 증명해 주시지 않으면 이 천하에 그 누가 보이지 않는 하나님은 은혜로우시고 사랑하시는 창조주라고 믿을 수 있겠사옵나이까?"

나는 주님께 기도하는 중에 내가 배가 고픈 것이라든지 먹고 싶다

는 그러한 식욕보다도 이제는 결사적인 결정에 뚜렷하게 서 있다는 사실을 인정하게 되었다. 자, 이제는 내 믿음, 내 신앙 척도에 중요한 마크를 치는 도마 위에 올라앉은 셈이라고 보았다. 하나님이 과연 나를 어떻게 보시나? 내 기도의 중량 자세가 그의 눈에 얼마만한 가치가 있는 것인가? 내 기도가 얼마만큼 무게가 되어 있는 것일까?

내 신앙 생활의 성적이 그 어떠한 결과를 빚어 낼 것인가?

주님은 내 행동, 내 생활, 내 말, 내 심정을 통해서 얼마만큼의 영광을 계획하시며 기대하시는 것인가? 즉 그의 위엄과 사랑의 눈에 나는 얼마만큼의 위치를 잡고 있는가? 이러한 점도 알아지지 않을까 했다.

그 존귀하신 분이 나처럼 거룩하지 못하고 가치가 없고 죄가 많고 쓸 만한 것이 아무것도 없는 나를 대체 얼마큼으로 아시는가를 나는 알고 싶었다. 내 소리는 그의 높으시고 거룩하시고 참되신 귀에 개가 짖는 소리처럼 들리지 않았을까? 또한 여름날에 공연히 맴맴거리며 나무에서 울어대는 매미 소리 같지나 않았을까? 여름날 논에서 무작정 고함만 지르는 시끄럽고 귀찮은 개구리의 떠드는 울음에 지나지 않는 게 아니었을까 하는 생각도 들었다. 그러나 그렇게 생각하는 것은 나를 넘어뜨리려는 내 어리석은 생각이고 신앙적인 생각이 아닌 것을 곧 알게 되었다. 나는 가슴을 열면서 내 힘을 다해서 다시 기도했다.

"아버지여, 죄악을 보실진대 누가 감히 주님 앞에 서겠나이까? 그러나 예수님이 분명히 십자가에 매달리신 것은 죄인인 나를 하나님 앞에 소개해서 그의 딸이 되게 하시고 십자가에서 흘리신 피는 내 죄를 씻어서 의인이 되게 하는 것이 목적이 아니었습니까? 죄인이 지은 죄에만 구속이 되고 비천한 자가 그 비천한 것에만 머물러 앉아 있으면 그 어떠한 피조물이 할렐루야 높으신 주님을 찬양하고 경배할 수 있겠사옵나이까?

피조물이 천지에 가득하지만 인간 외에 어느 피조물이 범죄치 않는 것으로 인해서 주님 앞에 떳떳이 서서 주님 이름을 찬양하고 높일 수 있습니까? 가장 귀하게 지으심을 받은 이 한 인간의 가치가 어찌 주님께서 만드신 만물보다 못하다 할 수 있겠습니까? 인간의 지성은 주님의 지성대로 지으심을 입은 만큼, 아버지여, 주님이 나와 함께 하시고 내가 간구하는 이 소리를 들어주지 않으신다면 나는 편애를 하는 자와 같이 가련하고 비참할 것밖에 없겠사옵나이다. 나는 내 청춘 한 번밖에 없는 것을 주님께 모두 그대로 드렸사옵니다. 이 한 번밖에 없는 아까운 청춘을 주님께 바치고 나는 개가를 불렀으며 자랑하고 감격했습니다. 이보다 더한 그 무엇을 드리리이까? 내 불타는 연정(戀情)도 나는 그대로 다 주님의 이름 앞에 바쳤고 육정 인정도 주님의 이름을 위해 떨어진 양말같이 버렸습니다. 내가 이제 이같이 결사적인 것은 지체도 지체려니와 이제는 그 어떠한 것보다 당신의 이름이 그 언약의 말씀이 어떻게 될 것인가 무서워서 떠는 것이 되었다는 사실입니다. 제발 제 기도, 제 체면, 제 입장, 제 장래, 그것은 하나도 아닌 것을 주는 아시겠지요? 아버지여, 당신의 이름 말입니다. 당신의 그 높으신 그 이름 말입니다. 그 십자가, 그 부활, 나는 그것을 말하는 것입니다. 당신의 언약, 구원, 그것을 말하는 것입니다. 그것이 흔들리지 않아야 한다는 것인데 주님, 이까짓 죄수! 그렇게 생각하지 말아 주십시오. 제게 맡기신 이 분야가 죄수가 아닙니다. 회개한 강도도 주님과 같이 죽을 때 천국으로 보내 주셨던 것은 작은 일이 아니었습니다. 예수님, 당신의 이름만이 이 모든 기도를 받아 주실 수 있습니다. 아멘."

나는 맥이 빠졌는데도 불구하고 마음 깊이 든든한 힘이 생겨나는 것을 느꼈다. 높으신 이로서 사신 분, 전능·전지하신 하나님을 모신 나 자신이 그 얼마나 굉장한가를 다시 느끼고 거꾸러졌다. 나는 믿지 못하는 감방 죄수들에게 선한 말로 위로했다. 날은 가고 또 갔다.

매번 큰 희망과 호기심의 눈을 번뜩이며 구멍문으로 들어오는 밥덩어리를 쳐다보면 무심한 밥 덩어리는 우리의 기도한 것도 모르고 우리의 마음도 관계하지 않고 적고 초라한 채로 변함 없었다. 그래도 내 신념은 변하지 않았다. 내 믿음은 아직 확실하고 요동이 없고 흔들림이 없었다.

나는 때를 기다리노라고 땀이 나도록 힘이 들었다. 나는 이때에 제일 초대로 왕이 된 사울의 심경을 생각해 보았다. 사울이 왕이 될 때에는 특히 하나님 자신이 선택하신 만큼 사람들이 보기에도 준수하고 아름다운 청년이었다. 그는 왕이 되는 일이 너무도 분에 넘치고 부끄럽게 생각을 했었는지 사람들에게 보이지 않게 숨어 버리기까지 했었다.

그러나 그가 일단 왕이 된 후에 교만해졌다. 사울에게서 생겨난 모든 불행은 마침내 그가 하나님에게 절교를 당하게 되어서 더 큰 어려움에 빠져들어 갔다. 블레셋의 강한 군사는 사울과 그의 군대를 에워싸고 백성과 군사들은 사울을 신용하지 못하고 마음이 변하여 슬그머니 사라져 버렸다. 같이 있는 용사들은 무서워 떨고 제일 의지하고 바라보던 선지자 사무엘도 나타나지 않았다.

사울은 하늘과 땅의 버림을 당해서 어떻게 할 바를 모르고 갈 길을 몰라했다. 너무나 급해졌고 무엇인가 걷잡을 수 없이 당황해서 택함을 받은 자 아니면 드릴 수 없는 제사를 거룩하신 분께 드리며 애탄한 셈이 되고 말았다.

그러나 여호와의 법은 지극히 엄했다. 지극히 높으시고 거룩하신 분 하나님은 한 인간 때문에 그같이 엄격하게 세워 놓으신 법을 모두 부수고 깨뜨릴 수가 없었다. 어린아이의 주먹이든, 어른의 주먹이든 불 속에 넣으면 알든지 모르든지 사정과 형편은 어떠하였든지 간에 그냥 타고야 마는 것같이 아무리 애타고 급해서 한 일이었지만 법에 저촉을 받은 사울의 애원은 그릇된 행동이 되어 버림을 당했던 것이다. 그러나 나의 이 경우는 어떤 것일까? 나는 그의 엄연한 법에 의해서 그의 말씀에 따라서 내가 으레 해야 할 행동을 취한 것이 분명한가 아닌가를 재검토해 보고 나는 성경을 가지고 내가 그릇되지 않고 거짓된 행위가 아닌 것을 알았을 때 안심하였다.

하루는 구멍문으로 들어오는 밥을 받았을 때 이상하고 괴이한 냄새가 예민한 후각을 자극하자 원망스런 얼굴로 받아 먹는 죄수들의 낯빛은 변했다. 먹고 나서 그들은 얼굴을 찡그리고 소리를 질렀다.
"이것은 밥이 아니고 독약 같애요."
"밥에 독이 들었어요."
하며 저마다 크게 고함을 지른다. 나도 기도한 후에 입에 넣은즉, 고약한 유황 냄새와 흡사한 몹쓸 맛이 혀와 목에 꽉 붙어서
"이게 무얼까?"
했다.

그것은 썩은 콩을 섞은 대두미였다. 그것은 밭에 거름으로 뿌려서 곡식에는 비료가 될망정 사람의 몸에는 먹을 것이 아닌 모양이었다. 더욱이 썩은 대두미를 삶아서 독이 생겼는지 독이 이미 생긴 것을 삶아서 그렇게 고약스러운지 여하간에 그 악취는 대단한 것으로서 눈이 아프고 입에 들어간 후엔 혓바닥을 쑤시는 듯이 아프게도 했다.

하지만 음식이라는 것은 이것밖에 없으니 먹지 않으면 모두 굶어야 했기에 억지로라도 먹으려니 먹을 수가 없었다. 방마다 고함을 지르며 불평을 하는 소리가 떠들썩해졌다. 그래도 용감한 사람은 눈을 감고 마구 통째로 삼켜 버렸다.

나는 받아 놓은 이 괴상한 밥 덩어리를 먹을 만한 용기가 없어서 이리저리 굴리며 침만 삼키다가 내놓으니 다른 사람이 냉큼 집어서 삼켜 버리고 말았다. 섭섭하고 아까운 감이 있었으나 이미 없어졌으니 하는 수가 없었다.

이같은 무서운 밥 덩어리는 계속해서 하루에 세 끼씩 꼬박꼬박 왔다. 배가 고픈 죄수들은 이것이라도 먹을 수밖에 없었다. 나도 같았다. 나는 별로 뾰족한 수가 없어서 유황 냄새 나고 악취가 나는 꺼멓고 흙빛 같은 소위 밥 덩어리를 조금씩 뜯어서 입에 넣고 마구 삼켰다. 어떤 이는 목구멍이 좁아 넘어가지 않아서 삼킬 수가 없어서 이로 씹으면서 눈에서는 눈물이 하염없이 흘렀다. 이 혹독한 밥은 그대로 계속해 왔다.

사람들의 얼굴은 붓고 회색빛같이 되었고 기운이 없어서 이리저리 비틀거리고 쓰러졌다. 어떤 이는 목에서 피가 터져 나오고 눈알이 빨

갛게 되고 숨이 차서 죽기까지 했다. 비틀거리는 죄수들은 내게 달려들 듯이

"웬 큰 밥이니 고깃국이니 쓸데없는 기도를 하니 이 지경이 되고 말지 않아?"

하고 어떤 죄수는

"제발 큰 밥 소용없으니 그 기도 좀 그만두라."

하고 애원하다시피 하고 어떤 죄수는

"그게 당신이 믿는 예수요? 큰 밥 달라고 하는데 이런 독약이 든 밥을 준단 말이오?"

하며 눈을 흘긴다. 그러나 어떤 이는

"죄가 많아 가지고 무얼 큰 밥 먹겠다고 하는 거요? 너는 썩은 대두미나 먹고 죽어! 하신 셈이지 뭐요."

하는 이도 있었다. 마디마디가 쑤시고 목에서는 피가 나고 전신이 독을 먹은 사람과 같이 쓰러진 채 일어날 수가 없게 되었다.

이 방 저 방에서 사람은 죽었다. 악 소리를 치며 죽는 사람, 숨소리도 없이 죽는 사람들의 시체를 끌어내어 가는 것을 보면 모두 부을 대로 부어서 뚱뚱하고 입에서는 피가 흘렀다. 날씨가 더워져서 시체를 빨리 끌어내 가지 못해서 파리 떼가 달려들어 번성해서 무서웠다. 어떤 시체는 겨우 끌어내서 앞마당에 버려둔 채로 있고 어떤 시체는 시멘트 바닥에 파리가 몰려들어 엎드려진 시체에서 피를 빼앗긴 채 썩어 가고 있었다. 남자 감방에서 너무 사람이 많이 죽기 때문에 여자 감방의 시체를 처리할 수가 없다는 것이다.

여기저기 퉁퉁 부어 넘어져 있는 꺼먼 남색의 미결수와 벽돌색 옷에 싸인 기결수의 시체를 보니 나는 '단테의 연옥'을 생각했다. 단테의 연옥에 그려진 그림이 실제로 내 눈앞에 벌어져 있는 것이다. 아! 이곳은 지옥인가? 연옥을 믿지 않는 내게 이 광경은 과연 연옥인가? 나는 생각이 많았다. 가슴이 터지게 아프고 목이 칼로 찌르듯이 쑤시고 전신에는 힘이 다 빠져서 도저히 앉아 있을 수 없어서 결국 누워 버리고 말았다.

나는 죽는 것을 기대했다. 죽음이 이제야 내게 가까웠구나 하며 나는 한결 반가운 생각이 들었다. 그러나 나는 이대로 죽을 수 없었다.

나는 힘을 다해 일어나 엎드렸다. 그리고 마지막이 될는지 모르는 기도를 했다.

"아버지! 감사합니다. 원하고 바라던 죽음이 이제 가까이 찾아오는 것 같습니다. 주님 계신 그곳은 내게서 한 발자국 거리밖에 안되는 듯이 가깝고 친근합니다. 그러나 주님! 제가 선포한 하나님의 말씀은 누가 책임을 져야 하는 것입니까? 제가 주님 앞으로 간 후에라도 주님은 책임을 가지시고 이 살아 남아 있는 죄수들에게 제가 믿고 성경대로 선포한 그 언약의 말씀을 이루어서 큰 밥과 고깃국을 먹게 하여 주시옵소서. 그래서 당신의 말씀이 증명되고 높임을 얻으시고 영광을 받으소서. 내 영혼을 주님의 손에 부탁하나이다. 예수님! 당신의 존귀하신 진실된 이름으로 기도드립니다. 아멘."

기도를 마칠 때 벌써 음성은 다 마르고 죽어서 입술로만 기도를 했다. 기도를 한 후에 나는 죽을 것으로 기대하고 조용히 기다리고 있었다. 아픈 목, 혀 그리고 온몸이 쑤시는데 견딜 수 없는 고통을 가지고 속히 시간이 되어서 한 발자국 쑥 내밀어서 천당문에 썩 하고 들어서리라고 기다렸지만 내 눈에는 천국문도 보이지 않고 죽음도 안 오고 정신은 다시 새로워지고 의식은 더 맑아지는 것 같았다.

아! 나는 또 낙제하는가?

나는 이때에 죽었으면 명예로운 순교자의 명단에 올랐을 것이다. 그러나 아무리 생각해도 나는 또 떨어진 감이 들었다. 손도 발도 움직일 수 없는 채로 몇 날이 갔던가?

내가 10일간 금식했을 때도 전신을 움직이지 못하였지만 의식은 분명하고 똑똑했던 것과 같이 쑤시고 아픈 신체의 자유를 완전히 빼앗기고 음성도 아주 없어졌는데 내 의식은 여지없이 분명하였다. 나는 이러다가 다시 살아나면 음성도 없고 다리도 못 쓰는 불구자가 되는 것이 아닐까 하는 공포가 생겨났다.

아! 죽은 사람은 그 얼마나 복된 일인가? 죽는다는 일 그것은 복을 특별히 받지 않고는 전혀 불가능한 일이라고 생각되었다.

어느 날, 송장들이 뒹굴고 있는 여자 감방에 환희의 고함 소리가 들려왔다. 귀를 기울이고 모든 감방 죄수들은 무슨 일이 났는가 기다리고 있었다. 얼마 있더니 밥을 가져오는 간부들의 발소리에 주 간수는 앞서서 달려와 먼저 감방으로 왔다. 그는 내 감방을 두드리며

"왔어요! 57번, 왔어요, 왔어요!"

하고 고함을 지른다. 나는

"무엇이 왔어요? 누가 왔다우?"

하고 비상한 일에 벌떡 일어났다. 주 간수는 크게 흥분된 얼굴과 음성으로

"왔어요. 글쎄, 오늘에야 이제야 왔어요, 큰 밥이."

나는 어디서 힘이 났는지 그제야말로 일어서서 문에 기대었다. 주 간수는 얼굴과 뺨이 눈물로 흠뻑 젖었다. 그리고 너무 감격된 통에 간수의 직책도 다 잊어버리고 뛰어와서 내게 먼저 알리는 것이었다. 나는 무어라고 할 말을 몰라서 어리벙벙하고 있는데,

"어이사, 어이사."

하면서 간부들이 무거운 밥과 국을 간신히 어깨에 메고 오면서 기쁨이 충만해 있었다. 두 간부는 밥을 소반에 메고 두 간부는 국통을 메고 전에 보다 몇 배나 무거운 저녁밥을 메어다 놓았다. 희미하고 구수하고 기가 막히게 맛있는 음식 냄새와 한 가지로 구멍문으로 들어오는 밥 덩어리는 크고 좋은 밥이라는 것을 알 수 있었다. 노랗고 먹음직한 큰 밥 덩어리는 군데군데 흰쌀이 섞였다고들 야단이고 구수한 굵은 노란 콩이 섞인 조밥이었다.

"이런 밥은 사회에서도 먹기 힘든데 이게 웬일일까요?"

주 간수는 아직도 믿어지지 않는 모양이었다. 나도 꿈을 꾸는가 했다. 환성은 온 감방을 울렸다. 다 죽어 가던 죄수들이 비상한 일에 모두 소리를 지르는 것이 다 힘이 없던 여인과 병자도 화재가 나면 어디서 힘이 나는지 후다닥 뛰어나간다는 말이 있는데 이 비상한 일에 죄수들은 저마다 일어났다.

노르스름하고 구수한 냄새가 나는 큰 밥이 들어온 후에는 고깃국이 한 그릇씩 들어왔다. 고기 덩어리도 없고 다른 알맹이도 국 속에는 없지만 국을 푸고 있는 쪽박에 뼈가 닿아 뼈다귀 소리가 들린다.

"아! 고기 뼈다귀구나! 이것 참 좋다!"

제일 젊은 여죄수인 기생 영숙은 벌떡 일어나서 춤을 덩실덩실 추었다. 나는 밥과 국을 받아 놓았지만 일어나 앉은 몸이 떨리고 손이 어떻게나 떨리는지 젓가락으로 밥도 제대로 먹을 수 없고 국도 마실 수 없었다.

너무 충격이 커서 그런지 온몸은 추운 겨울날처럼 떨렸다. 나는 떨리는 손으로 큰 밥을 떼어서 얼마를 입에 넣었다. 어찌된 셈인지 밥맛은 굉장하리라고 기대했건만 마치 모래를 입에 넣은 것같이 맛도 없고 먹어도 맛을 알 수가 없었다. 나는 이럴 리가 없는데 하고 떨리는 손을 내밀어서 좀더 떠서 입에 넣었다. 역시 모래를 씹는 것 같았다. 이가 모두 움직이기 시작해서 깨물 수도 없었다. 그러나 나는 이 귀한 밥을 받아 놓고 안 먹을 수가 없었다. 나는

"아버지! 이것이 꿈입니까? 무엇일까요? 감사합니다. 비록 꿈이라도 감사합니다. 당신은 당신의 언약을 기어이 증명하시고야 말았습니다. 이제 이 여종은 죽어도 좋고 살아도 좋습니다. 저는 기쁜데도 먹어지지를 않습니다. 감사합니다. 예수님, 당신의 이름은 이같이 진실합니다. 아멘."

나는 너무 애를 쓰며 진액이 마르도록 기다리며 지키느라고 입맛을 잃어버린 모양이다.

나는 밥을 놓고 구경을 하며 감사하고 황홀했다. 이 20세기 문명 시대에도 그 수천 년 전에 역사하신 하나님의 말씀이 이제도 이같이 살아서 역사하시는 것이었다.

"아버지!"

나는 말할 힘만 있으면 큰 소리로 울고 싶도록 찬송과 영광을 드리고 싶어졌다. 그러나 나는 누운 채 이 밥을 조금씩 입에 넣고 침을 섞어서 삼켜 넣었다. 어떻게나 쇠약해졌던지 이 밥을 받아 놓고 밤새

도록 먹어도 다 먹어지지 않았다. 다른 사람들은 벌써 언젠지 다 먹어 버리고 가슴이 아프고 조여지게 되어 가슴을 움켜쥐고 아이구 하고 소리를 치는 이도 있었다.

이튿날 아침에도 제법 큰 밥과 고깃국이 들어왔다. 아침을 다 먹지 못해서 점심이 또 들어왔다. 또한 점심도 다 못 먹어서 큰 밥 덩어리가 고깃국과 한가지로 들어왔다. 도저히 먹을 수가 없었다. 소부들은 남은 밥을 주걱으로 밀어서 떡이라고 하며 먹으라고 했으나 그것조차 먹어지지 않았다. 이 큰 밥은 계속해서 들어왔다. 그러나 썩은 대두미의 독으로 살아남은 사람들은 이빨이 모두 상해 있었다. 잇몸이 까맣게 되고 이빨들이 길게 나와서 저마다 이가 흔들리고 어떤 사람은 한입에 다 빠져서 한아름 손에 이빨을 받아 쥐고 우는 이도 생겼다. 이 사실이 보고되자 다 쇠고 흰 물이 나오는 상추를 한짐 여감방에 들여보내 주었다. 그리고 이빨이 상하는 이마다 상추를 먹으라는 명령이 내려졌다. 이빨이 다 나오지 못한 사람, 또 이빨이 흔들거리는 죄수들에게 쇠고쉰 상추를 나누어 주었다. 나도 상추를 받아서 입에 넣었다.

이처럼 쉰 상추는 으레 그 맛이 쓴 것인데 그 쓴 상추는 입에 하나도 쓰지 않고 맛이 굉장히 좋았다. 이같이 상추를 먹은 후에 매일 계속해서 상추를 먹었더니 흔들리던 이빨은 튼튼해졌지만 빠진 이빨은 어찌할 수 없었다.

나는 조금씩 밥을 먹고 기운을 얻었다. 내 마음은 한없이 기쁘고 흐뭇했다. 나는 다시 더 만족할 수 없는 만족에 황홀하고 날아갈 듯이 마음이 가볍고 자유로워졌다. 아! 나는 이때에 큰 소리로 찬송을 불렀으면 얼마나 좋을까 생각했다. 나는 기력을 얻는 대로 우선 주간수와 구리야마 간수에게 질문을 하였다.

"그래, 우리 하나님이 주무시거나, 믿는 자를 잊어버리시지 않는 것을 보셨지요?"

"왜 그런 말 물어볼 필요가 무어예요?"

하면서 모두 주님이 우리의 기도한 것을 들으셨다는 태도로 증명했

다. 나는 공장에서 벌거벗고 뛰어서 감방으로 가는 죄수들에게

"여보, 큰 밥 먹었소?"

하고 물었다.

"네, 그러믄요. 하나님 은혜 감사하지요."

하고 다시 묻기 전에 다음 말까지 대답한다. 그러나 사고는 또 났다. 이같이 좋은 큰 밥을 먹고 고깃국을 먹은 죄수들이 배탈이 나고 또 위장이 상해서 수많은 사람이 죽어 버렸다. 죽음은 계속되었다. 남자 감옥에서는 한꺼번에 시체를 실어다가 합동 장례를 치러야 한다고 했다. 너무 많은 사람이 죽기 때문에 하나씩 묻을 수 없어서 모두 싣고 나가서 한 구덩이에 묻어 버린다고 했다. 여자 감방에서도 수없이 많은 사람이 죽었다. 위장이 극히 상한데다가 큰 밥을 급하게 많이 먹은고로 위장이 찢어져 죽은 셈이었다.

살벌한 공기는 다시 이 감옥을 휩쓸었다. 나는 곰곰이 성경을 다시 상기했다. 고기 먹게 해 달라고 구하지 않고 고기가 그리워서 애굽으로 다시 돌아가고 싶어한 이스라엘 사람들이 메추라기를 실컷 먹은 후에 재앙으로 인해 그 얼마나 무서운 숫자의 시체를 광야에 내었던가? 받지 못할 은혜를 받는 사람의 위험을 보고 두려운 마음이 생겨났다.

되지도 못하고 된 것같이 교만한 일본인들이 자기 멋대로 법을 만들어 놓고 이 한국인들을 못살게 죽이니 이 패역한 인생이 그 조물주의 지극히 높으시고 엄위하신 법을 범하고 어떻게 복을 누릴 수 있겠는가? 창조주가 가라사대,

"내가 복을 누릴 자에게 복을 주고 은혜를 받을 자에게 은혜를 주지만 멸망할 자에게는 평안이 없다 하시니라."(이사야, 예레미야, 에스겔 선지자가 전하는 말.)

나는 흔해지고 많아서 다 먹어지지 않는 큰 밥을 이리 보고 저리 보면서 너무도 기뻐서 이 큰 밥 덩어리를 그렇게도 사랑했다. 그렇게 배가 고플 때는 이런 밥 덩어리를 백 개쯤이나 먹어도 배부르지 않을 것 같았는데 위장이 어찌 되었는지 정말 먹어지지가 않았다. 그래

서 다 먹을 수가 없었다. 이때마다 과학자의 사고 방식같이 '어떻게 이 큰 밥이 왔을까? 사회 사람들도 먹을 것이 없고 배급은 점점 더 악화되어서 외국에서 들어오는 쌀과 곡식은 전혀 들어오지 못하고 남자들은 모두 다 전쟁에 나가서 농사도 적어진고로 거의 입에 풀칠하기에 곤란하다는 이 땅에 이 감옥 안의 죄수들에게 어찌 이러한 곡식을 내서 먹일 수가 있었는가' 하고 때로 궁금하였다.

그렇지만 그런 일에 너무 신경을 쓰는 것보다 광야보다 더 살벌한 이곳에서 여호와 하나님, 그때 계신 그 하나님이 오늘날도 나와 함께 계셔서 만나보다 더 좋은 큰 밥과 고깃국을 먹이셨다는 일이며 이로 인해서 나는 천국에 들어갈 그 영예로운 순교직을 놓쳤으나 또 그의 뜻이 있어 좀더 머물게 하셨을 것이라고 생각하고 감격과 감사와 평화가 나를 채워서 심령은 높이 들려졌다. 뿐만 아니라 이 감방 간수들에게 큰 증거가 되었고 내 말을 비웃고 믿지 않던 죄수들은 뉘우쳤다. 그러나 이러한 큰 사실이 있어도, 즉 이렇게 기적의 밥을 하루에 세 끼씩 먹으면서도 아무런 감사도 없고 생각도 없고 먹고 나서 뻔뻔한 사람들도 적지 않은 수를 볼 때 나는 하나님이 이스라엘을 광야에서 기르시던 광경을 상상할 수가 있었다. 선지자들이,

"이 이마가 뻔뻔하고 목이 곧은 이스라엘아! 이 지렁이 같은 야곱(이스라엘)아! 이 음녀 같은 유다야! 이 패역한 족속아…."
했던 이런 말을 능히 이해할 수 있는 것 같았다. 그러나 이 큰 밥으로 인해서 수없이 많은 사람들이 주님이 살아 계신 것을 느껴 두려워 떨었다. 나는 만족했다. 행복했다.

사람이 너무 많이 죽어 나가고 병자가 많아져서 의무과 과장이 들어와서 죄수들을 일일이 진찰했다. 그가 나를 진찰하면서 은근히

"주 목사님이 돌아가셨지요."

나는 깜짝 놀라서,

"이 대두미 독에 그러셨나요?"

"아니오, 일본인 의무과 조수가 주사를 놓아 죽였지요."
한다. 나는 급한 말로

"어떻게 그럴 수가 있나요?"

"나를 해주에 출장 보내고 나 없는 동안에 주 목사에게 조수가 주사를 놓았는데 즉사했지요. 나는 주사 약병을 보고 그자에게 고함을 쳤지만 벌써 늦었어요."

나는 가슴에 큰 충격을 받아 머리가 핑 도는 것 같았다. 다음 순간 하나님은 보배를 땅 위에서 거두어 가셨구나 하는 마음이 들며 나는 이 땅에 갑자기 어둠을 느꼈다.

최 목사 같은 분은 이미 천국에 가셔야 할 분이시니 속히 가신 것은 그를 위해서 그 얼마나 큰 상급이었으며 또 이 땅에서도 할 일을 다 마치신 분이니 오히려 감사한 일이지만 주 목사님은 아직 청청한 장년이시요, 그 얼마나 강하고 담대한 신앙자이며 위대한 설교자인가를 아는 나는 말로 더 할 수 없는 설움과 슬픔을 어찌할 길이 없었다. 나는 울고 또 울었다.

이 땅에서 밝고 명랑하고 뚜렷한 큰 별을 하늘로 옮겨 가신 아버지는 왜 나처럼 나약하고 신앙이 얕고 거룩하지 못하고 아무런 가치도 없고 쓸모도 없는 것을 이 무섭고 캄캄하고 모진 바람 부는 이 땅에 살려 두셨는가? 분하기도 하고 원망스럽고 섧기도 하여 나는 쌓이고쌓인 엉킨 감정을 울음으로써 그 며칠을 보냈다.

"왜 나 같은 나약한 천인을 이 땅에서 데려가시지 않으시고 놓아 두시는 것이옵니까?"

이것이 내 질문이고, 울음이고, 슬픔이었다. 나는 낙제한 학생같이 가엾고 기가 막혔다. 나는 자격이 없어서 천국에 들어가지 못하고 떨어진 것이 한없이 원망스럽고 또 무섭기도 해졌다.

히가시 간수

　어느 날 새로 이 감방에 퍽 원만하게 생긴 일본인 여간수가 들어왔다. 그의 모습은 먹고 사는 데 아무런 어려움이 없어 보이고 성품도 의젓하고 단정하면서 인정이 있어 보였다. 한편 그는 오자마자 내 감방에 붙어 있어서 떠나지 않고 내게 흥미를 많이 가지고 조용히 나를 사귀려고 하는 태도를 보였다. 나는 수줍어 보이는 그에게 큰 호의를 가지고

　"당신 같은 귀부인이 어쩌다가 이런 데를 직장이라고 찾아오셨우?"

하며 웃으니, 그녀는 더 수줍어하면서,

　"당신을 보기 위해서 왔지요."

한다. 나는 농담인 것을 알면서도 무언지 가슴에 부딪쳐 오는 것을 느꼈다.

　"설마!"

하며 일어나서 창문에 매달리니, 그는 심각해지는 음성으로,

　"믿지 않을 거야요. 그러나 정말인데요."

한다. 나는 내 잘 보이지 않는 눈으로 그를 자세히 보았다. 내 눈은 안개가 낀 것같이 흐릿해서 그의 얼굴은 천사같이 보였다. 맑고 지긋하고 부드럽고 코나 입이나 눈도 아름다웠다. 나는 목쉰 음성을 크게 하면서,

"여보! 당신 정말 아름다운 여자인데 대체 어쩌다가 이런 데를 들어오셨우? 응?"
하니 그는 공손한 언사로,
"당신의 눈이 아마 퍽 나쁘신 모양이죠? 내가 무얼 그렇게 예쁘다구 그러세요. 난 못났어요."
나는 이 여자와 말을 두서너 마디 했는데 마음이 벌써 흐뭇해지고 있었다. 나는
"내가 감옥에 온 지 3년이 지나서 어려운 일도 많이 겪고 무서운 일도 여러 번 당했지만 굉장히 좋은 일도 참 많았어요. 그러나 그 중에 제일 멋이 있는 일은 내 눈이 흐릿해지고 영양 부족으로 나빠져서 무엇을 보아도 뿌옇고 아름답거든요. 미운 것도 하나도 없어요. 무엇을 보나 다 아름답고 뿌옇고 참 좋아요. 나는 아름다운 것, 깨끗한 것을 제일 좋아하는데 이렇게 아름답고 깨끗하게만 보이게 해주니 이거 멋있지 않아요?"
하니 그는 단번에 나와 가까워지면서,
"제 남편은 도청에서 연료부 주임이에요. 구가(久家) 경시(警視)와 다른 경시들과 다 잘 알고 가깝지요. "
나는 이 말을 듣고 기절을 할 뻔했다.
"무엇? 당신이 도청의…"
하니 그녀는 입을 손에 대면서,
"쉬!"
하며 내 말을 막으며
"내가 이렇게 되기까지는 긴 이야기가 있어요. 그 이야기를 할 필요는 없겠지만 차츰 조금씩 알기를 원하신다면 모두 말씀드리지요."
나는 이게 내게 무슨 상급인가 하고 놀랐다. 천국에 들어가는 줄만 알았다가 코방을 맞고 떨어져 이 옥 속에 남은 나는 한없이 분하고 서러웠는데 그대신 하나님은 굉장한 상급을 내 상한 마음에 보내 주시는구나! 나는 단번에 느꼈다. 나는 다시 펄썩 주저앉으면서,
"오! 아버지, 이게 무슨 일이며 무슨 상급입니까? 이 거룩하지 못

하고 믿음이 없고 나약하고 걱정 잘하는 가치 없는 이 죄수를 왜 정말 선한 사람으로 대접하십니까?"

나는 주님 앞에 미안하고 죄스러웠다. 새 간수는 내가 펄쩍 주저앉는 것을 보더니

"너무 야위어서 아마 일어나 있을 힘이 없을 거예요. 제 이름은 히가시(東)입니다."

나는 다시 힘을 내어서 창에 매달렸다. 그는 내 얼굴을 자세히 보면서

"몸은 그렇게 야위었는데 얼굴은 어찌 이렇게 부드럽고 천사 얼굴 같애요?"

나는 그의 말에 몹시 기뻤다. 나는 더욱 부끄러워서

"머리는 모조리 빠져서 대머리가 되어 가지고 이빨도 몇 개밖에 남지 않았고 눈은 흐리고 얼굴에는 기미가 많이 끼었을 거예요."

"아니오, 얼굴이 맑고 희고 이렇게도 아름다운데요."

"정말 그럴까요? 나는 여자이고 또 아름다운 것을 좋아하고 사치한 것이 내 본성이라 이 감옥에서 죽을 때라도 추하고 더러운 모습보다 아름답기를 원하니까요. 그런 말 들으니 참 기분이 좋은데요!"

"당신은 미인은 절대로 아닌데 굉장한 매력을 가졌다고 들었어요." 한다. 나는

"그래요? 누가 그런 말을 해요." 하고 말을 재촉하니

"구가 경시가 당신을 조사한 후에 부장과 같이 도청에 돌아와서는 당신의 이야기를 자꾸만 해서 도청에 경시나 경부나 부장이다 사무원들이 그 어떠한 핑계라도 지어 가지고 평양 경찰서 고등계에서 글을 쓰고 있는 당신을 보러 갔대요."

"그래, 당신 남편 히가시상도 나를 보러 오셨던가요?"

"못 갔대요. 워낙 분주해서 그런 틈을 못 냈대요. 구가 경시도 당신들을 형무소에 넘겨 보내고 얼마 동안 잠을 못 자고 또 몇몇 경찰서의 고등계 직원들이 퇴직하고 본토 일본으로 돌아갔다면서요?"

“그래요? 그런 일도 생겼나요? 오래 전 일 같아요.”

“당신은 굉장한 인물이라더니 참.”

“굉장한 인물이라더니 막상 보니 낙심하셨지요?”

“아니, 천만에요. 나도 당신에게 반할 것 같다고 하려고 했어요.”

한다. 나는 몹시도 즐거워졌다. 새로운 히가시 간수가 하는 말은 정말

이든지 보태어 들려진 말이든지 간에 다 지나간 일이고 또 그것은

세상의 일이니 별로 취미도 흥미도 없었지만 지금 내 앞에 나타난

이 기적 같은 사실, 즉 히가시라는 도청의 연료부 주임의 부인이 나

를 보려고 몸소 간수가 되어서 왔다는 일은 꿈 같은 일이며 소설 같

은 이야기이고 바꾸어 말하면 또 하나의 기적이었다. 나는 어찌된 셈

인지 몸이 와들와들 떨리고 엄숙해져서 다시 주저앉았다. 그는 다시

나를 일으키려고 말을 또 붙인다.

“간수장 할미는 꼭 늙은 여우 같구먼요.”

한다. 그는 내가 하도 맥없어 보이는 것을 보고 쇠를 열고 내 방 문

턱에 앉아서 나를 누워 있으라고 하면서 누워서 말을 하자고 한다.

나는 이런 일이 없었던고로

“히가시상, 문에 쇠를 잠그세요. 제가 일어나 서서 말을 할게요. 간

수장이 오면 큰일이에요.”

한즉 그는

“무섭잖아요. 수 틀리면 나도 화풀이를 할 테니까요.”

하고 담대히 말했다. 나는 그래도 이럴 수가 있는가? 도청의 연료부

주임의 부인이 어떻게 간수가 되어서 나를 도우러 왔다고는 아무리

생각해도 과학자식의 답변을 찾아낼 수가 없었다. 다만 기적이었다.

“오! 주님, 왜 이같이 과도히 나를 대접하세요?”

나는 연거푸 똑같은 말을 주님께 했다. 그는 오래 된 친구를 오랜

만에 만난 것같이 내 옆을 떠나지 않았다. 교대 시간이 그렇게도 빨

리 지나갔다. 쉬고 교대해서 감방에 돌아오면 그는 으레 감방 문을

열고 내 감방 문턱에 털썩 걸터앉아서 화제를 끄집어낸다. 그녀의 음

성은 퍽 여성스럽고 고녀를 졸업해서 그런지 말씨도 다른 간수들과

는 큰 차이가 있었다.

"나는 어렸을 때부터 감옥이라는 데는 제일 나쁜 사람과 제일 좋은 사람이 있는 곳이라는 말을 몇 번이나 들었어요. 세계의 큰 정치가나 이름있는 국가의 지도자들은 거의 다 형무소의 밥을 먹고 형무소의 쓰린 고역을 겪은 이들이라고 하더군요."

나도 그런 말을 들은 일이 있었다. 그래서 나는 웃으면서

"나 같은 여자는 아무리 형무소에서 쓰린 경험을 해도 정치가도 될 수 없고 국가의 지도자도 될 수 없지만 한 가지 되고 싶은 것이 있지요."

그는 큰 호기심을 가지고 내 말을 듣고자 하여,

"무언데요? 재미있고 흥미있는데요. 무엇일까요?"

한다. 나는 조용한 태도로

"선수가 되어야 한다고 생각을 하지요."

"선수? 무슨 선수요? 감옥에 있어서 어떻게 무슨 선수가 되어질까요?"

"신앙의 선수지요."

"신앙의 선수? 그런 말을 들어본 일이 없는걸요?"

"신앙이 깊고 강하고 훌륭하고 뛰어났다면 그것은 신앙선수가 아닐까요?"

"아! 그런 말씀이로군요. 그건 당신에게 맞지 않는 것이 아닐까요?"

나는 그의 질문에 자다 깬 것같이

"내게 맞지 않다니?"

"신앙심 운운하는 이들은 당신 같지 않고 좀더 고집 불통이고 좀더 케케묵어 보이거나 또 좀더 현실 사회와는 별다르게 행동하고 거역하거나 이상스럽게 남과 다르게 구는 그런 사람들이 되는 것 아니에요?"

나는 그의 말에 어이가 없었으나 이해할 수 있는 것도 같았다.

"그렇게 생각이 되는가요? 그러면 나도 그런 무리에 속해 있기 때

문에 이같이 형무소에 있는지 모르지요. 아마 당신의 의견이 옳은 것 같기도 한대요.”
하고는 같이 웃었다. 나는
“대체 당신은 도청에 어마어마한 연료부 주임의 귀부인으로서 감옥에 얼마나 계실 작정이에요?”
하고 나는 제일 궁금한 것을 물었다.
“처음에는 한 달쯤 있으려고 했는데 모르지요. 영원히 있게 될는지도.”
하면서 나를 바라보고 있었다. 나는 한숨을 지으면서
“영원히? 흥금을 울리는 말이네요. 참 좋아요.”
나는 가슴이 뜨거워지도록 기뻤다. 히가시 간수는 내게 큰 위로를 가져다 주었다. 그는 그의 말한 바와 같이 나를 도우러 온 것을 증명할 수가 있었다. 하루 와서 근무하고 하루는 쉬고 그 다음날 다시 오는데 그는 근무하는 날 오는 것이 그렇게도 즐거워졌다고 했다. 아들을 하나 낳았는데 이제 겨우 한 돌이 된 것을 시어머니에게 맡겨두고 그는 충실히 감옥의 간수가 되어 버렸다. 시어머니는 어린애를 돌보아 주고 모든 세간살이를 다 해주면서 감옥에 어서 가서 나를 도와 주라고 했다고 한다.
그의 남편도 내게 대한 이야기를 보고삼아 듣기를 원하고 그 모든 보고가 또 도청에도 들어간다는 것이었다.
나는 그런 말을 듣고 한편으로 좋으면서도 한 맛이 빠진 감이 없지 않았다. 나의 이 감옥 생활은 나와 하나님과 동행의 역사일 뿐, 누가 나를 고의로 도와서 내게 있어져 가는 신앙에 물을 타서 싱겁게 하는 일은 섭섭한 일이 아닐까?
힘은 들지만 하나님이 나를 도와 주시는데 그것이 내 신앙에 도움이 되고 경험이 되고 힘이 되어서 나를 연단하게 하는 것이 아닐까? 끓는 솥뚜껑을 자꾸만 여는 것같이 김이 빠져서 맛없는 밥이 지어지지 않을까 하는 느낌이 들었다. 그러나 흐뭇한 일이었다. 히가시 간수는 근무날에 오면 참 반가워했다. 나도 이러니저러니 해도 이 친절하고 좋은 친구가 될 수 있는 정숙한 부인이 기다려지고 만나면 그렇게도 반갑고 기뻤다.

내가 특히 감사하고 기뻐한 것은 주님은 내가 이렇게 말라 자빠져 죽어 가는 감정에도 비를 내리셔서 살아나게 하시는 것이 느껴지기 때문이있다. 이 부인과 우선 마주보기만 해도 신선하고 그 말하는 태도에 정이 붙고 그 이야기에 감정이 흔들려지고 깊어졌다. 빼빼 말라 가고 쇠하여지고 죽어 가는 내 정서는 다시 봄비를 받고 살아나는 풀같이 부드러워지며 자라는 것을 느꼈기 때문에 또 나같이 유달리 정서에 예민한 신경을 가진 내게 이 히가시 부인이 나타난 일은 내 굶주린 위장에 풍미로운 음식을 대접하는 것과도 같았다. 나는 그저 주님 앞에 고맙고 감사할 뿐이었다. 그는 감옥에 오는 것이 즐겁고 사는 가치를 느낀다고 했다.

밤에 한 시간씩 교대해서 일어나는 일은 여간 힘드는 일이 아니지만 집안에서 시어머니의 비위를 맞추기 위해 긴장해 있는 것보다 훨씬 자유롭고 마음이 평안하다고 했다. 나와 이야기하고 시간을 보낼 때는 남편도 아이도 다 잊어버린다고 말했다. 그녀의 진실해 보이고 정직한 성품에 거짓이 없어서 나는 안심할 수 있었다. 그녀는 어느 날 내게 맛있는 과자를 한움큼 가져다 주면서

"이런 것 필요하면 얼마든지 가져올게요."

한다. 나는 놀라고 겁이 나서

"여보 히가시상, 이런 일을 하면 큰일 난다우."

"무슨 큰일이오? 나는 얼마든지 먹을 것이 많아서 집에서 썩어져 가는걸요. 연료 배급을 조금이라도 더 타려고 큰 회사에서 선물을 마구 보낸답니다. 별의별 것이 다 있는데 그것 좀 가져다 먹으면 무엇이 나쁘겠어요?"

나는 이것 정말 또 꿈을 꾸는가 했다. 과자를 입에 넣으니 여왕이 된 것보다 더 행복하고 세상에 부러울 것이 없이 좋았다. 나는 우리 감방 사람들과 나누어 먹으면서

"이것 내가 꿈을 꾸는 것 같은데 나를 좀 꼬집어 뜯어 보세요."

하면서 너무 기쁘고 좋아서 죽을 지경이었다. 나는 단 것을 먹으니 하늘로 날아갈 것 같았다. 모든 신경이 죽었다가 깨는 것 같았고, 전신이 가벼워지는 것 같았다. 나는 그 단 맛이 마치 천국에서 온 음식이 아니었겠나 생각이 될 만큼 맛이 있었다.

히가시 간수는 내가 좋아하는 것을 보더니 그 다음 당번에는 도시락을 하나 더 만들어서 가져다 주었다. 흰 쌀밥에 잘 구운 맛있는 생선이 있고 계란이 부쳐져 있고 일본 김치 단무지가 있고 고기도 한 점 들어 있었다. 나는 이것을 어떻게 나누어 먹을까 하고 연구했다. 그녀는 포켓에서 주먹밥을 몇 덩어리 내서 우리 방 사람들에게 하나씩 나누어 주고 도시락은 나더러 먹으라고 하였다. 우리 감방 사람들은 흰 주먹밥 속에 고기와 단무지가 들어 있는 것을 하나씩 받아 먹고 나에게 그 도시락을 먹으라고 정성으로 권해 주었다. 나는 밥을 입에 넣으니 눈물이 쏟아져서 먹을 수가 없었다.

눈물 콧물이 음식에 섞이는데도 나는 그토록 맛있게 도시락을 다 먹었다.

'주님은 왜 나를 이같이 대접하시나요?'

나는 그의 베푸시는 기적 하나하나가 가슴에 사무치고 엉켜서 새겨졌다. 이세벨의 칼을 피해 도망하는 엘리야에게는 까마귀가 한 조각의 떡과 물 조금밖에 가져올 수 없었지마는 나처럼 나약하고 거룩치 못하고 가치 없는 죄인을 무엇이라고 이렇게 이 맛있는 음식을 먹게 하시느라고 이런 기적을 베푸시는가 하고 생각하니 황송하고 떨렸다. 히가시 간수는 간수장이 몹시 궁한 것을 알고 또 그 할멈이 술과 담배를 좋아하기 때문에 그에게는 좋은 술과 담배를 올 때마다 가져다 주었다. 그리고 보자기에 먹을 것을 한아름 싸다가 간수들에게도 주고 내게는 제일 좋고 맛있는 것을 숨겨 가지고 와서 먹게 하였다.

그녀는 이 일 하는 것이 그렇게도 즐겁고 재미있어서 시어머니가 자리에 가서 누우면 살짝 일어나서 이 모든 음식을 싸 놓았다가 새벽에 들고 형무소로 온다고 하였다. 그래서 간수장도 히가시 간수에게는 아무런 싫은 말을 못 했다. 내 방 죄수들은 사회에서 비록 야미 시장에 가도 이런 맛있는 음식을 살 수가 없다고 감탄들을 하였다.

히가시는 올 때마다 새로운 음식을 가져왔다. 초콜릿, 김초밥, 엿 등 가지각색의 찬과 떡과 땅콩까지 없는 것 없이 모두 골고루 날라 왔다. 나는 히가시 간수가 가져오는 좋은 음식을 먹은 이후로는 입이 고급이 되어서 형무소 음식을 먹을 수가 없었다. 형무소 음식을 못 먹어서 다른 사람들에게 나누어 주었다. 식사를 나르는 소부들은 내가 살이 오르고 생생해지는 것을 보고 모두 고개를 갸우뚱거리며 이상히 보았다. 히가시 간수는 내게 크림까지 가져다 주었다.

이 죄수들 중에서 죄수인 나는 얼굴에 크림을 바르고 고관들도 못 먹는 흰 쌀밥을 때때로 먹고 맛있는 것을 다 먹으며 히가시 간수뿐만 아니라 구리야마와 주 간수도 다같이 태평하게 지내게 되었다. 그리고 히가시 간수가 때때로 가져다 주는 신문을 보았다. 기사 전면이 일본은 동아시아 거의 절반을 정복할 것 같은 호언으로 가득 찼다. 또 도청에서 발간되는 주보를 히가시 간수는 늘 가져다 주었다. 그 사설에 기록된 기사를 읽었을 때에 나는 내 몸이 포탄이 되는 것 같았다. 그 기사는 일본 여자 우두머리인 천조대신(天照大神)을 아름답고 인자하고 진실하고 능력 있는 신으로 높이고 자랑하는 말을 그럴 듯하게 쓰고, 여호와 하나님과 예수님에게 대해선 가장 망령되고 악한 말로 설명을 했던 것이다.

일본인은 초민족인 연고가 그 신(神)의 성품을 받아 그런 것이고 미국인과 모든 앵글로 색슨 족들이 욕심이 많고 해적 강도의 근성을 가진 것은 크신 여호와의 성품을 받아서 그런 것이라고 하면서 하나님을 그렇게도 낮추고 욕을 하고 악하게 써 있었다. 나는 너무도 격분하고 치가 떨려서 내 전신의 피가 한꺼번에 머리에 다 올라와서 전신에는 불이 붙고 눈알이 달고 이를 악물었다.

나는 일본이라는 땅을 이 지면에서 없애야 한다고 고함을 지르며 일본 민족은 땅바닥 흙 밑까지 낮추어서 과연 여호와 하나님이 어떠하신 분이시며 일본인의 신이 얼마나 가증스러운 거짓인가를 내가 증명해야 한다고 소리를 질렀다. 일본은 유황불이 쏟아져서 멸해야 될 민족이요, 그 신당(神堂)들을 자기의 손으로 불을 지르고 그 자리에 공동 변소를 세워 수치를 세계 위에 드러내고 만대에 그 수치를 씻지 못할 것이 되지 않으면 안 된다고 생각했다. 나는 너무너무 화가 나서 내 온몸의 신경이 모두 칼날같이 된 것 같았다. 내 모든 피도 다 불덩어리같이 되는 것을 느꼈다. 내 분노는 더욱더 깊어져서 강해지고 생각하면 할수록 더 심해졌다.

"아! 주여, 이 민족을 사할 수 없습니다. 이 일본인이 우리 선조들을 속이고 갖은 악을 다 했어도 그것은 혹시 잊어버릴 수가 있고 용서할 수도 있지만 이같이 높으시고 거룩하시고 참되시고 진실하시고 인자하시며, 긍휼하시며 아름다우시며 고마우시며 영원하신 대주재 하나님을 어찌 이렇게 모독할 수 있단 말입니까! 일본은 회개하라고 경고를 쏟아 부어 아주 멸망을 시키시라고 기도해야 하겠습니다. 어찌 감히 이 악한 민족이 이 땅 위에 더 설 수 있겠습니까? 영원히 영원히 아주 멸망을 하여야만 될 것입니다."

히가시 간수는 내가 주보를 읽은 후에 얼마나 번민하고 고민하는가를 보고 다시는 주보를 가져오지 않았다.

그리고 그 무엇이 나를 이렇게 만들었는가를 알아본 후에 그는 내게 사과했다. 그리고 그는 슬기롭게도

"이런 글을 쓰는 사람은 돈만 생각하고 돈만 받으면 그만인 줄 알고 쓸까요? 이 글을 쓴 사람은 벌써 저주를 받아서 골병이 났든지 문둥이가 되었든지 했을 거예요. 하나님이 지으신 대자연이 그런 자를 가만히 둘까요? 그는 벌써 큰 벌을 받고 다시 글도 못 쓰고 망했을 거예요."

나는 그녀의 말에 조금도 위로를 받지 못했다. 그러나 히가시 간수가 일본인이라고 미워한다는 일은 합당치 않은 것이 아닌가 했다. 그리고 나는 나 자신을 잘 타일러서 형무소의 콩밥을 다시 맛있게 먹기로 결심하고 히가시 간수가 무엇을 주든지 사양하고 거절했다. 나는 그의 마음을 상하지 않게 하기 위해서 내가 생각하는 대로 분명

히 설명을 했다.

"히가시상, 당신의 친절은 참으로 하나님이 내게 베푸시는 친절일 것입니다. 나는 당신이 그 얼마나 나를 위로하고 나를 돕는지 알아요. 이것은 내 양심이 말을 하는 것입니다. 그러나 나는 죄수인데 그래도 죄수는 죄수의 도리가 있지 않아요? 내가 이대로 당신이 가져오는 좋은 음식만을 먹으면 버릇이 되어서 신앙을 가진 자로서 마땅히 있어야 할 연단의 맥이 풀리고 김이 빠져서 나는 이것도 저것도 안 되고 말지 않는가 하는 두려움이 생겨서요. 첫째로 규칙을 어기고 비밀리 먹는다는 것이 벌써 비열해지고 신앙을 낮추는 태도의 생활 방식이 되는 것 같아요. 나는 벌써 버릇이 얼마나 나빠졌는지 이 형무소 콩밥이 그렇게도 중요하고 맛이 있었는데 지금은 냄새가 나고 맛이 없어 도저히 먹어지지가 않아요. 내가 이곳에 죄수가 되어 들어온 것은 우연히 오다가다가 잡혀 온 것이 아니고 주님이 나를 풀무 불에 넣어서 내 신앙을 달구어서 빛나게 해주시려고 시작하신 것이고 또 내가 여기 있다는 것은 내 하나님은 이제도 옛날같이 살아 계셔서 주관하시고 다스리시는 것을 증명하시려는 것이고, 예수님은 죄의 멸망에서 건져 주시는 구원의 주님이라는 것을 증거하시려는 것이에요. 그런데 나는 규칙을 어기고 비밀리 내가 하고 싶은 대로 하면 내 속의 신앙이 변해질까 무서워서 그래요. 나에게 있어서의 신앙은 생명이에요. 더 귀한 것은 내게 아무것도 없습니다. 내 신앙에 지장이 되는 일이 있다면 위장이 문제를 일으키면 이 위장도 떼어 버려야 한다는 생각을 하는 것이니까요. 히가시상, 나도 인간이에요. 나도 감정, 인정, 육정, 연정 다 가지고 있어요. 나는 그런 것이 좀더 강하지 않았는지 모르지요. 나는 노래를 좋아하고 좋은 일 기쁜 일을 즐겨 하고 잘 먹고 사치한 것을 좋아하고 남보다 낫고 칭찬받기를 좋아하여 좋은 말 듣는 것을 좋아하고 따뜻하고 편안한 것을 좋아하고 모든 세상 사람들이 좋아하는 것을 곱절이나 좋아한답니다.

그러나 그 모든 좋은 것을 거절하고 거역하고 이같이 비참한 자리에 빠져야 하는 것은 내 속에 뚜렷이 자리를 잡고 있는 신앙 때문입니다. 세상 모든 사람들은 나 같지는 않은데 나만은 이같이 왜 유달리 하는지 나 자신도 모르겠어요. 이것을 나는 무엇이라고 하는가 하면 '예수님에게 발목을 붙잡혔다'고 합니다. 나는 내가 아무리 비참하고 힘이 들어도 정말 예수님이 내 발목을 꼭 붙드셨다면 나는 다른 아무것이 없어도 만족해서 울고 행복해서 울고 감사해서 울어서 내 눈이 얼어 고름이 나서 거의 소경이 될 뻔하지 않았어요?"

그녀는 내 말을 듣고 있더니 눈에서 눈물이 떨어지며 고개를 끄덕끄덕하고 한참이나 침묵하고 내 곁에 서 있었다.

그의 친절로 내 눈도 좋아졌고, 음성도 좋아졌고 구부러진 허리도 펴졌고 뼈만이 남은 내 몸에도 살이 조금씩 쪘다. 먹을 것을 가져오지 않은 히가시 간수는 맥이 풀려서 그렇게 즐겁던 기쁨을 다 잃어버렸다고 했다. 나는 다시 콩밥을 사모하여 기다리게 되었다. 맛있는 것을 먹는다는 것은 얼마나 흐뭇한 일인가? 그러나 먹을 수 없이 되어 있는 나에게 억지로 먹일 때 불안이 따르고 겁이 났다. 더욱이 나는 주를 위해 죽어야 하는데 죽을 몸이 규칙을 어기어 가면서까지 먹어 보양해 간다는 것은 양심을 아프게 했고 어지럽게 했다. 그러나 콩밥을 다시 먹으면서 내 육체는 다시 심한 기갈이 생기게 되었다. 히가시 간수가 주던 음식은 너무도 잊을 수 없는 맛있는 영양식이었다.

내 육체는 아우성을 치고 발버둥을 치고 고함을 지르는 아이와 같이 맛있는 음식을 욕구했다. 어떻단 말인가? 억지로 달라고 해서 먹는 것이 아니라 사랑과 친절로 가져다 주는 음식을 먹는데 무엇이 안 되며 또 그것은 하나님의 특별한 기적의 표시가 아닌가? 하나님이 하시지 아니하면 어떻게 히가시 부인이 간수가 되어 올 수 있으며 또 연료부 주임이라는 그러한 자리를 가졌기 때문에 이 사회에서는 살 수도 없는 모든 진미의 음식들을 가져올 수 있지 않았는가? 이것이 기적이 아닐 수 없고 주님이 하시지 않고서는 될 일이 아니다.

그러나 그 크고 억지스러운 엄청나게 생각 깊은 저 속에서는 '아니다' 하는 엄연한 음성이 뚜렷이 자리를 잡고 움직이지 않았다.

내 신체적 갈망은 내 마음에 재촉이나 하듯이 악착스럽게도 날 못 살게 강한 신념으로 육박해 오고 내 심중에서는 계속 부인하고 싸웠다. 식욕(食慾)이라는 것이 이렇게도 강한 원수 같은 마귀였나?

내가 소유하는 다섯 감각과 온몸의 신경은 다 내게 항거하는 것 같았다.

"먹을 수 있는 것을 왜 먹지 않아? 먹으면서 하나님께 감사하면 되지 않아? 먹는 것으로 인해서 히가시 간수가 기뻐하는 것을 본다면 주님을 믿게 하는 길이 되는 거야. 온 천하에 기근이 들은 이때에 이렇게 좋은 것을 먹을 수 있다는 일은 주님이 위에서 보내시는 것으로 왜 깨닫지 못하는 건가? 그 맛있는 것을 먹었을 때 얼마나 좋고 기뻤으며, 감사하고 감격하고 황홀하고 얼마나 주님의 사랑을 더 확실히 느꼈으며 얼마나 많은 힘이 났었는가? 자, 그런데 지금을 보라. 식욕과 비참함에 얼마나 슬프고 분하며 얼마나 전신이 말라 빠져 들어가며 얼마나 그 생각에만 정신이 쓰이는가? 부르짖음과 애걸하는 마음과 안타깝고 어지러운 마음뿐이 아닌가? 아!"

나는 소리를 질렀다. 바울의 부르짖음을 나도 되풀이하여 부르짖었다.

'내 지체 속에는 한 다른 법이 내 마음의 법과 싸워 내 지체 속에 있는 죄의 법 아래로 나를 사로잡아 오는 것을 보는도다 오호라 나는 곤고한 사람이로다 이 사망의 몸에서 누가 나를 건져내랴 우리 주 예수 그리스도로 말미암아 하나님께 감사하리로다(롬 7:23-25).

나는 이렇게 바울 서신을 외우면서 흐느끼다가 마지막엔 큰 음성으로 외우면서 울다가 엎드리고 말았다.

"주님, 예수여! 나를 내 몸 밖에 있는 바깥 세계의 원수에게서도 나를 해치지 못하게 하실 뿐 아니라 이 내 몸 속에 같이 살아 있는 지체의 강력한 불협조적 항의에서 저를 구원하여 주옵소서. 내 지체도 나와 동의해서 내 편이 될망정 이렇게 나를 항거하지 못하게 하여 주소서. 예수님 내 구주여, 나는 주님께 능력을 달라고 빌지만 결단코 하나님께서 만드신 성품을 변경하여 달라는 것은 아닙니다. 즉 내가 평안을 유지하기 위해서 맛있는 것은 맛이 없게 되고 좋은 것은 좋지 않은 것으로 인식이 되고 아름다운 것이 추한 것으로 알아지도록 만들어 달라는 것이 아니라 맛있는 것이라도 좋은 것이라도 또 먹고 싶은 것이라도 지금 이때에 내가 누릴 수 없는 것이니까 그런 것에 대해 이길 힘을 달라는 것입니다."

나는 이 같은 기도를 하면서도 히가시 간수가 가져오던 맛있는 음식만을 생각하고 있는 것이다. 나는 기도를 그치고 내가 나를 뚝 떠나서 내 육체를 공중에 세워 놓는 것으로 상상을 하고 소리쳤다.

"야! 이숙아. 거룩하지 못한 이숙아! 너는 능력이신 예수, 사랑이신 예수, 구원하시는 예수를 믿는 자로서 몰래 가져다 주는 음식이 그리 좋아서 먹고 싶어 야단이냐? 자부하고 뽐내는 교육을 받았다는 것만으로도 그러한 어둔 행동은 여간 수치스러운 일이 아닌가? 아! 나는 너같이 추하고 천한 신체를 끌고 어떻게 골고다에 가신 주님 뒤를 따를 것인가? 부활하신 주님을 증거할 것인가? 민망하고 섧고 앞이 아득하다."

하루는 히가시 간수가 와서

"나는 이제 공장으로 기어이 들어가야 할까요? 수인들은 많고 부장과 간수 하나 가지고는 도저히 감독해 나갈 수 없다고 부장이 또 병이 나서 휴양을 하는지 그만두는지 하게 되어서 간수장이 꼭 공장에 들어가라고 하니 어떻게 할까요?"

나는 놀랄 만큼 섭섭했지만 이것이 주님의 뜻이 아닌가 하고

"공장에 가서 죄인들과 접촉하며 정말 형무소 광경을 보세요."

"그 말이 옳을지도 모르겠어요. 차라리 그만둘까요?"

"공장에 들어간다고 언제나 공장의 간수가 되는 것이 아니고 새로 부장이 하나 오든지 또 무슨 일이 생겨서 다시 감방으로 돌아올 수도 있지 않아요."

히가시 간수는 공장에 들어가는 일을 약속했다. 그는 그 마지막 감방 지키는 날에 못내 아쉬운 듯이 얘기하고 떠났다.

"당신은 정말 정을 붙이지 않는 이구먼요. 저는 집에 가서도 감방

생각만 나서 하루 동안 쉬는 것이 짐이 되어 버렸는데요.”
하면서 그는 몹시 섭섭해했다.

그가 공장으로 이동되고 겨울이 다시 왔다. 무서운 것은 겨울이다. 아! 천국에 가면 거기는 겨울이 없다.

요한이 본 천국에 으레 겨울이 없을 것이라고 나는 믿는다. 이 겨울은 유달리 추웠다. 앞 창문으로 보이는 내려 붓는 흰 눈을 보면 그것은 악마들의 군대와 같고 원수들의 군병과도 같이 느껴졌다. 눈이 내리면 마음이 한없이 무거워지고 밑으로 막 가라앉는다. 또 이 악마 같은 겨울은 강한 압력을 가지고 쳐들어오는구나! 겨울을 지으신 자에게 겨울을 옮겨 달라고 기도할 수 없는 것을 아는 나는 무어라고 기도할까?

육체가 이같이 쇠약해지고 견딜 힘이 없는데 나는 또 이 겨울과 싸워야 하는가? 앞이 캄캄하기만 했다.

첩첩이 쌓이고쌓인 시커먼 산악이 앞에 버려진 것을 보고 넘어가려고 해도 한 걸음도 못 내어 디딜 만치 힘이 없구나! 길고 멀어서 떨리는 이 신체를 주체도 못 하고 버리지도 못하고 아! 그런데도 살아야 하는가? 산다는 것은 무서운 일이고 저주다.

나는 높게 뻗은 담벽을 내다보기를 무서워하였다. 그 저편 쪽에 서 있는 조그마한 어머니의 모습이 보이는 것 같고 덜덜 떨면서 이 잿빛 하늘을 뚫고 그보다 더 높은 저편 그 어느 곳에 있을 보좌를 찾으며 호소를 그치지 아니하는 것을 내 눈으로 보는 것만 같아서 가슴이 쓰리고 애처로워 고통은 너무나 컸다. 어머니께 대한 이 고통은 자나깨나 내 마음속에서 없어지지 않았다.

그래서 어서 속히 천국에 가야 이 문제가 아름답게 해결될 것이므로 나는 진정한 호소를 주님 앞에 늘 올렸다. 나는 사실 지금까지 살아오면서 얼마나 저 평화로운 천국에 가기를 원하였던가?

나는 주께서 나와 내 어머니를 다른 모든 성도들과 같이 머지않아 데려가실 것을 믿고 싶었다. 이 마음이 생길 때 나는 또 다른 나를 발견했다. 언제나 어머니와 나를 천국으로 옮겨 줍사 하고 간절한 기

도가 결국 나로 하여금 주님께서 이 기도를 들어주실 것으로 생각해
질 때부터 나는 이 세상을 아주 떠나 영원히 사라지고 없어진다 하
는 미묘한 정서(情緒)가 움직이는 것을 발견하였다. 나는 내 입으로
"아무도 모르게 나는 죽어 없어진다. 나는 아무도 모르게, 즉 아무
나 날 아껴 주지도 않고 사랑하고 사랑받는 것도 없이 이름도 알려
지지 않고 이 감옥에서 없어져 영원히 이 세상과 이별한다. 아! 죽음
은 나의 가장 사랑하고 가장 환영하는 기다려지는 졸업장인 동시에
이 세상에서 생겨진 모든 정서, 감정, 인정, 드디어 연정, 이런 것들이
아직도 가슴속 깊이 살아 있어서 우물거리는데도 나는 이 모든 것을
가슴에 안은 채 죽어서 세상 사람이 하나도 모르게 내 자취는 이 세
상에서 영원히 없어지고 만다는 것이다. 아무도 내가 세상에 왔다가
이렇게 사라졌다는 일을 알아질 길이 없이, 아! 아무도 모르게 나는
영원한 나라로 간다."

이 말은 무엇을 설명하는 것일까? 그러면 더 살고 싶다는 것일까?
아니다. 그러면 나가고 싶다는 것인가? 나가면 어머니 말씀과 같이
우상을 섬기지 않고는 발붙일 곳이 없어져 버린 우상의 땅이 아닌
가? 아니다. 그러면 그것이 무슨 말인가?

> 깨끗하고 아름다운 옷을 입고
> 깨끗하고 아름다운 기쁜 마음을 가지고
> 깨끗하고 아름다운 사람들이 모인 교회에 가서
> 깨끗하고 아름다운 음성으로 하나님을 찬송하고
> 하나님의 말씀을 대언하는 설교를 듣고
> 맛있는 음식을 먹기 싫도록 한 번만 먹어 보았으면…

> 내 심령에 불을 붙이고
> 내 심령을 흔들어 일으켜 붙잡고
> 나를 사랑하고 내 사랑을 받을 만한
> 나와 같은 신앙자인 친구를 만나 한 번 즐겁게 지내 보았으면!

소위 대동아 전쟁이라고 해서 성전(聖戰)이라고 이름한 일본인은 이제 정말 일본 귀신을 세계에다 자랑으로 소개한 셈이다. 또 여호와 하나님 위에 초월한다는 것을 정기적으로 출간하고 선포하며 미국과도 싸움을 시작한 것이다. 결국 여호와 하나님 예수 그리스도가 참 신이냐, 일본의 아마데라스오미가미와 팔백만 일본 잡신이 참 신이냐를 겨루는 싸움이라고 호언했다. 또 일본 귀신과 그 잡신들을 지구의 절반과 전 인류에게 높이 들어 민심을 통일한다고 덤벼들었다. 거의 광증(狂症)이 된 일본인은 통일 정신이라 하며 말 한마디 잘못해도 잡아 가두고 얼굴 표정 하나 달라도 사상이 온건치 못하다는 이유로 잡아 가두었다.

그래서 죄수는 매일매일 자꾸 늘어가고 들어오는 죄수들의 말을 통해서 들어보면 그야말로 사회는 광증이 넘쳐서 이것을 보고 겪는 한국인들은 속마음으로 뒤틀려져서 어른부터 아이까지 모두 일본이 하룻밤에 망해서 이 땅에서 하루 빨리 물러가기를 기원한다는 것이었다.

일본인들은 자기네만 미친 것이 아니라 모든 한국인들도 미친 사람으로 만든다고 했다. 미국과 싸움을 시작하고 나서 식량은 더욱 부족하게 되었으므로 사람들은 모두 산이나 들로 먹을 것을 풀뿌리나 나물 같은 것이라도 뜯어 먹자고 헤매고 혹 농촌에 무엇이나 있는가 해서 깊은 산속까지 헤맨다고 했다. 높고 큰 교회들은 모두 군복 만드는 공장이나 다름없이 되고 말도 마음대로 못 하고 오가는 일도 주목을 받아야 하고 인심은 불안에 싸여서 분함과 억울함에 사회는 마치 깊은 병에 걸린 채로 심해 가기만 한다는 것이었다. 더욱이 선교사들을 구박하고 멸시하고 모두 스파이 취급을 하고 선교사들과 친분이 있고 왕래하는 이들도 모두 스파이라고 구속하였다는 것이다.

저녁에 무슨 일이 일어날는지 아침이 되면 또 무슨 변동이 생길지 전전 긍긍하며, 사는 것이 사는 것 같지 않다고 했다. 춥고 배고프고 불안하고 무섭고 마음이 약한 사람들은 일본인의 비위를 맞추려고 원숭이 재간을 하는 모양으로 가증하고 이상 야릇해 가고 중심이 있는 노인들은 주목을 받아서 출입도 제한이 되어 있고 이 세상은 마치 지옥문 앞까지 다다른 느낌이라고 모두 들어오는 이마다 탄식들이었다.

학교에서는 일본말과 또 미국인을 미워하고 죽이는 연습만 가르치는고로 젊은이들의 사상이라는 것은 부모들의 마음을 절망케 하는 것뿐이라고 한다. 또 어린이들이 매번 공부를 하게 하는 것보다는 산으로 신사(神社)로 끌고 다니며 미국인을 욕하고 하나님을 모독하고 일본 귀신을 높여 거기에 경배시키는 일과 일본의 신이 세계에서 제일 높은 참 신이라는 것과 일본인 왕이 살아 있는 참 신이라는 것 등을 인식시키는 데 전심 전격하지 공부하는 일에는 일체 신경을 쓰지 않아서 공부하러 학교에 가는 것인지 일본인 귀신을 공부하러 가는 것인지를 모르겠다고 했다.

이 해는 유달리도 몹시 추웠다. 새로 들어오는 사람마다 복음을 전하는 일은 습관이 되어서 처음같이 어렵지 않았다. 또 때가 때인 만큼 복음을 받는 사람들의 생각은 진지했다. 우리는 예배를 보고 기도할 때마다 눈물을 흘렸다. 나는 내 자신을 언제나 생각해 보았다.

내 성격과 내 위치를 그리고 자라온 환경을 살펴볼 때 어떻게 하다가 내가 이러한 높은 영예스러운 핍박을 받아 예수님의 이름 때문에 이 깊은 감옥의 죄수가 되어 복음을 전하게 되었을까 하고 생각하면 할수록 신기하고 놀라운 은혜가 아닐 수 없었다.

'나와 같은 것을 어찌 이러한 은혜의 자리에 올 수 있게 하셨는가?'

생각할수록 감사했다. 감사하고 송구스럽고 그 주님의 섭리가 너무나도 오묘해서 나는 이루 말로 표현할 언어를 찾지 못해서 눈물만 나왔다.

아무 때나 울어지는 울음은 내 감사를 표현하지 못해 일어나는 감사의 표현이었다. 이 마음속에 가득해지고 넘치는 기쁨과 감사를 했다.

"감사합니다. 주님!"

하면 무언지 불충분을 느끼고 애써 보아도 그대로 내 마음이 충분히 표시되지 않았다. 그러면 눈물이 또 나왔다. 나는 그래서 내가 영어를 잘 알았다면 그 영어의 표현어는 좀더 내 기분을 표시해 주는 언어가 아니겠나 했지만 인간들이 만들어 쓰는 언어에는 천국에서와 같이 충분하고 완전한 것이 없지 않겠는가도 생각해 보았다. 와들와들 떨면서도 눈물을 흘렸고 잠을 못 자면서도 감사의 눈물은 마르지 않았다. 늘 눈이 젖어 있는 동안 눈은 얼어 화농(化膿)이 되어 어떤 날은 결국 눈을 떠도 보이지 않고 침침했다. 나는 될 수 있는 대로 눈을 감고 뜨지 않기로 하였다. 눈을 뜨고 볼 것도 없고 눈을 떠야 할 아무런 일도 없었는고로 눈을 감고 있으면 만사가 다 평안하고 아무렇지도 않았다.

어떤 때는 사람이 너무 많아서 사람의 숨쉬는 호흡 기운 때문인지 방안에 서리가 차고 천장과 벽에 흰 눈이 한 치 두 치 쌓여서 그것이 훌훌 떨어져 날아서 마치 방안에 눈이 오는 광경이다.

그것이 나의 몸과 얼굴에 떨어지므로 눈을 감고 있으면 다른 세계에 떠 있으며 어떤 때는 시골 농가를 여기저기 찾아 눈 오는 날 눈을 맞으며 떨면서 다니는 그러한 공상(空想)도 해볼 수 있었다. 눈을 감고 이런 생각 저런 생각들로 끝이 없었다. 조용히 생각을 해보면 내가 신앙이 박약하고 경험이 별로 없었어도 주님께 기도한 것을 주님이 거의 다 들어주셨다.

어떤 일은 기도도 안 하고 속으로 바란 것까지도 이루어 주신 일이 많았다. 그러나 어떤 것은 내가 싫어하고 좋아하지 않는 일이 닥쳐온 일도 있다. 내가 죄수가 되었다는 것은 원치 않는 일이었다. 주님을 위해서 단번에 칼에 죽든지, 총에 죽든지, 폴리캅과 같이 기름가마에 쓸어 넣음을 당하는 일은 있을망정 이와 같이 감옥에 갇혀서 세월도 없이 이렇게 살아야 한다는 일을 나는 결코 원하지 않았었다. 죽음이란 누구나 단 한 번 맞는 일, 늘 그렇게 생각해 왔어도 이처럼 시들어 죽는다는 일은 잔혹하고 너무나도 감당할 수 없는 일인 줄 알았다. 그러나 나는 원하지 않았어도 주님이 하신 일이고 보니 여간

크신 사랑의 섭리가 아닌 것을 깨달았다.

만일 내게 이러한 죄인이 되어서 주님과 함께 이 모든 경험을 하는 일이 없는 나였더라면 그 얼마나 천박하고 의식 부족인 여성으로 세상을 살고 말았을까를 생각했다. 그래서 나는 내가 원치 않는 일이 닥쳐오는 것도 주님이 함께 해주시면 큰 은혜의 기회가 되고 이적(異蹟)을 보고 기사(奇事)를 누리는 내가 되는 것을 잘 보았다.

파송객

혹독히 추운 겨울이 한풀 꺾이고 그다지 몸이 떨리지 않는 날, 여러 낯선 여자들의 소리와 여간수장의 애교 떠는 소리와 함께 우리 방에 손님들이 들어왔다.

나는 귀도 잘 들리지 않는고로 퉁퉁 부은 눈을 뜰래야 뜰 수도 없고 또 떠도 거의 소경이나 다름없이 보이지 않는 눈을 감은 채 손님이 온다니 전에 없던 일이라고 생각하면서 죄수들과 같이 누가 왔는가 하고 있었다. 여러 소리는 내 방문에서 멈추고 감방문이 열리면서

"57번 나와."

나는 눈을 감은 채 일어나서 복도로 나가니 비단 냄새가 코를 쿡 찔렀다. 찾아왔다는 여자들이

"아!"

하고 소리를 지른다. 나는 그들이 왜 소리를 지르는지 알 수 없었지만 그래도 나는 눈을 뜰 수가 없었다. 그 중 한 여자가 내 이름을 불렀다. 나는 깜짝 놀라서 일본어로

"당신은 누군데?"

그는 자기 이름을 말했다. 고등여학교 동기동창인 것 같았다. 그는 나를 보고 말문이 막혀서

"여기 다른 친구들도 왔는데, 왜 이렇게 고생을 해야 하는 것이오?"

그는 제대로 말하지 못하고 뚝뚝 끊어지게 내 귀에 가까이 말하고 서 있었다. 그리고 다른 두 사람인지 셋인지도 우는지 구경을 하는지

"비참해, 비참해."

하고 서 있었다.

나는 울화가 치밀었다. 여고 다닐 적에 나는 그들에게 부러움의 대상이었고 또 나를 따라올 수도 없지 않았나?

그러나 그들은 세상적인 것을 선택하였기 때문에 양단 옷에 향수를 뿌리고 그야말로 잘 차려입고 나를 불쌍히 여겨 보러 온 것인가! 나는 말할 아무런 필요를 느끼지 않았다. 눈에서 고름이 나는지 눈물이 났는지 뺨이 젖어 추운 것도 그대로 잊었다. 그 중 하나가

"왜 이숙이만치 영리하고 총명한 이가 나라에서 하라는 일을 하면 되는 것이지 이렇게까지 되어야만 해요?"

다른 여자가

"나는 이숙이가 이러한 신앙가인 것을 상상도 못 했어. 지금은 온 세상이 다 일본 나라가 되어가고 이숙이 같은 훌륭한 인재가 사회에 필요한데 왜 거역하고 이렇게 묻혀 쓰러지려고만 해요? 이즈음 나라는 높아지고 국토는 남양(南洋)까지 점령해 나가서 정말 고양이 발이라도 빌려와야 할 만한 처지에 인물이 긴요하게 되었는데 정말 마음을 달리 먹고 감옥에서 나와 국가와 사회를 위해 일해요."

한 여자는 울기만 하는지 코를 소리내어 풀었다. 나는 절대 눈을 뜨려고 하지 않았다. 내 눈을 뜨고 그들을 볼 수 없는 터였다. 오히려 그들이 내 고름이 끼고 헤어진 눈을 보면 더 동정하는 말을 하고 소리를 지르든지 할 게 아닌가. 나는 가만히 앉아 있었다. 간수장은 무어라고 내게 말을 시키려고 했지만 나는 못 들은 척하고 무시해 버렸다. 그들은 사무실 쪽으로 가고 나는 감방에 들어왔다. 추워서 떨리는 내 마음속에는 상상할 수 없는 물결이 일어났다. 대체 이 동창생들은 어떻게 되어서 이 감옥에 나를 찾아왔을까? 나는 아무리 생각해도 이해할 수가 없었다. 주 간수는 결국 내 마음을 돌이켜 보려고 동창생들을 불러서 나로 하여금 부럽게 하여서 나를 꾀어 나가게 하

차고 한 일본인 관헌의 수단인 것 같다고 하였다. 그런지도 몰랐다. 그러나 나는 그 친구들에게 일생에 잊을 수 없는 깊은 인상을 주었을 것은 사실이다. 나는 내가 할 직책을 다 하지는 못했어도 그래도 그들이 받은 인상은 나는 결코 사형을 당할 만한 법을 범하지 않았고 다만 일본 귀신에게 절하지 않고 부인하는 것 때문인 것, 즉 그리스도인으로 죽음 앞에서 신앙을 지키고 있다는 것만은 무언중에라도 전달이 되었을 것이라고 믿어졌다. 나는 이 일이 있은 후 몹시 불쾌하고 신경이 더욱 예민해졌다.

그로부터 얼마 후 날이 좀 풀리고 봄이 다가왔을 때 소장이 감방을 방문했다. 소장은 퉁퉁 부어서 부르튼 내 얼굴을 보고 큰 소리로 내게 질문을 했다.

"요즈음 기분이 어떤가? 57번."

나는 주저하지 않고

"기분이 평안하지요."

"평안해? 이 감옥에서 기분이 좋아서 평안해?"

나는 고개를 크게 끄덕거리면서

"네, 아주 평안하고 좋습니다."

그는

"흠!"

하고 웅크리더니

"요즈음 면회는 좀 했는가?"

"아무런 면회도 안 했습니다. 어머니와 면회를 한 후에는 늘 마음이 답답하고 상해서 평안이 없었지만 2년이 넘도록 만나지 아니하니 점점 잊혀지고 마음은 몹시 안정이 된 셈입니다."

그는 듣고 있더니 획 돌아서면서

"요시(그래 보자)."

하고 가 버렸다. 며칠 후에 나는 면회가 왔다고 불려 나갔다. 나가 보니 어머니가 얼굴이 부승부승 되어서 눈이 보이지 않아 언니에게 부축을 받아 오셨다. 나도 눈이 잘 안 보이나 어머니를 만나니 가슴이 아프고 설움이 복바쳐 올랐지만 울 수가 없어 기쁜 낯으로 이야기를 해보려고 애를 썼다. 결국 몇 마디 못 하고

"어머니, 돌아가세요."

돌아서려고 하니 면회부장이

"왜 좀더 이야기하라."

고 한다. 손을 마주 잡고 한참 앉았으나 할 말을 다할 수 없었다. 어머니 음성도 내 음성도 모두 쉰 목소리였다. 어머니는 겨우

"세상도 감옥보다 나은 일이 없으니 천국밖에는 바랄 곳이 없다."

나는 어머니의 이 말에 문득 무엇을 생각하듯

"어머니 왜 이렇게 오셨어요? 오시지 않아도 되는데."

"어서 와서 면회하라고 자꾸 재촉해서 하는 수 없이 왔는데."

나는 소장의 수단임을 이내 깨달았다. 나는 지난달 소장이

"요시(그래 보자)."

하며 나가던 것을 기억했다. 그래서 나는 어머니에게

"어머니, 힘들게 오시지 마세요. 서로 만나는 것은 마음만 상하니까요. 어머니! 말씀하신 천성문(天城門)만 보고 거기서 만나야 되지 않을까요?"

"나도 그 말을 다시 하려고 했다."

언니에게 부축되어 나가는 어머니를 잘 보이지 않는 눈으로 보면서 내 가슴은 몹시 아프고 쑤셨다. 어머님 마음은 그 얼마나 아프셨을까? 나는 소장의 그 계획이 무언가 잔인해 보였지만 할 수 없었다.

이후에도 나는 거의 매일 면회니 나오라고 명령이 났다. 나는 아파서 못 나간다고 거절을 하다가 너무 심하게 불러내는고로, 또 끌려나갔다. 이번에는 어머니가 아니고 언니 혼자였다.

언니의 말에 의하면 자꾸 면회 오라고 독촉을 해 왔다는 것이었다.

부친의 회개

언니는 놀라운 소식을 내게 가져왔다. 그것은 아버지의 사망과 그의 회개에 대한 소식이었다. 그렇게도 교만하고 자기 중심적인 생활만을 하던 아버지가 병이 났는데 임종하는 자리에서야 비로소 하나님을 찾았다는 것이다. 그는 예수님의 우편 십자가에서 못박혀 죽으며 회개한 강도같이 긴 죄악의 생활에 짧은 회개 기간이었다. 내가 어렸을 때 그에게 예수 믿자고 하면,

"얘, 예수는 가난한 사람들이 먹을 것이 없어서 믿는 것이지 나 같은 사람은 예수가 필요 없단다. 너도 지금 어리니 예수 예수 하지만 조금 더 크면 그만두어야 해."

나는 어떤 때는 더 말을 할 줄을 몰라서 울고 있으면 아버지는 놀라서

"왜 우니? 무엇이 서러워, 응?"

"아버지, 나는 어머니와 저기 높은 천국에 가는데 아버지는 예수님을 안 믿으니 저기 밑창 지옥에 가서 영원히 다시 서로 보지 못하게 되니까요."

하고 나는 엉엉 울었다. 그러면 아버지는 나를 두드려 쓸면서

"예수도 모르고 지옥도 모르지만 너는 올라가고 나는 내려간다니 그것 생각해 볼 일인데?"

했었다. 그리고 또 어떤 때는

"너는 총명한데 왜 예수를 믿느냐? 예수 안 믿었으면 그래 너는 무엇 하나 될 가능성이 있는데."

나는 그 말을 어머니에게 하니 어머니는 모든 하시던 일을 다 집어치우고 심각해지면서

"애, 그것은 도리어 뒤집힌 말이란다. 네가 총명한 것은 예수님이 너를 총명하게 해주신 것이니 네가 만일 예수를 믿지 않았다면 너는 빼빼 마른 나무판 같아서 병신같이 되어 아무것도 아니었고 지금 살아 있지도 못했을 거다. 네가 있는 것은 예수님이 너를 있게 하셨고 너를 총명하게 하신 것이란다. 알았니?"

라고 말했다. 나는 누누이 들어온 내게 대한 이야기를 잘 기억했기 때문에 어머니 말이 정말이라고 늘 생각했다.

이후에도 자꾸만 형무소에서 면회 오라고 했으나 어머니도 언니도 오지 않았다. 날씨가 풀리고 따뜻해질 때 내 온몸은 몹시 가렵고 얼어서 발톱과 손톱이 다 푸슬푸슬 떨어지고 발톱은 얼었다가 곪아 발톱 하나 하나가 고름투성이가 되었다. 이 고름을 짜지 않으면 뼈까지 상하니 참대 젓가락을 쪼개서 그것으로 찔러 고름을 짜면 고름이 막 터져 나왔다. 게으른 이들은 그냥 그대로 놓아 두어서 말썽이 되는 수가 많은고로 나는 한사코 어떤 모양으로든지 언 피와 고름이 되어가는 데를 모두 터뜨려 고름 피를 마구 뺐다. 머리도 거의 다 빠져서 마침 거울이 없으니 다행이지 차마 볼 수 없는 꼴이 되고 만 것 같았다.

히가시 간수는 봄과 함께 다시 감방으로 돌아왔다. 반갑고 기뻤다. 나는 더욱 주님 앞에 감사했다. 그는 그동안 신문에 나타난 기사에 관한 것, 전쟁에 관한 것을 내게 이야기해 주었다. 그의 남편은 아직도 출정(出征)하지 않았지만 언제 나갈지 모르는 형편이어서 몹시 불안하다고 했다. 그는 나를 도울 마음이 변하지 않았다. 그는 무기한으로 내 방문을 열고 나를 마음대로 나와 다니라고 하고 음식도 잔뜩 가져다가 먹으라고 권하는 것이었다. 나는 무섭고 떨렸지만 그는 태연하고 자신 만만했다. 매일매일 맛있는 것을 먹은 나는 거짓말같

이 건강해졌다. 눈이 보이고 귀가 들리고 몸에 힘이 나서 곤두박질도 하고 노래도 부르고 웃고 놀고 내 세상이 되었다.

말들은 하지 않았지만 누구나 다 내가 별식(別食)을 먹고 있다는 것을 알고 있는 듯했다. 이렇게 나는 지나치게 놀며 웃으며 이야기하다가 간수장에게 들켰다. 그는 발자국 소리를 죽이고 몰래 와서 보는 고로 자주 들켰다. 나는 들킬 때마다 죽은 표정이 되어 치를 떨었다.

히가시 간수도 얼굴이 변하는 것을 보고 나는 어떻게나 미안한지 조심하자고 약속을 하고도 자연히 우스운 이야기를 하면 웃게 되고 큰 음성이 나고, 또 간수장이 와도 모를 때가 있었다. 히가시 간수는 몇 번이나 주의를 받았으나 시키는 대로 하지 않고 나를 좋게 해주는 데만 열심이었다.

진짜 죄수

하루는 간수장이 오더니 나를 자기 사무실로 데려갔다. 히가시 간수는 기절할 듯이 놀라고 염려스러워서 겁에 질린 표정이었다. 나도 어찌 무섭던지 가슴이 떨려서 주님께 도와 달라고 속으로 애원을 하며 간수장의 방에 들어섰다. 그는 그 험한 눈이 독사처럼 파래지면서

"너는 죄수인 것을 아는가?"

나는 생각도 하지 않은 말이 툭 뛰쳐 나왔다.

"죄수요? 나는 감옥엔 있지만 죄수는 아니지요."

"뭐라구? 죄수가 아니라구? 그래 그런 말이 어떻게 나오는 거야, 응?"

그는 성을 내고 노기가 등등해졌다. 나는 웬일인지 더욱 침착해졌다.

"간수장님, 죄수라는 것은 죄를 지은 사람을 말하는 것이 아닙니까? 그런데 나는 죄를 짓지 않으려고 여기에 와 있으니까 죄수가 아닌 것 아니에요? 나는 죄수가 되지 않기 위해서, 즉 죄수가 될까봐 무서워서 여기에 와서 갇혀 고생하는 것입니다."

"뭐라고? 그게 무슨 말이야, 응?"

더욱더 노한다. 나는 더 냉정해졌다.

"간수장, 당신은 이곳에 들어오는 소위 죄수들이라고 하는 사람들이 무엇을 하고 들어오는지 아세요? 오이 1개 몰래 사 먹고 4개월의

징역을 받고, 계란 4개를 몰래 사 먹고 석 달 동안 죄수가 되어 징역을 받고, 콩나물 배급받으러 가서 전쟁에 갔었나 왜 대가리만 남았나 했다고 2년 동안 징역을 받고, 이 세상 못살아 먹겠다 했다고 1년 반 징역을 받은 이런 모든 사람들이 죄수라고 당신은 보세요?"

그는 살기가 등등한 눈을 가늘게 뿝으면서,

"잡혀 와서 징역을 받아 징역 살면 죄수지 뭐야, 응?"

"당신은 당신이 어떠한 법에 저촉이 될 만큼 죄를 범했는지 생각해 본 일이 있으세요? 당신은 소위 이 죄수들을 감독하고 벌하고 고쳐 주는 책임을 가진 일본 국가의 관리인 것을 아시지요. 그런데 당신은 어둔 밤이 되면 요오꼬 어머니 나까무라와 못된 간수를 시켜서 암시장에 가서 술과 담배를 몇 번씩이나 사다 달라고 해서 사다 먹지 않았습니까? 또 히가시 간수가 주는 술과 담배는 모두 뇌물로 들어온 것인데 그것을 매번 받아 먹고도 뻔뻔스럽게 죄 없는 나를 죄인으로 보고 있는 것이오? 나는 당신보다 교육도 많이 받았고 또 당신이 옆에도 못 갈 높은 사람들에게도 바른말을 하는 사람인데 멋도 모르고 마구 덤벼들면 나는 당신의 태도 여하에 의해서 나도 행동을 취할 수밖에 없게 되지 않소? 나는 재판소에 나가서 진정을 해서 재판소에 제의를 하여야겠다고 생각을 해요. 오이 1개, 계란 4개, 콩나물 대가리 사건으로 사람을 잡아다 죄수를 만드는 일본 관리들! 소위 감옥의 간수장이라는 당신이 10년, 20년에 해당하는 죄를 범하고 있어 일본의 법의 신성을 모독한다고 나는 이렇게 고발하고 변론을 할 수밖에 없다고 생각해요."

내가 이 말을 하는 동안 그녀는 눈에 낀 안경이 미끄러지고 코 위에 걸려지고 눈은 뜬 채 깜박도 못 하고 쳐다보는 눈초리는 큰 충격에서 놀람으로 그리고 약해지고 애원의 눈빛이 되어 버렸다. 그리고 그녀는 잔뜩 버티고 서 있었는데 자리에 턱 앉으며 손을 부들부들 떨고 있었다. 그러면서 나더러

"의자에 앉으시오."

한다. 나는 미안한 생각이 들어서

　"간수장님, 그러니까 저는 죄수가 아니라는 것만 아시면 되는 거예요. 제가 어떻게 죄수가 될 수 있어요. 그것은 당신이 너무도 생각 부족이고 판단 부족이고 지식 부족이고 인식 부족인 까닭이지요. 여보 간수장! 여기 있는 모든 간수들은 당신을 무서워해도 저는 당신이 싫다뿐이지 무섭지는 않아요. 왜 그런지 아세요? 나는 죄수가 아니고 당신은 죄인이니까요. 또 한 가지 기억하세요. 여기 있는 모든 간수와 여죄수들이 모두 당신 앞에서 치를 떠는 것은 일본말을 모르고 법을 몰라서 그런 것이랍니다. 똑똑히 아셔야 해요. 나는 법도 알고 일본어도 당신같이 천한 말은 못 해도 세련된 일본말은 당신보다 더 잘한다고요. 그러니까 나는 당신 앞에 무서운 것이 없지만 당신은 나를 두려워해야 한다는 것을 잊지 마세요."

　나는 내가 말을 하면서도 어쩌면 이렇게 심하게, 교만하게, 능청맞게, 그렇게 말을 하는가를 몰랐다. 왜 이렇게 되는가. 어쩌면 이러한 태도와 말을 하는가. 참으로 나 자신이 놀랐다. 간수장은 기가 막혀서 아무 말도 못 하고 어이가 없던지 멍하게 앉아 듣고 있었다. 나는 더 있을 수가 없어서

　"자! 이제는 제 감방으로 가도 되는가요?"

　그는 부들부들 떨면서

　"더운 차가 있는데 한 잔 안 드실래요?"

　나는 웃으면서

　"그건 너무 과분스러워서 그만두지요."

　내 감방으로 온즉 히가시 간수도 머쓱해진 표정으로 나를 보고 있었다. 나는 너무 내 멋대로 한 것에 양심의 가책을 느끼고 감방에 들어와서 히가시 간수에게 쇠를 잠그라고 했다. 나중에 안즉, 공장에서 교대한 간수가 옆방에서 다른 두 간수와 함께 간수장과 나의 언쟁(言爭)을 모조리 들었다고 했다. 그래서 소문은 온 형무소에 퍼졌는데 나는 모르드개와 같이 높아지고 간수장은 하만같이 낮아졌다. 죄수들마다 내 방을 지나갈 때는 내가 보든지 안 보든지 일단 서서 절을 하고 간다.

내가 마당에 나오면 청소부들도 모두 절을 하고 심지어는 간수들도 나를 대접하고 내게 절을 하고 내 앞에서는 모두 겸손했다. 청소부들은 틈을 내서 물을 떠다 주고 간수들도 몰래 가서 사 오는지 무엇인가 조금씩 주려고 했다. 나는 한편 하나님의 놀라우신 역사에 감격하고 감사했지만 무언가 이렇게 되는 것이 마땅한지 의심스러워서 조심했다.

나는 복음을 담은 질그릇이다. 질그릇이 잘못하면 금이 가기 쉽고, 더러워지기 쉽고, 또 깨지기도 쉽지 않은가? 나는 모든 사람이 높여 주면 줄수록 두려워졌다. 그래서 될 수 있는 대로 감방에 갇혀 있으려고 했지만 간수마다 내 방문을 열고 또 내 방문뿐만 아니라 3방 문도 열어서 조수옥(趙壽玉) 씨와 함께 앉아 이야기도 할 수 있도록 애써 주었다.

학살자의 급사

일본은 대동아 전쟁(大東亞戰爭)을 자꾸만 확대해 갔다.

처음에는 미국 함대를 진주만에서 모두 파괴시킨고로 미국이 아주 다시 싸울 힘이 없어서 노일전쟁(露日戰爭)과 같이 되었다고 떠들던 일본은 미국이 은근히 일어나 점점 강대해지는 것을 보고는 모두 간담이 녹고 있었다.

그래서 이들은 마치 갈멜 산 위에 보여진 바알과 아세라의 점장이들이 그들의 신(神)의 이름을 부르며

"바알이여, 응답하소서, 응답하소서."

하고 뛰며 칼로 제 몸을 상해 피를 흘리며 소동한 것같이 이 일본 귀신 팔백만이라고 자랑하는 수많은 귀신과 그 자손들이 어떻게 해서 하나님과 엘리야를 이겨 볼까 하는 바알과 아세라의 점장이들같이 그들은 모여서 별별 흉계를 다 꾸몄다. 매월 8일에는 일본인 치하에 있는 백성은 아이나 어른이나 남자나 여자나 높은 자나 낮은 자나 가정 부인이나 병자까지 학교도 직장도 무엇이나 쉬고, 일본인 신사(神社)에 모여 그 소위 산 신이라는 일본인 왕과 일본인 귀신 팔백만에게 일본이 이기고 일본 신이 민족 위에 뛰어 높이 올라가게 해 달라고 엎드려 절을 하는 날이 되었다. 또 그래도 그들은 무섭고 겁이 생겨서 이번에는 어전 회의, 즉 일본인 왕 앞에 각 도지사들이 모여서 의논하고 각 도지사들은 자기의 도로 돌아와서 도지사가 각 도의

제일 큰 신당(神堂)에 가서 손수 분향하고 경배를 할 때 모든 일본인 치하에 있는 모든 남녀 노소가 모두 그 있는 자리에서 각각 신당이 있는 곳을 향해 경배하여서 그 신들의 마음을 사고 하나님을 낮추어 보자고 의논하고 안을 세워 통지를 냈다.

그러니까 도지사들이 돌아와서 매월 8일 아침 8시에 신궁(神宮)에 가면 모든 백성은 모두 서 있다가 사이렌이 날 때 모두 일제히 그 있는 자리에서 절을 하여야 되는 것이었다.

이것은 어전 회의에서 통과되었던 것이니만큼 이들은 몹시 중대시했다. 히가시 간수가 그 신문을 내게 가져왔다. 그리고 내가 그 신문을 보는 동안 그녀는 내 얼굴을 주의 깊게 바라보며 지키고 있었다. 나는 그 신문을 보았을 때 즉각적으로

'이제는 일본이 망하는구나.'

했다. 그리고 다음 순간에는

'간수장이 내게 원수를 갚을 때가 왔구나.'

했다. 간수들은 아침마다 긴 훈시로 인해 늦어지고 이 어전 회의에서 이들은 왕을 신으로 보았던 만큼 절대적이었을 것이다. 하루는 히가시 간수가 얼굴이 새파래져서 달려왔다.

"큰일났어요."

나는 그녀의 말을 듣기 전에 그녀의 얼굴 표정으로 먼저 심상치 않은 일이 있는 것을 알아챘다.

"무언데 그렇게 흥분을 했어요?"

그는 말이 빨리 나오지 않아 무슨 말을 먼저 해야 할지 모르는 것 같았다.

"오늘 길고 무서운 훈시가 있었어요."

"무슨 무서운 훈시인데요?"

"돌아오는 8일에는 어전 회의건(御前會義件)을 실행하는데 수인들도 신궁에서 분향할 때 사이렌이 나면 모두 경배를 하여야 한대요. 만일 감방에 있는 이 중에 경배를 안 하는 죄인이 있으면 쇠고랑을 채우고 허리가 끊어지도록 구타해도 된대요. 왜냐하면 그것은 나라와

신을 거역하는 반역자니까요. 그런데 더욱이 크리스천들이 제일 고집스러울 것이라고 하면서 적당히 고문을 해서 기어이 항복을 받을 때까지 죽여도 무관하다고 해요.”

그는 한숨에 말을 다해 놓고는 두려운 듯이 나를 살펴본다. 나는 이 말을 들었을 때 일어섰던 다리에 힘이 단번에 빠져서 펄석 주저앉았다. 앞이 아찔해지고 정신이 몹시 산란해졌다. 그러나 내 깊은 심중 속에 나는 번쩍이는 그 무엇을 발견했다.

나는 히가시 간수에게 신문을 가져오라고 부탁했다. 그녀는 그 신문을 다음 시간에 내게 주었다. 나는 문득 앗수르 왕 산헤립을 생각했다. 그는 히스기야 왕에게 편지를 보내어 이스라엘 하나님 여호와를 욕하면서 히스기야 왕에게 항복하고 자기의 종이 되라고 했을 때에 히스기야가 그 앗수르 왕 산헤립이 보낸 편지를 가지고 성전에 올라가서 편지를 하나님 앞에 펴놓고 기도한 것이 생각났다. 나는 그 신문을 주님 앞에 보여야겠다고 생각했다. 간수장은 와서 내 방에 있는 죄수들을 모두 다른 방으로 옮겨 놓았다. 나는 혼자가 되었다. 나는 신문지를 마루에 펴놓고 기도했다.

“히스기야 왕의 편지를 읽으신 살아 계신 하나님 여호와여, 오늘 당신은 이 신문을 읽어 주시옵소서. 그리고 소장이 훈시한 모든 말을 주님은 듣지 아니하셨습니까? 그는 어전 회의의 건으로 우리를 고문하고 넘어뜨려서 그의 귀신의 종을 만들려 달려들어 해합니다. 지는 자는 이기는 자의 종이 된다고 하시지 아니하셨습니까? 이 일본인들이 그 헛된 우상 귀신들로 인해서 모두 광태가 되어 우리 살을 먹고 우리를 넘어뜨리려고 쇠고랑을 채우고 때려 항복을 시켜야 한다고 했답니다. 그들은 아무리 불러도 그 신이 응답치 못하는 것은 일본 왕은 신이 아니고 그 귀신들도 참 신이 아니라 귀신의 무리인고로 아무 힘도 없고 마치 바알과 아세라 목상 같기 때문입니다. 그러나 주 하나님 여호와여! 당신은 살아 계시고, 주관하시고, 역사하시고, 일어나 도우시는 아버지시니이다. 당신은 지극히 거룩하시고 옳으시고 진실하시고 사랑하시는 아버지시오니 제가 거룩지 못하고 나약하고 죄가 많고 가치가 없어도 이미 저를 붙드사 세우셨사오니 이때에 일어나 나를 도와 주시고 이 악령(惡靈)들이 나를 해치지 못하게 하여 주옵소서. 아버지여! 아버지여! 살아 계시고 능력이신 아버지여, 주는 약속하시고 지키시는 하나님이시요, 결단코 의지하고 청종하는 자를 물리치지 아니하시는 아버지시나이다. 저는 힘도 없고 믿음도 약하고 겁이 많고 심히 두려워하는 여종이니이다. 저는 히스기야가 산헤립의 편지와 도전을 받은 것에 비할 수 없이 너무도 큰일인 것을 주님은 아시지 않습니까? 너무도 너무도 무섭고 무서워서 주여 내게서 힘은 다 빠지고 혀끝은 말라드나이다. 저를 구원하소서, 주여! 저를 이제 구원해 주셔야겠나이다."

나는 자꾸 기도를 해도 무서움이 없어지지 않아서 시편 91편을 외우고 또 외웠다. 나는 성경을 줄줄 외우다가 또 한마디씩 다짐을 하며 외우면서 내 믿음의 상태, 내 사랑의 정도, 내 심령의 준비 등에 다짐을 해보았다.

"아버지여! 저는 죄인이고 저는 사랑이 부족하고 믿음이 얕고 심령이 요동하옵니다. 당신의 기적을 바라고 누리기에 너무도 합당치 않고 마땅한 것이 없습니다. 그러나 여종이 상전의 손을 바라고 바라는 것같이 또 피곤하고 졸리는 파수꾼이 아침을 기다리고 기다리는 것같이 배고픈 자가 음식을 사모하는 것같이 조건과 정도를 논할 수 없어서 당신의 구원만을 간구하고 바라는 것입니다. 나는 이 무서운 고문을 안 받아도 모진 욕설만 한마디만 들어도 쓰러질 것이니이다. 8일이 오기 전에 주여, 나를 속히 이 육체에서 건져 주시옵소서. 이 육체를 아주 버리고 주님 계신 곳으로 데려가 주시옵소서. 8일은 나에게 영원히 오지 않게 하여 주옵소서. 아버지여 내게 8일이 오는 것을 보기 전에 죽어 이 땅에 속한 이 육체를 이 감방 속에 던지고 내 영혼은 훌훌 날아가 주님 계신 그곳에 올라가게 하여 주소서."

나는 식음을 전폐했다. 히가시는 내 눈치를 보고 몇 번이나 먹으라고 권했지만 내 결심을 보고 나서 다시 권하지 않고 그냥 지켜 보고만 있었다. 나는 말도 하지 않았다. 기침 소리만 약하게 내게서 났을 뿐이고 말도 안 하고, 먹지도 않고, 마시지도 않고, 눕지도 않고 서지도 않고 꿇어앉은 채 나는 주님을 향해 의논했다. 내 가슴속은 화덕같이 불이 붙고 무섭고 두려운 파도가 엄몰하는 듯했다.

나를 쳐들어오는 원수의 팔은 한 개의 인간이나 일종의 그룹이나 단체가 아니라 나를 쳐들어오는 이 강력하고 강대한 원수는 대일본제국, 곧 철장을 가진 포악한 국가 자체이다.

일본인들! 그것만이 아니다. 그 잔악하고 혹독스런 경찰력과 헌병력 그리고 그들의 조상이 되어 있는 귀신과 수없는 대군이다.

그런데 나를 보니 한심하다. 한 개의 신경 예민한 조그만 젊은 여성, 아무 보잘것없는 나약한 여인, 용감하고 담대한 신앙이 있는 성도 목사님들 같지 못하고 겨울이 오거나 춥거나 배고픈 것을 무시할 수 있는 용감 담대한 청년과도 다르고 남이야 어떻게 보든지 무어라 하든지 내 할 일이나 해 나가는 꾸준하고 고집 있는 그러한 사람같이 절대로 못 하고 폐병환자로 기침만 그치면 춥고 배고플 때 견디는 힘이 없고 말 한마디에 전 신경이 들렸다 놓였다 하며, 인정 육정에 맥을 추지 못하고 다른 모든 무엇보다도 죄성이 강하고 죄를 많이 지었고 아직도 그 죄성에서 완전히 이탈되지 못한 채 모순과 불능에 탄식이 많은 인간 중에 가장 가치 없는 여자가 아닌가?

나 같은 것 때문에 왜 높으시고 거룩하신 하나님이 일어나셔야 하는 것인가?

왜 나 같은 것 때문에 하나님은 그 사무관들을 소집하시고 명령을 내리셔야 하는가? 그것은 이름 높은 대왕이 군대를 움직여 가지고 개미 한 마리를 물에서 건지자고 하는 것같이 익살스런 행사가 아닐까? 그러나 나는 외쳤다.

"아버지여! 저는 물에 빠져 죽어 가는 개미 한 마리같이 당신의 눈에 아무것도 아닌지는 몰라도, 오! 주여 이 핏속에 이 심령에 끓어오르고 내리는 사랑을 보아 주소서. 여기 이 지경까지 온 것은 거짓이 없는 사랑의 증거가 아니고 무엇일까요? 제가 좋아하는 모든 것을 분토같이 내버리고 주님만이 제 생명이 되어서 이곳까지 따라왔습니다. 이제 사자의 무리가 나를 찢어 먹으려고 웅크리고 기다리나이다. 앞에는 첩첩 산이요 나가려 해도 나갈 수 없고 뒤에는 쇠사슬을 가지고 저를 쫓는 악마가 소리를 지르고 좌우에 으르렁거리는 맹수의 무리는 이를 갈며 달려들려고 합니다. 아버지여! 저를 도울 자는 천지에 없고 저와 함께 할 이도 천하에는 없습니다. 저를 지으시고 기르시고 가르치시고 이곳까지 인도하신 주님, 당신은 모태로부터 저를 아시나이다. 내 구주 예수여! 당신밖에 저를 도우실 이가 없습니다. 저의 죄를 보시지 마시고 내 가치 없는 처지를 생각지 마시고 제가 의지하고 부르고 듣고 순종하는 당신의 이름만을 생각하시고 그 이름만을 위하여 일어나 주소서. 당신에게 속한 열두 영도 더 되는 천군 천사를 동원하사 명령해서 저를 건져 주소서. 예수님이여! 당신 자신이 오셔서 저를 건져 주시옵소서. 나를 건지시기 위하사 예수 그리스도 내 주여 당신 자신이 친히 일어나시옵소서. 스데반이 돌에 맞아서 당신 이름 때문에 죽었을 때 예수님이 친히 보좌에서 일어나사 영접하셨사오니 스데반같이 못 하고, 아니 스데반의 백 분지 일도 못하나 그래도 주여 당신의 이름을 위하사 나를 스데반같이 대접해 주소서. 주님이 비유를 말씀해 주신 중에 일이 없어서 한가히 섰는 사람들에게 시간의 장단을 따르지 않고 일의 많고 적게 한 것을 가리지 않으시고 모두 배가 고플 것만을 생각하셔서 삯을 다 골고루 주게 한 농장주같이 스데반 같지 못하고 바울과 실라 같지 못한 여종이라도 스데반같이 바울과 실라같이 저를 용납하시고 저를 접대하셔서 이 무서운 함정 속에서 저를 구원하여 주시옵소서. 주여! 당신은 부활하신 구주요 믿고 따르는 자를 만홀히 물리치지 않으시는 구주신 것을 저로 보게 하시고 증거하고 전파하게 하여 주소서. 나라는 가치 없는 죄인을 보시지 마시고 당신의 이름으로 인을 꼭 치셨으니 저의 이 심장의 증거만 보시고 저를 건져 주시옵소서.”

나는 3일간 요나가 고래 뱃속에서 회개하고 부르짖은 것같이 내 모든 죄를 자복하고 회개하고 부르짖었다.

3일간 먹지도 마시지도 자지도 않은 나는 몸은 더 긴장해서 정신은 더 총명해지고 신경은 극도로 예민해졌다.

웅성대는 파리 소리도 어떤 때는 쳐들어오는 군대 소리 같고 바람에 창이 덜컥 해도 군대의 대포 소리 같을 때가 있었다. 내 신경은 갈라질 대로 갈라져서 예리한 칼날같이 연마되어 있는 것도 같았다.

드디어 8일은 왔다. 아침이 되니 이 감옥은 전과 같이 나팔 소리에 기상을 했다. 당번일 교대하는 시간까지 그렇게도 시간이 오랜 것같이 느껴졌다. 어제 오지 않고 오늘 오는 당번인 히가시 간수는 아침 일찍이 훈시를 듣기 전에 감방에 나를 찾아왔다. 주 간수도 종일 나를 위해 염려하고 지키다가 히가시 간수를 보더니 울어 버렸다.

히가시 간수는 내게 와서

"나는 요즘에 잠을 잘 수가 없어서 이렇게 새벽에 왔어요."

나는 고개만 끄덕해 보이고 다시 눈을 감고 주님을 향해 결사적인 의논을 하는 셈이었다. 이날은 모든 간수가 다 소집되어 아침 9시에 도지사가 신당에 올라가서 분향하고 경배할 때 모두 그 신당 있는 곳을 향해서 절을 하기로 되어 있었다. 그때 죄인들도 모두 간수들의 감독하에 누구나 할 것 없이 신당을 향해 절을 하게 되어 있었다. 절을 하지 않는 자에게는 무서운 고문을 하기 위하여 고문 도구도 준비되어 있었다. 그것은 결국 나를 고문하여 일본 귀신에게 항복시키자는 마귀와 일본인의 계획이었다.

나는 더 기도가 나오지 않았다. 나는 더 기도를 하려고 해도 도무지 기도가 나오지도 않고 마음이 요동하고 불이 타고 무섭기만 했다.

나는 결국 큰 말로 나를 책망했다.

"너는 왜 이같이 경하고 약한가? 왜 좀 가만히 늠름하게 있질 못해? 왜 좀 주기철 목사님같이 이기선 목사님같이 또 어머니같이 좀 침착하고 성자답게 하나님을 꽉 든든히 의지하고 하나님의 구원을 구경하지 못 하난 말이야? 왜 좀더 믿음 있는 자같이 행동하지 못하고 불신자처럼 쓸데없이 무서워하고 두려워하고 겁내고 놀라고 불안하고 요동하고, 대체 너는 예수님을 누구만치 알아서 신용을 못 하는 것같이 행동하난 말이야. 예수님이 기도를 들어주신다고 무엇이든지 내 이름으로 구하면 이루리라 하셨으니 그 이름으로 구했으면 믿고 고요히 기다리지 왜 이같이 믿지 못하는 것처럼 덤비고 야단을 치는 거야, 응? 네 인격이 천박하고 믿음이 없으면서 있는 척하고 사랑이 없으면서 있다고 거짓말을 하는 것은 네 심령 문제가 아니라 네 인격 문제다. 깊은 그릇에 물을 담으면 깊은 물이 되고 좁고 적은 병에 물을 넣으면 병에 든 물밖에 되지 않는 것같이 그리스도의 창조주 되신 이를 모신 네 인격이 흔들리고 움직이고 요동하고 떠들고 약하고 미련하고 어리석고 가증하고 나약하고 거짓되고 생기가 없고 의리가 없고 부정스럽고 불의하고 더럽고 낮고 망령되고 덜 돼먹고 설고 가증스럽고 악한 탓이다. 왜? 고린도후서 4장 7-10절에 있는 약속을 믿지 못하고 떠들썩한가 말이다. 왜 하나님을 신용하지 않고 그 약속을 믿지 못하고, 예수님을 거짓말쟁이같이 취급하는 태도를 감히 갖난 말이야! 떨리면 떨어! 무섭거든 무서워해! 안 믿으려면 믿지 말어! 너 같은 것은 주님 눈에 병든 개미 한 마리만도 못한 것이니 네 멋대로 실컷 불행해 봐!"

그리고 나는 또 나를 책하고 다짐했다. 내 육체는 내게 항거하며 주께 호소한다.

"오 주여! 나는 약해요. 나는 모든 약자의 괴수예요. 나는 죄인의 장본인이에요. 나는 멸망을 받아 마땅해요. 그러나 나는 주님의 기적도 체험했어요. 내 육체와 내 핏줄과 신경과 온 뼛속까지라도 주님 사랑 맛보지 않은 데가 없어요. 내 몸에 병이 났을 때 주님 손이 나를 고치셨고 내가 주님께 순종하려고 결심했을 때 많은 물소리 같은 것이 온 전신을 만지며 '이스라엘 이스라엘' 한 것을 내 몸에 거룩하게 가지고 있어요. 내 귀로 주님 음성을 들었고 내 눈으로 주님의 기적을 보았어요. 나도 부활할 몸이에요. 부활해서 변화될 몸뚱이입니다. 아! 그런데 나는 고문이 무서워요."

나는 내 심령과 육체의 결사적인 싸움을 지키면서 불안하게 시간을 기다렸다.

나는 남자 간수들이 쇠고랑을 가지고 들어오는 구두 소리가 나는

가 하고 기다렸다. 훈시를 들으러 간 히가시 간수는 다시 돌아와서 주 간수를 가라고 보내고 자기가 감방에 와서 섰다. 간수장과 모든 간수들은 모두 본소의 훈시를 듣고 어전 회의건을 이행하기 위해 모두 이 여감방에서 자취를 감췄다.

모든 기결수들도 공장에서 일을 시작하지 않아서 조용했고 감방에 미결수와 정신병자와 환자들은 9시를 기대하고 모두 되어질 일을 긴장 속에 기다리고 있다. 나는 히가시 간수에게 시간을 물었다. 9시가 될 때까지는 1분 1분이 그렇게도 무서웠다. 다시 시간을 물으면 겨우 1분이 지났다. 또 물으면 역시 1분 가량밖에 안 갔다. 히가시 간수는 1분이 지날 때마다 내가 묻지 않아도 가르쳐 주었다. 한 번 똑딱 하고 가는 분초는 나를 무서운 구덩이로 한걸음씩 끌고 들어갔다.

감옥소 안은 조용하고 참새들의 지저귀는 소리만이 요란스럽게 들려올 뿐이다. 씨름을 하여 허덕이는 내게 마침내 때는 왔다.

9시가 되었을 때 나는 가슴을 큰 칼로 쭉 내리찢는 것같이 싸늘한 공포를 느꼈다. 아무 일도 없이 9시는 지나서 시간은 자꾸 간다. 나는 벌떡 일어나 창에 매달리면서,

"히가시상, 정말 9시가 지났소?"

"네, 9시 15분인데요."

나는 믿어지지 않았다.

"여보 히가시상! 당신 시계 맞아요?"

"이 시계 산 이후로 한 번도 틀린 일이 없었는데요."

"여보, 속히 사무실에 뛰어가서 사무실 시계를 보고 와요. 아무도 없으니까 속히 뛰어가 보고 오세요."

그는 그 둔한 몸으로 번개같이 뛰어서 사무실에 가서 보고 단번에 돌아와 헐떡거리며

"9시 20분, 내 시계와 똑같아요."

"그 사무실 시계 맞소?"

"안 맞으면 어찌 될라구요?"

"그럼 왜 아무 소식이 없소?"

"당신이 기도했기 때문 아니에요?"

"무엇?"

나는 그래도 답답해서

"히가시상! 왜 다른 간수들이 안 오고 또 간수장이랑 다 어찌된 일이오, 응?"

"글쎄 제 말이 당신이 금식하고 기도해서 그렇다고 안 해요?"

"아이 참, 농담할 때가 아니지 않습니까?"

"농담? 나는 정말을 말하는데요?"

"내가 기도를 해서 어떻게 되었다는 말이에요, 대체?"

"당신이 이렇게 구는 것은 본 일이 없군요. 그럼 어떻게 하라는 것이오?"

나는 나를 억제하고 감방에 주저앉았다. 부끄러운 생각보다 어떻게 된 일인지 답답하고 안타까워서였다. 9시도 반이 지나고 10시가 되었다. 교대해야 할 간수는 시간이 넘었는데도 오지 않았다. 조용한 감방에는 미친 여자가 이따금 소리를 지르며 혼자 이야기를 할 뿐이고 참새 소리와 파리 소리뿐이다. 감방마다 긴장을 하고 있는지 아무 소리도 없다. 10시가 퍽 지나서 구리야마 간수가 교대되어 왔다. 나는 급한 말로

"구리야마상! 오늘 무슨 일이 있었지요?"

내가 묻지 않아도 으레 가르쳐 주었을 텐데 나는 그가 말해 줄 때까지 기다릴 수가 없었다. 나는 히가시 간수에게

"여보 당신! 속히 본소 사무실에 가서 무슨 일이 있었는지 알아 보세요. 그리고 와서 내게 단번에 알게 해주어야 해요."

하고 명령을 했다. 히가시는 기분이 상했으련만 충실하게도 급히 사무실로 갔다. 나는 구리야마를 붙들고

"속히 이야기하세요. 무슨 일이 있었지요?"

"글쎄 그것을 모르겠어요. 간수들이 모두 훈시장에 기립하고 모여 섰는데 소장이 훈시를 시작하자 전화 소리가 나더니 과장이 먼저 전화를 받고 소장이 불려들어가더니 과장들과 소장은 다시 훈시장에

나오지 않고 우리 간수들은 기다리다 못 해서 9시도 넘고 10시가 되어서 겨우 해산하라고 해서 해산했거든요."

"아니 그런데 여보 눈치로 보아도 무슨 일이 났는지 모르시겠단 말이오?"

"눈치는 무슨 눈치? 과장이 전화를 받고 소장을 데려가고 얼마 있다가 과장들은 다 들어가고 우리는 밖에 있어서 아무리 기다려도 아무 소식 없더니 10시가 거의 다 되니까 해산하라고 해서 해산했을 뿐인데 무슨 눈치로 무엇을 알아내어요?"

그의 말도 지당한 말이었다. 나는 아직도 감정이 극도로 긴장되어 부드러운 말이 안 나왔다. 나는 노력을 해서 부드러운 말을 하려고 애쓰면서

"미안해요. 히가시상이 소식을 가져오겠지요."

하고 사과했다. 히가시 간수는 얼마 동안 있다가 감방으로 왔다.

"도저히 알 길이 없어요. 제가 도청에 있는 제 주인께 전화해 보겠어요."

나는 그 소리에

"전화를 먼저 해보고 나한테 오지 왜 그냥 왔소?"

나는 폭군이요 독재자였다.

"당신이 너무 기다릴까봐 먼저 와서 알게 하고 햄미(간수장)가 없어야 전화를 하니까요."

"햄미는 사무실에서 무얼 해요 지금?"

"눈이 멍해 앉아 있던데요."

"히가시상, 무엇 맛있는 것 좀 줘서 얼러 놓고 전화하면 안 돼요?"

"햄미가 이제 공장에 들어갈 거예요. 그때 하면 되지 않아요?"

나는 히가시 간수의 손을 꽉 쥐면서

"사과는 후에 할게 나를 이해해 주세요."

하고 나는 진정으로 히가시 간수에게 사과했다.

"나도 너무 궁금해서 마음이 참 급해요."

하며 다시 사무실로 갔다. 30분도 더 넘어 그녀는 소식을 가져왔다.

"이사까 도지사가 어전 회의를 마치고 동경서 평양으로 돌아오는 길에 이사까 도지사와 다른 고관 몇 사람이 타고 오는 비행기가 행방 불명이 되어서 이 시간까지 소식이 없대요. 사실은 벌써 수일 전에 도착이 되었어야 했대요. 그래서 오늘 아침까지 기다리노라고 도청에서 어디나 통지하지 않고 결국 오늘 아침 9시까지 기다려도 소식이 없어서 그때서야 사방에 전화로 통지를 했다고 하는군요."

아! 하고 나는 가슴을 쓸며 큰 숨을 쉬고

"하나님 아버지! 경배합니다."

하고 마룻바닥에 엎드려 절하면서

"아버지! 이 경배는 이 지구상에 있는 모든 민족과 족속과 인민과 왕과 방백과 경관과 판사와 검사와 온갖 인류들을 다 대표해서 드리는 경배입니다. 이 경배는 세상에 살아 있는 모든 생명 있는 자들을 모두 대표할 뿐 아니라 모든 피조물이 합심해서 드리는 경배입니다. 이 경배는 모든 우상들이 그리고 이 지구 위에와 아래와 공간에까지 있는 기체까지도 합해서 여호와 높으시고 참되시고 거룩하신 그 이름 아래 엎드려 드리는 경배입니다. 나는 대표로서 주님 살아 계신 그 앞에 경배와 찬송을 드리는 것입니다."

그리고 나는 엎드려서 경배를 깊이 하고 또 했다. 나는 찬송을 부르려고 했지만 목이 꽉 말랐던 관계로 부를 수가 없었다.

나를 고문하고 거꾸러뜨리려고 큰 계획을 세우고 맹진해 나오던 일본 귀신의 종들인 일본 고관과 경찰관들은 그 호통이 변해서 수군거리는 것이 되었고 그 명령이 변해서 수치가 되어 버렸다.

아! 나는 건짐을 받았다.

"…저가 나를 사랑한즉 내가 저를 건지리라 저가 내 이름을 안즉 내가 저를 높이리라 저가 내게 간구하리니 내가 응답하리라…" (시 91편).

그는 신실하시게도 이 말씀과 같이 약속하신 것을 지키셨다.

내 이름의 여하를 보지 않으시고 그의 언약하신 약속을 주님은 성실히 지켜 주셨다. 금식하고 먹지 않고 마시지 않았다고 히가시 간수는 물론 주 간수도 그 어려운 처지에 밥을 빈 깡통에다 가져다 주었다. 그런데 화롯불에 단 깡통을 너무 급히 쳐들어서 손이 뜨거워 두 손가락을 데어서 쇠고기 빛이 되었다. 나는 그 손을 보고 소름이 끼치도록 내게도 아픔이 오는 것 같았다. 그리고 그 고마운 사랑에 간장이 녹는 것 같았다. 그녀는 내게 무엇을 먹이려고 자기는 먹지도 않고 자기의 점심을 모두 내게 억지로 먹게 했다.

내 감방문은 늘 활짝 열려 있었다. 청소부들은 깨끗한 걸레를 가지고 와서 마루를 닦아 주고 이불도 햇솜을 넣어서 새 것으로 바꾸어 주었다. 이 햇솜은 밖에서 이불 주문을 해오는 곳에서 솜을 도둑질해 넣어 만들었다고 했다. 나는 이 사실을 안 후로는 그렇게도 햇솜 이불이 그립던 내게 식은땀이 나게 하는 물건이 되어 버렸다.

나는 이 이불을 덮을까 말까 주저하다가 청소부들이 제발 그대로 써 달라고 애걸하며 야단을 해서 여하간 내 방에 놓아두게 했지만 그 이불에서 귀신이 나오지 않는가 했다. 얼마 후에 히가시 간수는 다시 뉴스를 가져왔다.

이사까와 다른 두 도지사들은 어전 회의를 마치고 집으로 돌아오는 길에 미국 전투기의 공격에 의해 비행기가 추락하여 일본 해(海)에 장사되었다는 비밀 보도가 있었다고 했다.

바로의 군대가 홍해 깊은 바닷속에 장사된 것같이 내 영혼을 삼키려던 일본인 도지사는 깊은 일본 해에 장사되고 말았던 것이다.

전세는 점점 더 심해졌다. 이제는 미국 비행기가 한국 상공에도 날아온다. 동경과 일본의 50개 이상의 도시는 B29의 폭격을 맞아서 불타 버렸다고 히가시 간수는 내게 일러주었다.

"유황불이 내려 이 도회지들을 소멸한다"는 주님의 말씀을 받고 나는 이 20세기 문명 시대에 어디서 유황불이 떨어질까 하고 의심했던 죄를 이제 톡톡히 자복하고 회개했다.

일본국회 제74 의회에서 잡혀서 경시청에 갇혀 문초를 받을 때 나는 분명히 일본이 회개하지 않으면 유황불이 떨어져서 모두 소멸한다고 말을 전하고 증거하면서도 내 마음속에는 '유황불이 정말 떨어질까?' 했던 것이 기억났다.

오늘도 내일도 B29는 몇백 대씩 떼를 지어 하늘이 덮이도록 날아와서 유황불인 폭탄을 던지고 돌아간다고 한다.

동경, 대판, 신호 등 큰 도시를 비롯해서 군사기지 등 사정없이 매일 정확하게 떨어졌다. 가옥이니 거리니 할 것 없이 사람들의 시체가 김장 때에 마당에 김장하고 남은 배추 쓰레기가 가득 버려진 것같이 거리마다 늘어진 시체들의 사진을 히가시 간수는 내게 보여 주었다. 나는 신문에 박힌 사진들을 보면서

'미친 개같이 말도 뜻도 모르고 빈소리만 지르던 일본인의 신세가 이처럼 비참하구나!'

그리고 다음 순간 나는

'이 거리에 죽어 넘어진 시체들에게 과연 무슨 책임이 있는가? 지도자들이 죄를 범하고 그의 선조들이 죄의 씨를 뿌린 것인데 이 세상을 모르는 어린것, 여인, 청년들이 무슨 죄가 있단 말인가?'

가엾고 불쌍한 생각도 말할 수 없이 많았다. 일본인에게 주님이 들어오시기에는 너무도 어려웠다. 워낙 그들은 우상으로 채워지고 나면서부터 우상으로 동고 동락했으므로 마음에 조그마한 틈도 없어서 이 큰 구원의 진리가 들어갈 길이 없는 것이었다. 자진 자멸의 민족이다. 그러나 예수님은 그들을 위해서도 손을 펴신다. 그러기 때문에 나같이 가치 없고 나약하고 거룩하지 못한 소녀를 일으켜서 회개하라고 경고하시지 않으셨는가? 그러나 그들은 비웃고 업신여기고 물리쳤다. 그렇더라도 주님은 아직도 그들을 위해서 계속 경고하시지 않으시는가? 예수님은 참 만백성을 내시고 만드신 분이시다.

B29가 공중에 날아오면 긴 사이렌 소리가 났다. 너무 높이 뜨는고로 잘 보이지는 않아도 은빛 B29 미국 비행기는 매우 늠름하고 자신 있어 보인다고들 했다.

B29를 보면 그것은 마치 독수리와 매와 같고 일본인 비행기는 박쥐나 까마귀 같다고들 했다. B29가 왔다고 사이렌이 나면 간수들은 공장을 지키는 당번 이외에 사무실에 있던 간수들까지 뛰어 감방에

와서 내 방 앞에 와 서 있다. 청소부들도 모두 내 감방 앞에 모인다.

어떤 감방에서는 1방에 보내 달라고 문을 열라고 고함을 지르는 죄수도 있다. 왜 1방 감방 앞에 오기를 원하며 또 내 방 앞에 쓸어 모이느냐? 나는 그것을 물어 볼 필요가 없었다. 한 개의 미신적 행동인데 그것은 폭탄이 떨어져도 내 방안에는 떨어지지 않는다고 믿는 탓이었다. 나는 한 번 쓸어 모여드는 간수들을 보고

"폭탄이 떨어지면 우리 감방에 제일 먼저 떨어질 거예요. 그래야 내가 제일 먼저 천국에 들어갈 테니까."

모두 서로들 쳐다보면서 불안한 표정을 지으면서도 그래도 내 방 앞에 모여 위로를 받으려고들 했다.

사이렌 소리가 나면 모두 내 방으로 달려드는 이들이 어찌나 결사적인지 웃어 버릴 수 없는 어떤 동심이 있는 것을 볼 때 나는 무언지 책임을 느끼는 것이었다. 이들이 모두 이렇게까지 나를 하나님의 종으로, 즉 하나님이 같이하시는 자로 알진대 좀더 그들에게 명백히 복음을 전하여 주어야 하지 않는가?

이 좋은 기회를 왜 붙잡고 그들의 심령 속에 힘을 넣어 주지 못하는가? 나는 왜 이같이도 힘이 없고 재주가 없고 말을 잘하지 못하는가? 속에서는 겁이 나고 불안하여지도록 책임감을 느끼면서도 내 입은 재간 있게 열려지지 않는 것이었다.

압박감에 나는 말을 해보려고 애쓰나 급하게 적당한 말이 시작해지지 않는데 나는 나 자신에게 화가 나고 분이 났다. 말을 잘못하면 그들이 믿으려다가도 웃어 버리고 돌아갈 것만 같았다.

매일매일 이같은 재촉은 마음속에 기쁨을 빼앗아 가고 결국은 망설이는 동안에 날수만 자꾸 흘렀다.

감옥에 들어오기 전에도 전도를 나가면 꼭 전도지를 주면서

"복음입니다. 저는 예수 믿는 사람이에요."

하는 것뿐이었다.

"저는 예수 믿는 사람입니다."

보다도

"예수를 믿으십시오."

하라고 목사님이 가르쳐 주셨는데도 어쩐지 그렇게 말을 하게 되지 않고

"저는 예수 믿는 사람입니다."

하면 내가 얼마나 친절하여야 하고 겸손하여야 하고 도우려고 하는 태도를 보여야 하는고로 조심하고 따라서 몸도 더 깨끗이 단정하게 하도록 노력하게 되는 것이었다.

어머니와 언니와 나는 전도지를 갖고 나갈 때 이렇게 말하는 데 대해 서로 토론한 일이 있었다. 어머니와 언니는 목사님이 그렇게 하라고 하니까 그렇게 말하는 것이 좋을 것이라 했다. 그러나 내 생각은 명령하는 투로 전도하면 상대방이 기분이 상하고 반항심을 일으킬 테니까 내가 예수님을 믿어서 얼마나 복돼 보이고 기뻐 보이고 평안이 있어 보이고 사랑스럽고 친절해 보이고 깨끗하고 진실해 보이고 예수를 믿는 것이 그 얼마나 좋은 일인가를 보여 주어야 한다고 했다. 그러나 결국은 언니와 어머니는 목사님이 가르쳐 주신 대로

"예수 믿으십시오. 이것을 꼭 읽어 보세요."

하면서 전도지를 사람들에게 주어야 한다고 주장했고 나는 전도지를 주면서

"복음입니다. 저는 예수 믿는 사람이에요."

하기로 했던 것이 생각났다.

내 핑계는 내가 여기 들어와 있는 것이 복음 때문이고 예수를 믿는 사람인 줄 누구나 다 아는 게 아닌가 해서 그런데 무엇 또 성가시게 말도 재간 있게 할 줄 모르는 것이 서투르게 이러고저러고 하다가 도리어 복음을 낮추는 결과가 되지 않을까 하는 것이지만 그래도 또 다른 한편으로는 싫기도 했다.

사이렌 소리가 끝나고 조용해지면 그들은 모두 자기의 속한 데로 돌아가는 것이었다. 나는 이 눌리는 압박감에 평안을 잃어버렸다. 그들의 불안에 쌓인 얼굴과 표정을 보고 나는 용기 내서 입을 열었다.

"예수님이 심판하러 오시는 날은 이보다 수천 배나 더 무섭고 떨

릴 거예요. 성경에 보면 사람들이 너무 무서워서 '산아 내 위에 덮어라' 한다고 했으니 얼마나 무서워서 그럴까요? 미국 비행기는 폭탄을 떨어뜨리고 불사르고 우리를 죽이지만 죽은 후에 더 무서운 것이 오니까요?"

그들은 내 방 앞에 서 있으면 안전하리라고 믿는 마음이 있으면서도 내가 하는 말은 서툴러서 그런지 귀에 잘 들어가는 것 같지 않았다. 더 말을 하지 않고 속으로 또 씨름을 하는 것이다.

다음 번에 이 간수들이 내 감방 앞에 모여 들어올 때는 무엇이라고 할까 하고 생각하면서 기도하고 준비를 했었다. 그들이 다시 모여 왔을 때 나는 좀더 용기를 내어

"제1 폭탄이 여기 떨어지면 나는 예수님 기다리시는 천국에 한걸음에 쑥 들어설 텐데 당신네들은 그때엔 어찌될까요? 나는 다만 예수님을 믿는 것으로 인해 무서운 것이 없고 도리어 나는 저 비행기가 폭탄을 여기 떨어뜨려 주어야 단번에 수가 난다고 기다리는데요."
하였더니 그 중에 청소부 하나가

"하나님을 안 믿는 이가 어디 있어요? 다 믿지요."
한다. 그러즉 다른 청소부가

"암, 그렇구말구요. 하나님 없이 어떻게 살아요? 그러나 선생님같이야 어떻게 믿어요."
한다. 이 청소부의 곁에 섰던 사람들은 거의 다 동감인 것을 말과 태도로 보여 준다.

아! 나는 이러한 때 좀더 지혜 있고 슬기 있게 말을 해야 하는데 그만 말이 또 막혀 버렸다. 내 머리에는 그래도 성경 지식이 좀 있다고 성경을 백 장씩 수시로 외우고 매일 세 번씩 기도와 예배를 드리면서 성경 이야기를 우리 감방인들에게 하고 있는 내게 왜 이같이 이러한 기회에 적당한 말이 안 나오는지 클클 하고 답답했다.

내가 안타까워하는 것을 알았는지 청소부 한 사람이

"우리도 선생님같이 잘 믿어야지요."
그 소리에 또 모든 사람은 다 찬동하는 것 같았다. 간수는 물론 듣

고만 있을 뿐이었다. 그러나 그들의 태도에 내 방에 와서 설 때만은 그 얼굴에 분명히 겁이 드러났다.

질투와 시기는 이 감옥에도 많았다. 히가시 간수가 내게 음식을 가져다 먹인다는 것을 시기하는 이가 몇몇 일어났다. 어떻게 계획이 짜였는지 알 수 없으나 전에 없던 일이 일어났다.

어느 날 종전같이 히가시 간수는 먹을 것을 잔뜩 보자기에 싸서 내 방에 가져왔다. 나는 감방 사람들과 나눠 먹고 히가시 간수는 교대를 해서 가고 김(金)이라는 간수가 와서 있었기 때문에 마저 먹고 치우지를 못하고 모두 감추어야겠지만 감출 데도 없고 해서 음식 위에 또 음식을 깔고 앉아서 히가시 간수가 교대할 때까지 숨겨 둘 수밖에 없었다.

음식이 들어만 오면 냄새가 나서 내 감방 가까이 오면 으레 누구나 다 알겠는고로 사정없이 음식 위에 막 앉아 있을 수밖에 없었다. 그런데 이때에 갑자기 남자 부장이 남자 간수를 데리고 오더니 각 방을 조사한다고 한다. 나는 숨이 단번에 멎어 버리는 것같이 기절을 할 지경이었다. 기도할 시간도 없었다.

아차 하는 순간에 벌써 부장과 간수가 내 방문 앞에 오더니 문을 덜컥 하고 열었는데 그때에 또 다른 남자 간수가 여간수장과 함께 뛰어와서 내 방을 조사하는 간수를 지키려고 섰는 부장에게

"1등 성적 죄수 5인이 도망했습니다. 속히 오셔야겠습니다."

부장은 얼굴빛이 변하면서 한 손으로 검도를 붙잡고 막 뛰어나가고 내 방에 들어섰던 남자 간수는 음식 냄새를 맡아서 그런지, 또 어떻게 할지 몰라서 그런지 어릿어릿하더니 방문 밖으로 그도 뛰어나가 부장의 뒤를 따라 막 달음질해 갔다. 아! 하고 나는 숨을 내쉬고

"주여, 나는 꿈을 꾸는 것일까요? 주님이 어쩌면 이렇게 신속히 오셔서 내가 기도할 시간도 없었던 것을 알아주셨습니까? 다윗의 시에 '주께서 나를 사자의 이빨에서 건져 주셨나이다' 했더니 참 이것은 사자의 이빨에서 건져 주신 것이니이다."

하고 나는 엎드려서 자꾸 경배를 했다. 그 후에도 생각을 하면 할수

록 식은땀이 나고 아찔해지고 치가 떨렸다. 그야말로 찰나적이었고 삽시간에 일어난 일이었다.

감옥에서 성적이 좋은 죄수들은 밖에서 일을 시키다가 만기가 되면 석방하는데 벌써 나와서 일을 하고 마음대로 다니게 되는 죄수는 절대 도망한 전례가 없었다고 한다. 그것은 그럴 수밖에 없는 것이 얼마 안 있으면 자유의 몸이 되어 감옥에서 나갈 것인데 만일 도망하면 몇 배나 더 고생하고 기간도 길어지고 그 고문은 또 말도 못 한다는 것을 알기 때문이다. 이 모든 사실을 아는 죄수들은 정신 이상이 생기기 전에는 도망하지 않는다. 그런데 왜 이런 일이 났는지 도무지 이해할 수 없다고 한다.

또 생각하면 B29 미국 비행기가 자주 날아오니 만일에 폭탄이 떨어지면 가족도 못 만나고 어디서 어떻게 죽을지 모르니 아무래도 폭탄이 터지고 떨어질 세상인데 하루라도 속히 가서 가족들과 같이 죽자고 하는 심리인지도 모른다. 또 한 가지 생각되는 것은 일본인들은 거의 다 전쟁에 나갔고 한국인 관리들이 많아졌으니 도망을 치면 한국인들 관리가 무엇이 그리 안타까워서 도망간 죄수를 이 전쟁터에서 찾아다닐까 하는 그러한 심리도 있었을 것이라고 짐작되었다. 여하간에 그들이 도망한 것은 돌발적이었든지 계획적이었든지 간에 나를 벼랑에서 건져냈다. 시편 기자가

"나를 새 사냥꾼의 올무에서 벗어나게 하셨나이다."

한 말씀과

"천인이 네 곁에서 만인이 네 우편에서 엎어질지라도 이 재앙이 네게 가까이 못 하리로다 여호와는 나의 피난처시다 하고 지존자로 거처를 삼았음으로 화가 네게 미치지 못하고 재앙이 네 장막에 가까이 오지 못하니 저가 너를 위하여 그 사자를 명하사 네 모든 길에 너를 지키게 하심이니라."

하신 말씀을 생각하고 얼마나 그가 나를 위해 그 눈동자를 내게서 옮기지 않으시고 지키시고 계신가를 보고 나는 참 놀라고 또 놀라지 않을 수가 없었다.

우리 몸에 깔려 있는 음식을 히가시 간수가 교대를 한 후에 끄집어냈다. 감개 무량하고 너무도 신기스러워서 나는 차마 먹을 수가 없었다. 히가시도 너무 염려해서 가슴이 두근거린다고 했다. 히가시 간수는 1등 죄수 5인이 도망친 것은 하나님이 시키신 것이라고 했다. 그러나 나는 히가시 간수의 말에 반대는 아니지만 언제나 지나보니 마귀는 제일 지혜 있는 것 같으나 제일 미련하고 제일 소경인 때가 많다.

마귀가 5인의 마음을 꾀어서 나가게 한 시간이 마귀의 소경같이 미련하고 아둔한 역사였다고 나는 과거의 경험을 보아서 그렇게 느껴졌다.

12번과 악한 간수를 통해서 참 마귀의 역사를 몸소 체험했다. 마귀가 그 얼마나 교묘하고 신통하고 지혜 있고 능하게 일을 하는지 나는 참 놀라고 기가 막히게 감탄을 했지만 결국은 언제나 실패로 끝나는 것이 상례였다.

꾸미고 구상하고 계획하고 행동하는 것은 신기하고 교묘하지만 결과는 꼭 실패와 수치를 결실하고야 마는 것이었다.

과연 어떠한 굉장한 현실이 벌어져 있든지 마귀의 일, 사탄의 행실은 언제나 패전이고 큰 소문을 내면 낸 만큼 거꾸러지는 소리도 요란한 것이다. 그 반면에

"내 손에서 빼앗을 자가 없느니라."

하신 예수님의 음성은 고요하시고 잔잔하시고 소문도 광고도 없으나 그 행사는 진실하시고 그 약속은 충실하시고 그 결과는 승리다. 일단 그의 양이 된 자를 만홀히 하지 아니하시고 그 음성으로 항상 부르신다. 그 음성은 성경이다. 그의 약속이요 언약의 편지다.

나는 비록 인간 쓰레기인 죄수가 되었을지라도 그의 은은한 음성에 항상 힘을 기울이고 힘을 다해 따라가는 양이 되었다. 하는 일은 히틀러보다 더 큰 자리에 비할 수 없는 높고 귀한 자리라고 믿었다.

"죽도록 충성하라 그리하면 생명의 면류관을 네게 주리라."

하신 언약의 말씀이면 그것으로 만족하고 더 바랄 것도 구할 것도

없었다. 고요하고 은근하신 그 언약, 그 진리가 나를 살게 하시고 또 나를 죽게 하시는 것이다. 할렐루야!

 "주여, 너무 주셨습니다. 너무 높이 붙들어 주셨습니다. 높고높은 주님의 팔에 안긴 저를 해칠 피조물이 없습니다. 사탄이 우주에 잠복하고 마귀가 온 세상을 덮고 그 사신들이 이 감옥 속에 가득했을지라도 악마의 세력이 저를 건드리지 못합니다. 저를 높이 올려 붙잡으신 예수님의 말씀, 예수님의 진리가 나를 이같이 높이고 붙잡고 놓지 아니하셨나이다."

 나는 이렇게 기도를 드리고 다시 '내 손에서 빼앗을 자가 없느니라' 는 주님의 말씀을 생각했다.

 나는 이 진리에 살았으니 또 이 진리에 죽는다. 인간 일생이 무엇인가? 먹고 자고 일하고 번식하다 죽는다는 일은 너무도 동물적이다.

 인간은 진리에 살고 진리에 죽어야 한다. 아! 나는 이 특권에 참여하게 되었구나! 나 같은 것이 어쩌다가 이러한 한계에 들어왔는가? 내 어머니의 유물이다.

 내 어머니, 내 어머니, 아! 그 아름답고 예쁘고 사랑스럽고 예수님 향기를 발하는 내 어머니! 그 옆에 가면 예수님 향기가 은근히 날리고 예수님 얼굴을 상상하게 하고 예수님 마음을 알아차리게 해주는 그 굉장한 어머니, 이름도 없고 아무도 알지 못하고 고생만 하고 눈물이 많은 무명 무실한 내 조그마한 초라한 어머니!

 "예수님이여! 당신은 어찌 그리 그 귀한 그릇을 발견하셨을까요. 당신은 그 조그마하고 마음이 늘 아파 못 견뎌 눈물뿐인 내 어머니를 그렇게도 위로하시고 그렇게도 사랑하셔서 그의 작은 심장은 의인인 당신만으로 채워지고 굳어지고 발산하는 힘의 요새가 되었습니다. 그 경력, 그 유식, 그 인격, 그 언행, 그것은 인간 최고의 미(美)요 만인이 선망하는 목표가 아닐까요. 나는 내가 그의 절반만 되어도 족하겠어요. 그러나 나는 내 어머니를 보지 않고 당신만 보려고 해요. 당신만이 내 목표이고 당신만이 내 생명이시기 때문에 나는 직접 당신이 필요합니다. 주여! 내게는 예수님만이 있는 탓인 것을 알아주옵소서."

나는 히가시 간수에게 물었다.

"당신은 이번 일어난 일을 어떻게 생각하나요? 당신이나 내가 그만큼 놀라고 정신이 아득했었으니 되어진 결과를 보고 어떠한 감상이 생겼어요?"

그녀는 별로 생각할 틈도 없이

"당신에게 이런 일이 일어나는 것은 보통 아닌가요?"

하며 말하는 태도가 으레 그럴 것이다 하는 그런 언사 같아서 나는 불만했다. 왜 좀더 놀라면서

"아 참, 그러게 말이에요."

하는 태도를 못 하나 했다. 그러나 나는 또 이해했다. 그리고 부끄러웠다. 즉 그는 나를 해칠 아무도 없는 것을 믿게끔 되었는데 나 장본인은 아직 무서워하고 두려워하기 때문인 것이 아니고 무엇일까?

왜 다른 수인이 나를 생각하는 만큼 나는 좀더 담대하지 못하고 거룩하지 못한가? 부끄럽고 미안했다. 박관준 장로님! 그 노인이 내게 몇 번이나

"믿음이 이렇게도 없어 가지고 어떻게 주님의 폭탄이 된담."

하던 말이 또 기억났다. 그 말을 들을 때는 기분이 상했지만 그것이 사실인 것을 자인했을 때 나는 눈물이 났다. 이렇게도 마음이 약한 내가 주님의 기적을 볼 때 그렇게 흥분하고 놀라 어쩔 줄을 모르는 것은 아직도 나는 어린애 같은 미숙한 믿음이고 자라지 못한 증거인 것을 충분히 인정할 수가 있었다.

어린애가 장난을 굉장히 잘한 것으로 알고 박수 갈채를 기대하는 내 유치에 나는 낯이 뜨끈하고 입을 다물 수밖에 없었다.

어느 날 히가시 간수는 이상한 의논을 했다. 그녀는 몹시 심각해진 표정을 했는고로 나도 그의 말에 주의할 수밖에 없었다.

"제가 한 가지 계획하고 지금 청소부들과 같이 일을 착착 진행하고 있는데 제 말을 들어주십시오."

나는 충분히 고개를 끄덕하며

"누구의 말씀이라고 안 듣겠소? 들어드리고말고요. 그러나 이 죄수 된 나는 입도 없고, 눈도 없고, 팔다리도 없는 것과 같은데 무엇을 들어드리어 어떤 일을 제가 할 수 있을까요?"

"쉬운 일이에요."

"쉬우면 더 좋지만 내게는 쉬운 일이나 어려운 일이 모두 마찬가지로 불능인데."

"사실은 어려운 일이지요."

그녀는 나를 데리고 마당으로 나갔다. 나는 따라가면서 그녀가 무엇을 하는가 궁금해서 다짐을 한즉 높은 담장을 손으로 가리키면서

"저 담을 넘어가면요, 밖에 땅이 높아진 데가 있어요. 밖에서 누가 기다리고 있다가 당신을 내려놓게 할 거예요. 물론 담장 이편에는 줄로 사다리를 만들어서 저 담 위에서부터 내려오게 하여 당신이 짚고 올라가게 할 것입니다."

그만큼 말했을 때 나는 그의 말을 막으면서

"뭐? 당신 대낮에 꿈을 꾸어요?"

한즉 그녀는 맥이 풀린 표정을 지으면서

"내 그럴 줄 알았어요. 그러기에 내가 소원을 들어달라고 안 하던가요?"

나는 어이가 없어서

"소원도 꿈 소원이지, 그게 무슨 일이라고 그런 일을 계획하며 또 나를 어떻게 보았기에 이런 일을 하라고 하는 거예요?"

"…"

나는 그의 호의와 친절과 사랑에 냉정할 수가 없었지만

"그것은 당신이 꿈에서 깨어나야 할 소위(所爲)인 것을 알아야 해요."

그는 눈물이 핑 돌면서

"이제 당신이 도망했다고 해서 누가 잡으러 올 사람은 관리 중에 없을 거예요. 더욱이 일본인은 거의 다 전쟁에 나가서 이제는 한국인 지도자가 될 만한 이들에게 아첨을 하고 선물을 보내고 그러는데요.

나는 당신만 도망하게 하면 내 직책은 그로서 끝이 난 것 같아요."
한다. 그녀는

"그러한 직책은 불충하고 오산된 직책감이고요, 당신의 직책은 나를 지키고 나와 이야기하고 내게 뉴스를 가져다 주고 당신이 먹고 남은 것을 가져다 먹이는 것밖에는 아무것도 없어요."
하고 나서 나는 과도하게 말한 것 같아서 그녀의 손을 잡았다.

"히가시상, 당신은 아직 나를 전혀 모르는 양반이에요. 나는 이제는 폐인이에요. 보세요, 눈은 당신의 친절로 지금 제법 잘 보게 되고 귀도 좀 잘 듣게 되었지만, 이도 없고 얼굴에는 주름살이 꽉 자리를 잡고 머리는 대머리요, 허리뼈는 꼬부라져서 내 음성은 거의 다 죽어 말라 버렸고 기운이 없어 숨쉬는 것조차 힘들고 이제는 청춘도 거의 다 갔으니 보기 싫고 흉하지 않아요? 나는 내 목적한 대로 여기서 죽어야만 가장 가치 있는 내 생애가 되어요."

그는 내가 8월 18일 오전에 사형 집행이 된다고 나를 이처럼 건져 보겠다고 온갖 애를 다 쓰는 사람이건만, 그러나 그는 내가 순교를 지향하고 그 영예를 얻으려고 얼마나 원하고 있는지 모르는 것이 안타까웠다.

그가 우리 성도들은 모두 18일 오전에 사형당하게 되었다고 전해 준 이후로 나를 탈옥케 할 계획을 세우고 진행해 온 것을 알고 어이가 없었으나 그 성의는 내 가슴 깊이 스며들었다.

큰 바위와 물결

　이런 일이 있던 며칠 후에 재판소에서 내게 감상문을 쓰라고 통지가 왔다.
　감상문을 쓰던 경찰서 유치장 시절도 옛날이 되었는지 그때는 감상문을 쓰라고 하면 기분이 나고 기쁘고 좋아서 썼건만 이제는 그러한 마음도 다 죽어졌는지
　'감상문은 써 무얼 해? 이제 죽을 텐데.'
하고 무심스러워졌다. 그러나 그들의 수하에 매여 있는 나는 내가 좋아서 하고, 싫어서 안 할 수도 없는 몸이 아닌가?
　나는 거의 20매나 되게 주는 종이를 마룻바닥에 받쳐 놓고 이리 생각 저리 생각을 했지만 별로 쓸 기력도 없고 흥미도 없었다. 나는 종이 한 장에

　　　우찌요스루 나미와 구다께데 콩고오노
　　　지요니모 유루가누 슈노 오끼데 까나

　나는 이와 같은 화가(和歌) 한 구(뒤 페이지의 휘호)를 써서 내보냈다.
　며칠 후에 나는 재판소에 불려 나갔다. 이때는 수갑도 안 잠그고 허리도 잡아매지 않고 짚삿갓도 씌우지 않았다. 판사는 나를 공손하게 자기 사무실에 불러들였다. 나를 따라 들어온 부장도 같이 들어오

라고 해서 들어오고 서기가
가마다 판사 책상 앞의 의자
에 앉아서 펜을 손에 들고 기
침하는 소리까지 기록하는 모
양 같았다.

판사는 공손하게

"요즘 기분은 어떠시오?"

나는 의자에 앉은 대로

"겉모양은 점점 쇠해도 속의
신념은 더욱더 확고해져 가지
요."

그는 아무 표정 없이

"그렇게 오랜 시일을 감옥에
있었는데 괴롭지 않아요?"

"괴로운가 아닌가를 아시려
면 저와 교대해 보시죠."

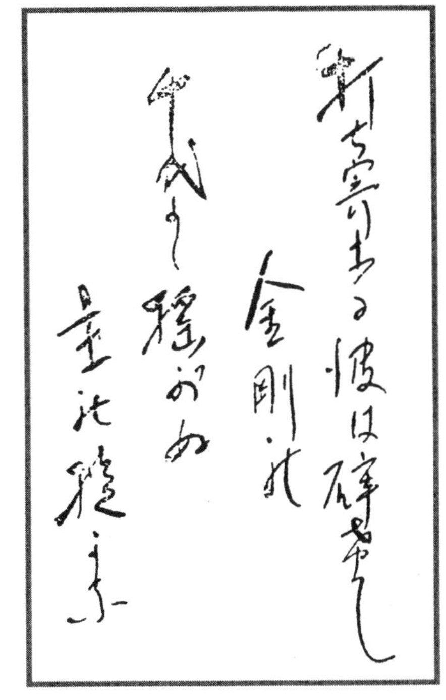

나는 왜 이렇게 말이 나오는지 말을 해놓고 깜짝 놀랐지만 이미
한 말이라 시치미 떼고 가만히 있었다.

그는 웬 셈인지 이 말에 화도 안 내고 나를 보던 눈을 책상에다 옮
겼다. 나는 그가 이제라도 대노하지나 않을까 해서 사실은 속이 두근
거렸다. 그는 화가를 쓴 종이를 끄집어내어

"나는 법률가지 문학자가 아닌고로 이 화가를 읽어도 그 뜻이 확
실하지 않아서 선생님이신(거짓으로 강조하는 듯한 어조로) 57번의
설명이 필요해요."

나는 그를 바로 보고 앉아서 입을 열었다.

"나는 대해 창파(大海滄波)를 노래해 보았지요. 넓고넓은 끝없는
대해에 밀려드는 노한 파도는 제정신을 잃어버린 소위 강대한 노한
국가나 민족이라고 보았어요. 강대한 힘을 가지고 쳐밀려 온 노도는
언덕에 우뚝 솟은 대암(大岩)에 부딪히거든요. 노한 파도는 금강(金

剛)같이 단단한 바위에 부딪히자 천태 만상의 거품을 피우며 물러가 잔잔한 바닷물이 되고 언덕에 우뚝 서 있는 만대에 변함 없는 바위는 아무 달라진 일도 없지 않아요? 바위는 주님의 계명입니다. 하나님의 법이요 창조주의 율례입니다. 국가나 민족이 아무리 대노해서 어떠한 힘을 가지고 닥쳐와도 일단 주의 법에 부딪치면 멸하고 만다는 것입니다. 역사가 이것을 설명하고 있지 않습니까? 저 8세기의 강국이었던 로마 제국, 기독교도를 살해하고 기독교를 박해했던 대로마가 오늘 어디 있으며 문명을 찬란하게 자랑하고 포악을 일삼은 그 시절의 헬라가 어디 존재하고 있는가요? 내가 보는 일본 국가는 망령되고 간악한 것이 감히 성경을 고친다고 찬송에서 예수 이름을 지우고 귀신의 이름으로 바꾸어 넣는다고 하니 노할 대로 노해 보고 있는 힘을 다해 부딪쳐 보시죠."

왜 나는 이렇게 말이 나오는지 몰랐다. 또 왜 이 판사가 한마디도 답변 못 하고 듣기만 하는지 나는 알 수가 없었다.

그는 으레 대노해서 일어나 내 빰을 치고 발로 차고 침을 뱉고 손에 수갑을 뒤로 채워 시멘트 방에 집어 넣고 저주와 욕설을 하여야 하는 것이 아닐까? 왜 권리를 가지고 소위 죄를 뽑아 내는 판사가 왜 어떻게 가만히 듣고만 있을까?

나는 말이 이렇게 나오면서도 속으로는 벌벌 떠는지 식은땀이 뒷잔등에 막 뿜어지는 것 같았다. 또 이상하게도 말이 어쩌면 그리 유창하고 권위 있게 나오는지 나는 내 말에 감격하고 내 말에 배우며 깨닫는 것이었다. 그는 한참 있더니

"당신은 정말 죽기를 각오했군요."

한다. 나는 조용히

"죽기를 각오한 것은 74회 의회에 갈 때였고 감옥에 넘어오는 날부터 나는 죽은 사람입니다."

그때에 그는 실죽하며 웃음을 보이더니

"죽기는 누가 죽었어요? 당신은 여감옥에서 대장이라고 보고가 왔는데요. 간수들도 당신이 하라는 대로 하지 절대 간수장 말을 안 듣

는다는데요. 죄수들도 간수들의 말은 안 듣고 당신만 존경한다고 보고가 왔는데요?"

나는 그 말을 들을 때에 참으로 놀랐다. 나는 그 말을 믿을 수가 없었다.

"그럴 수가 없지요. 나는 잡혀 온 죄수고 그들은 익숙하고 오랜 경험이 많은 간수장과 간수들인데요."

하고 나서 나는 감개 무량하게

"나는 쇠고랑을 차고 내 가슴뼈들의 자리를 바꾸어 놓으리만치 고생을 했는데요. 폐병환자 같은 내게는 기침이 이렇게 계속해서 나도 약 하나 쓸 수 없는 죄수의 몸인데 무엇을 말씀하시는 거예요."

"약은 사회에도 없는 줄 알아요. 약이 어디 있어요? 지금 이 판국에."

나는 판사의 언동을 이해할 수 없는 채 감방으로 돌아왔다. 돌아오는 길에 일본인 부장은 매우 친절했다. 나는 농담거리로

"당신은 나이가 너무 많아서 낙제하셨군요?"

"낙제?"

그는 뜻을 몰라 묻는다.

"일본인들은 모두 전쟁에 나가서 죽는 것을 원하지 않는가요? 더욱이 관리들은. 그런데 당신은 아직도 안 가셨으니 말이에요."

한즉 그때서야 알아차렸는지 한숨을 쉬면서

"젊은이는 다 전쟁에 가고 늙은이는 다 늙어 죽게 되고 천하는 여자 세상이 될 모양인데 당신은 여왕이 될 것이오."

"부장님이신 분이 죄수에게 그런 농담을 하시면 시말서를 써야 하는 줄 모르세요?"

"시말서? 하하하…"

하고 그는 큰 소리로 웃으며 나를 부축했다.

내가 입으로는 장한 것같이 말을 해도 내 쓰러져 가는 모양이 흔들흔들 넘어질 뻔하여 걷지 못하는 까닭이었다. 나는 고마워서

"당신 같은 이런 일본인들도 이렇게 많은데 귀신 때문에 일본은

세계에 수치의 소문을 내게 되어 있어요."

"그것을 어떻게 알우?"

"성경에 기록이 되어 있어요. 성경에 뭐라고 했는가 하면 '벨아!' 벨은 우상의 이름입니다. '벨아! 네가 구름 위에 오르고 높은 산과 바위틈에 깃들일지라도 내가 거기서 너를 끌어내리라' 하셨거든요. 귀신이 아무데 가 숨어도 하나님이 막 잡아 끌어내려 오신다는 거예요. 그러니까 귀신하고 동사(同事)하는 사람도 마찬가지가 아니겠어요? 일본이 지금 자꾸자꾸 세계적으로 높아지고 온 지구 사람들이 귀에 유명해지는 것, 왜 그런지 아세요? 그것은 일본인은 재간도 많고 우수한 민족이지만 귀신을 따르고 귀신과 동사하는, 즉 아무것도 아닌 것을 높이고 꾸며 대는 민족인 것을 동시에 세계에 전파하는 길이 되어 이제 귀신을 의지하는 백성이 어떻게 되는가를 온 세계에 광포하여야겠는고로 일본인이 천하에 퍼지고 있고 일본인이 가는 곳마다 일본 귀신이 같이 가고 있는 것이에요. 이제 소문은 굉장히 날거니 보세요. 역사가 무엇을 말합니까? 성경 말씀을 믿고 죽고죽어 온 기독교도들이 나와 같이 담대히 증거한 것이 모두 그대로 되어 왔다는 편지책이거든요. 부장님도 보셨지요? 그 선하고 착하고 진실한 목사님들이 죄가 있어 보여요? 그 얼마나 그들은 거룩하고 깨끗하고 훌륭하셔요. 그런데 글쎄 일본 경관과 법률이 그들을 살인 강도같이 대접하니까 보시면 알 것 아니에요? 누가 옳은지?"

나는 이때 말이 계속해서 나오고 이 부장은 어찌된 셈인지 듣기만 하고 따라온다. 그는 왜 화도 내지 않고 으레 일본인 경관들이 가지고 있는 그런 독스런 눈을 안 하는지 이해하지 못했다. 단번에 고함을 지르며 때리고 차고 화풀이를 하는 것이 일반적 일본인 경관들인데 그는 독초를 먹은 송아지같이 길도 보고 내 말만 들으면서 걷고 있는 것이었다. 나는 부장의 태도에 의심이 생겼다.

이 사람은 왜 가만히 듣기만 하고 있을까? 이 사람은 그 어떤 여러 훌륭한 일본인들이 일본이 잘못하고 있는 것을 속으로 깨달으며 일본의 장래를 걱정하는 자 중의 하나일까? 또는 내 모든 말을 듣고 고

하라는 지시를 받아 듣기만 했다가 보고하려고 하는 것일까? 그랬으면 좀더 똑똑히 말을 해야겠다고 생각했다. 그러나 그의 얼굴을 아무리 자세히 보려고 해도 내 눈은 희미했다. 그래서 그 얼굴에 나타나는 세밀한 표정을 읽을 수도 없고 판단할 수도 없었다. 그는 내가 넘어지면 급히 일으켜 주었다. 그는 몹시 공손한 말로 넘어진 나를 이끌어 올리면서

"뼈만 남았구먼. 역사에 오를 대인물이…"

나는 이 말에 깜짝 놀라면서도 못 들은 척했다.

역사? 나 같은 것이 감옥에서 개미도 모르게 일본인 손에 죽어 버릴 텐데 역사에 오를 만한 무엇이 있어서 또 설마 그렇다 하더라도 그런 일에 나는 흥미가 없었다. 아마 일본인 법률가나 경관은 그렇게 생각하는가? 그 높으신 보좌 앞에 놓여진 생명책에 내 이름이 오르고 내게 맡겨 주신 사명에 내가 얼마나 충성했는가 읽어지는 그날 나의 목숨과 싸움은 그것을 위하여만 있을 뿐이다.

대심판날에는 인간 역사는 헤어진 신짝같이 집어 내어 버림을 당할 것인데 나는 보다 높고 가치 있는 생명에 관한 일에만 힘을 다하는 것임을 이 부장은 알기나 할까?

밤길 같은 앞길

　감방문으로 들어와 다시 갇힌 죄수가 되었을 때 이제까지 그렇게 담대하게 말하고 담대하게 거동하던 나는 다시 어둡고 캄캄하고 눌려지는 압박감과 함께 내 심령은 극도로 피곤해져서 단테가 그린 연옥의 언덕을 방황케 하는 감을 주었다.

　아! 일본이 언제까지 이 광증을 계속하려는가! 그의 미친 세력이 어느 때까지 계속될 것인가? 일본 천지는 귀신의 세계가 되어 버렸고 하늘도 소가죽같이 두꺼운 것으로 막을 친 것같이 느껴졌다. 예수인이 발붙일 땅을 없애 버린 일본은 아직도 발악하며 그냥 그대로 강해지는 것만 같았다.

　이 땅에는 옳고 의리 있는 사람은 살 수 없게 되었다. 거짓말을 잘하고 일본어를 잘하고 일본인의 개가 되어서 그 앞에서 아첨하고 노예의 행동을 아니하면, 즉 그 일본인 귀신에게 절하고 그것에게 충성하는 모양을 하지 아니하면 살 수 없는 세상이 되어 버리고 만 것이다. 성(姓)도 모두 일본인의 이름으로 갈고 이름도 일본인의 이름이고 일상 생활의 방식과 예모가 모두 일본식만 통한다.

　이 이야기는 어려서 들은 말인데 내 부친이 일찍이 일본인 비서를 데리고 일본에 사기 그릇을 무역하려고 가서 본 걸작이었다. 내 부친의 용모는 키가 크고 눈이 크고 코가 크고 피부가 희고 또 담대했다. 그런데 일본에 가서는 문턱에 머리를 매번 부딪혀서 머리가 흐려 멍

멍해졌고 또 일본인들을 보니 종일 차[茶]만 마시고 먹는 것은 조그마한 밥공기에 콩알만한 두부 세 조각을 된장물에 띄워 먹고 성냥갑만한 두 장의 김을 먹고 꿇어앉아서 절만 하더라고 했다.

밥은 큰 놋합에 한 그릇씩 놓고 국도 큰 고깃덩이와 두부니 미역이니 한 사발씩 먹고 거기 김치 깍두기 생선 등을 먹어야 하는 집사람들의 먹는 것과는 너무도 소량의 음식인 것을 보았던 모양이다. 그리고 부친의 말이

"일본인은 먹는 것이 없어서 모두 조그마하고 홍두깨를 가지고 가서 왈왈 밀어 버리면 모두 쓰러질 것이다."

라고 해서 듣는 이들을 웃겼던 것이다. 그러나 그같이 호통이 크고 자랑이 굉장하던 부친도 친일파가 되어 가지고 일본인에게 아첨하기 위해서 일본인 고관들과 경관을 위해 잔치를 베풀고 또 그들에게 생활 보조를 하고 나라에 기금을 내서 전쟁을 돕는 그런 야비한 일까지 감행하다가 결국 당뇨병에 걸려 고생하다 마침내 회개하고 세상을 떠나 버렸다.

백절 불굴한다는 부친도 그 모양이 되었으니 모든 다른 사람들은 상상할 수 있지 않은가? 가증한 세상이 되어 버렸다. 이렇게 가증하고 염치없고 패역하고 난잡스럽고 미친 이 사회를 바로잡을 사람은 있을 수가 없다고 보아진다. 그야말로 하나님이 이 세상을 두루마리 말듯이 둘둘 말아 집어치워 주시기 전에는, 즉 이 일본 세력을 모두 쓸어서 없애 주시기 전에는 이 사회는 인간다운 인간이 살아 있을 데는 하나도 없어지고 말았다. 그러니 40년에 가까운 세력을 악착하게 뿌리를 박아 굳어진 이 일본인의 세력이 어떻게 단시일 내에 망해지리라고 볼 수 있을까, 불가능한 일이다.

전 토지의 80퍼센트 이상이 일본인 개인의 수하에 들어갔고 권세와 법칙이 일본인 수하에 견고히 세워졌다. 이제는 정신조차 일본인 귀신에게 쏠려져서 살기 위한 방침이라고 모두 일본인같이 미쳐 버린 감도 없지 않은 천하가 되어 버렸다.

"오 주여! 살기 원치 않아요."

나는 가죽 부대 속에서 나오지도 움직이지도 못하고 숨이 막히는 듯한 감을 느끼며 허덕였다.

"이 세상은 살 수 없는 세상이 되었습니다. 하나님 내 아버지여! 이 살 수 없는 세상에 왜 제 생명을 연장해 가야 합니까? 한 시간 더 산다는 것은 한 시간 더 고통당하는 것이고 하루를 더 연명한다는 일은 내게 하루를 학대하시는 일이 아니신가요? 이 세상은 나를 맞아들일 수 없는 세상이 되어 버린 것을 모르십니까? 왜 내게는 한결같이 내일이 자꾸 계속되어 오게 하십니까? 오늘로 내 생명을 이 땅에서 마치게 하소서."

나는 울음으로 주님 앞에 호소하고 애걸했다. 사실 이 일본인들의 세력이라는 것은 너무도 이 사회 전체에 심지어는 전 한국인 가정은 물론 정신에까지 침투해 버렸다. 생각이 깊은 이들은 일절 함구 무언인고로 주목을 받고 멸시를 받고 무어라고 조건을 붙이고 이유를 꾸며서는 잡아다 가두고 터무니없는 죄의 명목을 지어서는 때려 죽이고 굶어 죽이고 시들고 병들게 해서 없애 버렸다.

내가 제일 사랑하고 존경한 윤원삼(尹元三) 장로는 독립 만세를 불렀다고 해서 얼마나 무섭게 고문을 하고 때렸던지 16번이나 기절했는데 너무도 고문에 힘이 들고 무서워서 죽으려고 머리를 땅바닥에 무수히 부딪혀도 죽지 않더라고 한 말을 잊을 수가 없었다. 그는

"천국에 일본인은 절대로 들어갈 수가 없지요. 모두 귀신을 섬기다 죽을 것이오."

했다.

그는 일본인이 망해 없어지는 것을 보고 죽을 것이라고 믿었다. 사실 아모스를 읽으면 하나님이 각 나라에서 일어나는 포악을 다 보시고 판단하셨다.

악독과 포악이 불의와 함께 팽창해진 나라는 주님이 홀연히 멸망을 시키기로 작정하시고 이루신다고 하셨다. 나는 성경을 생각하면 일본이 얼마 남지 않은 것을 절실히 느끼면서도 너무 일본인 세력이 범사에 강하게 침투되어 있는 것을 아니

'글쎄 일본인이 이 땅에서 없어진다는 일이 있을 수 있는가.'
하고 믿어지지가 않을 때도 있었다.

내 마음은 가도 가도 끝이 없는 밤길 같았다. 악마의 시기는 밀려 쓸어 오는 홍수 같았다. 내 감방 생활이 그렇게도 자유롭고 모든 좋은 죄수들과 여러 간수들이 힘을 다해 내 편이 되어 나를 돕는 것을 본 간수장은 어떻게 해서든지 나를 괴롭힐 생각만 했다.

나를 가장 많이 돕는 히가시 간수를 공장에 다시 돌려보냈다. 그는 매일 아침에 와서 공장에서 감독하다가 저녁에는 집으로 돌아갔다.

그래서 나를 만날 기회를 막아 놓고 또 나를 돕는 주 간수와 구리야마 간수를 교대해서 청소부를 따라다니게 하고 감방 근처엔 오지도 못하게 하였다. 그리고 그들 대신에 해주 감옥에서 오랫동안 간수를 했다는 일본인 여간수와 그야말로 본격적인 간수, 즉 못되고 악한 한인 간수를 데려다가 감방을 지키게 했다. 또 악독한 한인 간수를 공장에서 교체하여 오고 또 김(金)이라는 성질이 못되고 포악해 보이는 여간수와 이(李)라는 사납고 호랑이 같은 여간수와 짝해서 교대로 감방에 세웠다. 그런고로 하루는 해주서 온 일본인 간수와 김 간수가 지키고 다음날은 호랑이같이 사나운 이 간수와 못된 간수가 감방을 교대해서 지키게 되었다. 이러므로 다시 내게 지옥이 왔다.

해주서 왔다는 이 일본인 여자 간수는 꼭 매와 같이 생겼고 눈도 꼭 매 눈이었다. 키가 극히 작아서 땅에 붙어다니는 것 같은데 눈은 무섭게 움직였다. 모든 수인들은 그의 눈앞에 더러워진 개와 같이 취급했다. 인정이나 사정이라는 것은 그 여자의 눈에서나 입에서나 행동에서 찾아볼 수 없고 다만 까다롭고 악착한 것만으로 굳어져 말라 뻐드러진 여자 같았다. 그리고 어찌나 절받기를 좋아하는지 경례를 받지 않고는 지나가는 적이 없고 항상 그 앞에서는 서지도 못하고 편안히 앉지도 못하게 했다. 꼭 일본식으로 꿇어앉아야 했고 이야기도 못 하고 웃지도 못하고 기침도 못 하게 했다. 누구나 '너'를 붙이고 개 주인이 개에게 노할 때와 같은 태도였다.

내 마음은 지옥도 저 밑의 지옥까지 떨어져 내려가서 내 머리 위를 뜨거운 철장으로 내리누르는 것같이 불이 나는 듯 압박하고 있었다. 이 여간수가 한 시간 서 있는 동안은 한 달보다 더 긴 것 같았다. 그가 하루 종일 교대해서 서 있는 감방은 생지옥같이 막 내리눌렀다. 또 그와 교대해서 감옥에 지켜섰는 김이란 간수는 한국인인데 이는 밉살맞게 능청스럽고 천했다. 그 꼴에 욕을 잘 퍼붓는다.

이 여자도 간수가 된 것이 그리 장해서 모든 수인을 죄수 취급을 하고 노인이나 누구할 것 없이 '너'나 혹 '네년' 하고 불러 댄다. 그러나 나는 눈만 감고 있으면 그 꼴을 안 보게 되는고로 눈을 감고 가만히 늘 성경을 외우든지 기도하든지 하는 수밖에 없었다. 그런 내 마음은 아래로 아래로 쏜살같이 무저갱 밑으로 내려가고 있었다.

이튿날 못된 간수가 왔다. 그녀는 별로 해치려고 하는 태도는 없었으나 그 눈을 픽픽 돌릴 때 보면 그 험상스런 못된 내부를 반사해 가지고 사납고 무서운 인상을 주는 것이다. 그러나 그는 노래를 좋아했다. 더욱이 유행가를 좋아해서 감방에 와서 섰으면 한 바퀴 빙 돌고 나서는 한 시간 내내 유행가를 부르고 서 있는 것이었다.

나는 그가 부르는 유행가에 귀를 기울이고 그의 제법 청아한 음성으로 불러지는 노래를 듣고자 주의했다.

이제 가면 언제 오나 두만강이여!
어제나 오늘이나 너는 변함 없건만
손목을 마주 잡고 속삭인 그 사랑
그 사랑!
이제는 어이 하랴 두만강아!
나 홀로 여기 남아 쓰러져 운다.

그는 이 같은 노래를 첫 절과 둘째 절을 부르다가 셋째 절에 와서는 제법 큰 소리로 누구나 다 듣게 부르고 서 있었다.

나는 가사가 옳은지 또 좀 틀렸는지는 모르지만 그의 부르는 셋째 절이 의미 있게 들렸다. 나는 그의 노래를 들으면서

‘일본이 머지않아 이 땅에서 물러가는구나.’

하는 것을 자꾸 느끼게 되었다. 너무 많이 교대 시간마다 부르는 그의 노래가 귀에 박혀서 나는 어느 사이에 곡은 물론이고 가사도 비슷이 알게 되었다. 그러나 그가 교대를 하고 가면 사나운 호랑이 같은 간수가 교대해 온다. 이 여자는 시내에 있는 고녀를 다니다가 성적 부족이었는지 중퇴하고 결혼에 실패하고 나서 간수가 된 만큼 사랑이 없는 여자이고 인정도 사정도 없었다. 그의 말소리는 쇳소리가 났고 냉정하기가 얼음 같았다. 한 시간마다 교대하는 그 한 시간이 지루해서 그녀는 못된 간수와 달리 발짓을 하고 몸짓을 하였다.

인정미 없는 이 여자는 누구에게나 친절도 없었고 남을 생각하려는 그러한 마음이 추호도 없었는고로 감방을 한 바퀴 돌 때마다 사나운 짐승이 지나가는 것같이 써늘해지고 긴장이 되었다. 그래서 무언지 신경을 쿡쿡 찌르는 것같이 느껴져서 심령이 극도로 피곤해졌다. 이 네 간수들에게 시달리는 나는 밤이나 낮이나 죽기만을 바라고 또 주님께 쉬지 않고 죽게 해 달라고 애걸 복걸했다.

“내일이 내게는 없게 해주소서. 이 밤에 나를 데려가소서. 너무 피곤하니 더 견디지 못하겠어요. 차라리 정신 이상이나 생기면 이 벅찬 긴장에서 풀리지 않을까요?”

나는 다른 아무 기도할 힘을 잃어버렸다. 원하는 기도도 습관이 되어서 뜻도 생각지 않고 말이 저절로 나와 버리게까지 되었다. 이런 날이 얼마나 많이 갔는지 나는 이 감옥에서 다 살고 늙어 빠지지나 않았는가 했다.

점점 날이 갈수록 내 심령은 너무나 얼어서 도리어 맹랑해지고 말았다. 김 간수가 나를 자주 들여다보았다. 그녀가 나를 자주 들여다보니 내 신경은 더 예민해질 수밖에 없었다. 나는 간수의 얼굴 보는 것이 너무도 싫어서 눈을 감고 있었으나 그들의 행동을 다 알 수 있을 정도로 그들을 잘 알게끔 되어 버리고 말았다.

회개하는 간수

어느 날이었다. 나는 너무도 이 감옥 생활에 염증이 나서 괴롭고 무거워서 눈을 감고 종일 뜨지 않았다. 김 간수는 나를 자주 들여다보았다. 나는 그것이 더 싫었고 더 괴로웠다. 나는 어떻게 해야 천국에 입성할 수 있을까?

거기는 내 어머니와 여러 성도들이 같이 있을 곳이고 간수도 없고 옥살이도 없고 규칙과 콩밥도 없고 거기는 주님의 얼굴을 뵈올 수 있는 곳이구나 하고 생각하니 설움이 복받쳐 목이 메는 것 같았다.

밤이 깊었는데 김은 또 내 방 앞에 서서 한참이나 움직이지를 않았다. 그는 마침내

"참 이상하거든, 이상해."

한다. 그리고 그 다음 교대 시간에도 내 방 앞에 멈추어 선 채 움직이는 발자국 소리가 없었다.

'이 말썽 많은 여자가 내가 눈을 감고 있는 것까지 이러고저러고 하려는가?'

하니 나는 참 괴로웠다.

그 다음 교대 날에 그가 다시 왔을 때 그의 태도가 내게 대해서 퍽 부드러운 것을 느꼈다. 밤 시간이 되었을 때 그는 다시 내 방 앞에 서서 움직이지 않았다.

나는 감았던 눈을 뜨고 그의 얼굴을 희미한 등불을 통해 보려고

노력했다. 나는 그의 얼굴을 자세히 볼 수는 없지만 무언지 그의 표정이 나를 미워하고 감독하려고 하는 것보다 나를 부러워하는 것 같은 표정이 아닌가 하는 느낌이 들게 하였다. 그는 내가 눈을 뜨니

"참 이상하거든요?"

"무엇이 그리 이상한가요?"

"글쎄 요즘 사회라는 것은 참 딴 세상이 되어서 왜 그리 사람들마다 얼굴에 짜증이 가득한데 이 감옥 속에 들어와 보면 57번과 51번의 얼굴은 이 세상 사람이 가지고 있는 얼굴은 하나도 아니고 영 다른 얼굴이거든요?"

나는 이 말을 들을 때 힘을 얻으면서

"우리들의 얼굴은 어떤 얼굴인데요?"

"글쎄?"

하더니 좀 생각을 하고 나서

"글쎄 과장하는 말 같지만 천사의 얼굴이라 할까, 참 평안해 보이거든요. 지금 이 세상에서는 도무지 볼 수 없는 얼굴이지요."

나는 이러한 밉살스럽고 덜되게 구는 이 여자도 생각이 있고 보는 것이 있는가 하고 놀라면서

"우리들 얼굴에는 짜증이 없어 보인다고요?"

"짜증이 없다뿐이오. 화평하고 참 평안해 보이니 어떻게 이럴 수가 있는가 하고 자꾸 생각을 하게 되는군요."

한다. 나는 죽었다가 살아나는 것같이 힘을 얻었다. 더구나 이같이 내가 싫어하고 보기도 원하지 않아 눈을 일부러 감고 있는데 이 여자의 입에서 이런 말을 들으니 어찌나 힘이 소생되는지 벌떡 일어서서 창에 기대며 조용히 물었다.

"왜 우리 얼굴이 남과 달리 화평하고 평안한지 알고 싶지 않으신가요?"

"글쎄 알고 싶다는 것보다 부러운 생각이 더 많은데요."

한다. 그녀의 말버릇으로 보아 벌써 그녀는 절반 이상이 달라진 셈이다.

나는 다정하게

"우리는 이러한 화평한 얼굴을 가지고 언젠가 일본인의 손에 죽어버릴 거예요. 그러나 우리의 화평한 얼굴은 우리를 앞서간 선배들을 만날 때 기쁨이 되어서 찬송을 하고 즐거운 함성을 지르게 될 거예요."

나는 그녀가 뭐라고 대답을 할까 하고 말을 끊었지만 그녀는 아무 말도 없었다. 그리고 그녀는 나를 57번이라고 안 부르고 1방 선생이라고 불렀다. 내 마음은 몹시 기뻤다. 그렇게 싫던 김이 나는 몹시 기다려졌고 좀더 이야기를 할 기회를 만들려고 애쓰게까지 되었다. 하루는 홀연히 그녀가

"나 같은 죄 많은 사람도 예수를 믿을 수 있을까요?"

하고 물었다. 나는 입을 다물고 고개를 강하게 끄덕인 후에

"당신은 벌써 예수 믿는 사람인데요."

한즉 그녀는 눈을 커다랗게 뜨며

"제가요? 저 같은 것이 어떻게."

나는 이때 자신이 만만해서

"예수를 믿는 사람 아니고는 죄인인 줄 깨닫는 이가 이 세상에 한 사람도 없으니까요. 예수를 믿으면 죄인인 것을 깨닫고 모두 안타까워 회개하지만 예수를 믿지 않는 사람은 죄가 없다고만 생각하는 법이에요."

그녀는 더욱 수그러지면서

"나 같은 것이 어떻게 예수 믿는 사람 가운데 섞이겠어요. 저는 참 죄가 많은데요."

나는 이날 밤 막달라 마리아와 예수님 우편에서 십자가에 못박힌 회개한 강도의 이야기를 해주었다. 그녀는 열심으로 들었다. 그녀는 완전히 내 친구가 되었다. 그녀는 내가 바라지도 않는데 자기의 밥을 내게 가져다 주면서 자꾸 먹으라고 해서 먹었다. 그렇게 싫고 지긋지긋하던 그녀를 나는 몹시 사랑하게 되었다. 나는 주님이 내 무거운 짐을 이렇게도 받아 주셔서 이 미운 간수를 변화시켜서 내가 사랑하

고 기다리는 친구로 만들어 주셨구나 했을 때 나는 주님 앞에 부끄 럽고 낯이 뜨끈뜨끈했다.

우리는 시간 가는 줄도 모르고 성경 이야기를 많이 했다. 그녀는 참 잘 듣고 참 좋아했다. 그 강하고 심술궂게 보이던 눈에는 눈물이 그렁그렁하고 그 얼굴은 어린아이같이 부드러워졌다. 나는 이로써 감 당치 못할 무거운 짐에서 벗어난 것이 주님께 무한히 고마웠다. 그래 서 내 지옥 같은 감옥 생활에는 그 일본인 여자 간수가 지킬 때는 지 옥이었고 김이 섰을 때는 낙원이 되는 것 같았다.

이 같은 날이 계속되고 전쟁은 날로 더 심해졌다. 김이 전해 주는 말에 의하면 일본이 이기고 자꾸 앞으로 앞으로 나간다고 하지만 대 장이나 일본인 경관들의 얼굴을 신문으로 보면 기쁜 얼굴을 한 사람 은 하나도 없고 모두 불안에 차 보인다고 했다.

높은 자보다 더 높으신 이

그러던 어느 날 여감방 미결수들에게 엄한 명령이 전달되었다. 그 것은 군복을 짓는 데 손이 부족해서 여자 수인들에게 군복을 짓게 하는데 미결수도 일을 하라는 것이다.

1주일에 7일간, 하루에 10시간씩 쉬지 말고 군복을 만들라고 했다.

나는 하루 종일 아무것도 안 하는 것보다 이렇게 일을 하면 시간도 빨리 가 좋을 것 같아 일을 주는 대로 잘 보이지도 않는 눈으로 열심히 했다. 그런데 주일날이 되었는데도 일은 들어왔다. 나는 주일날까지 일하는 것은 제4 계명을 범하는 것인고로 일을 거절했다.

일본인 간수가 그녀의 간수의 직책을 나타내서 나를 제 손으로 어떻게 해보려고 눈을 부릅뜨고 달려들었다. 나는 그녀의 무지 몽매한 행동이 내게 움직여지기 전에

"당신은 직접 나를 억지로 일을 시키려고 할 필요가 없어요. 이 일을 상부에 보고해서 상부에서 처리하도록 해야지 함부로 당신 멋대로 하면 후회하게 되는 것 아시죠?"

한즉 그녀는 잔뜩 화를 내서 막 달려들려다가 내가 강한 태도를 하고 쏘아보니

"그래 상부에 보고를 해야지. 보자. 네가 일본말 잘한다고 뻐기지만 무슨 일이 일어나나 두고 보자."

하면서 공갈을 하고 간수장에게 가 보고했다. 간수장이 무어라고 했

는지 그 여인은 내게 더 도전적이고 정말 두고 보자 하는 태도였다.

간수장이 감방에 왔다. 그녀는 그 무섭고 사나운 눈을 흘기면서

"그래 일요일이라고 일을 안 한단 말이지? 일본말이나 좀 안다고 건방지고 아니꼽게, 흥! 지금 세상이 어떤 줄 알고, 흥!"

나는 벌떡 일어나서

"간수장! 당신은 나를 지키기만 하면 되는 거 아니에요? 내게 대한 것은 재판소에서 하는 것이니 상부에 보고해서 나를 벌하도록 하면 될 것 아니오?"

나는 이렇게 말하는 법이 아닌데 벌써 해 버렸으니 한편으로 불안해졌다. 간수장은 부하 간수 앞에서 코가 꺾인 것 같아 분이 났다.

"어디 두고 보자!"

나는 큰소리는 쳤으나 어찌 무섭던지 치가 떨리고 앞이 캄캄해졌다. 다시 쇠를 차는 일이 닥쳐오지 않겠는가?

쇠를 차고 아픈 것도 이길 수 없지만 이 간수장과 일본인 간수와 나를 미워하는 간수들과 죄수들의 구박과 조롱과 멸시와 학대를 나는 어찌 또 겪는가 하니 몸에 있는 모든 힘줄이 모두 늘어지고 마비

되는 상태에 이르는 것 같았다. 그 무섭게 아프던 고통!

뼈들이 움직여서 그 자리가 모두 바뀌어질 때의 아픈 것은 마치 예리한 칼로 내 가슴의 살과 몸을 쪼개고 찌르는 것 같았고 아픈 것은 마치 불이 펄펄 무시로 붙어 타는 것 같기도 하지 않았던가?

나는

"아버지! 저는 기도할 힘도 없습니다."

하고 속에서 타오르는 심한 불길에 정신이 아득해진 채 급하게 수렁에 빠져 내려가는 것만 같았다.

"주님! 안식일을 거룩히 지키고 일하지 말라고 하신 일을 내가 어찌 범할 수 있겠습니까? 한 가지 범하면 다른 것도 다 범하는 것이라고 했는데 나는 범할 수도 없고 범하기 싫어 이렇게 싸우려고 해보았지만 힘이 없어요. 가는 실 한 오라기만큼도 내게는 힘이 없습니다. 쇠고랑을 채우는 것이 매우 무서워요. 저를 아시는 하나님 내 아버지여! 다 마르고 시든 몸뚱이 뼈와 가죽만 남고 신경만 예민해진 이 몸뚱이에 또 쇠고랑을 채우게 하시겠습니까? 나를 건지실 뜻이 없으시면 정신이라도 흐려지게 해주시고 모든 신경이 마비되게라도 해주셔야겠어요. 나는 정말 결사적이고 더 생각할 기운까지도 없습니다. 아! 주여, 왜 내게는 죽음을 언제나 치워 놓으시는가요. 살아 나갈 힘이 없는 제 앞에서 왜 죽음이 못 오게 물리치고 계시는가요. 나는 신도 아니고 용사도 아니고 남자도 아닌 것을 잊지 말아 주소서. 약해도 너무 약한 약자이고 부족해도 너무 부족한 여종이 아닙니까? 아시지 않으시나이까? 주여 나를 아는 어느 누가 이 천지에 있습니까?"

나는 다시 주기도문을 힘없이 외웠다. 그러나 너무 맥이 없어서 그것조차도 입술이 돌지 않았다. 나는 들어오는 저녁밥을 다시 거절하고 물도 안 마셨다. 밤새도록 자지 않고 주님 앞에 의논하고 깨어 있었다. 추워서 또 치를 떨었다. 기침은 더 자꾸 나고 전신은 더할 수 없이 처지는 것 같았다.

이튿날 아침 새벽녘에 잠이 들자, 나는 이상한 꿈을 꾸었다. 내 앞에 보니 일본인 씨름장사들이 살이 쪄서 남산같이 뚱뚱한 배와 가슴을 흔들흔들하며 줄을 서서 씨름 준비를 하고 있었다. 나는 날선 검을 바른손에 들고 쏜살같이 달려들어서 그 긴 줄로 서 있는 뚱뚱보 씨름꾼의 배와 가슴을 찔러서 하나씩 모두 죽여 버렸다. 그렇게 뚱뚱하고 힘센 씨름꾼들이 내 칼에 배와 가슴을 찔려서 하나 둘씩 모두 거꾸러지는 것을 보며 ‘할렐루야’를 부르다가 내 소리에 깨어났다.

나는 꿈에서 깨어나니 어찌나 마음이 상쾌하고 기쁘던지 주님 앞에 감사했다. 그리고 나는 주님이 내 사정을 벌써 다 아신 것으로 믿고 씨름꾼 같은 일본인 세력을 하나님의 말씀인 날선 검으로 모두 쳐 버리게 될 것을 믿었다. 그래서 나는 아침도 안 먹고 일이 어찌되는가 기다리고 있었다.

간수장이 의기 양양해서 감방에 오더니 나를 나오라고 한 후 나를 앞장서 걸어가라고 하며 나를 데리고 여자 감옥에서 나왔다. 가서 보니 그곳은 소장실이었다. 어마어마하게 꾸며 놓은 소장실은 무슨 대신의 집같이 해 놓았고 그 안에 있는 큰 책상에 무엇을 먹고 살이 그렇게 쪘는지 뚱뚱한 소장이 잡아 제키고 앉았고 그 좌우에 과장 한 사람과 부장 한 사람이 서 있었다. 여간수장은 소장실에 들어와서 그야말로 죄수같이 깊은 경례를 소장에게 하고 내 뒤에 물러나와 섰다.

나는 참 나 자신에게 크게 놀랐다. 그렇게 무서워 떨고 허덕이며 부르짖고 죽으려고 해도 죽지 못할 앞이 아득하고 캄캄했던 나는 기이하게도 늠름해지고 마음이 든든해졌다. 나는 잊어버리고 소장에게 경례도 못 하고 여간수장이 그같이 벌벌 떨며 경례를 하는 것을 보며 구경만 하고 우두커니 서 있었다. 소장은 나를 보더니 저기 있는 의자에 앉으라고 하고 앉은 후에 위엄 있는 말소리로

“그래 자네는 소위 최고의 교육을 받았다는 자가 규칙을 무시하고 협력을 안 하겠다고 했다니 사실인가?”

이 말을 들으면서 내 마음은 대양(大洋)같이 넓어지고 내 신념은 바위같이 든든해졌다. 나는 극히 침착하고 유창한 일본어로

“소장께서는 제가 왜 여기 와서 갇혀 있으며 무슨 이유로 죄 없이 죄인 노릇을 하는가 아마 모르시는 모양이시죠?”

소장은 급한 음성으로

"자네가 죄가 있든지 없든지 간에 죄인들이 들어와 있는 이 감옥에 와 있는 것은 사실이 아닌가? 일단 감옥에 들어왔으면 규칙을 지켜야 하고 더욱이 일본인의 교육을 최고 학부까지 받았으니 그만한 상식은 있어야 하지 않은가?"

나는 더욱 침착하고 냉정해지면서

"내 신앙 신념에 어긋나는 일을 이 감옥 속에서 하려면 무엇 때문에 내가 여기 있어야 할 것인가요? 감옥에 갇혀 있어서 내 신앙 신념에 거역되는 일을 하려면 구태여 여기 갇혀 이러한 모욕과 멸시를 받을 필요가 없습니다. 당당히 사회에 나가서 내가 하고 싶은 일을 다하면서 자행 자주할 수 있지 않을까요? 소장님."

그는 더 크게 소리를 지르면서

"지금 이때가 어느 때라고 개인 신념을 운운하는 거야. 나라에 큰 전쟁이 있어서 대소 노유를 가리지 않고 이 성전(聖戰)을 완수하려고 피와 땀을 짜내는 이때에 자네같이 지식을 가진 자가 자기 개인 신념에만 고착해 가지고 보다 중대하고 보다 해야 할 일에 그같이 무관심하고 고집만 부린다면 그것은 자기를 바윗돌 위에 부딪히는 일이 아니고 무엇인가, 응?"

나는 더 냉정하면서도 똑똑하게

"소장님! 내가 내 신앙 신념에 어긋나지 않는 일에 관해서 지금까지 내가 지켜야 할 규칙이나 법률을 범하고 잘못되게 행동한 적이 있었던가요? 나는 죄가 없어도 죄수로서 이 감옥 규칙에 충실해 왔고 죄를 범한 것이 없다는 것을 인정하셔야 할 거예요."

그는 자리에서 벌떡 일어나며 두 주먹으로 책상을 쾅! 치면서

"여하튼 나는 대일본 제국 천황 폐하의 충실한 사신으로서 자네에게 매일매일 일을 해서 국가에 으레 봉사하라고 명령한다."
라고 고함을 쳤다. 나는 이 말이 끝나자 자리에서 벌떡 일어나서 소장이 쾅! 하고 치던 그 책상을 주먹으로 나도 쾅! 하고 치면서 눈을 똑바로 뜨고

"천지와 만물을 그 말씀으로 지으시고 이제도 이 천지와 거기 있는 모든 것을 운행하시는 주 여호와 하나님의 종된 나는 하나님의 법을 어기고 사람이 굴복시키려는 명령에 복종할 수 없소"
하고 소장을 뚫어지게 쳐다보니 내 눈에서 불이 나오는 것같이 눈이 화끈하고 가슴이 북받쳐 왔다.

소장은 놀라서 입을 딱 벌리더니 말문이 막히고 어이가 없든지
"어! 어!"
하고 말이 나오지 않았다. 그는 한참이나 나를 보더니 기가 막혀서 자리에 말 없이 앉으면서 씩씩 하고 있었다.

나는 어찌 마음에 통쾌한지 그리고 어찌 조용해지는지 과장과 부장과 간수장을 휘 돌아보지는 않았어도 보고 있는 그들의 모양이 익살맞게 느껴졌다.

여간수장이 와들와들 떨고 서 있는 것이 느껴지고 과장과 부장은 소장과 나를 번갈아 지켜보고 있고 나는 늠름하고 냉정하고, 소장은 허덕거리기만 했다. 나는 내 마음속으로

'에이 씨름꾼 같은 뚱뚱보야! 나는 벌써 날선 검인 하나님의 말씀으로 네 배와 가슴을 찔러 죽였으니까 너는 벌써 죽은 송장이야.'
하고 천연스러웠다.

나는 소장과 눈이 딱 마주치게 서 있었다. 그는 얼마 있더니
"자네 좀 앉게, 그 의자에."
한다. 나는 다시 앉았다. 그는 쉬지 않고 나를 그냥 그대로 보고 있더니 그 건방지고 억센 태도를 변하면서

"나는 관리가 되어 30여 년을 이런 일을 해왔어도 오늘 지금 같은 일을 당해 본 일이 없었다. 소장을 무엇으로 알고 주먹으로 상을 치며 내게 항거한단 말인가?"
하고 얼마 동안 있더니

"자네가 그렇게 신앙하는 자네의 신이 자네를 오늘 도왔네."
나는 그 말을 받아

"나라는 것은 벌써 오래 전에 다 죽어 없어졌고 지금 있는 것은 하

나님을 믿고 순종하는 신앙심뿐입니다. 나는 이 일을 위해서 죽었고 또 앞으로 이 일 때문에 사형이 되겠지요."
했다.
"음!"
그는 감탄인지 버릇인지 소리를 치고 아주 부드러운 얼굴을 지었다. 그리고 나를 보는 눈빛이 더 따뜻해지고 언사와 태도가 친구같이 되었다. 한참이나 멍청히 있다가 내 뒤에서 떨고 섰던 여간수장에게
"자네 이 아가씨를 너무 학대하려고 달려들지 말게. 모든 지시는 재판소에서 할 테니까, 응?"
여간수장은 화가 나서 치를 떠는지 소장이 무서워서 떠는지 와들와들 떨면서
"하이! 하이! 하이!(네! 네! 네!)"
를 계속하며 절을 자꾸 하는 꼴이 신경이 잘못된 사람 같았다. 소장실을 나올 때 나는 하늘을 쳐다보았다. 그리고 내 가슴에서는 찬송이 흘러나왔다.
"내 눈을 들어 사면을 보니 산악이라. 내 도움 어디서 오나. 그 어디서 하늘과 땅을 지으신 여호와 날 도와 주심 확실하도다. 아! 졸지도 않으시고 주무시지도 않으시는 여호와여 당신은 그 어떠하신 사랑과 정력으로 오늘날 나를 도우셨습니까? 다만 나만 아는 것이 아니라 이방인인 일본인 소장이 증거한 말도 주님은 들으셨습니다."
나는 개선해서 돌아오는 장군같이 의기 양양했다. 여간수장은 자기 사무실에 들어서면서 히스테리를 부린다.
"뭐야! 반해 버렸어. 반했어, 그래 반했어."
아마 이 여자의 말은 소장이 내게 반했다는 말이다. 반했다는 것보다 넘어뜨리었다는 것을 모르는가?
이 여자는 소장의 패전이 몹시도 못마땅한 셈이다.
나는 나를 데려다 주는 간수를 기다릴 수밖에 없어서 서 있으니 여간수장은 너무 분이 나고 화가 치밀어서 어쩔 줄을 모르고 화풀이를 부하 간수들에게 하는 것이었다. 나는 서 있으면서 속이 시원했다.

감방에 데려다 주는 간수가

　"나는 저 할머니가 저렇게 실태한 예를 본 일이 없는데 아마 무슨 대단한 일이 있었군!"

　나는 의기 양양한 대로 설명을 하려다가 뚝 그치고

　"좀 있으면 마음이 가라앉으시겠지요."

하고 시치미를 떼고 감방으로 들어왔다. 나는 모든 되어진 일을 다시 생각하니 꿈을 꾼 것 같았다. 꿈이 아니고 어떻게 이런 일이 있을 수가 있겠는가? 천로역정에 기독도가 노한 사자를 보고 겁을 집어먹고 소리를 쳤지만 사자는 기독교를 해칠 만치 달려들지를 못해서 자세히 보니 그 사자는 쇠사슬로 매어져 있었다는 것을 다시 생각했다.

　이 사자 같은 소장이 화를 내고 큰 고함 소리로 천황 폐하의 충성된 사신 운운하고 달려들었지만 그의 패전은 익살맞고 서툰 희극이 아닐 수가 없었다.

　나는 과거에 그런 것같이 주님이 하시는 일에 참 놀라고 황홀해서 엎드려 경배하지 않을 수 없었다. 개미가 산을 옮긴 것 같은 기분이었다. 개미가 큰 바윗돌을 등에 지고 민 것은 큰 바윗돌을 붙들어 옮겨 준 사람의 손이 있었던 것같이, 내가 이 요란하고 강력한 포악과 무지의 미친 집권자와 싸워서 이긴 것은 그것은 결단코 내가 아니었고 나와 같이하고 나를 들어 쓰신 주님과 그의 말씀의 검 같은 능력의 손뿐이었다.

　아! 나는 다시 회개하고 내 믿음이 나약한 것을 자복하지 않을 수 없었다. 그리고 나와 같이 뒤로 물러가기 잘하고 넘어지기 잘하고 걱정 잘하고 싫어지기 잘하고 미워하기 잘하고, 되지 못하고 된 척하기 잘하고, 교만스럽고, 거짓되고 망령되고 미련하고 악하고, 약하고 수다스럽고 명계 잘하고, 꾀부리고 속단하고 후회 많고 떨기 잘하고 못나고 못생기고 못되고 덜되고 거룩한 모양도 없고 단정하지 못하고 점잖지 못하고 사랑에 인색하고 여자답지 못하고 충성스럽지 못하고 슬기가 없고 판단력이 부족하고 실언 잘하고 실패 잘하고, 흠 잘 집어내고 자기 중심이고, 욕심 많고, 탐하기 잘하고, 더럽고 패역하고 불순종하고, 거역하고 참지 못하고, 사랑스럽지 못하고, 까불고, 아둔하고 재간이 없고 무식하고 무능하고, 겁쟁이고 울기 잘하고…."

아! 나는 참 보잘것없는 죄와 허물 덩어리가 아닌가? 하나님은 높으시고 거룩하시고 깨끗하시고 사랑이시고 긍휼하시고 그 아름다우심에도 불구하시고 왜 나를 택해 나를 통해 이같이 일하시는가?

그것은 너무도 너무도 지나친 경륜이신 것임을 느껴 엎드린 채 울기만 했다. 울어도 울어도 내 기쁨과 영광에 넘치는 감격은 그냥 그대로 솟아올랐다.

"주여! 이런 때는 그저 감격할 따름입니다. 이 말만 가지고는 내 기쁨과 감사가 표현되지 않아요. 내게 천국어를 가르쳐 주소서. 사도 요한이 묵시록에 한 것같이 '하나님께 영광과 존귀와 찬송과 권능과 지혜와 경배를 세세 영원 무궁토록 돌릴지어다 아멘' 함으로도 아직 만족하지 못하옵니다. 천국어를 내게 들려주셔서 쓰게 하여 주소서."

김 간수는 점점 믿음에 깊어 가고 나와 몹시 친해져 나를 힘껏 도왔다. 또 자기는 먹지 않고 도시락을 종종 나에게 강제로 먹게 했다.

전쟁은 날로 더 심해 가고 B29는 공중에 자주 떠 온다. 사이렌 소리가 나고 큰 요동이 나지만 폭탄은 절대로 떨어지지 않았다.

일본의 큰 도심지는 거의 다 폭탄을 안 맞은 곳이 없다고 하는 데도 이 미국 비행기는 한국 땅에 한 개도 떨어뜨리지 않고 보고만 가는 모양이다. 일본인들은 여자와 아이들까지 참대와 몽둥이와 식도를 써서 만일 미국 군인이 상륙할 때는 모두 찔러 죽이는 연습을 시킨다고 했다. 이 기막히고 생각이 없는 일본인들은 미국인을 허수아비로 아는 것인가? 미국 군인들이 일본 아이들의 창대기와 대나무 가지를 갖고 와서 찔러 죽이라고 손을 들고 옆구리를 내밀고 서 있어 주는 것으로 믿는 모양이다. 전쟁을 장난만치 알고 시작한 셈인가?

웃어 버릴 수 없는 희롱 같았다.

신앙 용사들과 출옥

이기선 목사와 다른 용사들

이기선 목사는 금강석같이 굳은 신앙의 용사다. 그는 신사참배를 강경히 반대하고 그것을 가르치며 다녔던고로 일본 경관 둘이 억지로 그를 붙들어 산에 끌고 가 신사 앞에서 그의 머리를 붙잡아 땅에 엎드러지게 했다. 이 목사는 순간 전력을 다해서 머리를 뒤로 힘있게 제쳐 머리를 땅에 깔 수밖에 없었다.

악독한 경관은 뒤로 자빠진 이 목사를 앞으로 굽혀서 힘있게 땅에 엎어뜨려서 이마와 코가 흙에 몹시 상했다. 그러나 이 목사는 다시 전력을 다해서 뒤로 자빠졌다. 경관은 다시 이 목사를 붙잡아 억지로 신사 앞 땅바닥에 엎드러지게 하고 두 손으로 그의 머리를 힘있게 땅바닥에 눌렀다. 이 목사는 또 전력으로 뒤로 자빠지며 머리가 흙에 닿도록 뒤로 넘어졌다. 터지고 깨진 그의 앞과 뒤에서 흐르는 피를 본 경관은 이 목사의 강한 결심과 신앙의 굳은 지조를 보고도 회개하지 아니하고 마침내 그를 잡아 가두고 갖은 고문과 혹독한 핍박을 2년 동안이나 했다. 그래도 그는 변치 않았다. 그때에 그는 평양 경찰서 유치장에 감금중이었다. 마침 내가 동경에서 박천으로 이송되었다가 평양으로 나올 때에 박천에서 호송하러 온 형사의 손에서 평양 경찰서 고등계에 넘겨지던 날 고등계에서는 이 목사가 박천 사람이므로 내가 아는가 해서 즉석에서 석방했던 것이다.

그때에 나를 우리 집에 가라고 하고 매일 형사 네 사람이 번갈아

와서 감시했다. 그래도 나는 기회를 봐서 이 목사를 만나 모든 신앙의 체험과 간증을 듣고 또 그가 박천 사람이었던 만큼 우리는 단번에 몹시 가까워졌다.

아! 그의 성자적 모습을 잊을 길이 없다. 인자하고 성결하고 신실하고 유강한 얼굴은 그 태도와 한가지로 옛 성인 폴리캅을 연상케 하였다. 그렇게 잔인한 고문에도 그의 얼굴은 빛을 발하니 놀라지 않을 수가 없었다.

그가 내 고장 박천에서 태어나고 자라서 위대한 주의 종이 되어 이렇듯이 귀하고 찬란하게 순교진을 단장했다는 이 사실은 너무도 내 가슴에 사무치고 엉켜지는 자랑이 아닐 수가 없어 감사할 뿐이다.

그리고 나는 이 목사님과 비슷한 또 한 분을 생각한다. 그는 이광록 집사다. 그도 신앙 용사 중의 한 사람이다. 그는 학교라고는 문 앞에 가본 일도 없는 산골 태생으로 약 행상을 하던 중 예수를 믿은 후에도 계속 약장수를 해서 숨어 다니는 성도들을 전적으로 도와 오다가 잡혔다.

경관들이 그 순진한 청년을 어찌나 무섭게 고문을 했던지 팔과 다리를 꺾고 너무 때려서 눈알이 반 센티나 나왔었다. 그러나 한 번도 아이구 소리를 친 일이 없이 주님 주님 하면서 그 무서운 고문을 다 겪고 그 무서운 옥살이를 영광으로만 아는 놀라운 신앙의 용사다.

박관준 장로도 용사 중의 용사였다. 성격적으로 내가 이해 못 할 점도 있었지만 그는 초자연적인 신앙의 소유자로 두려움을 모르는 순교만을 표향(標向)하고 쏜살같이 달음질치는 강력한 용사다.

고령이신 오윤선 장로도 신앙이 독실하고 흠이 없는 의지적 신앙 용사다.

방계성 장로도 언제나 기뻐하고 믿고 의지하는 데 한 번도 낙심해 본 일이 없는 꾸준하고 순직한 믿음 많은 용사였고, 한상동 목사도 사랑이 많고 언제나 이해와 자애의 언사로 통달한 지우적(知友的)인 용사다. 그리고 서정환 장로는 언제나 아름다운 청년적 순진성으로 깨끗한 인상을 누구에게나 주는 젊은 신앙가였으며 어느 신앙가에게도 지지 않을 칭찬받는 신앙의 용사다.

박신근 집사도 교육을 전혀 받아 본 일이 없으나 반면에 '믿자주의'의 용사다. 그가 진리를 붙잡았을 때 그는 무엇이 그를 침노하든지 돌진하는 그러한 성격의 용사라고 보고 있다.

이인재 전도사는 조용하고 은근해서 숨어 있는 샘물 같다. 떠들지도 않고 큰 말을 안 해도 언제나 간증을 주고받으면 시원한 샘물을 마신 것같이 위로와 힘을 주는 꾸준한 신앙가다. 이러한 용사는 찬란하게 드러난 빛이 없어 보여도 지극한 보배로운 주의 용사라고 누구나 인정하는 것이다.

여자들도 모두 자랑할 만한 놀라운 용사들이다.

조수옥 씨는 연연한 몸이 풀잎같이 부드럽고 아름답다. 산 속에 졸졸 흐르는 조그만 샘물같이 자기의 아름다운 것을 전혀 모르고 들에 피고 있는 들국화 같기도 하다.

그는 한때 이 큰 환난이 닥쳐오는 것을 보고 그 주신 신앙을 사수할 결심으로 바닷가 모래사장에 엎드려서 주님 앞에 의논하던 이야기를 했다. 나는 그 광경을 머리에 그리며 나도 모래사장에 엎드려서 그러한 기도를 세상에서 한번 해보았으면 하고 부러워했다. 나는 그를 볼 때 그러한 여성 신앙 용사가 이 강산에서 자라났다고 하는 데 큰 자랑을 느낀다.

최덕지 선생은 굉장한 분이다. 여성으로서 어쩌면 그렇게 강하고 동요가 없을까? 성격상의 차이로 나는 숨이 넘어가는 듯한 고통을 그로 인해 겪어 왔지만 그는 기적 중의 기적의 여인이요, 용사 중의 용사라고 나는 보고 있다. 그의 의지는 반석 같고 그의 충직(忠直)은 강철 같다.

그의 신앙은 모세의 신앙이요, 그의 격투는 마치 살과 피와 뼈로 대포를 향하는 격투다. 그의 신앙 태도에는 머리칼 한 오라기만한 그림자에도 타협이 없고 위로를 극히 원수시한다. 그의 신앙의 주먹과 살은 단단해지고 총알도 녹여 버리는 기세였다.

그의 살이 찢기고 피가 엉키는 고문은 그에게 오히려 힘과 승리를 느끼게 하고 그의 신앙의 의지를 관철시키려 하는 데는 인간적인 것은 있을 수가 없었다. 마광한 강철 같은 그의 신앙 태도는 그의 의지의 강력함을 발휘하고 그 속에 실린 용사의 신앙을 선포한다.

그래서 약한 자는 부딪쳐 넘어가고 강한 자라도 그 앞에서는 여지없이 부서진다. 그러므로 여호와의 지성(至聖)하시고 지의(至義)하시고 지존(至尊)하시고 지진(至眞)하신 모습을 그는 여실히 그 몸으로 설명하고, 예수님의 지애(至愛)하시고 지휼(至恤)하신 그 사랑은 그에게 용이하게 찾아볼 수 없다. 신앙가들도 그것을 그에게서 보지 못한다. 나도 그렇다.

"아! 용사여! 신앙의 용사들이여! 참 장하고 존귀하여라."

이들은 오직 평양 형무소에서 연단을 받은 용사들이지만 그 외에 서울과 신의주, 광주·해주·부산·대구·원산, 온 반도 강산 수많은 시와 읍에 있는 유치장과 감옥에서 그 얼마나 많은 용사들이 그 주인이신 예수님의 이름을 위하여 무서운 고문에 쓰러지고 순교하였는가?

또 부녀들은 그 얼마나 졸이는 가슴을 부둥켜안고 이 읍에서 저 읍으로, 이 집에서 저 집으로 헤매며 그 신앙을 위해 죽을 고개를 그 몇 번이나 넘었으며 용사적 승리를 가져올 때까지 고역하였는가? 내 어머니와 같이 내 언니와 같이 또는 내 몇 친우와 부녀들과 같이 그러한 남녀 신앙의 용사들이 헤아릴 수 없이 많다.

주기철 목사와 손가락 회화

주 목사는 위대한 설교자다. 그리고 용사 중에 보다 더 뛰어난 용
사라고 본다. 그는 예수님을 상상케 하는 아름답고 성결한 용모를 가
진 분이다. 내가 아직 신앙을 기르며 열심으로 기도하고, 이 망측스런
교계가 타락하고 변해 가는 것을 보고 그래도 신앙을 지키고자 결심
하고 이리저리 신앙을 찾아 헤맬 때였다. 그 무렵 주 목사가 평양 경
찰서에서 석방되어 나와 첫 설교를 하였다. 많은 사람들이 변복을 하
고 찾아드는 그 중에 나도 끼여 한구석에 겨우 자리를 잡고 그의 말
을 들으려고 전 신경을 다 돋우어서 그의 일동 일언에 주의했다. 나
는 그의 용모와 표정에 벌써 큰 감화를 받아서 가슴이 설레었었다.

그는 부드러운 음성으로 똑똑하고 선명하게

"그들의 악착한 매의 채찍은 살을 찢고 신경에 불을 지르지요. 그
렇게 심하고 무섭고 아픈 체험을 하기는 처음입니다. 그러나 지금이
시작이지요. 앞으로 어떠한 더 심한 고문을 당할지도 모릅니다. 그러
나 각오하고 있습니다. 그렇게 악착한 매질에 기적이 있기를 기대할
수 없지요. 예수님이 친히 당하신 그것을 당하는 것이니까요. 힘에 겨
워도 당해 내야지요."

이 말에 모두들 소리 없이 울었다. 흐르는 눈물을 씻지도 닦지도
않고 저마다 흘렸다. 이 모든 사람들은 예수님을 만난 것같이 강퍅했
던 마음이 풀어지고 녹아서, 움직이지도 않고 숨소리조차 안 들리게

조용하고 비상한 자리를 형성했었다.

그는 다음 주일엔 산정현 예배당 강대에 나섰다. 모여드는 신자들은 마치 쫓기는 대중같이 뒤도 옆도 보지 않고 산정현 예배당을 향하여 급하게 달려갔다.

나도 머리에 무엇을 뒤집어쓰고 빨리 가서 급하게 성전에 들어섰으나 벌써 예배당 안은 꽉 찼다. 나는 겨우 길을 뚫고 들어가 자리를 잡아 앉았다. 여기저기서 수군거리는 말을 들어보면 사복한 형사들 수십 명이 대중에 끼여 배치되어 있다는 것이다.

강대에는 사회하는 이도 없었고 주 목사가 혼자 의자에 초상화같이 앉아 있었다. 멀리서 보는 그의 창백한 얼굴은 석고로 빚어 놓은 듯했다. 미의 조화 같은 얼굴은 트라홈으로 인해서인지 조용히 감고 있는 눈이 그 흰 살결과 조화되어 유달리 성스럽게 보였다. 성난 자도 노를 멈추게 할 매력을 뿜어 내는 것 같았다.

이 많은 대중은 기침 소리 하나 내지 않고 엄숙하고 조용하게 모두 고개를 숙이고 준비 기도를 드리며 예배 시작을 기다리는 것이었다. 강대에 주 목사 혼자만 있고 다른 사회자가 없는 것은 이 좌석에 형사들이 많이 와서 지키는 바람에 다른 이들을 아끼는 마음으로 형사들에게 체포되지 않도록 주 목사 자기가 혼자서 다 맡아 주장을 하는 사연인 것 같았다.

11시 정각이 되자 주 목사는 의자에서 일어나서 강대에 나섰다. 그가 서 있는 모습은 예수님이 다시 오셔서 그 자리에 서신 것 같은 큰 감동을 일으켰으며 또한 그 모습은 신비스러웠다.

"다 일어나서 찬송가 20장을 부릅시다."

부드럽고 청아한 소리로 대중에게 말하자 모든 사람들은 일제히 조심스럽게 일어났다. 악기 소리에 맞추어 대중은 가슴을 젖히고 강하고 큰 소리로 천지가 진동하도록 우렁찬 목소리로 힘차게 같이 불렀다.

　　　만유의 대왕 늘 경배하며

　　그 크신 사랑 늘 찬송하네
　　옛부터 영원히 참 방패시니
　　그 광명한 곳에 인도하시네

　울면 대개 목이 메는 법인데 모두 울며 눈물을 흘리며 부르는 찬송 소리는 우리 심령을 흔들고 늘 떠나가는 것같이 우렁차고 경건스러우며 교회가 떠나 하늘로 올라갈 것같이 큰 진동을 일으켰다.
　"아! 이것이 교회다."
하고 감탄했다. 눈물이 쏟아지며 내 목청을 있는 대로 다 돋우어 부르는 이 찬송은 죽어 냄새 나는 현대의 나사로도 벌떡 일어나게 할 힘이 감도는 것 같았다.
　주 목사의 기도가 시작되었다.
　"당신의 외아들을 아끼시지 아니하시도록 이 인류를 사랑하시고 구원해 주시기를 원하시고 이루신 만왕의 대왕이요 만유의 대주재 되신 여호와, 거룩하시고 진실하신 하나님."
　그의 기도 소리와 말은 우리의 심장을 뚫고 큰 힘을 가지고 사무쳐 들어와서 흐릿한 이 심령에 환한 빛과 감동을 준다. 간단하고 짧은 기도 같았으나 그는 자기의 대왕을 높일 대로 높이고 찬양할 대로 다하고 경배와 회개의 절차를 다 갖춘 기도로 끝을 맺었다. 짧게 느끼게 한 그 기도는 내 마음을 그 높은 보좌 여호와 하나님 앞에 나를 세워 놓게 한 충동을 받으면서 다시 다음 찬송가를 불렀다.
　찬송은 내게 새로운 흥분과 감동을 일으키고 내게 그 어떤 큰 힘을 느끼게 하고야 말았다. 주 목사는 강대에 처음에 나와 그 자세대로 끝까지 예배 순서를 진행했다. 모두들 형사가 무섭기도 하고 또 주 목사가 다른 이들을 아끼는 뜻에서 특별송도, 찬양대 성가도 다 없었다.
　주 목사는 히브리 11장 1절을 봉독하였다. 그는 또 골로새서 3장 1절을 봉독하였다. 이 성경 구절은 내가 언제나 읽고 또 따로 외우기도 한 성경 구절이었는데, 주 목사가 봉독할 때는 그 뜻이 선명하고 분명하게 영감의 능력을 가지고 내 심령에 화인같이 밝혀 주는 사실에 나는 크게 놀라고 감동이 되었다.

주 목사는 강대 위에 정중히 서서

"하나님의 지으심을 받은 사람이 그 지으신 하나님을 섬긴다는 일은 하나도 이상한 일이 아닙니다. 무엇을 만든 자가 만든 것이 으레 제 것이 되고 지어진 물건은 으레 만든 자에게 속하는 것이 마땅한 것과 같습니다."

라고 말할 때 마치 금나팔을 불어 올리는 것 같은 부드럽고 매력 깊은 음성이 흐림도 없이 탄탄하게 그 입으로 나왔다.

그는 하나님의 지존하신 권리와 권세에 대하여서 찬송하고 추천했다.

"아버지가 아들에게 으레 가르치고 명령하고 아버지로서의 대접을 받으려고 하는 것은 지당한 일입니다. 아버지는 그 아들을 낳았으니까 그런 것이고, 또 아들보다 경험이 많으니까 바르고 옳은 길로 가게 하려고 하는 것이고, 그것이 아들에게 좋은 일이 되는고로 아들을 위해서 하는 것입니다. 아내로서 남편 외의 다른 주인을 둘 수 없습니다. 아내 된 사람에게 간부를 두라고 권하고 압제하는 법이 있다 하면 어느 것이 옳은 것인가 판단하여야 하지 않을까요?

이런 일을 옳게 판단하면서도 그래도 옳지 않은 편을 들고 그 편이 되어서 불의한 편에 가담하고 아첨해야 합니까? 내 앞에 다른 신을 두지 말라 하신 계명은 이 천지와 우주를 만드신 창조주의 명령입니다. 그는 지은 자에게 명령할 권리가 있습니다. 복을 주시기 위해 하신 명령이 못마땅하다는 것입니까? 이 법이 마땅하든지 안 하든지 이것은 엄연한 창조주의 법령이니 할 수 없습니다.

나는 과거에 사회에 출입할 때의 일을 기억합니다. 나는 내 재간과 내 힘을 써서 사회에 나가 최선의 노력을 했다고 생각했습니다. 그리고 나는 내가 하는 노력이 모두 목적을 향해 진취되어 가는 것으로 믿고 싶었습니다. 그러나 종일 애쓰고 종일 수고하고 지친 몸으로 돌아오면 왜 그렇게 후회가 많았던지 모릅니다. 아! 이것을 이렇게 했

더라면 저것은 저렇게 했더라면 하는 후회와 낙심으로 부끄럽고 고
통과 분한 것이 나를 괴롭혔습니다. 나는 이 세상이 괴로운 세상인
것을 알았습니다. 내 마음대로 되는 것이 하나도 없이 되어가는구나
생각하면 그만큼 언제나 낙심이 되는 것이었습니다. 나는 어떤 때는
자살이라도 해 버리고 세상을 아주 잊어버리고 싶은 생각이 들 때도
있습니다. 세상에는 기쁜 일이 없었습니다. 어둡고 캄캄했습니다. 가
도 가도 고해였습니다.

그러나 나는 한때 예수님에게 건져졌습니다. 이 놀라운 진리를 받
은 나는 세상에 시달려 앞이 어두워졌을 때 조용한 곳을 찾아갔습니
다. 그래서 나는 밤새도록 씨름을 하듯이 이 우주와 천지를 지으신
자에게 엎드려서 의논을 했습니다. 엎드리고 나면 내 모든 생활에서
의 모순되었던 점을 모두 발견하게 됩니다. 물론 염치가 없었지만 내
게 있어서의 모순된 점을 하나씩 지적해 내어서 예수님에게 죄다 고
하였습니다. 내 자신이 얼마나 죄와 모순덩어리였으며, 얼마나 자기
중심적이며, 얼마나 이기적이며, 얼마나 판단적이며, 얼마나 독선적인
가를 발견할수록 밤새도록 끄집어내서 자복했습니다. 나는 풀밭에 엎
드린 채 온 밤을 통곡하고 자복하고 회개했습니다. 아침이 되어서 눈
을 뜨고 하나님이 지으신 이 천지 만물을 보았습니다. 내 한계는 변
했습니다. 이슬에 젖은 삼라 만상은 아침 햇빛에 빛나고 아름답고 정
다웠습니다. 아! 이렇게 아름다운 세상에 내가 살아 있었던가? 나는
참 놀라고 황홀했습니다.

여러분 죄의 길은 어둡고 캄캄합니다. 가도 가도 거기는 되는 일이
없습니다. 되는 줄로 알면 당신은 소경입니다. 죄로 인해 눈이 어두우
면 마귀는 당신을 자기 마음대로 끌고 다니고 자기 원하는 대로 만
들어 놓고야 마는 것입니다. 하나님 말씀에 죄를 네 등 뒤에 버리라
하셨는데 죄 대신에 하나님을 등 뒤에 버리고 죄를 앞세우고 죄가
하라는 대로 해서 무슨 복을 받으려는 것입니까? 하나님을 만홀히
여기고 그의 엄격하신 법도를 유린하면서 하나님이 내 하나님이라고
해서 망동하는 자는 저주를 자청하는 것이 아니고 무엇입니까?"

이처럼 진지하고 박력을 가진 설교에 나는 황홀해지며 내 심부를 꿰뚫는 것 같은 영력이 막 쏟아져 들어왔다. 그리고 나를 극도로 긴장시키면서 온 신경을 예민케 하고 흥분케 했다.

그는 자기도 흥분이 되어서 주먹을 쾅 하고 강대를 쳤다. 동시에 벼락 같은 웅장한 소리로

"이같이 거룩하신 하나님을 우상이 무서워서 배반하는 행동을 하자는 모독배들은 모두 이 자리에서 떠나가라."

하고 고함을 질렀다.

"하나님의 이름을 부르는 것조차 가증스럽고 있을 수 없는 모독이다."

하고 또 고함을 쳤다. 그 소리는 벽력 소리였다. 그리고 그는 또 사울 왕 때에 블레셋 사람에게 빼앗겼던 법궤를 다윗 왕이 다윗 성으로 모셔 오려고 하던 때에 웃사가 뛰는 소 때문에 법궤를 붙잡으려다가 즉사한 이야기를 했다.

엄연한 하나님의 법이, 법궤는 나무에 싣고 사람의 어깨에 메어서 운행하라고 하였는데 소 수레에 실어서 하나님의 법을 범한 결과를 강하게 말씀했다. 또 초대 교회의 비극인 아나니아와 삽비라가 하나님을 속이다가 즉사한 이야기도 했다. 또 소위 종교의 지도자라는 가야바가 세력에 눈이 어둡고 권력에 타협해서 하나님을 십자가에 못 박아 죽이면서도 깨닫지 못했다고 하면서, 권력이 하나님보다 더 크게 보이는 종교자는 그때나 지금이나 하나님을 십자가에 못박고도 늠름하다고 외쳤다.

"믿으려면 좀 똑똑히 믿고, 하나님을 믿는 것이면 하나님을 하나님으로 대접하라."

하는 말에는 가슴이 저려 오는 듯한 큰 자극을 받았다.

"하나님이 예레미야에게 레갑의 온 족속의 사람들에게 가서 포도주를 먹이라고 하셔서 선지자가 가서 술을 먹여도 이 사람들은 자기의 선조 요나단의 교훈을 따라 술을 받아 먹기를 강경히 거절했습니다. 그래서 하나님의 칭찬을 받았던 것입니다. 술을 먹이면 먹고, 구

정물을 마시게 하면 마시고, 대체 하나님의 말씀을 무엇만큼 여겨 얼마만큼 만홀히 대접하려는 것입니까? 웃시야 왕은 자기가 하나님을 잘 섬겨서 복을 받았습니다. 그러나 웃시야 왕은 하나님이 원치 않는 제사를 드리다가 문둥이가 되었습니다. 왕일지라도 하나님의 법을 범하게 되면 문둥이가 되는 것입니다.”

이와 같은 그의 설교에 모두 성신이 충만하고 담대한 용기가 솟구쳤다. 나는 어찌나 시원한지 내 앞에 가로막혔던 사나운 산이 스스로 물러가서 저 바닷속으로 들어가 없어져서 앞이 환하게 열려진 것 같았다. 시원하고 웅장했으며 찬란했다. 그리고 영광스러웠다. 그의 설교는 길지 않고 빨리 끝났다. 아니, 사실은 길었는지도 모르지만 그렇게 짧고 간단한 것 같았다. 그 짧고 간단한 설교를 들으며 내 결심은 확고해졌고 내 순교의 영에 대한 환희는 고취되었다. 위대한 설교자! 위대한 인물! 위대한 목사! 위대한 한국인이다.

그는 지혜 있게 예배 후에 슬그머니 뒷문으로 빠져 나가 아무도 인사하지 못하게 사라졌다. 인사하는 사람들이 배치된 형사들의 눈에 띌까 염려한 까닭일 것이다. 나는 그의 설교 한마디 한마디를 지금은 기억을 못 하나 그 설교가 남겨 준 영력은 지금도 나를 지배하고 있다. 그리고 그 후 얼마 못 되어 그는 다시 구속되었다. 그렇게 위대한 목사를, 염치없고 선악의 구별을 모르고 덤벼드는 미친 개 같은 귀신의 자식들이 어찌 감히 그렇게도 치고 찢고 거꾸러뜨리고 덤벼든다는 말인가? 어떻게 감히 그 더러운 입을 열고 그 악설을 퍼붓는 만행을 감행한단 말인가? 나는 가슴이 터져 오고 심장이 찢어지는 것같이 괴롭고 아파 어지러웠다.

일본 귀신 팔백만을 모두 다 잡아 찢어 죽여 버려야 한다. 이 세상 누구도 하기 원치 아니해도 나 혼자라도 내 어머니와 같이 예수님을 앞에 대장으로 세우고 그가 인도하시는 대로 절대 순종해서 강하고 담대하고 용감스럽고 훌륭하고 위대하게 일본 귀신을 모조리 잡아 죽여 이 땅에서 쓸어버리고야 말겠다.

나는 의분이 일어났다. 아! 내 심장은 당장에 터질 것같이 불붙었다. 나는 집으로 돌아오면서 먼산을 바라보았다. 그리고 그 산보다 더 높은 하늘을 쳐다보았다.

일본 귀신들은 산 위에까지 올라갔으나 내 믿음은 저 창공 위에 올라가야 한다. 그리고 내 믿음은 보좌에 앉아 계신 대주재 왕의 왕이신 창조주의 음성을 청종(聽從)하여야 하는 것이다. 땅에서 들리는 말은 듣지 말고 하늘에서 내리는 보다 높고 보다 능력이시고 보다 믿을 만한 분이신 그의 음성만을 듣고 따라야 한다.

이러한 결심을 하면서 높은 창공만 바라보며 산등재 언덕을 내려오는데, 내 눈은 위를 향한 채 저 피안에 십자가가 보이는 것 같은 영감을 느꼈다.

아! 하고 나는 경겁을 했다.

'그렇다! 십자가다.'

피할 수 없는 험한 길이 내 앞에서 기다리고 있다.

이렇게 나는 구속되기 전에 주 목사님을 뵌 적이 있었다. 그러고 나서 '동경 경고' 후에 우리가 다시 한날 또 검거되었을 때 평양 경찰서 유치장 감방 바로 맞은편에서 1년을 같이 지냈다.

나는 사회에 있을 때 그를 친히 만나서 인사하는 일을 사양했었다. 그것은 그가 석방이 되면 너무 큰 인물들이 싸고돌며 그를 번거롭게 하기 때문이었다. 더욱이 그가 상처(喪妻)한 후 결혼한 지도 얼마 안 되었기 때문에 그분이 나를 위해 1분이라도 시간을 빼앗기게 되는 일이 없도록 하기 위해서였고, 또 나같이 아무 가치 없는 인간이 인사를 드린다는 것이 무언지 합당하지 않다고 느꼈기 때문이다. 내가 유치장에서 손가락으로 글을 쓰며 대화할 때 그는 내게 물은 일이 있었다.

"나는 왜 사회에 있을 때에 안 선생을 뵙지 못했을까요?"

나는 농담을 하면서

"목사님은 신혼도 되시고 번쩍하는 분들에게만 둘러싸여 계셨으니 저는 명함도 못 드린 셈이지요."

그는 그 말이 우스웠던지 또 재미있었던지

"안 선생은 유머도 있어 늙지 않을 텐데 이 고생이니 아깝습니다."
그리고 다시 손을 들어서
"하기야, 내게 명함을 드리고 이야기나 했더라면 일본 국회에 가시지도 못했을지 모르지요."
"국회에 간 것은 어떻게 누구에게 들으셨는데요?"
하고 놀라서 물으니
"소식 중에 제일 큰 소식이고 가장 놀라운 일인데 왜 모르겠습니까? 다 들려왔습니다. 얼마나 큰일이었는데요?"
나는 궁금증이 나서
"누구에게 그 소식을 전하여 들으셨습니까?"
"제 아내에게서 자세히 들었습니다."
"사모님이 면회를 오셨습니까?"
"전선적으로 검거하기 전에 잠깐 석방이 되었으니까요."
"아! 알았습니다."
하고 나는 놀라 기도하고 몹시 기쁘기도 했으며 만족도 했다. 그는
"자 안 선생, 안 선생이 직접 있었던 일들을 낱낱이 말해 주시오. 맨 처음에서부터 이 시간에 이르기까지 모조리 하나도 빠뜨리지 말고요."
했다. 나는 손가락을 들고 시초부터 모든 말을 손가락 신호로 조금씩 말을 하면서 어떤 때는 나도 감격하고 흥분이 되어서 울면서 썼다. 그도 너무 흥분이 되는지 눈이 안 보여서인지 저고리 섶으로 눈물을 닦으면서
"아 좀 쉬세요. 이건 참 놀라운 사실이어서 한꺼번에는 다 들을 수가 없으니까 좀 쉬고 또 이야기합시다."
하고 그는 감격이 되어 눈을 감고 한참 쉬고 나서
"하나님이 인물을 참 잘 선택하셨군요."
라고 했다.
나는 그 말에 부끄러웠다. 그래서 손을 들고
"저는 그렇게 생각 안 합니다. 목사님은 그렇게 말씀하시지만 저는

아무 가치 없는 주님의 불쌍한 여종이에요."

"물론 우리들의 상급은 천국에 있는 것이니까 세상에서의 크고 작은 것을 논할 필요는 없습니다. 그러나 이 놀라운 역사가 우리 교회의 교회사에 오를 때에는 그야말로 빛나고 찬란한 광채를 세계에 발하게 될 것입니다."

나는 그 말이 어찌 두려워졌던지 그 말을 읽으면서 지친 사람같이 손을 다시 들어 답변할 힘이 없었다. 이런 말은 결과가 있은 후에야 하는 말이 아닐까. 이제 출발한 선수가 월계관부터 쓴 것 같은 느낌이 들기 때문이다.

나는 두려운 생각이 났다. 지금까지는 그런대로 주님의 은혜로 이렇게 순탄히 왔지만 앞으로 무슨 일이 어찌될지 모르기 때문이다.

잘 죽지 못하면 그것은 가장 혹독하고 비참한 일이기 때문이다. 주 목사는 내가 돌변해서 그 의기 양양하던 손가락을 막 놀리다 맥이 풀린 모양을 보고 염려해서

"왜? 어디 아프시오?"

나는 그가 염려하니 또 미안해져서 힘을 내서 다시 글을 썼다.

"선수가 뛰기도 전에 월계관을 받는 것 같은 심정이 되어졌어요. 목사님, 저는 죽기를 원해서 나섰지만 앞으로 무슨 일이 있어서, 즉 고문이나 못 견딜 핍박이 닥쳐 들어와서 죽다 못 죽으면 어찌할까요? 그것이 무서워요."

한즉 그도 그의 당한 고문을 생각했던지

"우리는 그저 한 발자국 한 발자국씩만 걸읍시다. 뛰려고도 말고 날려고도 말고 그날 닥쳐오는 일을 한 발자국씩만 다지면서 가면 갈 수 있겠지요. 죽는 것이 목표이면 그 죽음이 언제 오든지 언제나 죽음의 선만 목표하면 그 나머지 일은 예수님이 살아 계시니 그에게 맡길 수밖에 없습니다. 나는 안 선생의 심경을 잘 알겠어요."

나는 정말 내 앞길에 대한 아무 지식을 가질 수가 없었다. 내 자신에 대한 신임도 없었다. 얼마나 견딜 수 있겠나? 참 모를 일이었다. 그는 나를 격려하기 위해서 나를 불렀다.

"역사는 반복합니다. 정말 주님을 위해 죽으려던 사람이 실패한 전례가 없습니다. 예수님은 살아 계시니까요. 예수님은 우리가 우리 자신을 사랑하고 아끼는 그 이상 그를 따르고 죽고자 하는 자를 괄시하시거나 방관하시지 못하시는 분이 아닙니까?"

그리고 이어서

"마귀는 큰일을 하는 것같이 떠들썩해도 결국 거꾸러지는 법이고, 믿는 자들은 다 죽어 없어진 것 같아도 큰 힘을 빚어 내고야 마는 법입니다. 또 믿는 자들이 담대히 죽으면 죽을수록 주님 복음은 빛을 발하고 강력해서 능력으로 전파되는 것입니다."

나는 힘을 좀 얻어서

"저는 일본인들을 참 잘 아는데, 이들이 이렇게도 미치광이가 될 줄은 생각도 못 했어요. 이 사람들의 지도층들은 그래도 사리에 밝고 무엇 좀 아는 것으로 생각했는데 하는 짓을 보니 야만인 중에도 가장 우악스러운 개만도 못한 야만인 족속으로 보이니 기가 막혀요."

그도 머리를 끄덕끄덕하면서

"우상을 섬기면 다 그렇게 되는 법입니다. 귀신이라는 것은 약은 것 같지만 가장 미련한 것이기 때문에 귀신들리면 높은 자도, 지식인도, 왕도 다 마찬가지가 되고 맙니다. 일본이 중국을 먹겠다고 달라붙는 것을 보시죠. 그것은 마치 개구리가 큰 뱀을 삼키겠다고 입에 물고 시위하는 격이 아닙니까? 그래서 나는 너무 고문이 심할 때는 '주님! 사람 같은 것한테 매를 맞아도 맞게 해주소서. 미친 개에게 맞고 있으니 내 몸이 아픈 것보다 내 마음이 더 아픕니다' 라고 기도하고 회개를 했습니다. 다 몰라서 그러는 것인데 미친 개라고 해놓고 보니 예수님이 그의 옆구리를 찌른 자 위해 하신 기도가 생각이 났지요."

나는 이 말에 내 가슴이 또 아팠다.

"목사님, 얼마나 아프셨습니까?"

"인간의 육체라는 것이 그렇게도 아플 수 있는가 했습니다. 그러나 앞으로는 좀더 주님이 힘을 주시겠지요."

나는 이 소리에 너무도 애처로워서

"목사님, 만일 제가 여기에 있는 동안에 목사님을 고문하는 일이 다시 있으면 나는 달려들어서 그 형사들의 채찍을 빼앗아 먼저 형사들의 눈과 코를 때려 엎드리게 하고 목사님을 구해 드리겠어요. 절대로 다시는 목사님을 고문하지 못하도록 저는 그들에게 막 달려들 테니까요!"

하니 그는 감개 무량해서 한참 쉬고 눈을 다시 저고리 깃으로 닦은 후에

"안 선생이 남자였더라면 그 어떠한 일을 했을까 생각이 됩니다."

"저는 만일 남자가 되었더라면 목사님의 제자가 되어 목사님같이 되어 보고 싶었을 겁니다. 살아 계신 하나님을 높이 자랑하고 알려 주는 일, 목사님같이 위대한 설교자가 되려고 애썼을 거예요. 그것 참 장하지 않아요?"

"그것이 가장 인간의 할 일입니다. 나는 젊었을 때에 목사가 되리라고는 생각한 일이 없었지만 목사가 되고 보니 나 같은 것이 감히 하나님의 말씀을 전한다고 생각이 되어 그렇게 영예스럽고 귀한 일은 없다고 믿습니다. 인간으로서 가질 수 있는 직책 중에 가장 존귀하고 영예스러운 일입니다. 저의 설교 들어 보신 일이 있습니까?"

"네, 굉장한 설교를 들었지요."

"기억합니까?"

"하고말고요. 그 위대한 설교자의 설교를 기억 못 하면 어찌되려구요?"

나는 그가 설교한 내용을 대강 말했다. 그는 놀라면서

"안 선생은 놀라운 두뇌를 가지셨군요. 기억력이 이만저만이 아니신데요."

"성경 백 장과 찬송가 백50장이 그래서 제 가슴속에 가득합니다. 일본인이 한국어 성경을 다 불을 질러 없애도 내 가슴속에는 중요한 백 장의 성경과 백50장의 찬송이 머릿속에 기억되어 있으니 염려되는 것이 하나도 없습니다."

"하나님은 두뇌 좋고 학식 많은 이를 크게 쓰십니다. 구약의 대표

자 모세가 그랬고 신약의 대표자 바울 선생도 그랬습니다."

"목사님, 저를 그런 데 비교해 말씀하시면 두려워서 말하는 데 흥미를 잃어버리니까 그렇게 말씀하시는 것을 고치세요. 제가 말할 열성을 잃어버리니까요."

그는 알았다고 머리를 끄덕끄덕하며 감탄했다. 우리는 서로 피곤해서 쉬자고 말하고 목사님은 눈을 감고 명상에 들어가고 나는 또 고등계에 가기로 했다. 어떤 날은 또 손가락으로 이런 회화를 한 일이 있다.

"목사님, 몹시 배고프시지요?"

그는 솔직하게

"명상중에도 아닌게아니라 갖가지 음식이 눈에 선하게 보여서 나 자신이 부끄러워집니다."

나는 그 말을 듣고 눈물이 나왔다. 그래서

"목사님! 염려 마세요. 명상중에 보이는 음식들은 시험으로 나타나는 것이 아니고 그런 것들을 이제 앞으로 잡수신다는 것을 주님이 가르쳐 주시는 것일 거예요."

이 말에 그는 쓰던 손을 내리면서 눈을 번쩍 들고 나를 보면서

"뭐라고 했소, 안 선생."

했다. 나는 다시 손을 높이 들어서

"지금 도청 경시에게 청구했으니까 머지않아 사식이 허락될 겁니다."

하니 그는 너무 기뻐서

"언제쯤 될까요?"

"주님이 열심으로 일하실 테니 곧 되리라고 믿어요. 목사님, 무엇이 제일 잡수고 싶으신가요?"

그는 손을 번쩍 들더니

"쑥갓! 파란 쑥갓을 쇠고기로 어떻게 요리를 하는지는 몰라도 쑥갓 물에 쟁인 것을 슬쩍슬쩍 집어 먹으면서 국물도 훌훌 마시면 그것은 참 진미요. 나는 본래부터 그것을 좋아했어요."

나는 그런 것을 먹어 본 일이 없어서 고개를 갸웃했다.

쑥갓은 나물로 무쳐서 먹어 본 일이 있었지만 나는 쑥갓 냄새를 그리 좋아하지 않았기 때문에 별로 구미에 당기지 않았던 것이다. 그는 다시

"나는 쑥갓을 흰밥과 함께 한번 실컷 먹고 다시 생각이 안 나도록 했으면 합니다."

"왜 한 번만 잡수시겠어요. 자꾸 잡수시도록 예수님이 준비하시고 계실 거예요."

라고 하니 그는 몹시 기뻐했다.

나는 구가(久家) 경시에게 부탁해서 성도들에게 사식을 들여 달라고 했을 때 그의 태도는 퍽 희망적이었는고로 으레 주님이 어떻게든지 도와 주실 것을 꼭 믿었다.

주 목사님은

"안 선생은 무엇이 제일 자시고 싶소?"

나는 이 말에 얼굴이 붉어졌다. 나는 고등계에 나가서 먹고 싶은 것을 벌써 몇 번이나 먹었기 때문에 내 마음이 괴롭기도 하고, 성도들에게 미안하기도 해서 구가 경시에게 말한 것이었다.

나는 염치가 없어서 그 말에 답변을 못 하고

"목사님! 제가 여기서 제일 힘든 것이 무엇인가 가르쳐 드릴까요?"

하니 그는 고개를 끄덕였다.

"저는 하루에 한 번은 웃어야 해요. 적어도 한 번은 감사해서 웃어야 하는데 울 일은 하루에 몇 번이라도 있어 울지만 웃지를 못해 죽을 지경이에요. 우스운 일은 많아도 웃었다가는 처치 곤란이 되어서 웃지 못하니까요."

"무엇! 웃을 일이 이런 데도 있어요?"

"저는 도청에서 오는 고관 관리들을 고등계에 나가서 자주 보는데 소위 고관들이라는 경관들이 잡아제치고 세도를 부리는 것을 보면 어찌 우스운지 급하게 다른 억울한 생각을 해야지 그렇지 않으면 왁 하고 웃음이 터져 나올 지경이에요."

"왜 그럴까요?"

"그 사람들은 귀신의 자손이요, 귀신의 종들인데 하나님이 일본에 유황불을 내린다고 하셨고 또 일본인은 찾아도 만나지 못한다고 하셨으니까 그것들 다 없어질 것 아니야요? 그런데 그것도 모르고 잡아제치고 건방지게 권력을 쓰는 것을 보면 우욱 하고 웃음이 터지려고 해요."

그는 이 말을 듣고 한참 나를 쳐다보았다. 잘 보이지 않아서 앞으로 더 다가들면서 나를 자세히 건너다보았다. 나는 그가 왜 나를 그렇게 보는지 대강 짐작을 할 수 있을 것 같았다. 그는 다시 손을 들어서 손글씨로

"안 선생, 어디서 그러한 믿음이 생길까요? 모든 천하가 다 이들 앞에 떨고 있는데?"

나는 더 으쓱해졌다.

"목사님, 이들이 저를 데리러 와서 데리고 나갈 때 저는 그들이 어찌 익살스러워 보이는지 웃지 못하니까 꼭 연극을 하는 것 같아요. 그러나 한번 배를 끌어 쥐고 깔깔깔 큰 웃음을 웃었으면 속이 시원할 것 같애요. 그것을 못 하니 먹고 싶은 것 못 먹는 것만치 힘이 들어요."

"우리 중에 안 선생 한 사람이라도 이 핍박을 웃고 싶어 못 견디는 이가 있다는 것은 굉장한 기적입니다."

나는 그렇게 말을 듣고 보니 미안해졌다.

"목사님, 제가 정신이 좀 돌았는지 모르겠어요. 정신이 돈 사람들은 자기가 정신이 돈 줄을 모른다면서요?"

"네, 안 선생은 놀랄 만치 믿음이 높습니다."

나는 더 미안해졌다.

"목사님, 제가 깔깔깔 웃어 볼까요? 그러면 이 사람들이 저를 어떻게 알까요?"

"글쎄요, 정신병원에 넣을지도 모르지요."

이번엔 내가 놀랐다.

"그러면 큰일나게요. 아무리 우스워도 참을 수밖에 없지요."
하고 나는 돌아앉으면서 자꾸 웃었다.

같이 있는 여죄수들이 내가 갑자기 웃는 것을 보더니 정말 내가
정신이 돈 줄 알고 눈이 동그래지면서 나를 주목해서

"웬일이시오? 왜 그래요?"
하며 겁을 집어먹었다. 나는 일이 커질까 두려워서 웃음을 끊고

"염려들 말아요. 웃어야 할 일이 있어서 웃는 거예요. 당신네는 왜
울고 한숨만 지어요? 마찬가지로 나는 우스운 일이 있으니 웃는 거
지 뭐요."
라고 말하고 시치미를 뗐다.

이렇게 큰소리로 행세를 하는 것도 주 목사님과 이야기를 하니 힘
이 나고 기뻐서 그렇게 되지만 간수가 내가 웃는 것을 보고하면 왜
웃었는지 설명을 해야 한다. 한편 물의를 일으킬까봐 떠는 내 모양도
부끄럽고 우습기도 했다.

우리는 그와 같이 매일매일 1년간을 마주 쳐다보면서 손가락으로
허공에다 글을 쓰면서 갖은 믿음의 이야기와 세상이 되어가는 일에
대해서 끝없이 이야기를 했다. 한 번은 내가 감방에 들어와서 내 어
머니가 와서 걱정을 하시더라는 이야기를 주 목사님에게 했다.

"모든 고등 경관들이 다 저에게 반해서 저만 특별 대우를 하고, 저
는 형사들을 종같이 부려먹고 여왕같이 행동을 하니 믿는 자로서 합
당치 않다고 수군수군하며 참 말이 많대요."

이 말에 그는 의분을 금치 못하고 얼굴색이 변하면서

"믿노라 하면서도 믿음은 적고 얕아서 시기와 질투가 더 강한 이
들의 무지한 말이지요. 그런 말에 상심하면 그같이 귀한 신앙에 금이
생길 터이니 사탄의 송곳이라도 단번에 물리치도록 담대해야 됩니
다."
하며 일러주었다. 나는 곧 다시

"사실은 저는 그런 일에 대해서 다른 사람들이 상상도 못 할 만큼
달리 생각합니다. 사라가 애굽에 내려갔을 때 애굽 왕이 반했던 일과

리브가가 그랄에 내려갔을 때에 블레셋 왕 아비멜렉이 리브가에게 반했다는 일들에 대하여 하나님이 노여워하신 적이 없지 않습니까? 저는 정말 이 고관들이 모두 제게 반했다면 여자로서 보람이 있지 않는가도 생각을 합니다. 사람들이 보기 싫어하는 것보다 여자로서 가치가 있다는 증거가 아닙니까? 사람들의 눈에 보기 싫은 나를 하나님께 바쳤다는 것보다 고급 경관들이 모두 반할 만치 가치 있는 제 자신인가 할 때 무언지 세상에서 쓸 만한 나를 주님 앞에 바쳤다는 뜻이 되는 것 아닐까 해요. 즉 가치가 있는 나를 주님 앞에 드리는 뜻이 되는 걸로 저는 생각해져서 상심은커녕 신이 날 지경인데, 제 어머니는 질색이시고 근심을 하십니다. 어머니는 근심에 눌리시는데, 저는 그것이 우스워서 웃음이 폭발할 지경인데 또 참지요. 한번 폭소가 터져서 웃다 보니까 어머니가 울으셔요. 그래서 웃음이 쏙 들어갔어요."

주 목사는 이 말이 우스워서 웃었다.

"누구나 안 선생의 사고방식을 따라갈 사람이 없을 것이고 미치지도 못할 것이오. 주님이 하시는 일이 놀랍기만 합니다."

하고 위로해 주었다. 나는 고마웠다.

"목사님, 제가 그런 말을 듣고 웃음이 터져서 거기서 깔깔 크게 웃어서 소문이 밖에 있는 분들에게 알려지면 제가 미쳐 정신 이상이 되었다고들 하겠지요?"

"글쎄 그럴지도 모르지요. 여하간 믿음이 높은 자는 언제나 얕고 낮은 자들을 끌어올려 주어야지 높은 이가 얕고 낮은 이들 때문에 시험을 받으면 큰일입니다."

"높은지 얕은지는 몰라도 이 세상에는 슬픈 일도 많은 대신 우스운 일도 얼마든지 있어서 웃으려면 끝이 없는 것 같애요."

"아, 그것 얼마나 높은 곳까지 도달한 신앙 상태입니까? 그런 뜻에서 안 선생은 여자인 만큼 예수님은 약한 자에게 더 편이 되어 주시는 것을 알겠습니다. 안 선생이 우리 남자들같이 눌리기만 하면 견디어 나가겠어요?"

참 그렇다. 주님이 눈물도 주시지만 웃음도 주셨기에 나는 이렇게 담대할 수 있는 것을 잘 알겠다. 나는 7일간 또는 10일간 금식할 때의 어렵던 일을 이길 수가 없었다. 어찌 힘이 들던지 온 신경까지 말라 들어갈 때의 고통은 무서웠다. 그때의 상상과 지금의 모든 일을 생각하면 주님이 그 어쩌하신 사랑으로 나와 함께 하시는가를 너무도 분명히 알게 되어서 감사할 뿐이었다. 더욱이 그렇게도 존경하고 감히 명함도 못 드렸던 주 목사님과 매일매일 고등계에서 안 부르면 온종일을 손가락으로 회화하며 마주 쳐다보고 지낼 수 있게 하신 주님께 무한히 감사했다.

주 목사님은 나에게 큰 도움이 되었고, 나도 그에게 적지 않은 위로가 되었다. 1년 동안에 한 모든 이야기를 책으로 써도 한 권이 될 것 같다. 그런데 그가 몸에 열이 나셨을 때에 의무과장을 출장을 보내고 일본인 조수를 시켰는지 아니면 조수 자신이 그러한 발악을 했는지 살인 주사를 놓아서 열을 낮게 해드린다는 구실로 살해해 버렸을 때에 나는 몹시 울었다.

아! 그는 그 얼마나 이 고생을 겪고라도 나가서 다시 강대에 서서 하나님이 하나님이신 것을 증거하기를 원했을까? 그리고 가정을 그 얼마나 그리워했을까? 그는 한창 일할 나이였다. 권위를 갖추고 경험과 자신이 서신 분이었다. 그런데 악마는 그를 찔렀다. 나는 세례 요한의 죽음을 생각하고 이것은 20세기 세례 요한의 죽음이라고 외치고 싶었다. 이리하여 성도들은 한 사람씩 한 사람씩 그의 본향으로 가고 나는 낙제한 열등생같이 이 시험장인 감옥에 언제까지 남아 있게 되었다.

최봉석 목사

많은 사람들이 그의 이름을 최권능인 줄 알지만 그의 본명은 최봉석(崔鳳奭)이다. 권능이 많아서 그를 그렇게 부르기 때문에 최봉석이라고 하면 아는 이가 얼마 없다.

그는 위대한 권능을 가진 현대의 기적적 신앙의 용사였다. 그가 예수를 믿은 것은 바로 16세 청소년 때였다.

그는 선교사 언더우드(Underwood)의 영향을 받아서 능력의 복음을 그대로 받은 신앙인이었다.

그가 우상을 극히 섬기는 부모에게 예수 믿고 복을 받자고 아무리 권해도 듣지 않았다. 어느 날 친척집에서 굿을 하기 때문에 부모님은 모두 친척집으로 갔고 그는 집에 혼자 남게 되었다. 그가 시렁 위에 나란히 올려 있는 귀신 당직들을 쳐다보니 괘씸하고 분한 생각이 나서 곧 일어나서 변소에 가서 더러운 것을 삽으로 퍼다가 귀신 당직에 모두 고루고루 부어 버렸다. 그는 냄새가 너무 고약해서 밖에 나와 있었다.

굿집에서 돌아온 부모들이 방에 들어서자 고약한 냄새에 코를 쥐고 그에게 달려들더니 미친 것같이 그를 결박해서 나무에 동여매어 놓고 피투성이가 되도록 때렸다. 그들은 기진 맥진해 방에 들어가서 귀신 당직을 자기들의 손으로 집어 밖에 모두 던져 버렸다.

젊은 그는 너무 매를 맞고 많은 피를 흘려 기절을 했었다. 깨어 생각하니 아무래도 그의 부모는 원수를 갚기 위해서 자기를 죽일 것 같았다. 동여맨 밧줄을 이빨로 끊고 깊은 밤중에 도망을 쳐서 언더우드 선교사 집으로 갔다. 밖에서 동이 트기를 기다렸다가 밝아질 무렵 문을 두드리니 선교사의 부인이 나와 집 안으로 데려가 씻어 주고 옷을 벗기고 새 옷을 입힌 후에 먹을 것도 주고 숨겨 주면서 성경을 가르쳐 주었다. 그로부터 그는 선교사 집에서 일을 도우며 먼 촌으로 선교사를 따라다니며 전도도 했다. 아침 저녁으로 성경과 찬송가를 배우며 지내다가 결국은 그 부모가 기어이 찾을 것을 알고 무서워서 더 있을 수가 없어 걸어서 만주로 도망을 했다. 걸어서 전도를 하며 교회를 세우는 데 앞장섰다. 한인들의 집을 찾아가서 그들이 섬기는 귀신을 먼저 불사르고 집 안을 깨끗이 한 후 예수의 이름으로 기도 하고 찬송을 가르치고 성경을 주고 모일 곳을 정해 놓고 사람들을 모았다.

그리고 손수 교회당을 지어서 모이는 중에 많은 이적과 기사가 일 어나서 병자가 낫고 귀신들린 자가 깨끗해졌다.

온 교우들은 기뻐하고 화목했다. 이렇게 교회가 부흥되는 한편 핍 박도 심하게 일어났다. 어떤 때는 귀신 당직을 불살랐다고 어떤 부인 은 부지깽이를 가지고 나와서 최 목사의 옆구리를 마구 찔러서 심한 상처를 입은 일도 있었다.

그리고 어느 때는 밤에 불량배가 막대기와 몽둥이와 돌을 가지고 떼를 지어 와서 기절할 만큼 때리고, 기절하면 죽은 줄 알고 집어 내 버리고 갔다. 얼마나 지나선지 예수님이 '일어나라' 하셔서 깜짝 놀 라서 벌떡 일어났더니 아픈 데도 없고 맞은 자리도 없더라고 했다.

그는 너무 기쁘고 좋아서 "예수 누구신고 하니"를 부르며 만주 벌 판이 울리도록 큰 소리로 찬송을 가르치면서 방방곡곡을 찾아 전도 하여 교회를 세우며 다녔다. 그러나 만주는 험한 곳이었다. 마적들에 게 전도하다가 매를 수없이 맞아 사경을 헤맬 때도 한두 번이 아니 었다. 그럴 때마다 주님은 최 목사를 보호하여 매맞아 죽거나 상한 채로 놓아두신 일이 없으시고 아무리 상한 몸이라도 늘 기적처럼 소생하도록 일으켜 주셨다.

어떤 때에는 악당들이 달려들어 다시는 전도하지 못하게 해 놓는다고 최 목사의 다리를 꺾고 허리를 몹시 상하게 해 놓았다. 주님은 그를 또 고쳐 주셨다. 최 목사는 여전히 더 권능을 받아 힘있게 전도하고 교회를 세워 나갔다.

어느 날 목사님이 기도를 하고 엎드렸는데 우상을 몹시 섬기는 여자가 몰래 살짝 들어와서 뾰족한 막대기로 옆구리를 어찌나 강하게 찔렀던지 옆구리가 터져 기절을 했었다. 그래도 그는 계속 찌르다가 피투성이가 된 최 목사를 보고 죽은 줄 알고 가 버렸다. 그가 가고 얼마 후 최 목사는 주님이 깨워 주셔서 일어났지만 그 흠집은 아직도 없어지지 않았다고 그 이야기를 할 때 그는 얼굴을 찌푸리고 그 잔인한 여자를 지금도 눈앞에 보는 것같이

"글쎄 여자가 그렇게 악하고 잔인한 것을 보았구려."
하였다. 나는 그의 말을 들을 때마다 마치 사도 바울이 당한 고난을 연상했다.

어느 때는 전도하러 만주 벌판을 헤매었다. 벌판은 넓기도 하고 가도 가도 촌락이 보이지 않고 무한한 광야뿐이었다. 하루 종일 걷고 길가에 쓰러져 자고 또 그 이튿날 일어나서 촌락을 찾아 걸어가노라면 어찌 시장하고 주린지 힘이 없어 걸을 수가 없었다. 있는 힘을 다해서 가고 또 간즉 촌락이 가까워 오는지 논이 있고 밭이 나왔다. 그러나 더 걸어갈 힘이 없어서 논두렁에 그만 쓰러지고 말았다. 한참 정신을 잃었다가 물이 졸졸 흐르는 소리에 정신을 차려 본즉 논에 물이 있고 그 물 속에 올챙이와 작은 고기들이 물을 댄 논과 보에서 놀고 있었다. 그는 입은 웃저고리(베옷)를 벗어서 그 물가에 놀고 있는 조그마한 붕어들과 올챙이를 베옷으로 잡아 모조리 먹어 버렸다.

한참 주워 먹고 나니 그때에야 눈이 밝아지고 다리에 힘이 나서 걷고 또 걸어가서 마침내 큰 촌락에 들어가 전도를 했다. 이곳에서도 귀신 당직을 불사르고 복음을 전파할 때 큰 기적이 일어났다. 여러 사람이 믿더니 얼마 안 가서 그 동리에 교회가 세워졌다. 그는 교회

만 세우면 인도자가 될 만한 사람을 뽑아서 성경과 찬송을 가르치고 또 다른 마을로 가는 것이 습관이 되었다.

겨울의 만주는 너무 추워서 겨울보다 여름에 더 많이 다녔다고 했다. 그 언젠가 또 먼 길의 전도를 떠났다. 음식을 준비해 가지고 다니지 못하는 목사님은 주머니에 돈도 없이 다녀야 했다. 그때는 만주 벌판의 끝없는 길을 터벅터벅 걸으며 민가를 찾아가는 길이었다. 쉽사리 촌락은 보이지 않고 걷고 걸어도 아득한 지평선만 앞에 보일 뿐이지 인가는 나타나지 않았다. 배고프고 힘이 없어서 길에 쓰러진 채 잠이 깊이 들어 버렸다.

얼마나 잤는지 깨어 보니까 벌써 아침이 되었는데 저쪽에서 한 사람이 말을 타고 소를 끌고 오는 것이 보였다.

'아! 농촌이 가까이 있구나.'

했지만 더 걸어갈 힘이 없었다. 그는 말 탄 사람이 소를 끌고 천천히 오는 것을 보고만 있어야 했다. 얼마쯤 앉아 있으니 그 일행은 마침 최 목사 앞으로 지나가게 되었다. 그런데 지나가면서 소가 똥을 누면서 말을 따라갔다. 최 목사가 무심결에 소가 누는 그 똥을 보니 그 속에 희고 노란 것이 있었다. 그는 일어나서 그것이 무엇인가 하고 보니 모두 콩알이었다.

그는 그 콩알을 모두 손으로 집어서 껍질을 톡톡 벗기면서 급하게 입에 넣고 막 씹어 먹었다. 그 콩은 약간 삶은 콩이지만 딴딴해서 소가 소화를 못 시킨 모양이었다. 그가 그것을 씹어 먹어 보니 과히 못 먹을 것은 아니었는고로 소 똥 속에 있는 콩을 모조리 다 주우며 그 소가 간 뒤를 따라갔다고 했다. 그 콩을 먹고 힘을 얻어서 그는

"예수님! 소 똥에서도 먹을 만한 익은 콩이 나왔습니다. 이제는 힘이 났으니 주님 복음을 전하는 데 편히 데려다 주옵소서."

하고 종일 걸어갔다고 했다. 그는 이 같은 고난 속에서도 기뻐하고 감사하며 전도했다. 드디어 그는 만주에 교회 17개를 세웠다. 그러나 그는 때때로 머릿속에 떠오르는 고향이 그리워졌다. 부모님들은 아직도 찾아갈 형편이 못 되었다. 왜냐하면 최 목사는 만주에 가서 전도

만 했을 뿐이지 불신자인 부모에게 복을 받았다고 증거해 줄 물질적 복은 하나도 보여 줄 수 없었기 때문이다.

뿐만 아니라 도리어 가서 그들의 신세를 져야 할 형편인데 그들은 아직도 우상을 섬기며 쪼들리는데 가난뱅이 전도사 아들을 환영할 리가 없었던 것이다.

그는 또 집을 떠날 그때에 벌써 결혼을 했었다. 어린것이 부모의 권면으로 결혼을 했으나 말뿐이지 아내가 되어야 할 그 아내도 시부모와 같이 한편이 되어 최 목사를 미워하고 핍박하고 업신여기고 못 살게 단련만 시켰던 것이다. 그래서 그는 그 아내마저 몹시 무서웠던 고로 찾아갈 수가 없었다. 생각다 못해 그는 유순하고 인정이 많은 믿는 부인을 만나서 결혼을 하려고 했다.

아는 몇 사람들이 이러한 최 목사를 비방했으나 최 목사는 이 길이 주님이 주신 길이라고 믿고 움직이지 않고 비로소 가정을 이루었다.

그가 평양성에 살면서 보니 이 큰 대도회지에 죄악이 가득함을 느꼈다. 더욱이 전도하려고 밤에 나가면 눈에 보이는 것마다 죄와 악뿐이어서 차마 눈을 뜨고 밥만 먹고 걸어다닐 수 없었다. 그는 오고가는 사람을 모조리 붙들고 또 따라가면서 전도했다.

"당신은 죄 가운데 살다가 죽으면 지옥 갑니다. 예수님이 자기를 믿고 구원 얻으라고 십자가에서 당신의 죄를 위해서 대신 죽으셨습니다. 예수 믿어야 삽니다. 예수를 믿고 복을 받으시오."

이렇게 애써 따라다니며 전도를 해도 많은 사람이 회개하지 않고 비웃었다. 어떤 사람은 가던 길을 멈추면서 최 목사를 성난 얼굴로 쏘아보면서

"예수 믿을래도 당신같이 될까봐 무서워 못 믿겠소."

하고 얼굴에 침을 뱉고 갔다. 그러나 또 어떤 이들은 고마워서 절을 하며 집으로 모시고 가서 믿음의 길에 대한 설명을 더 듣고 믿는 이도 생겼다.

그는 이 많은 사람이 모두 죄에만 흥미가 있고 영원한 구원에 대

해서 너무도 무관심한 것이 안타까웠다.

'이렇게 많은 사람들이 모두 지옥에 가는구나.'

그의 가슴은 무시로 불이 붙었다. 가만히 있을 수가 없었다. 부인이 애를 써서 조금 마련해 지어 준 밥을 조금 얻어 먹은 후에는 큰 길과 골목으로 가서 오고가는 사람을 붙들고

"예수를 믿으시오. 그러면 천당에 갑니다. 우상 섬기고 죄만 사랑하면 지옥에 갑니다."

그는 힘을 다해서 외치며 다녔다. 안타깝고 가슴이 타서 밤새도록 평양 성중을 휘돌아다니며 전도를 하다가 문득 이 성을 마귀의 손에서 빼앗아 하나님이 지키시는 성으로 만들어야겠다고 생각했다. 그래서 그는 낮에 집에서 잔 후에 저녁때부터 일어나서 온 평양 성중을 걸어다니며 동이 틀 때까지 벽력 같은 소리로

"예수 천당!"

"불신 지옥!"

하고 외치기 시작했다. 고요한 평양성을 깊은 밤에 돌아다니며 지르는 그의 소리는 우렁차고 뚜렷했다. 소리를 지르면 지를수록 그의 음성은 굉장하고 웅장한 소리가 되었다. 평양성을 진동케 하는

"예수 천당!"

"불신 지옥!"

하는 이 심야의 외침은 평양 구석구석까지 울려 퍼졌다.

일본인 순사가 말을 타고 이 깊은 밤을 흔들어 대는 비상한 소리를 찾아 최 목사를 발견했다. 최 목사는 큰 소리로

"예수 천당!"

하니 말이 놀라서 뛰어 순경은 말에서 떨어졌다. 일본 순경은 말을 때리는 회초리로 최 목사를 사정없이 후려갈기고 구둣발로 전신을 잔인하게 찼다. 그가 기절해서 쓰러지니 그 넘어진 최 목사를 밧줄로 묶어서 말로 끌고 경찰서로 갔다.

유치장에 갇힌 최 목사가 정신이 들자 큰 소리로

"예수 천당!"

했다. 지키는 간수가 대노해서 무수한 매를 때렸다.

그러나 최 목사는 눈을 부릅뜨고 고함을 지르며 "예수 천당!" 했다. 아무리 때리고 아무리 구박을 해도 그 '예수 천당!'의 고함은 멎지 않았다. 결국은 그들은 최 목사를 정신 이상으로 알고 내놓아 주었다. 유치장에서 나오면서 그는 더 큰 소리로 "예수 천당!" 했다.

그는 밤에 성중으로 돌아다니다 어떤 때는 파출소 앞을 지나가게 되었다. 그는 파출소에 있는 순경을 향해서 큰 소리로

"예수 천당!"

하고 고함을 지른즉 일본인 순경이 대노해서 나오더니 최 목사를 몹시 치고 차고 갖은 고통을 다 주었다. 기절을 해서 정신이 없다가 깨어나 보니 아침이었다. 그는 다시 큰 소리로 순경을 향하여

"예수 천당!"

하고 힘껏 고함을 질렀다. 그러나 그 순경은 최 목사님을 너무 때려서 맥이 빠져 움직이지도 못했다. 또 어떤 날은 동리에 사는 불량배들이 모여서 저 영감이 예수 믿으라고 귀찮게 하니 다니지 못하게 하자고 서로 짜 가지고 지나가는 최 목사를 붙들어 묶어 놓고 무릎을 몽둥이와 돌로 마구 갈겼다. 무릎뼈가 다 빠지고 다리의 뼈도 몹시 상했다. 그래도 부족해서 그들은 기절한 최 목사를 언덕에 끌고 올라가서 데굴데굴 굴려 버렸다.

피투성이가 되어 쓰러져 거의 죽은 목사님을 그 부인이 겨우 업고 돌아와서 이제는 아주 돌아가신 것으로 알고 밤새도록 간호하다가 잠이 들었는데 새벽녘에 최 목사는 벽력 같은 소리로

"예수 천당!"

하고 일어나는고로 부인은 꿈을 꾸는 것 같았다고 한다. 그는 예수님이 그렇게 도와 주시는고로 매를 무서워 안 했다.

그가 죽었다가 살아날 때마다 그의 얼굴은 더욱 빛나고 권세가 있어 보이고 눈빛은 더 강해지고 음성은 더 웅장해졌다. 그는 이렇게 해서 평양성을 지키는 것이 자기에게 맡겨진 사명이라고 믿었다. 그래서 그는 먹든지 굶든지 간에 밤이나 낮이나 '예수 천당'을 외치지

않고는 살 수 없이 되었다.

나는 철야 기도하고 돌아오는 길에 새벽녘에 그의 우렁찬 소리에 끌려서 그를 만나서 모시고 우리 집에 왔다.

그때에는 핍박이 심해서 예수를 믿는 사람들도 믿는 척할 수 없는 때인데 그는 두려움이 없었다. 그때에도 바로 얼마 전에 순경 몇이서 그를 어찌나 발로 찼는지 아직도 채 아물지 않은 몸을 보여 주었다. 그렇게 강한 의지를 가지고 백절 불굴하는 최 목사님과 마주 앉아 이야기를 하니 어찌 그리 순하고 양선하고 또 어린아이같이 순진한지 몰랐다. 양털같이 희어진 머리에 둥글고 살이 좀 붙은 얼굴에 특히 웃을 때 보이는 가지런한 이가 노인의 이 같지 않고 젊은 사람에게서 보는 것 같은 매력을 가졌다. 우리 식구들은 그를 대접하고 사랑하는 것이 그렇게도 기쁘고 즐거웠다.

그는 누구에게나 남자는 형님이요 여자는 누님이라고 불렀다. 그는 내 어머니에게도 누님이라고 하고 언니보고도 누님이라고 하고 나보고도 누님이라고 했다. 나는 그 노인 목사님에게 누님이라고 불릴 때마다 폭소가 나와서 장판방에 데굴데굴 구르며 웃어댔다. 우리는 그가 전도 다니며 시장하고 주릴까 염려해서 언제나 너그러이 용처(用處)를 드렸다.

그는 또 내 간증을 듣고 나서는 그렇게도 나를 사랑했다. 거의 하루에 한 번씩은 찾아왔다. 먼데서부터 들려오는 '예수 천당' 소리만 들리면 우리는 부엌에 가서 갖은 음식을 정성껏 준비했다. 그는 내 집 앞에 오면 '예수 천당'을 안 했다. 나는 한번 물어 보았다.

"목사님! 왜 먼데서는 예수 천당을 소리치고 우리 집 가까이 오시면 조용하시는가요?"

"아, 누님은 형사들이 잡으러 다니니까 아끼고 숨겨 주어야지, 그렇게 푼수 없이 막 행동하면 되나? 나는 이번 기회에 나 혼자 순교할 것으로 각오를 했더니 이렇게 많은 성도들이 다 같은 마음으로 신앙을 지키는 것을 보니 지금까지 살아 남아 있다는 것이 그렇게도 기뻐요. 무서워 마시오. 내가 앞장을 서서 매는 몽땅 다 맞아 줄 테니 염려 말아요."
하면서 매맞던 이야기를 거듭했다.

여러 사람들이 그를 미치광이라고 업신여겼지만 그는 몹시 깨끗한 인격자였다. 식사할 때도 노인 같은 데가 없이 깨끗하고, 오래 같이 앉았어도 노인 냄새가 전혀 없었다. 그리고 수줍어하는 태도가 보여질 때는 언니와 나는 서로 쳐다보며 미소를 지으며 그를 사랑했다.

그는 참사랑을 받을 만한 성격이었고, 남에게 미움이나 역정이나 철면피스러운 일을 하거나 인격을 낮추는 고집 같은 것이 전혀 없는 분이었다. 말도 솔직하고 거동도 공손하고 언제나 미안해하고 감사하고 즐거워했다. 또 그는 절대로 남을 욕하거나 칭찬하는 일이 없었다. 그리고 아첨하고 게으른 것을 제일 싫어했다. 그는 우리 지하 교회(地下敎會) 기도회원들에게 가장 사랑을 많이 받았고, 우리 세 모녀는 그를 참 존경했다. 그래서 할아버지같이 아버지같이 섬겨 받들고 아꼈다. 그는 한번 조용히 나와 내 어머니에게 이야기를 했다.

"내가 지금까지 거칠고 험한 길만 걸어왔는데 그런 모든 고생과 고통에 대한 위로와 상급은 나는 내 상상 이상으로 흐르고 넘치도록 받았습니다. 이렇게 귀한 부녀들에게 이렇듯이 뜨거운 사랑을 받는다는 것은 예수님이 하시는 것이 아니고는 결단코 있을 수 없는 일입니다."
라고 하며 맑고 깨끗한 눈에 눈물이 그윽한 것을 보고 나는 참 만족했다. 나는 그가 너무 심각해진고로

"목사님, 정말 그렇게 생각하시면 저더러 누님이라고 부르는 것을 이제는 고치셔야 안 합니까? 저는 목사님이 누님이라고 부를 때마다 복장이 터질 것 같아요."
한즉 그는 눈을 둥글게 뜨면서

"왜? 왜 복장이 터진단 말이오?"
한다. 그는 왜 그 말이 그렇게 야단스럽게 들렸는지 나도 알 수가 없었다.

"목사님! 우리 이제 다 순교해야 되지 않아요? 그렇죠?"

"그럼."

"그런데 저는 아직 철이 안 들었는지 본래 설익어서 싱거워 그런지 별치 않은 일에도 자꾸 웃음이 나서 웃기를 잘해요. 지하 교회 기도 회원들은 모두 점잖고 거룩하고 침착한데 저만 자꾸 건들건들해 보이는 것 같애요. 얼마 동안은 웃지도 말아야 안 합니까? 죽으려고 준비중이니 좀더 깊어지고 거룩해져야 되겠다고 생각하는데 목사님은 손녀 같은 저를 누님이라고 부르고 또 내 어머니보고도 누님이라고 부르니 그러실 때마다 너무 우스워서 참으려고 해도 복장이 터질 것 같습니다. 그러니까 누님이라고 마시고 제게 이름이 있으니 제 이름을 불러 주세요."

그는 '음' 하고 무엇을 깨달았는지 그때부터 꼭 '안 선생'이라고 부르고 한 번도 누님이라고 부르는 일이 없었다.

그가 노인인 만큼 작정을 하고도 가끔 몇 번이라도 실수를 해서 '누님'이라고 부를 것을 기대했었는데 한 번도 실수가 없었다. 그래서 나는 그가 명석한 두뇌를 가졌다는 것을 알았고 젊었을 때에는 그가 얼마나 명민하고 생각이 똑똑했는지 알 수 있었다. 오직 주님만을 위해서 소똥에서 콩을 골라 자시고, 올챙이와 잔붕어를 잡아 자시고, 살인 강도 이상으로 매를 맞고도 기뻐했으니 그 얼마나 똑똑히 바로 믿었으며, 그 얼마나 가치 있고 훌륭한 인재였는가를 가히 짐작할 수 있었다. 그래서 나는 그를 더 사랑하고 더 존경했다. 그는 내 얼굴을 한 번 보지 못하면 하루가 너무 길고 너무 지리하다고 했다. 아첨도 모르고 빈말도 못 하는 성격의 이 순교할 노인의 말은 내 간장까지 숨어드는 것 같은 애처로움을 느끼게 했다.

그래서 나는 그가 주리고 굶는 평양 경찰서 유치장에 갇힌 후부터는 그의 방을 하루에 한 번씩 들여다보는 것으로 그를 위로할 마음이 불탔던 것이다. 그리고 나는 그가 얼마나 훌륭한 목사인가를 구가 경부에게 짬만 있으면 설명했다. 구가는 한때 내 말을 자세히 듣고 있다가

"야스가와(안씨) 같은 그런 멋쟁이가 그런 미친 노인들만 좋아서

따라다니니 그게 웬일이야?"
하고 질문한 일이 있다. 나는 곧
　"나는 예수를 믿고 따르는데 그런 사람에게서 예수님의 자태를 찾을 수 있기 때문입니다."
라고 말했더니 그 후 구가는 최 목사를 괄시하지 못했다.
　그는 그의 원대로 이 판국에 순교했다.
　용사여! 권능의 용사. 내 가슴에 깊이 엉겨지고 맺어진 그 신앙의 권능을 보여 준 이여! 그 어이 이 옥고(獄苦)가 괴로워도 찬란한 권능의 용사를 잊어버릴 수가 있을까? 우리 모든 성도들의 궁극 목표인 그 목적지에 먼저 도달한 자는 먼저 경기를 마친 셈이다. 허덕이며 더듬으며 나는 그 어느 날에 이 경주 마당에서 내가 달릴 코스를 다 마치고 끝이 날까?
　나는 그 위대한 권능과 신앙의 용사를 만나고야 말 것이다.
　"예수님! 그는 그렇게도 당신에게 미쳐 버린 것을 나는 보았어요. 그는 20세기의 기적이요 또한 살아 있어 역사하시는 권능이었습니다. 주님에게 청종하려고 와들와들 떨며 나아가는 이 꺼져 가는 등불 같은 약한 여종에게 주님은 그렇듯이 거인적인 용감한 대인물을 보내 주셔서 그렇게도 가까운 신앙의 선배가 되게 하신 것을 어떻게 다 감사하여야 할까요? 죄악의 장막이 이렇듯이 깔려 덮인 이 비상한 암야(暗夜)에서 이렇듯 대장군의 모범적인 신앙 역사를 듣지 못했으면 얼마나 더 어둡고 더 어리석었겠습니까? 사랑은 아름답습니다. 성도가 서로 사랑하고 모이는 자리는 천국의 지소(支所)가 되기 때문입니다. 어느 때인지 모르나 한때는 우리는 다 천국 보좌 앞에 모여지겠습니다. 선배들을 그 광명한 자리에서 만날 때 그같이 지나온 어둡고 험하던 세상 길을 기억하고 주님을 앞에 모시고 우리는 다 같이 환담하고 기뻐 뛸 것입니다."

자유 해방

그날은 8월 15일인데 주 간수가 오더니

"일본이 항복을 했대요. 그것이 정말일까요?"

그는 너무나 맥이 풀린 말이고 또 실없이 한 말 같았지만 나는 깜짝 놀라서

"무어라구!"

하며 벌떡 일어났다. 간수는

"일본은 미국에 항복하고 조선은 독립국가가 된대요."

나는 믿을 수가 없었다. 주 간수도 믿을 수가 없어서 하는 말이다. 나는 주 간수를 붙들고

"그것 누가 한 말이오?"

하며 급하게 물은즉

"간수들이 그러네요. 소장과 과장들은 모두 어디 가 버렸는지 없어지고 간수들이 모여서 수군거리는걸요."

나는 너무도 어이가 없고 정말 이것이 꿈인가 했다. 어찌나 흥분이 되는지 다시 주 간수를 붙들고

"여보, 말 좀 똑똑히 하시오. 누가 뭐라고 하며 어떻게 된 일인가 좀 분명하게 자세히 말해 봐요."

"글쎄 그게 다야요. 천황 폐하가 친히 일본의 항복을 방송했대요."

한다. 나는 너무나 놀랐다.

"오! 주 여호와여. 천지를 지으시고 운행하시며 붙드시고 주장하시는 하나님이여, 경배와 찬송과 영광을 세세 무궁토록 받으시기에 합당하신 대주재시니이다. 민족들이 떠드는 것은 하루살이 떼가 석양에 뭉쳐 흩어지는 것과도 같습니다. 주님 말씀이 선포된즉 누가 능히 그 앞에 서리이까? 당신의 뜻만이 높이 들려 이루어지나이다. 이제 일본과 그 귀신은 수치를 천하에 퍼뜨리고 자빠졌나이다. 하늘 구름 사이에까지 올라가 큰 소리로 자랑하던 일본의 신사와 그것을 의지하던 그 미련스럽고 악독한 민족은 엎드러졌나이다. 감히 여호와 창조주를 대적하고 그의 신실한 종들을 핍박하던 소위 대일본 제국은 그 수치의 거품을 품고 땅바닥에 납작하게 던져졌나이다. 주여! 감히 주를 대적하고 그 어느 나라가 서며, 주를 미워하는 그 어느 민족이 평안을 누릴 수 있겠나이까? 하물며 아무것도 아닌 더럽고 아니꼬운 일본 귀신과 그를 높이는 그 백성은 말해 무엇하오리까?"

나는 주 간수에게 모든 감방문을 열라고 했다. 모든 감방문은 열렸다. 3방에 있는 조수옥(趙壽玉) 씨도 믿지 못한 채 감방에서 나왔다. 감정은 극도로 흥분되었다.

우리 둘은 손을 잡고

"여보, 춤이나 춥시다."

하고 이리 뛰고 저리 뛰며 감방 복도 이편에서 저편까지 왔다갔다하며 숨이 차서 헐떡였다. 너무도 감격되고, 너무도 좋고, 너무도 신기하고, 너무도 흥분이 되어서 우리들은 모두 소리를 지르며 어찌할 줄을 몰랐다. 일본인 간수들은 모두 자취를 감추고, 못된 간수들도 모두 없어지고 하라는 대로 했다. 밥도 좋은 밥이 들어오지만 너무 흥분되어서 먹을 수 없었다. 그렇게도 귀하던 밥은 먹지를 않아서 파리만 와글와글 달려들었다.

조수옥 씨와 나는 또 밖에 나가서도 손을 맞잡고 춤을 추듯이 왔다갔다 했다. 숨을 헐떡거리며 우리는 너무 좋아서 어떻게 할 바를 몰랐다. 그리고 나는 얼핏 시편 126편을 읊었다.

"여호와께서 시온의 포로를 돌리실 때에 우리가 꿈꾸는 것 같았도

다 그때에 우리 입에는 웃음이 가득하고 우리 혀에는 찬양이 찼었도 다 열방 중에서 말하기를 여호와께서 저희를 위하여 대사를 행하셨 다 하였도다 여호와께서 우리를 위하여 대사를 행하셨으니 우리는 기쁘도다."

또 요한복음에 있는 말씀을 큰 소리로 외쳤다.

"또 저희를 내 손에서 빼앗을 자가 없느니라 저희를 주신 내 아버 지는 만유보다 크시매 아무도 아버지 손에서 빼앗을 자가 없느니라."

아! 자유 자유 자유로다. 자유로구나. 자유야 자유야. 나는 자유로 운 몸이 되는구나. 내 몸이 자유가 된단 말이다. 그것은 너무도 믿을 수 없는 사실이다.

내 모양은 어찌되었든, 내 꼴은 얼마나 흥하든, 내 앞에는 어떤 일 이 벌어지든 여하간 나는 자유의 몸이 되는 것이 좋았다.

그렇게도 좋고 그렇게도 기쁘고 그렇게도 속이 시원했다. 그러면서 도 나는 그 무엇이 내 마음속의 그 무엇을 꽉 잡고 있는 것을 발견했 다. 그것은 뚜렷하고 강했다.

'나는 결국 순교를 못 했구나. 순교의 대열에서 떨어졌구나. 자격 부족일 것이다.'

하는 감이었다.

한편 연로하신 성도들이 옥고(獄苦)로 순교하신 것을 생각하면 섭 고 가슴이 터질 듯이 아팠다. 왜 나는 못 이루었을까? 나같이 들썩들 썩하는 신앙을 가지고야 어떻게 그 별스러운 순교의 영예를 차지할 수가 있었을까? 즉 무엇 하나 내세울 수 없는 내게 순교라는 높은 상 급은 합당할 리가 없다는 것을 이해할 수 있었다.

낙제생! 섭고 분했다.

그러나 눈앞에 떨어진 이 별다른 1등상인 자유는 나를 한없이 위 로했다. 특등상 순교에는 미끄러졌을지라도 1등 상급인 이 자유로써 나는 감사를 아니할 수가 없었다. 극도로 흥분된 우리 수인들은 종일 아무도 밥을 먹지 않았다. 그날 밤은 자는 이도 없었다. 감방에서 이 야기와 환성과 노래로 밤을 새웠다.

16일이 되어도 우리 흥분된 수인들은 밥이 먹히지 않았다. 그 주먹밥보다 몇 배 크고 좋은 밥이 남아서 이리저리 굴렀어도 탐하는 이가 없었다. 우리 입에 음식은 모래 같았다. 그런데 이 감옥을 확확 열어 죄수들을 내보내지 않고 우물쭈물하면서 잡아 두는 일본인들의 심보를 알 수가 없었다. 주 간수와 여러 간수에게 이유를 알아보라고 보내도 위에서 명령이 내려오지 않아서 자기네들도 몰라 기다리고만 있다는 것이다. 모두 환장을 해 버린 옥장과 과장이니 부장이니 간수들이니 하는 이들은 수인을 함부로 내보내면 달려들어서 단번에 자기들에게 원수를 갚을까 심히 떠는 모양이었다.

남감방에서도 고함을 지르며 내보내라고 야단을 치는 수인도 있었지만 모두 어리둥절해서 무엇이 무엇인지를 몰라 가만히 기다리고 눈치만 보는 수인이 대부분인 것 같다.

일본은 너무도 일찍이 망했기 때문이다. 그래도 2,3년은 끌어갈 것으로 누구나 다 생각했는데 이같이 급하게 항복을 하고 물러났다는 것은 너무도 상상 밖이었다. 아직도 수인들은 믿지를 못해서 정말인가 하는 이가 많았다. 일본인들이 그 얼마나 전쟁에 승리를 하며 지구 절반을 다스린다고 호언 장담하던 말만 들어왔던 우리들에게는 그들이 패전했다는 것은 도무지 믿을 수가 없어서 마치 태양이 쬐는 맑은 날에 벼락이 떨어진 것과 같아 어리둥절할 수밖에 없었다. 여간수장과 일본 간수들은 자기끼리 모여 울기만 하고 나타나지 않는다.

한국인 간수들도 모두 태도가 변했다. 내게 못되게 굴던 간수들은 내 눈앞에 보이지도 않았고 간혹 보이더라도 그 전의 기세와는 반대로 죄인꼴이 되어 나타났다.

'아! 하나님은 세상을 바꾸어 놓으셨구나. 이렇게도 빨리 이렇게도 홀연히 세상을 그 말씀으로 잡으시고 운행하신 창조주는 세상을 슬쩍 뒤집어 놓으셨구나!'

나는 너무도 흥분이 되어서 세상에 살다가 이렇게도 좋은 일이 있을 수 있는가 했다. 멍에도 벗겨지고 쇠사슬도 벗겨지고 무거운 짐과 어둔 것은 다 물러간 셈이다. 나를 학대하는 자, 나를 미워하는 자, 나를 구박하고 구속하고 간섭하는 자도 다 물러나는구나.

나는 이젠 구속하는 자 없이 가고 싶은 데를 갈 수 있으며, 먹고 싶은 것을 먹을 수 있으며, 이제는 추위도 더위도 이 피 빨아 먹는 곤충도 다 내게서 사라지는구나. 이 쇠문 높은 담장도 아! 그리고 내 죄명도 다 없어지고 마는 것이다. 나는 나 원하는 대로 자고 일어나며 나 원하는 대로 먹고 마시며 나 원하는 대로 실컷 찬송을 부르며 나 원하는 대로 마음대로 내 하나님을 경배하며 예수 내 임금을 높이 높이 들어 자랑하게 되는 몸이 된다.

아! 예수를 내 마음대로 믿고 높이고 자랑하고 사랑하고 따르고 순종하고 그에게만 내 힘껏 충성을 할 수 있게 되는 것이구나! 기도도 큰 소리로, 찬송도 내 힘껏, 봉사도 내 마음 다 바쳐서 그에게만 내가 원하는 대로 할 수 있게 되는 것이니 참 좋아 어쩔 줄 모를 지경이었다.

나는 사랑할 것이다. 예수님이 누구나 다 사랑하신 것같이 나는 이제 자유롭게 되었으니 누구든지 사랑하고 누구든지 나로 인해 예수를 안 믿을 수가 없이 되도록 나는 모든 사람을 용서하고 사랑하고 이해하고 모든 사람에게 봉사해서 내 주님을 기쁘시게만 할 것이다. 나는 그 길밖에 보답할 길이 없는 것만 같았다.

아! 나는 이제 죽어도 이 감격을 천국까지 가지고 들어갈 것이다. 나는 내가 천국에 들어설 때 이같이 기쁠 것을 상상할 수가 있었다.

천국에 들어가서는 그 순간의 굉장한 환희를 나는 넉넉히 상상하고도 남을 것으로 알았다. 모든 문제거리의 앞잡이인 이 육체를 벗어 놓고 주님 계신 그 영광된 옥좌가 있는, 성도들이 모인, 그 천상에 도달되었을 때의 내 감격이라는 것이 그 어떠할 것인가를 나는 내 눈으로 볼 수 있는 것만 같았다. 일본인의 쇠사슬에서 놓이는 이 기쁨도 이렇게 큰 흥분을 가져오거늘, 일생 원수인 이 육체에게서 놓임을 받을 때의 자유야 그 어떠한 자유일까를 생각하고 더 기뻐지고 더 황홀해지는 것이었다.

17일은 왔다. 히가시 간수의 말에 의하면 내가 사형받을 날은 8월

18일, 즉 내일 오전중이었다는데 이렇게 되었다는 것이 웬일일까?

아하! 나와 성도들과 애국 동포들을 죽이려던 사형틀은 누구를 위해 준비되었던고. 구태여 사형을 면했다는 것으로는 별 승리감을 가지지 않았다. 차라리 나를 죽였더라면 나는 순교했었고 다시 이 육체를 거느리고 사는 고통에서 자유롭게 되어 그 장하고 영광스런 순교자의 반열에 참여했을 것인데 나는 그러한 자격을 갖추지 못한 자신을 알기 때문에 더욱더 그 은혜를 구할 수밖에 없었다.

내 어머니를 생각했다. 그와 같이 다시 살 수 있다는 것은 너무도 꿈 같은 상급이었다. 그렇게도 훌륭한 어머니! 그렇게도 고생을 많이 하신 어머니! 그에게 나는 이 몸이 다하는 날까지 효성으로 섬겨 받들어야 할 것을 가슴 저리게 느꼈다. 그렇게도 사랑스럽고 그렇게도 엄격하나 자애로운 여성인 그가 어머니인 것은, 내게 금광(金鑛)이 있는 것보다 왕의 딸이 된 것보다 더 굉장하고 높은 자랑이었다.

17일 밤 11시에 온 감방문은 열리고 몇 간수가 와서 나를 부축하고 여감옥문을 나섰다. 형무소 광장을 나서니 철문은 닫혔는데 밖에는 수천에 달하는 군중이 웅성대며 기다리고 있었다.

남감방에 갇혀 있던 성도들이 하나씩 나와서 줄을 섰다. 문에 섰던 한국인 간수가 큰 소리를 지르며

"이 천사 같은 목사님들과 선생님들은 6년 전에 일본인의 핍박에도 굴하지 않으시고 믿음을 지키시고 갖은 고난과 고역을 겪으시고 이제 나오시는 것입니다."

하니 온 무리는 만세를 부르며 "예수의 이름 권세여 엎디세 천사들 금면류관을 드리고 만유의 주 삼세" 하고 온 땅이 진동하게 불렀다. 옥문은 크게 활짝 열리고 우리는 문 밖으로 나왔다.

누가 주선해서 예비했는지 인력거가 수십 대 준비되어 있었다. 성도들을 모두 인력거에 태우고 수천의 무리는 찬송을 부르며 행진했다. 어둔 평양성엔 찬송 소리가 우렁차게 불려져서 진동을 하고, 장사진을 친 예수교인들은 줄을 서서 따라온다. 모두 숨어 있었던 기독교인들은 산에서 굴에서 또 비밀리 숨어 신앙을 지키던 가난한 집에서,

옥문이 열리자 우리들은 밖으로 나왔고 군중들은 우리를 맞아 주었다.

순교도들의 가족들과 친척들은 대성 통곡을 하며, 또 어떤 이들은 환성을 지르며 수없이 모여들었다. 여기 크고 놀라운 환희와 비곡이 섞여서 광란곡(狂亂曲)이 되어 평양성은 흔들리고 요란했다.

나는 먼저 어머니를 찾아 부둥켜안았다. 너무도 좋아서 눈물이 쏟아지고 가슴이 메고 목이 메었다. 아무 말도 안 하고 어머니를 가슴에 안고 앞서 인도하고 뒤로 옹호해 오는 형제 자매들과 같이 집으로 왔다. 또 다른 모든 성도들도 우선 우리 집으로 다 오게 되었다.

우리 집은 조그마한 셋방이었는데, 집주인이 큰 집을 그대로 열어서 모든 출옥 성도들을 다 받아들였다. 수없이 많은 맛있는 음식이 준비되어서 큰 상에 잔뜩 쌓여 차려졌다. 그러나 출옥 성도들이나 가족들이나 거기 온 사람 중에 음식을 먹는 이는 하나도 없었다. 너무도 흥분이 되어서 아무도 음식을 먹으려고 하지 않았다. 어머니의 간청으로 흰밥을 한술 떠서 입에 넣으니 모래같이 깔깔하고 무미했다.

모두 앉고 서고 해서 마당과 방에 가득 찬 형제 자매들이 소리를 높여서 출옥 성도들과 같이 감사의 예배를 드렸다. 찬송이 변해 울음이 되고 또 출옥하신 이기선 목사님이 기도를 드리는데 모두 울음 바다로 변했다. 알고 보니 감옥에 넘어갈 때엔 28명이었는데 출옥자는 그 절반인 14명이니 그 나머지는 모두 감옥에서 순교를 하였던 것이다.

기쁨과 울음이 섞인 이 밤도 어느덧 자정이 지났음에도 우리는 잠을 잘 수가 없었다. 먹지도 않고 자지도 않아도 힘은 어디서 나는지 전무 후무한 기력이 우리 몸에 마음에 충만해졌다.

아침이 되자 사람들은 찾아들었다. 그 중에서

"선생님!"

하며 달려드는 젊은 숙녀를 보고 나는 눈을 크게 뜨고 크게 환성을 지르며

"아이 이게 누구야? 선화, 아! 선화지?"

나는 그의 손을 움켜쥐었다. 단번에 눈물이 그 큰 눈에서 떨어졌다.

"선생님 나오실 줄 알고 황해도 시골에서 와서 기다리고 있었어요. 선생님이 그렇게 엿을 잡수시고 싶어하셨기에 엿을 갖고 왔어요."

나는 너무 반가워서 어쩔 줄을 몰랐다. 어쩌면 기생 선화가 이렇게 수줍어 보이고 성결해 보이는가! 햇볕에 그을린 얼굴, 눈언저리엔 가는 주름이 잡혔고 차림차림이 교육받은 세련된 성직자 같아 보였다.

"선생님! 고생하셨어요."

하며 덥석 잡는 두 손이 몹시 거칠었다. 나는 깊은 감동을 받으면서 그동안의 간증담을 열심히 들었다. 그는 애쓰며 전도를 한 모양이다.

"밥도 많이 굶었어요. 그러나 참 기쁘고 재미있는 생활이었어요."

나는 그 얘기를 듣고 만족했다. 그는 남편의 부인을 찾아가서 절을 하고 사과하고 울던 얘기도 했다. 모든 사람을 감동시킨 얘기가 많았다. 나는 그저 그가 너무나 귀엽고 사랑스럽기만 했다. 수줍은 태도로 그는 방 한구석에 앉아서 사람들이 드나들며 나를 만나 얘기를 하는 일에 방해가 되지 않게 공손히 종일 황홀하게 앉아 있었다.

얼마 있으니까 낯익은 여자들이 찾아들었다. 순간 나는 크게 놀랐다. 아니 이들을 보고 어찌나 반가웠던지 정신이 없었다. 그들은 형무

소에서 나온 죄수들이었다. 모두 부끄러운 듯이 사람들을 꺼리는 태도였다. 그들은 모두 살인 죄수들과 방화 죄수로서 사형을 받았다가 무기로 감형된 사람들이고, 중형을 받은 죄수들이었다. 더군다나 그렇게나 못되게 굴던 13번도 끼여 있었다.

나는 그들에게 음식을 대접하라고 시키고 그들이 찾아온 까닭을 물어 봤다. 이 죄수들은 입은 옷도 험하고 누추하고 수중에 돈이 없어서 오도가도 못 한다는 것이었다. 나는 내 옷을 깡그리 내다가 맞든지 안 맞든지 한 벌씩 입혀 놓고 보니 그들의 모습은 가관이었다.

특히 사형 언도를 받은 바 있는 두 사형수는 절을 하고 또 하면서 지난날 간수장 앞에서 벌벌 떨며 경례하던 시늉을 내게도 하며 정말 죄인인 태도를 했다. 나는 그들에게

"나는 예수 믿는 것으로 죄수였지만 보세요! 예수님은 날마다 그 고생의 상금을 주시는 것을. 또 나는 앞으로도 똑같은 태도로 예수님을 잘 순종할 거예요. 감옥에서 내가 어떠한 형편으로 살아왔는지 여러분이 잘 아시지 않아요!"

그들은 모두 절을 하면서

"그러믄요. 그것을 누가 모르겠어요. 잊지 못해요."

하며 극히 존경하는 태도를 보였다.

"나는 간수도 아니고 간수장도 아니고 당신들의 동생이고 친구예요. 내게 절할 필요 없어요. 어려워할 것도 없어요. 나같이 예수 믿고 복을 받아서 이번에는 정말 감옥보다 더 무서운 곳에 가지 않도록 합시다."

이렇게 말하기도 하였다.

나는 바빠서 그들과 더 오래 시간을 보낼 수가 없어 다른 이들을 접대하는 동안에 그들은 하나씩 둘씩 떠나가고 말았다.

일본인들

나는 청년들 몇에게 부축을 받아서 우선 재판소에 갔다. 가마다(鎌田) 판사는 그의 사무실에서 행장을 꾸리는지 정돈하는 것인지 책상을 뒤지며 무엇을 하다가 나를 보더니 깜짝 놀라며 경례를 한다. 나는 청년들을 밖에서 기다리라 하고 문을 열어 놓은 채 가마다가 권하는 의자에 앉았다.

"판사께서는 앞으로 어떻게 하실 것입니까?"

나는 공손히 물었다. 그는 죄인같이 허둥지둥하면서

"앞이 캄캄합니다. 계획도 없고 방도도 없습니다."

나는 공손한 말로

"판사님의 특별한 도움을 받은 것을 잊지 않아서 감사하다고 인사하러 왔어요. 그리고 나를 특별히 생각해 주신 판사님에게 저는 아무 것도 갚을 길이 없습니다. 다만 제가 믿고 봉사하고 섬겨 순종한 하나님의 아들 예수를 믿고 구원 얻으시라고 권면하고 싶어서 왔어요."

하니 그는 조용히 한참 있더니

"저는 벌써부터 그 신앙에 대해 들어온 사람입니다. 성경은 숨어서 많이 읽었지요. 사실 조사하기 위해 읽었는데 항복을 한 셈이지요."

나는 참 만족했다. 더 있기도 이상하고 해서 나는 일어나서 청년들의 부축을 받아 집에 돌아왔다. 오는 길에 나는 쇠고랑을 차고 그렇게도 무섭고 아프게 고문받아 견디지 못했던 어둡던 날을 회상했다.

가마다의 불안하나 무언지 결심이 있는 얼굴이 집에 올 때까지 내 머릿속에서 사라지지 않았다. 나는 내가 할 일을 한 것에 대해서 만족하고 감사했다.

이튿날 아침에 나는 또 청년들에게 부축을 받아서 일본인 거리로 나갔다. 나는 참 놀랐다. 일본인들이 모두 머리에 수건을 동이고 손에 비와 걸레를 들고 거리를 청소하고 있는 것이었다. 들은즉 그 중에는 과거에 유명한 고관들과 큰 부자였던 몇몇도 보인다는 것이다.

경관들도 섞여 있는데, 더욱이 형사들은 출옥 수인과 사람들에게 끌려가서 죽도록 맞아서 거의 죽을 뻔한 이들이 여럿 있었다고 했다. 우리를 이 모양으로 만들어 놓은 그들이었지만 그렇게도 권력으로 이 땅에 군림하던 그들이었던 만큼 지금 그들을 보는 내 가슴은 웬일인지 설움이 복받쳐 올랐다. 그 얼마나 이 땅을 비참하게 만들었던 그들인가? 거룩한 공회를 발로 밟고 믿는 자들을 한치도 용납함이 없이 그들의 노예가 되게 하고, 그들이 섬기는 신의 부하가 되지 않는 한 배급도 아무것도 안 주고, 성을 바꾸고 그들이 사는 양식을 따르지 않으면 공사(公事)에 출입할 수도 없게 할 뿐 아니라 죄 없고 죄 짓지 못하는 성도들을 그 얼마나 무시무시한 고문과 학대와 천대와 핍박과 압제로 이 강산을 흐렸으며, 피로 젖게 하여 왔던가?

나를 이 꼴로 만들어 놓은 그들은 이제 내 눈앞에서 저 모양들이 되었구나. 들은즉 그들은 그렇게도 높이고 그렇게도 위하고 그렇게도 자랑하던 그들의 신(神)을 항복되자마자 신사에 올라가 자기들의 손으로 모두 불을 질렀다는 것이다.

그들은 자진해서 저들의 집을 모두 개방해 한국인들에게 내어 주고 재물과 식료품까지 모두 한국인들에게 줄 뿐 아니라 사환으로 고용하던 고용인들을 주인이 되게 하고 자신들은 수종하며 온갖 천한 일을 자진해서 다하고 있다는 것이었다.

그들은 마치 잡아온 노예 떼와도 같았다. 그렇게도 유순하고, 겸손하고, 스스로 낮아진 태도들이었고 광경이었다. 어떤 성질이 급한 한인들은 달려들어서 원수를 갚는 이도 더러 있었다고 하나 대개는 그

들이 너무도 졸지에 땅에 떨어졌는고로 또 그처럼 두렵고 무섭게 섬
기던 주인들이 그 모양이 된 것을 보고 모두 한숨을 지으며 눈물을
흘리는 이도 있었다.

진실로 36년간의 그들의 행세는 구름 위에까지 올라간 위엄이었
다. 집도 땅도 돈도 보배도 교육도 사회도 그들이 전부 차지해 온 힘
이라는 것은 일본 국내에 있는 일본인들에게는 상상도 못 할 만치
무서운 것이었다. 그들은 산중의 암사자같이 군림했었고 날카로운 기
계같이 이 땅과 백성을 임의로 삼켰다. 더욱이 그 신을 가지고 박해
해 온 인민들의 억울함과 불행과 피와 가슴에 못을 박은 흔적은 로
마의 네로 때 다음가는 광병(狂病)이었던 것이다.

이 강토, 이 강산의 그 어느 구석에 이 난리를 면한 곳이 어디 있었
을까? 산으로 굴로 헤매며 촌과 읍으로 끌려다니며 학대와 고문으로
쓰러져, 죽음이 없는 촌락이 이 강산 어느 곳에 있을 수 있었던가?
아! 그들의 손은 철장이었고 그들의 재주는 유독 동물과 언사였다.

우리는 서로 가슴을 부둥켜안고 무서워 울고 떨었다. 우리는 주리
고 목마르고 헐벗고 시달려 끝없는 불안에 넘어지고 엎어졌다.

경찰서가 있는 곳마다 기독교인의 고문으로 흘린 피비린내를 제거
할 약품을 찾을 수 없었다. 아! 그러나 이제 그들의 그 강장(鋼杖)의
모습이 어디 있는가?

이제 그들은 병들어 죽어 가며 헐떡거리는 개로 밖에는 더 비유를
하지 못하겠다. 그렇게도 천하고 불쌍하고 가련한, 이 졸지에 엎드러
진 원수에게 나는 울음과 탄식을 느끼며 가슴이 저리도록 설움이 복
받쳐 오는 정을 금할 길 없었다.

울고 울며 보고 서서 나는 아! 이럴 수가 있나. 이렇게도 졸지에
이렇게도 비참하게 저렇게 될 줄을 그 누가 알았을까? 나는 또 수많
은 일본인들이 각 읍과 촌과 곳곳에서 줄을 서서 이 평양성을 향해
나아오는 것을 보고 놀랐다.

줄을 서서 오는 그들은 모두 단소한 여름 옷 한 벌 입은 것뿐이고,
저마다 팔에 빈 깡통을 매어 달고 허리띠 하나 매지 못하고 노끈으

로 허리를 동이고 있었다. 여자들은 머리를 간단히 잡아매었다. 보고 섰는 한인들에게 절을 자꾸 하며 모여든다. 그들에게는 보따리 하나 쌀 용기가 없었다. 보따리에나 허리띠 속에 무엇을 넣어 간다는 의심도 받을까 겁나서 그야말로 단벌 거지가 되어 빈 깡통을 팔에 매어단 초라한 모양과 배고프고 시달려 피곤이 극도에 달한 표정들이었다.

불안과 두려움은 그들의 얼굴의 상징같이 누구에게서나 볼 수 있었다. 아! 하고 나는 다시 눈물겨운 탄식의 소리를 크게 질렀다.

"우상을 섬기는 자는 우상과 함께 망하느니라."

나는 이 말씀을 다시 기억하고 또 이 말씀을 일본 제국 의회와 일본인 대장들과 국회의원들에게 전하여 내 사명을 다한 일을 주님 앞에 감사하지 않을 수 없었다.

"네 원수가 주리면 먹이고 갈하면 마시우라."

하신 예수님의 말씀이 또 기억났다. 나는 옆에 부축한 청년들에게 있는 돈을 다 나누어 주라고 하고 나도 내게 있는 많은 돈을 끄집어내어서 모두 한 장씩 주었다.

"고맙습니다. 고맙습니다."

절을 꾸벅꾸벅하며 되지 않는 발음으로 한국말을 하며 받는 그들의 눈은 젖고 내 눈에서는 눈물이 한없이 흘렀다.

한때는 천지를 지으신 창조주의 자리에 올라가 성경을 고치고 찬송가에서 구주 예수의 이름을 삭제하고 일본인 신(神) 이름을 넣는다고 하던 그 민족이 오늘날 땅 위에서 이처럼 거지 떼가 되어 자기의 신의 이름을 부르는 것조차 몸의 때와 같이 더러움이 되고 부끄러움이 되었으니, 이것은 일본 신뿐이 아닌 것을 성령은 명백히 증거하신다.

"우상을 섬기는 자는 우상과 함께 망한다"고 했고 "창조하지 않은 신은 다 망한다"고 하셨다.

경기장에 모여들어서 찬란한 경기를 보는 사람들같이 집집에서 나온 평양 시민들은 종일 모여 서서 이 가련하고 비참한 일본인들의 행렬을 보고 혀를 찼다. 어떤 이는 한숨을 쉬며, 어떤 이는 눈물을 씻으며, 어떤 이는 이를 갈며, 어떤 이는 입을 삐죽거리며, 또 어떤 이는 주먹을 들어 흔들며 욕설을 하며, 또 어떤 이는 아연해서 정신 없는 이같이 보고 있었다.

이 서서 보는 각 모양의 사람들은 요 며칠 전까지 이 거지 떼 일본인들 앞에서, 용감한 자도 엎드렸고 대담한 청년들도 그들의 종이 된 것을 자랑해 왔었다. 남녀 노소가 그들 앞에서, 그 신 앞에서 맥을 못 추고 벌벌 기면서 절대 복종하여 왔었다. 과거 독립 만세를 부르고 나무에 달려 죽음을 당하고 팔을 꺾이고 살을 찢긴 애국자들의 가족들도 우리 중에 섞여서 이 모양을 보고 통곡을 한다.

역사는 반복하고 주의 말씀은 이제 더 굳건히 섰다.

유황불

　과연 일본에 유황불은 떨어졌다. 그렇듯이 자신 만만하고 견고하던 일본 동경과 모든 큰 도시들은 B29가 실어다 부은 폭탄으로 인해 유황불에 타고 말았다. 히로시마와 나가사키는 20세기 소돔과 고모라같이 유황불로 소멸되고, 산 신으로서 경배받으며 구름 위에까지 높이 들어 왔던 일본인의 왕 히로히또는 세계 인류에게 방송을 하면서
　"나는 신이 아니오. 사람이외다."
하고 선포했다. 생각만 해도 끔직한 일본인의 잔인한 학정은 부숴졌다. 착취와 압박과 포악과 횡포의 열매는 내 앞에 보여진 참상 바로 그것이었다. 때리고 밟고 죽이고 삼키던 그 권세와 강력이 이제 어디 있는가? 우리를 이 꼴로 만든 그들의 많은 사술이 무엇을 했는가?
　문득 내 머리에 히가시 간수가 떠올랐다. 나를 도우려고 자원해서 간수가 되어 온 그 사랑스런 얼굴, 그리고 그 정열적 봉사, 그는 담대하게 두려움 없이 나를 도왔다. 그의 친절과 사랑의 헌신이 아니었다면 나는 비참하게 굶다가 말라 죽었을지도 모른다. 그의 도움은 비상하고 결사적이라는 것을 내가 잊어서 될까?
　나는 그에게 무엇을 할 수 있을는지 앞으로 무엇을 해서 도울지 연구해야 한다고 생각했다. 나는 그를 내 집에 데려다가 이렇게 세상이 뒤집혀 그들이 발붙일 곳이 없는 이때 마땅히 그에게 따뜻한 손을 펴고 내가 할 수 있는 한 친절과 사랑을 베풀어야 한다고 생각했

다. 나는 집으로 급히 돌아가서 그 일을 해야 했다. 나를 부축한 청년들을 재촉해서 집으로 돌아와 보니 언제 와 있었는지 히가시 간수는 내 집 부엌에 쭈그리고 앉아 기다리다가 나를 보더니 눈에서 눈물을 뚝뚝 떨어뜨리면서 불안한 얼굴로 나를 보며 인사를 했다. 나는 너무도 반가워서 그를 끌어안고 방으로 들어왔다. 그는 어디서 얻어 입었는지 양복을 입었는데 잘 맞지도 않고 또 초라해 보였다. 그런데 그는 내 방에 사람들이 많이 모여 웅성대고 있는 것을 보고 몹시 불안해 떨고 있었다. 그러한 모습은 더 볼 수 없으리만치 불쌍해 보였다.

"다른 식구들은 어찌되었소?"

하고 물은즉 그는 많은 사람들 앞에서 일본어로 말하는 것이 죄스러워서 감히 대답을 못 하고 우물쭈물하고만 있었다.

"염려 말아요, 히가시상. 여기 이분들은 모두 다 예수 믿는 분들이어서 당신을 사랑하고 도울 마음뿐인 이들이니까요."

라고 그에게 우선 안심을 시켰다. 그리고 나는 모든 교우들을 향하여 이 히가시가 간수가 되어 가지고 사경에 빠진 나를 먹이고 위로하고 도왔던 상황을 설명하고 소개했다.

모든 듣는 사람들은 놀라서 고마워했지만 그는 얼굴을 들지 못하고 울기만 하는 것이 그렇게도 애처로웠다. 나는 그에게 갖은 말로 위로를 했다. 더욱이 내 언니는 너무 고마워서 그를 딴 방에 데리고 가서 값진 음식을 차려 대접하고 위로를 해주었다.

그는 식사를 끝내고 내 방에 오더니 갑자기 하는 말이

"형무소에서도 그런 것같이 당신은 과연 여왕이시군요."

이렇게 말한 그가 더 애처롭게 느껴진 것은 그의 눈에 내가 여왕으로 보일 만치 자기가 불쌍해진 것을 설명한 것 같았기 때문에 마음이 더 아팠다.

나중에 안 일이지만 일본이 항복을 하자 그의 남편은 곧 머리를 동이고 한국인들의 집을 청소해 주는 데 자원해서 나가고 시어머니는 아기를 데리고 빈 깡통 하나 매달고 거리에 나간 채 만날 수가 없었다는 것이다. 그는 앞길이 캄캄하고 아득해서 우선 내 집을 찾아오는 것이 그렇게도 힘들었던 모양이었다.

언니는 그를 조용한 데로 데리고 가기 위해서 자기 집으로 히가시를 데리고 갔다. 그리고 한국 옷을 입히고 한국말을 가르치고 갖은 사랑을 다했지만 그는 날로 불안해지는 세태에 더 남아 있을 수가 없어서 다시 나에게 왔다. 그리고 그는 불안한 표정으로

"일본으로 가는 길이 있는 모양이니 가야겠어요."

했다. 그렇게도 사랑스럽고 귀하던 그는 이 변화된 환경에 완전히 휩쓸려 눈으로 볼 수 없을 만치 가련하고 처참한 신세가 되어 버렸다.

"그래도 고향에 가면 살 길이 있겠지요."

하고 못내 애석해하며 울먹울먹했다.

지금 형편에 일본으로 돌아가려는 그를 만류할 아무 계획이 나에겐 없어서 나는 아프고 서러운 충격을 억제할 수 없어 같이 울려고 했으나 인사하러 오는 사람들이 너무 많아서 그럴 여유도 없었다.

내가 인사하고 인사받고 정신 없이 바쁘게 움직이고 있을 때 그는 슬그머니 일어서서 없어지고 말았다. 그를 따라가서 불러들일 수도 없었지만 또 데리고 왔다 하더라도 그는 안정을 찾을 수 없었을 것이라는 생각도 들었다.

이와 같이 그렇게도 다정했던 히가시를 가슴이 저리고 쓰리도록 섭섭하게 이별하고 말았지만, 그는 복음을 받았으니 어느 땐가는 만나서 손에 손을 잡고 기뻐 뛰며 지나간 이야기에 찬란한 꽃을 피울 때가 꼭 올 것이다. 그곳은 영원한 나라, 구원함을 받은 자들만이 모이는 평화의 나라, 예수님이 왕이신 천국일 것이다.

"주님이여! 내 친애하는 히가시 자매에게 내게 주신 영생을 주시옵소서. 이것만이 내가 그에게 갚을 수 있는 그의 극진한 친절과 사랑의 답례가 될 것이기 때문입니다."

라고 나는 기원해 마지않았다.

그의 어질고 사랑스러운 모습은 내 평생 내 가슴속 깊이 박혀진 채 비록 날이 가고 세상이 다시 뒤집혀지는 일이 있더라도 내 가슴에 영원히 살아 있어 없어지지 않을 것으로 나는 생각한다.

대자연의 탄식

출옥(出獄)한 우리들을 찾아오는 이들은 날이 가도 계속되었다. 피차 간증을 하고 성경을 중심으로 받은 은혜는 이만저만이 아니었다. 그리고 이기선 목사를 비롯해 모두 교회에 나가서 부흥회를 인도했다.

나는 자초지종의 되어진 일을 기록하는 데 여념이 없어서 출옥 성도들이 모여서 사진을 찍는다고 해도 별 관심이 없었다. 교회마다 부흥은 일어나고 3일간씩 금식을 선포하고 회개하는 통곡 소리가 메아리쳤다.

그러는 동안에 겨울이 지나고 봄이 되어서 우리 출옥 성도들은 한데 모여서 모란봉에 벚꽃 구경을 가기로 했다. 그동안 방문객을 접견하느라 또 교회 일에만 매여 있던 우리들에겐 하루의 꽃구경은 우리들의 마음을 어린이들이 소풍 가는 것과도 같은 기분을 만들어 주었다. 앞서거니 뒤서거니 우리들은 즐거운 얘기를 하며 모란봉을 향해서 발걸음을 옮겼다.

대자연은 우리들을 얼마나 반겨 줄까? 또 우리는 그 얼마나 좋아서 환성을 지르며 감탄하며 감사하며 찬송을 부를 것인가?

나는 당연히 이러한 감정을 가질 수밖에 없었다. 그러나 그 아름답고 그립던 모란봉과 그 연안의 대자연이 내 눈앞에 활짝 펼쳐지고 만발한 벚꽃이 나타났을 때 나는 웬일인지 무어라고 할 말을 몰라

어리벙벙해졌다.

왜냐하면 우선 내가 하늘을 바라보았을 때 봄 하늘은 바람에 엉긴 구름과 뒤섞여서 찌뿌드드했고, 모든 아름다워야 할 대자연은 수심과 불안을 껴안고 앞으로 다가올 비상한 사태에 마음 졸이며 인내하고 있는 것같이 보여졌기 때문이다. 그 화려하고 아름다워야 할 벚꽃도 피기는 활짝 피었으나 마치 기름 마른 늙은 여인의 얼굴 같았다. 나는 너무도 기이하고 놀라서 큰 소리로

"이것이 웬일일까요? 대자연은 수심에 잠기고 벚꽃은 웃는 게 아니라 울고 있는 것 같으니 말입니다. 보세요. 이 벚꽃들이 울기는 우는데 눈물이 없어 보이니 이 무슨 일일까요?"

나는 제법 큰 소리로 우리 일행에게 소리를 치며 애써 말했더니 바로 내 앞에 한상동(韓尙東) 목사가 걸어가다가 나를 돌아보면서

"그래요? 안 선생은 시인이시군요."

라고 말할 뿐이고 누구 하나 내 말에 주의하는 이가 없었다. 나는 그래도 안타까웠다. 그래서 그때 마침 중국에 망명했다가 나와서 우리 일행과 함께 어울린 박영창 선생(박관준 장로의 자제, 동경 경고 때에도 동참했던 청년)을 불러서 풀 위에 같이 앉으면서

"자, 박 선생 보세요. 왜 이 풀들이 이렇게 빛이 없고 모두 수심에 잠겼을까요? 박 선생 보기엔 어때요? 내 눈에는 모든 풀과 꽃과 나무와 심지어는 구름까지도 메마른 울음을 울고 있으니, 나는 이게 무슨 일인지 알 수 없소"

그러나 그는 내가 하는 말을 이해하려고 하는 것보다는 앞으로 우리 사회와 교회에 대한 갖가지 염려와 관심들에 붙들려서 오히려 나를 그쪽으로만 끌어들이려는 자세만 보였을 뿐이었다.

나는 물러나서 조용히 혼자 풀을 손으로 만지며 이 신비의 비밀을 더듬어 찾아보려고 애를 태워야 했다. 나는 울고 싶은 설움을 참고 풀을 쓰다듬으면서

"네게는 비밀이 있다. 인간의 말을 할 수 없는 이 피조물아, 네게는 비밀이 있는 것을 나는 안다. 너희들은 인간에게 설명할 수 있는 언

어를 못 가졌구나! 아, 나도 화초들의 언어를 알고 저 구름과 모든 대자연의 언어를 알았더라면 이것이 무엇을 말하는지 알지 않겠나? 여하튼 너는 창세 때부터 네 직책을 다해 온 것같이 영원토록 계속해서 너희 풀의 직책을 다해라. 나는 천지가 다시 뒤집히는 일이 또 오더라도 나를 구원하신 내 주님께 충성하고야 말 것이다."

이렇게 혼잣말을 하면서 풀들을 손으로 쓸어 주었다. 나는 문득,

"이 대자연은 일본인이 망해 돌아간 것이 섭섭해서 이러는 건가?"

했다가 그럴 리가 없을 것이라고 생각하고,

'그러면 이 대자연은 우리 앞에 다시 큰 고난이 올 것을 알아서 우리에게 그 무엇을 알려 주느라고, 또 우리와 다시 이별할 것을 알고 슬퍼 울어 보이는 것일까?'

하고 생각해 보았다.

나는 가슴이 싸늘해지며 무엇인가 무거운 느낌이 스치고 지나가는 것 같았다.

'아마, 날씨가 흐리고 봄날이라 내 마음에 여러 가지 생각이 많아지는 것일 테지.'

아, 인간은 인간 사회라는 제한 속에 산다. 그러니까 다른 생물의 의사 표시를 알아낼 길이 없으니 탄식할 일이다. 그러나 같은 조물주의 손으로 지음을 받았으니 서로 말도 못 하고 설명을 듣지 않아도 그래도 얼마라도 느낄 수 있다는 새 진리를 깨달은 것같이 생각되었다. 나는 가슴에 그 무엇을 풀지 못한 무거운 느낌을 한아름 안고 다른 분들이 무엇을 즐기며 어떠한 모양으로 이 꽃구경을 하는지 보지도 않고 알려고도 하지 않은 채 집으로 터벅터벅 맥없이 돌아왔다. 그리고 어머니와 언니에게 오늘 본 모란봉의 광경을 비상한 일성으로 얘기를 해보았지만 시원해지지 않아, 방문객을 붙들고 호소를 해보았으나 한 사람도 나같이 관심 있어 하는 이는 아무도 없었다.

소련군과 주영하

소련군은 계속해서 들어왔다. 낯선 트럭에는 소련 군인들이 타고 있었다. 그들은 줄을 지어 평양성 안으로 들어와 온 시가에는 소련 군인들로 가득 차게 되었다.

들이닥친 소련병은 목이 짧고 대개가 몸집이 뚱뚱하고 또 곰보가 많았다. 눈에 익지 않은 외국인이지만 그들이 무식하다는 것은 그 눈빛과 표정만으로도 알 수 있었다. 무지하고 동물적 표정을 한 러시아 군을 보고 그래도 달라 보이는 자가 있나 하고 두리번거리면서 찾아 보았지만 구라파의 지성인다운 모습을 한 군인은 하나도 보이지 않았다.

이들은 트럭에서 뛰어내리기가 바쁘게 여자를 물색하기에 혈안이 되었다. 여자만 보면 얼굴이 잘생겼든 못생겼든 노인이건 어린 소녀건 가리지 않고 닥치는 대로였다. 멋도 모르고 조국을 해방시켜 준 은인의 나라 외국군이 온다고 환영한 동포들은 실신할 지경이었다.

그들의 눈에는 다만 여자만 보일 뿐이고 질서나 도덕이나 체면이 문제가 아니고 붙들리기만 하면 길가건 어디건 황소같이 뚱뚱한 것들이 줄을 서서 그 야욕을 채우는 판이었다. 또 이 야만인들은 팔목시계를 본 일이 전혀 없었던지 팔목시계를 모조리 닥치는 대로 빼앗아서 혼자서 한 팔에 여러 개씩 차고 째각째각하는 소리를 신기하게 들으며 좋아했다. 집집에 들어가서 날고 기건 익힌 것이건 막 쑤셔 먹고 부녀를 찾고, 그 만행에 거역하면 총으로 쏘는 판국이었다.

평양성은 불안과 공포로 끓었다. 새벽이나 깊은 밤중이나 쾅쾅 총소리가 들려오고 그 총소리가 들릴 때마다 누구인가 죽는 것을 알기 때문에 간담이 녹는 판이니 누구 하나 살았다고 안심할 사람이 없게 되었다. 부녀자들은 일체 출입을 못 하게 집안 식구가 깊은 벽장 안이나 광에 숨겨 두고 지켜 주어야 했다. 어쩌다 붙들려간 부녀자들은 죽을 욕을 당하고 병신도 되고 죽기도 해서 이러한 소문은 무시로 전해지고 천지는 다시 캄캄해지는 것만 같았다.

우리 세 모녀는 숨도 크게 쉴 수 없는 형편이 되어 출입을 일체 엄금하고 가슴을 졸이는 수밖에 없이 되었다.

한국에는 또다시 무서운 암흑의 장막이 쳐졌다. 아, 천지와 만물이 탄식하지 않을 수 없는 무서운 장막이 또 씌워진 것이다. 38선을 경계로 교통이 차단되어 이북은 러시아 군이, 이남은 미군이 점령한 후로 날이 갈수록 38선의 경계선은 엄중해져서 그 경계선을 넘다가 러시아 군의 총에 맞아 죽은 자가 많이 생겼다는 소문이 들리기 시작했다. 그래도 이북 생활이 너무 지긋지긋해서 이남 땅으로 가야 산다고 하는 생각을 하는 사람들이 사선을 넘듯이 기를 쓰며 남하하는 예가 많았다.

38선은 지옥과 천국의 경계선같이 느껴지게 되었다. 저마다 이남으로 가고자 했으며 생소한 곳에 가서 살길이 막연한데도 용기 있는 사람은 거지가 되는 한이 있더라도 보따리를 싸서 월남을 시도하는 자가 속출하게 되었다.

우리도 기도중에 어떻게 할 바를 몰라 주님의 뜻만을 찾아야 했다. 그런데 어느 날 좀 늦은 아침이었는데 지프 소리가 바로 우리집 앞에서 멎었다.

그리고 대문을 쾅쾅 두들겨 대는 소리가 났다. 마침 그때 우리 집에는 이광록(李光祿) 집사가 와서 나하고 얘기를 하고 있다가 조심스럽게 나가서 대문을 열었더니 옷을 잘 차려 입은 귀빈 세 사람이 이 집사를 따라 들어왔다.

유리창으로 들어오는 그 세 사람을 보고 나는 크게 놀랐다. 키가 후리후리하고 참 잘 차려 입은 남자는 분명히 평양 경찰서 유치장에 있을 때에 주기철 목사와 한 감방에 있던 주영하(朱寧河)라고 하는 공산주의자였기 때문이다.

그런데 같이 온 두 여자 중에 한 사람은 러시아 여자인 모양이다.

"여기 안이숙 선생 계시지요?"

나는 닫아 놓은 문을 열고 그들이 들어오기를 기다리며 방으로 청해 들일 수밖에 없었다.

주영하는 눈부신 듯이 내 얼굴을 바라보며 무척 반가운 모양으로 어쩔 줄을 모르는 것 같았다. 나도 유치장 당시의 생각이 나서 반갑긴 했어도 상대가 공산당원이라는 것을 잊을 수 없을 뿐만 아니라 그는 또 끝끝내 주 목사의 전도를 받지 않았다는 사실도 물론 나는 잊지 않고 있었다.

"아 참 감개 무량합니다. 이렇게 살아서 다시 뵙게 되니까요. 어찌나 바쁘던지 진작 찾아뵙는 건데 늦어서 죄송합니다."

그리고 그는 같이 온 두 여자를 간단한 말로 소개했다.

"이분은 소련군 중령 ○○올시다."

그는 정중하게 소개했는데, 그 여자 중령은 멋진 군복 차림에 가슴에다 빛나는 훈장을 여러 개나 달고 있었다. 그 중령이라는 소련 여인은 웃는 얼굴로 퍽 반갑다는 감정을 악수로 표시하려고 무척 애를 쓰는 것 같았다.

주영하는 러시아 말에도 능한 것같이 보였다. 그리고 또 같이 온 한국 여자를 소개하면서

"안 선생님도 잘 아시는 박정애 여사입니다."

나는 깜짝 놀랐다. 박정애(朴正愛)는 내가 형무소에 있을 때에 얼마 동안 한 감방에서 지낸 일도 있는 여자 공산당원으로서 그때는 옹기장수 아주머니같이 보였으나 그 눈동자만은 속일 수 없는 빛을 띠고 있었는데 지금은 그렇게도 달리 꾸미고 딴 사람이 되어 왔다. 그는 그때 감방에서 나를 보고 여걸(女傑), 여장부(女丈夫)라고 말한

일이 있었으나 나는 그때도 다만 신앙심만을 지키려는 것뿐이라고 누누이 설명했던 일을 기억했다. 그런데 이제 보니 그는 우수한 배우가 1인 2역을 한 것같이 그렇게도 완전히 딴 사람같이 보이게 하고 나타났으니 나는 놀라지 않을 수가 없었다.

지금은 눈동자만 번쩍거리는 것이 아니었고, 태도와 언사와 표정 모두가 아주 달라졌다. 감방 시절의 흔적은 통 냄새도 맡을 수 없게 되어 있다. 그는 나를 반가움에 겨운 시선으로 보면서

"아, 이 굉장한 안 선생님! 그렇게도 담대하고 굽힐 줄 모르던 분, 권세가 당당한 고관들 앞에서도 태연 자약하던 안 선생님, 나는 안 선생님을 잊어버릴 수가 없었어요. 이렇게 늦게야 찾아와서 이런 말을 하면 안 선생님은 내 말을 믿지 않으실 거예요."

나는 그가 꽉 잡고 흔드는 내 손을 그에게 맡겨 놓고 멍청하게 서 있기만 했지만 내 마음속으로는 이들의 반가워하는 태도가 무섭게만 느껴졌다. 선뜻 보고 느껴지는 것으로는 이들은 높은 지위를 차지한 모양인데 평양 시내가 이렇듯 공포와 불안 속에 떨고 있는 것을 알고 있는 것인가? 자기들만 높은 자리에서 잘먹고 잘살면 그만이란 말인가? 이들은 총소리도 못 듣고, 부녀자들이 당하는 수욕과 원통에도 아무 감각이 없고 자기 지위만 높고, 자기가 벼슬을 한 것만으로 만족하고 기쁜 것인가? 나는 의분이 치밀어 올랐지만 입을 꼭 다물어 버릴 수밖에 없는 것이 분했다.

박정애는 나에게 얘기를 하면서도 주영하의 눈치를 살폈다. 박정애는 주영하의 보조역을 맡고 있는지 주영하에게 애교를 떨 듯이 주를 한번 보고 또 나를 보면서

"자, 이제는 일어나세요. 우리 서로 손을 맞잡고 용감하게 일합시다. 때는 오지 않았어요? 자, 이 백성을 위하고 나라를 위해서요."

나는 그가 하는 말에 더 치밀어 오르는 분노로 몸이 떨리는 것을 간신히 참으면서

"이 평양성을 더 혼잡하고 더 비참스럽게 만들잔 말인가?" 하고 한마디하고 싶었으나 억제했다.

주영하는 웃는 얼굴로 다정하게 말하면서

"안 선생님은 죽은 후에 가는 천국만 아시는 분이니 살아 있는 산 천국을 제가 보여 드리려고 합니다. 모스크바로 모시고 가서 산 천국을 똑똑히 구경시켜 드리겠습니다. 또 가서 배울 것도 많습니다."

나는 이 말을 들었을 때 입에서 거의 튀어나오려는 말을 의식적으로 급하게 억제하면서

"너희 자신이 천국을 누리기 위해서 민족과 나라를 팔아서 무서운 구렁텅이에 처넣고 너희만 위한 천국이 모스크바냐? 천국인 줄 알고 지옥 모스크바에 가서 가슴을 치고 영원히 후회하는 곳에 간 후에는 다시 기회가 없단다. 이 공산 매국노들아!"

"아닌게아니라 안 선생님은 특별 대우를 해서 특별 장교 비행기로 모스크바로 가시도록 하겠어요. 사실 선생님이 모스크바를 보시면 기절하실 거예요. 참 기가 막히게 훌륭하답니다."

그들은 소련말로 무어라고 지껄였다. 소련군의 여자 중령이 뭐라고 묻는 말에 주영하가 한참 동안 내게 대한 말을 하는 것같이 설명이 많았다. 얼마 후 그들은 돌아갔다. 그러고 나서 꼭 사흘이 경과된 날인데 박정애가 그 소련군 여자 중령을 데리고 또 왔다.

"오늘 저녁에 특별한 파티가 있어서 모시러 왔습니다. 주 선생님이 꼭 모시러 오려고 했는데 급한 일이 생겨서 모시러 오지 못했지만 같이 저녁 식사라도 하시겠다는 거예요. 어머님께서도 꼭 가셔야 해요."

하면서 어머니에게 기어코 같이 가자고 강권했다. 어머니는

"나는 러시아 밥 먹을 줄 모릅니다."

하며 한마디로 거절했다. 그들은 나를 억지로 지프 차에 태웠다.

차를 타고 가는 동안에 내 불안은 차츰 공포로 변했다. 나는 이럴 때야말로 기도할 때라고 생각하고 짧은 시간이지만 '주님 나를 지켜 주소서' 하고 부탁하는 기도를 했다. 일본인의 강한 철창도 부숴 주신 내 주님을 의지하려는 나에게 공산당들은 무슨 짓을 하려는 것일까?

　소련군 중령이 운전하는 지프 차는 남산정으로 달렸다. 얼마 전까지 일본인들이 뽐내며 살던 곳이다. 거기 있는 고급 주택들이 지금은 새 주인을 맞아서 아주 다른 분위기를 조성하고 있었다. 소련군 고급 장교와 조선 공산당의 간부급이 살고 있는지 곳곳에 총을 멘 러시아 군이 지키고 있었다. 지프 차들이 오고갈 때마다 보초를 선 군인들이 경례를 붙인다.

　박정애 집에도 문간에 보초 군인이 서 있다가 경례를 붙였다. 크고 좋은 집에 들어가 보니 방도 많고 꾸민 것도 고급인 것으로 보아서 박정애가 고관인 것을 알 수 있었다. 그는 자랑스럽게 두루 집 안을 안내해서 구경시키고 나를 응접실로 데리고 가더니 안락의자에 앉혔다.

　그리고 그는 사무실같이 되어 있는 방으로 가더니 전화를 건다. 주영하에게 내가 왔다고 보고를 하는 것 같았다.

　응접실에 나는 내 핸드백과 목도리를 놓아둔 채 화장실에 가는 척하고 이리저리 기웃거리면서 도망갈 길을 찾아보았다.

　이때였다.

　“강하고 담대하라”는 말이 머리에 떠올랐다. 나는 복도로 나와 뒷문이 열린 것을 보았다. 내 신은 현관에 벗어 놓았으나 현관으로 갈 새는 없었다. 나는 버선발로 슬쩍 뒷문으로 나와서 옆집 뒷마당을 끼고 걸어갔다. 치마가 길어서 사람이 올 때는 신을 벗은 것을 가리기 위해서 허리를 꼬부려서 보이지 않게 했다. 사람이 지나가고 나면 슬금슬금 보통 자세를 취하고, 아무도 없을 때는 막 뛰었다. 한참 동안은 모두 집 뒤쪽인고로 사람도 별로 다니지 않았지만 얼마쯤 나오니까 정문이 되어서 보초들이 서 있었다.

　나는 두근거리는 가슴을 안고 천연스럽게 보초 앞을 지나갔다. 어떤 러시아 군의 보초는 나를 힐끔 쳐다보고 수상하다는 표정을 했지만 나는 시치미를 떼고 바쁘게 그 앞을 지나갔다. 가슴이 마구 뛰었다. 비탈길을 뛰어내려 골목으로 들어가 이제는 사람들이 보건 말건 미친 듯이 두 주먹을 쥐고 막 뛰었다.

나는 윤원삼(尹原三) 장로 댁을 기억하고 그쪽 방향을 향해서 자꾸만 달음질했다. 숨이 차서 금방 심장이 멈출 것 같았다. 나는 쉬지 않고 뛰고 또 뛰었다. 얼굴이 달아오르고 눈에는 불이 뿜는 것 같은데도 쉴 수가 없었다. 그러나 주님이 내 곁에서 나와 같이 뛰고 계신 것을 느꼈다. 윤 장로 댁 대문 앞에 도착했을 때 나는 큰 숨을 내쉬며

"주여, 감사합니다!"

하고 나를 여기까지 무사히 오게 하신 주님 앞에 감사했다. 주님이 용기를 주셔서 그곳을 벗어나 달아나게 해주신 것을 나는 참 감사했다.

윤 장로님 댁 대문도 소련 군인이 무서워서 꽉 닫혀 있었다. 나는 소리를 지르면서 두 손으로 쾅쾅 대문을 막 두들겨 댔다. 사환이 나와서 내가 버선발로 뛰어들어 서는 것을 보고 놀라서 물러섰다. 나는 방문을 열고 뛰어나오는 윤 장로 내외분을 밀치면서 방으로 뛰어들어 갔다. 내 얼굴과 신을 벗은 버선발을 보고 그들은 몹시 놀랐다.

"이게 웬일이오? 소련 군인에게 잡힐 뻔했구먼요?"

나는 숨이 차서 말을 못 하는 대신 턱을 끄덕이면서 숨을 돌려서 자세한 이야기를 했다.

"장로님, 우리 어머니도 속히 이리로 모셔다 놓아야겠어요."

했더니 그는 곧 그 의미를 알아듣고

"그렇지."

하고 청년 몇 사람을 부르더니 어머니를 모셔 오라고 급하게 분부했다.

얼마 안 되어서 어머니는 성경책과 옷보따리를 가지고 급히 왔다. 나는 숨을 크게 내쉬면서

"이것 참 아슬아슬한 연극이에요."

하니 모두 과연 그렇다고들 했다.

그날 밤 윤 장로는 사람을 시켜서 청년들을 소집했다. 누구든지 나를 서울까지 데려다 줄 사람은 없는가고 물었더니 청년 열 사람이

자진해서 우리를 서울까지 모셔다 드린다고 단번에 나섰다. 그리고 언니의 사위도 이남에서 우리를 찾아왔는데 이번 기회에 자기 집인 대전으로 가는 길에 같이 내려가기로 했다. 또 윤 장로의 둘째 며느리도 남편이 있는 서울로 가겠다고 따라나섰다.

우리 일행 14명은 비상한 각오를 하고 긴장 속에 가지고 갈 수 있는 행구(行具)를 꾸려 가지고 나섰다. 청년들은 하마터면 모스크바로 납치되어 갔을 나를 보고 몹시도 기뻐해 주었다. 그래서 38선을 넘다가 자기들이 모두 죽는 한이 있더라도 나와 나의 어머니를 지켜 주겠다고 모두 울면서 기도를 했다. 그 중에는 몸이 장대하여 권투도 하고, 태권도도 하고, 또 싸움을 잘해 별명이 황소라는 청년이 있었다. 그는 어렸을 때부터 신자였지만 일본이 패망하는 것을 보고서야 충성스럽게 봉사하는 열성 예수인이 되었다. 그는 모든 사람의 사랑을 받는 젊은이고, 그의 형도 기어코 가겠다고 해서 형제가 다 나서게 되었다. 모두 용감하고 씩씩해 보였다.

또 어떤 이는 모험을 좋아해서 얼굴에 빛이 나고 기뻐도 하니 심각한 가운데도 어딘가 마음에 소망이 생겼다.

우리들은 밤 1시에 평양을 조용히 떠났다. 우리들은 함께 걸어가지 않고 각각 헤어져 정거장에 한 사람씩 한 사람씩 도착했다. 기차를 기다려 탈 때도 저마다 각각 떨어져서 탔다. 나는 어머니를 꼭 부축하고 붙어다녔다. 청년들은 기차 속에서도 여기저기 따로 앉아서 우리 모녀를 늘 주목하고 번갈아 옆자리에 와 앉아 있기도 하고 지나가기도 했다. 청년들은 모두가 용감해 보였다.

나는 어머니를 모시고 아무런 먹고 살 대책이 있는 것도 아닌 낯선 서울로 가는 길이니만큼 불안도 크고 깊었지만 그러나 나를 보호하는 청년 용사들의 모습을 지켜보면서 위로도 적지 않았다. 어떻게 보면 우리 자신들이 연극을 하는 것 같은 착각도 들어서 흥미롭기도 했다.

해주가 종착역이지만 해주까지 가면 남하한다는 의심을 받을까봐 그 앞 정거장까지 가는 차표를 산 우리는 목적지에 와서 내릴 때도 조심해서 저마다 생소한 사람인 것처럼 행동하면서 내렸다. 그 정거장에서는 사람들이 많이 오고가고 하는데 척 보면 벌써 남하하는 사람은 알아볼 수가 있었다. 보따리가 크고 이고 진 사람은 모두가 다 소련 군인과 공산당이 싫어서 도망가는 사람들이었다.

우리는 힘센 황소 청년의 지시에 따르기로 하고 우선 아침밥을 농가에서 사 먹었다. 밤새 기차를 타고 오느라고 고단했던지 밥을 먹은 자리에서 모두 쿨쿨 코를 골며 잠이 들어 버렸다.

황소 청년이 먼저 벌떡 일어나더니 모두 잠을 깨워서 우리들은 많은 군중 틈에 끼여 남하하는 길을 나섰다. 한군데 몰리는 것은 위험해서 모두 슬금슬금 따로 떨어져서 남하하는 길을 가는데 그 중에는 여자와 아기들도 많았다. 이렇게 많은 사람들이 모두 고향과 집과 소유를 다 내어 버리고 정처 없이 낯선 땅으로 흘러가야만 하는가 하고 생각하니 마음이 아프고 설움이 복받쳐서 '해방이 되었다고 기뻐 날뛴 것이 이 꼴이 되었으니 세상은 이렇게도 무정한가?' 하는 생각이 들었다. 박정애의 그 좋고 큰 집과 그들의 의기 양양한 모습을 생각하니 괘씸하기 그지없고 분하고 슬프기만 했다.

황소 청년은 38선을 넘나들며 장사하는 사람을 물색해서 안전한 길을 찾아내는 데 열심이었다.

"소련군이 어디어디 많이 있죠?"

황소 청년은 소련군이 없을 만한 길을 여러 가지 얘기를 종합해서 터득해 낸 모양이다.

이 많은 군중 속에는 38선을 넘나들며 장사를 해서 재미를 보는 사람이 꽤 많이 있다는 것도 알아냈는데, 그런 사람들은 길을 환히 알고 있어서 황소 청년은 그들에게 얻은 지식으로도 우리를 안심시켰다. 청년들은 걸음이 몹시 빨랐지만 늙은 어머니와 감옥 생활에 곯아 빠진 나는 빨리 걸을 수가 없었다. 그래서 그들은 한참 가다가 우리를 기다려 주지 않으면 안 되었다. 모두 우리 보따리를 한 개씩 짊어지고 앞으로 뒤로 그들은 꾸준히 충성스럽게 우리 모녀를 지켜 주어서 어머니와 나는 이 심상치 않은 일에 겁이 나고 질려 떨면서도 참 신기하게도 길을 잘 걸었다. 황소 청년은 밤이 되어 캄캄해질 때 달구지를 하나 빌렸다. 청년들은 걷고 여자들은 달구지를 탔다.

하늘을 쳐다보니 초생달이 하늘에 걸려서 그 연한 빛을 통해 구름이 보였다. 아롱진 구름은 내 앞에 들이닥친 위험을 예고해 주는 것같이 느껴져서 내 가슴을 무한히 외롭게 했다. 나는 눈을 들어 높이 계신 하나님의 그 도우시던 옛날 감옥의 가지가지 일을 생각해 보았다. 나는 요한복음 14장을 서글프게 외우고, 또 시편 16편을 외우고, 또 애원하는 찬송가를 조용히 달구지 끄는 소 발자국 소리를 들으면서 불렀다. 어머니는 계속 기도만 했다. 밤새도록 가고 가던 달구지꾼이

"이보다 더 갈 수는 없습니다. 조금만 더 가면 38선인데 소련군이 지키고 있다가 무턱대고 총을 쏘니까요."

우리는 하는 수 없이 돈을 치르고 모두 다시 길을 걸어야 했다. 그리고 이제부터는 걷는 소리도 못 내고 말은 절대로 해서는 안 된다. 숨도 크게 쉬면 죽는 판국이 되어서 우리는 힘을 다해서 가만가만히 걸었다. 한참 걷고 있는데 소낙비가 쏟아졌다. 우레 소리가 천지를 울리고 쏟아지는 비는 사정 없이 막 퍼부어 내렸다. 우리는 모두 검은 옷을 입었고 보따리도 검은 빛이라 번갯불이 번쩍여도 얼른 눈에 띄지 않게 되어 있었다. 우레 소리와 함께 비는 계속해서 억수로 쏟아지는고로 우리는 전신이 물에 빠진 생쥐같이 되어 버렸다. 빗물은 속옷까지 스며들고 비는 얼굴에 막 퍼부어서 눈을 감고 그저 발이 움직이는 대로 가는 수밖에 없었다.

캄캄한 밤길을 어떻게 어떤 방향으로 가는 것인지도 모르고 가고 또 가노라니 어디서 닭 우는 소리가 들려왔다. 비가 퍼부을 때는 빗소리뿐이더니 닭 우는 소리를 들을 때 반갑기도 하고 슬프기도 했다. 우리는 어디가 어딘지도 모르고 덮어놓고 전진 또 전진만 했다. 아무 말 한마디 없이 자꾸만 길을 걸어가는 동안에 동녘 하늘이 터지기 시작하고 비는 멎어 간다. 동쪽 하늘의 구름이 갈라지더니 다정한 아침 햇빛이 우리를 환영하듯이 비쳐 왔다.

"할렐루야!"

우리는 한소리로 다같이 감격의 함성을 울렸다. 우리는 모두 기쁨에 넘쳐서 춤을 출 듯했다. 산비탈로 올라오는 해는 웅장하고 화려한 광선을 검은 구름 사이로 활짝 펴고 그 큰 팔 같은 광채를 벌리면서 우리를 반겨 맞아 주는 것 같았다.

나는 소리를 높여 할렐루야 찬송을 불렀다. 음악가인 언니 사위 조광혁(趙光赫) 선생은 높은 테너로 또 다른 청년들도 모두 힘껏 소리를 내어서 화음을 맞춰 불렀다. 38선은 벌써 지나온 것이다. 소낙비가 쏟아지던 지대가 바로 38선이었다고 동행해 온 장사꾼이 설명해 주었다. 38선을 넘을 때 주님은 소나기로 우리를 감싸 주신 것을 알고 모두 감격하고 감사했다. 아, 이로써 그 못된 러시아 군과 공산당을 영원히 면한 것이다.

이곳은 벌써 이남 땅이었다. 어디로들 넘어왔는지 사람들은 장터같이 많아지고 모두 보따리를 가진 비 맞은 초라한 사람들은 살길을 찾아 저마다 비상한 표정들이었지만 그래도 무사히 넘어온 것이 그렇게 기쁜지 피곤해 보이는 사람은 한 사람도 없었다. 그러나 그 많은 사람 가운데는 같이 오던 가족이 서로 떨어져서 아우성을 치며 두리번거리며 가족을 찾아 헤매는 사람들도 적지 않게 있는 것을 볼 때 남의 일같이 생각되지 않아 가슴이 아프고 괴롭기도 했다.

어떤 사람들은 밤새도록 길을 걸어 38선을 넘었구나 하고 아침이 되어 보니까 산 주위만 빙빙 돌아서 길을 떠난 지점에 되돌아와 있는 것을 알고 웃지도 울지도 못할 처지였다는 쓰라린 추억담을 말하는 사람도 있었다.

황소 청년은 트럭을 하나 교섭해 왔다. 그래서 우리는 비로소 처음으로 한 차에 안심하고 같이 탈 수가 있었다.

우리는 힘찬 음성으로 찬송가를 불렀다. 트럭은 힘차게 달렸다. 언니 사위와 나는 찬송을 소프라노와 테너로 인도하고 모든 청년은 각 파트를 힘있게 맞추어 불렀다. 청년들의 음성은 모두 우렁차서 풍부한 성량은 천지를 진동하는 것 같았다. 우리는 계속 찬송을 부르며 하나님께 경배하는 심령이었다.

문득 보니 미군들이 서서 가는 트럭마다 세워 놓고 검문을 하고 있었다. 미군들은 소련군과는 판이하게 달랐다. 모양 있게 입은 그들은 우리 눈에 그렇게도 정다워 보였다. 우리는 그들이 검문하는 것을 원거리에서 바라보면서도 찬송을 힘있게 계속했다. 우리의 우렁찬 찬송가를 들은 두 미군은 팔을 획 저으면서 지나가라는 제스처를 해서 통과시켜 주었다. 우리는 더욱 신이 나서 더 큰 소리로 찬송을 부르면서 그 앞을 통과했다. 지나면서 청년들은 군대식으로 경례를 했다. 신이 나고 멋있는 광경에 우리는 어깨가 으쓱 올라가고 턱을 불쑥 내밀었다.

마침내 우리는 서울에 왔다.

서울에 도착하자 우선 윤 장로의 딸 집으로 찾아 들어갔다. 그리고 거기 방 하나를 얻어 우리는 짐을 내려놓을 수가 있었다. 청년들은 서울 구경을 하고 그 이튿날 모두 집으로 되돌아갔다.

어촌과 왕지네

서울에 와서 생소한 데서 살자니 얼마 동안은 남하할 때 가져온 돈으로 생활이 되었으나 직업도 없고 수입도 없고 나그네 된 우리는 계속해서 살아 나갈 길이 전혀 없었다. 나는 내 심정과 내 두뇌를 검토해 볼 때에 내가 직업 전선에 나가서 생활비를 번다는 일은 거의 불가능했다.

옥고(獄苦)에 멍든 내 두뇌에 남아 있는 거라곤 일본말 찌꺼기가 좀 있을 뿐이고 어떠한 분야에든지 지능적 역량이라는 것은 전혀 찾아볼 수 없는 폐인 상태였다. 따라서 내 실력이란 비참할 정도였다. 음악을 가르쳐야 할 텐데 발성도 거의 다 죽은 상태였고 피아노 음정조차 엉망이었다.

결혼하기도 어려웠다. 내 건강 상태와 나 자신을 생각할 때 그것은 엄두가 안 난다. 더욱이 피가 부족하고 심장이 약해서 숨쉬기가 힘들고 기침도 아직 쉴 새 없이 계속 나서 내 몸도 감당하기 힘든데 시집살이는 도저히 가망이 없어 보였다.

돈은 거의 바닥이 나고 살길은 막연했다. 나는 간신히 정신을 차리고 어느 바닷가에라도 가서 모래사장에 엎드려 결사적으로 기도해서 주님과 의논을 하여야 했다.

나는 호남선 기차를 타고 종착지인 목포까지 갔다. 목포에서 가까운 해남이라는 섬을 찾아갔다. 기도할 만한 백사장을 찾아봤으나 깨끗한 곳을 찾지 못했다.

마침 해변가에 있는 큰 바위를 보고 나는 그 위에 가서 앉았다. 눈을 들어 바다와 그 아래 밀려드는 물결들을 보며 나는 주님 앞에 어떻게 내 가슴에 쌓인 말을 다 고할까 하고 한참 바닷물을 바라보며 생각을 했다. 나는 바위 위에 엎드려 주님을 대하니 눈물이 하염없이 쏟아졌다. 우선 나는 실컷 울었다. 그러고 나서

"하나님! 감옥에서는 순교할 자격이 없어서 낙제가 되어 해방이라는 상급 아래 자유의 몸이 되게 해주셨을 때 저는 큰 흥분과 감격으로 기뻐했습니다. 그러나 갑자기 밀려온 야만인 소련군과 자기만 위하는 공산 세계의 탄압에서 살 수 없어 이 산 설고 물 선 서울에 오기는 왔지만 주님이 아시는 바와 같이 내 앞에 살길은 딱 끊어지고 말았습니다. 우리에게는 다시 이 땅에 발붙일 곳이 없어졌습니다. 아버지 하나님, 저 밀려드는 바닷물이 아무리 많더라도 그것이 주님을 위해 무엇을 합니까? 저렇게 많은 바닷물이 주님이 살아 계시는 것을 누구에게 증거하기 위해 어떠한 고난을 받고 참아왔다는 기록이 있습니까? 저 웅대하고 양양한 바다는 주님을 모르는 배역자를 위해서 많은 물질을 대어 주기는 했을망정 가슴을 태우고 피를 말리면서 살과 피를 희생해서 하나님을 하나님으로 대접하려고 진액이 말라드는 증거를 세웠다는 일은 들어 본 일이 없습니다. 주님 눈에 저는 개미 한 마리만한 존재로도 인정이 안 될는지 몰라도, 아버지여 우리는 동사(同事)하지 않았습니까? 한 국가와 민족이 멸망자리로 뛰어들어 갈 때 저는 번제물이 되어서 당신의 음성을 따라 인간을 사랑하시고 구원하시는 주님의 사랑을 선포하고, 제물이 된 그 명백한 기록을 감당하고야 만 여종이 아닙니까? 아버지여, 저는 저 바닷물들이 하는 일은 못 해도 그래도 나는 당신이 보내신 아들을 통해서 그 주신 구원을 받아들일 수가 있어 주님의 증인으로 주님께 순종할 수 있었고 또 아버지의 영원한 딸이 될 수 있었습니다. 이것은 넓은 바다보다 가치 있고 많은 물보다 귀중한 가치인 것입니다. 제게서 무엇을 더 요구하시며, 명령하시렵니까? 폐인처럼 되어 버린 이 여종에게

주님은 무엇을 더 찾으시려고 하시는 것입니까? 제가 더 살아 기동하여야겠사오면 그 갈 길을 마련해 주셔야겠습니다. 그렇게 안 하시고 저더러 더 살아 있으라고 하시지 마세요. 제가 살아 있는 날의 사명은, 주님이 살아 계신 구주시며 부활하시고 부활케 하시는 하나님이신 것을 증거하는 직책입니다. 저는 이 일의 증인이었고 또 영원히 그러할 것입니다."

내 기도는 결사적이었다. 밤새도록 엎드린 채 주님과 필사적 담판을 했다. 밤이 가고 새벽이 다가올 임박에 내 마음은 가벼워지고 몸에도 큰 활력을 얻어서 기뻐지고 감격되는 심령이 되어 나는 일어났다. 그리고 나는 내 눈앞에 한없이 넓은 바다와 물결을 내다보았다. 아침결에 잔잔해진 창파는 지금 당장 떠오르는 햇빛을 받아 반사되어 황금빛같이 빛을 발했다. 동쪽 하늘 위에 광명의 줄을 펼치고 떠오르는 해는 유달리 나를 반기며 인사하는 것만 같았다. 눈이 부셔서 하늘을 쳐다볼 수가 없었다. 나는 선 자세 그대로 바다를 보며 이야기했다.

하나님을 경외하지 못하는 바다야
네가 비록 끝없이 넓고 크다만도
네가 너를 지으신 네 조물주를 위해서
한 것이 무엇이며
또 무엇을 할 수 있느냐?
네 수명이 창세 때부터 이제까지
길고길어서 늙지도 않고 변치도 않았지만
네가 너를 지으신 자를 위해서
한 것이 무엇이란 말이냐?

나는 비록 세상 사람들의 눈에
볼 만한 것도 없고
그들에게 할 수 있는 아무 일도 없는

가련하고 비참한 폐인은 되었다마는
그래도 할렐루야 찬양하는 그의 증인이란다

나는 힘도 없고 숨도 잘 못 쉬고
내 두뇌는 텅 비고 비틀어졌을지라도
나는 그의 음성을 따라 청종하는
증인이 되었단 말이다
이것! 얼마나 가치 있고 굉장하냐?

세상은 모르고 사람들은 몰라도
그래도 바다야, 많은 물들아
내가 지나간 밤 한 말을
내 창조주와 긴급회의를 했다는 사실은
너만은 알고 부러워나 해 다오

내 속에서 급한 창수같이 찬송이 터져 나왔다. 나는 찬송가 "만세 반석 열리니"를 힘있게 한 장을 다 불렀다. 그래도 만족치 못해서 자작곡으로 곡조가 불려지는 대로 가사가 지어지는 대로 막 고성을 내어서 먼 바다를 바라보며 부르고 또 불렀다. 나는 더 있을 필요가 없어서 바위를 떠나 어촌이고 농가인 집들이 있는 곳을 향해 걸었다. 어촌의 미신은 아침에 여자를 보면 재수가 없다고 해서 보는 사람마다 나를 외면하고 얼굴을 돌리든지 또 나를 보자마자 돌아서서 뒷길로 빠져 버리고 마는 사람들도 있었다. 그런데 어떤 젊은 청년이 나를 보더니 깜짝 놀라서 고함을 지르면서 손으로 내 치마를 가리키며

"왕지네요, 왕지네!"

한다. 나는 얼김에 내 치마를 내려다보았다. 그리고 '악!' 소리를 지를 뻔했다.

내 치마 중복에 뻘겋고 끔찍스럽게 엉긴 큰 구렁이 같은 괴물이 사나운 털 같은 무수한 발을 치켜들고 늠름히 있는 것을 발견하고

나는 진저리를 쳤다. 괴이하게 독스런 괴물은 독초를 먹었는지 순하게 내 치마에 웅크리고 있어서 잠을 아직도 자고 있는지 움직이지도 않고 붙어 있었다. 오고가던 사람들은 순식간에 모여들었다. 그리고 웅성거리면서 나와 왕지네를 열심으로 보면서

"왕지네?"

"뭐야, 왕지네?"

"저놈 저 큰 왕지네가 어떻게 저렇게 가만 있다냐? 응?"

"저 여인은 물렸을 것인디 어찌 저렇게 멀쩡하당가?"

"저것 옆에만 가도 큰 해를 받는데 어찌된 셈이냐?"

나는 그들의 놀란 눈초리와 얼굴 표정과 말을 들으면서 내 치마에 아직도 순하게 잠만 자고 있는 이 독충을 기이하게 내려다보았다. 맨 먼저 나를 보고 놀란 청년이 뛰어가서 길고 든든한 나뭇가지를 가지고 와서 그 한 자나 되는 왕지네를 쿡 찔러서 끼워 가지고 꾸물거리는 괴물을 막대기에 재간 있게 감아서 옮기더니

"야! 돈 벌었다! 약국에 팔면 큰 돈 된다네!"

하면서 좋다고 환성을 올리며 없어졌다.

지네는 독충이라 또 약이 되는 모양이다. 나는 그게 내 품에 밤새 안겨 있으면서도 나를 해치지 않은 것에 하나님의 깊은 은총의 손을 느끼고는 만족했다.

'내 기도는 상달이 되었구나!'

나는 무척 기뻤다. 먹을 것도 없고 살 수도 없어서 기차로 서울까지 되돌아왔다.

미국행

그런데 어느 날 어떤 미국 아가씨가 찾아왔다. 그는 많은 선물을 가득히 안고 통역하는 사람도 같이 와서 나를 찾았다.

"당신이 미스 안이시죠?"

나는 그 예쁘고 아름답게 생긴 미국 아가씨를 보고 넋을 잃고는 대답도 제대로 잘 못했다.

그는 내게 다가오더니 내 손을 힘있고 정답게 꽉 붙잡으면서

"아! 당신은 우리 미국에서 굉장하게 이름이 났는데도 당신 자신이 어떤 이인가를 모르시는군요."

나는 그가 사람을 잘못 찾아온 줄만 알고 겁이 좀 나서 반갑지만 접대하지 못했다.

"나는 당신을 빨리 만나기 위해서 미군에 들어가서 여러 가지 어려움 끝에 여기까지 왔어요. 당신이 미국에 가셨으면 좋겠지만 가기가 싫으시다면 여기 계셔도 좋아요. 제가 도와 드리겠어요."

나는 마음이 이상해서 세상에 이런 일도 있을 수 있을까, 이 사람이 어떻게 나를 알고 이런 말을 할까 싶었다.

나는 믿어지지 않아 고맙다는 말조차 못 하고 그의 아름답고 친절한 얼굴을 멍청하게 보고만 있었다. 나는 왜 말을 못 할까? 그래도 뭐라고 해야 하지 않나? 나는 말을 어떻게 해야 할지 전혀 몰라서 그의 말을 듣기만 하고, 그의 신기한 태도를 보고 우물쭈물 지켜보는

것만으로도 몹시 서툴게 어리둥절하고 있을 뿐이었다. 그는 좋은 과자를 자꾸만 상자에서 꺼내어 주었다. 나는 꿈을 꾸는 것만 같아서 멍하니 보고 있기만 했다.

이 여자는 한 번 다녀간 후에 다시 또 왔는데 이번은 미군 중령과 함께 더 많은 과자와 실과와 온갖 것을 잔뜩 가지고 좋은 영양제도 많이 가지고 왔다. 그리고 자기 이름은 필리스 코라고 말했다. 이후로 미스 코와 중령은 자주 찾아왔는데 그때마다 선물을 잔뜩 안고 왔다.

"미스 안, 당신에게 생활비와 미국으로 가시는 여비를 드릴까요?" 하고 말한고로 나는 이 일을 위해서 오랫동안 기도했다.

미국으로 가는 일은 놀랍고 재미있는 일이지만 늙은 어머니를 두고 간다는 일은 너무나 가슴 아픈 일이 아닐 수 없었다. 그러나 어머니는 늠름하고 용감하고 굳센 어른이어서 도리어 나에게 권했다.

"뭐 오래 가 있을 필요가 있니? 석 달만 가서 주님 증거하고 돌아오려무나."

나는 미국으로 가는 것이 가능해졌다. 미스 코는 내게 천 불짜리 수표를 가져다 주었다. 미스 코의 말에 의하면 내가 감옥에 있는 동안 일본인들은 선교사들을 모두 미국으로 쫓아보냈는데 그 중에 의료 선교사로서 만주에 와 있던 바이럼(Byrum)이라는 의사와 그 부인이 《죽으면 죽으리라(If I perish, I perish)》라는 책자를 발간해서 가는 곳마다 돌렸다 한다. 그 책자는 내가 일본에 가서 경고하고 잡혀서 갇혀 있는 내용을 쓴 글이었다. 이 책자를 읽은 아덴스 조지아에 있는 부자 롤랜드(C. A. Rowland) 씨가 이 책자를 수십만 권 출판해서 미국 전국과 캐나다로 모두 보내어 내가 일본 정부에 가서 경고를 하고 감옥에 갇혀 있는 것을 알렸다고 한다. 그래서 자기 어머니도 그 책자를 읽고 해방이 되자 나를 보고자 하는 생각으로 딸을 보내어 내 여비를 위해 천 불을 조달해 보냈다는 것이다.

이 무렵에 김동명(金東明)이라는 청년이 나를 찾아왔다. 그는 일본 코베고등공업을 나와서 지금 서울 공대에서 계속 공학을 공부하며 숙명고녀(淑明高女)에서 수학을 가르치고 있는 선생이었다. 나는 그의 훌륭한 용모와 독실한 신앙심에 놀랐다. 그도 도미하려는 준비중이므로 우리는 자주 만나서 퍽 친한 사이가 되었다. 나는 젊을 때에 젊은 공학사를 결혼 상대로 공상해 보던 시절이 있었다. 그때를 생각하니 절로 웃음이 나와 참을 수 없었다.

우리는 같이 미국에 가기로 하고 늘 서로 격려해 왔다. 우리는 미국에 가는 모든 준비를 끝내고 대사관에 가서 비자만 받으면 될 단계가 되었다. 대사는 나를 보더니 불친절하게

"당신 영어 잘합니까?"

"잘 못합니다."

정직하게 대답할 수밖에 없었다. 그는 냉정하게

"당신, 영어 모르면 미국에 가서 어떻게 하실 작정이죠? 영어 모르면 미국에 가는 것보다 한국에 있는 것이 당신을 위해 좋습니다."

하더니 돌아가라는 듯이 외면하고 다른 사람과 말을 하기 시작했다.

나는 부끄럽기도 하고 무안해서 아무 말도 없이

'하나님이 나를 미국에 안 보내시면 그만두는 수밖에 없지.'

하고 대사 앞을 물러나와 문까지 나오는데,

"어, 이거 안 선생님 아니시오?"

하며 키가 큰 미국인이 들어선다. 자세히 보니 그는 에드워드 아담스 선교사였다. 그는 몹시 반가워하면서

"안 선생님! 참 반갑습니다. 저는 몇 번이나 안 선생님 찾아가려고 했는데 집을 아는 이가 없어서 못 가봤어요."

그는 한국어에 아주 능통했다. 그는 내가 대구 여고보 시절부터 아는 사이고 내가 일본 정부에 '경고' 하고 돌아왔을 때 여러 선교사들이 닥터 바이럼과 같이 내 간증을 들은 일이 있었던 관계로 나를 몹시 아껴 주던 이 중의 한 사람이었다. 그 후 해방이 되자 쫓겨 갔던 미국에서 곧 되돌아와 다시 선교하는 중이라고 말했다. 그의 반가워하는 표정과 그 진정한 친절은 그의 말과 행동에 뚜렷이 보였다. 나는 이제 방금 대사에게 푸대접을 받은 직후인 만큼 그가 큰 위로가 되어서 그만 눈물이 나올 것 같았다.

"대체 안 선생님이 이런 곳엔 어떻게 오신 것입니까?"

내가 얼굴이 붉게 달아오르는 것을 억제하면서 우물쭈물 말을 못하고 있는 것을 보고

"무슨 볼일이 있었던 겁니까?"

하고 재차 묻는다. 나는 하는 수 없이 솔직하게 모든 곡절을 다 얘기했다. 아담스 선교사는

"안 선생님, 저와 함께 대사관에 다시 들어가십시다."

하며 나를 재촉해서 먼저 급하게 대사실로 성큼성큼 걸어간다. 나도 하는 수 없이 그가 앞으로 인도하는 대로 따라갈 수밖에 없었다. 그는 나를 대사관실로 인도한 후 의자를 가져다 주면서

"여기 앉아서 잠깐만 기다려 주시지요."

하더니 대사에게 무어라고 한참 이야기를 했다. 대사는 아담스 선교사의 얘기를 들으면서

"아이 씨, 아이 씨."

를 연발하면서 나를 보고 또 보고 또 아담스의 말을 정중하게 들으며 또 나를 보는데, 보는 그 시선에는 어느새 눈물이 고여 있었다.

얼마쯤이나 듣고 또 나를 보더니 그는 벌떡 일어나서 내 앞으로 오더니 공손하게 내게 한국식 절을 하면서 무어라고 말했다. 나는 알아들을 수가 없었으나 아담스가 통역을 했다.

"안녕히 다녀오세요. 우리 나라에 당신을 모시는 것은 미국인으로서 큰 영광이라고 생각합니다. 저는 당신이 누구신가를 몰라서 큰 실례를 했습니다."

하고 손수건을 꺼내며 눈물을 닦았다.

나는 내가 대체 무엇이기에 이 사람이 이같이 과분한 태도를 취하는가 해서 도리어 불안했다. 그리고 아담스 선교사에게

"선교사님, 이 대사님이 저를 잘못 인식한 것 아닐까요? 나는 아무 것도 아닌데 큰 공로라도 있는 것같이 과장하셔서 대하시는데 참 미안하고 불안해요."

한즉 그는 만족한 웃음을 너그럽게 웃으면서

"안 선생님, 저는 선교사올시다. 보태는 말을 하면 거짓말이 되므로 꼭 할 말만 했으니까 내게도 죄는 없고 안 선생님께도 허물은 안 됩니다. 사실대로 말하고 나서 그 얘기를 듣는 사람 자유로 맡기는 것이 제일 정직하고 좋습니다."

하며 기뻐했다. 나도 주님 은혜에 감사해서 눈물이 났다.

이러한 때에 아담스 선교사를 보내어 문간에서 만나게 하시고 또 일을 이렇게 이루게 하신 것이 주님이 나를 미국으로 보내시는 것으로 알 수밖에 없었다. 나는 대사의 지시를 따라 비행기 예약을 해야만 했다. 비행기 예약을 하려고 또 다른 사무실로 들어가니 거기에는 한 미국인과 한국인 청년 비서가 대기하고 있었다. 비서에게 비자를 보이면서 예약을 해 달라고 하니 비서는 미국인에게 통역을 했다. 미국인이 무어라고 급한 말로 말하니 비서는

"내일 새벽 6시에 홍콩에서 오는 비행기가 있는데 이 비행기에 못 가시면 한 달을 기다려야 합니다. 민간 비행기는 한 달에 한 번밖에 안 가니까요."

"내일 새벽 6시요?"

"네, 지금이 오후 4시니까 이제부터 약 14시간 후란 말이지요."

"14시간 안으로 떠나라는 말씀이세요?"

"그렇습니다. 그렇지 않으면 한 달이나 기다려야 한다는 뜻입니다."

"…"

"내일 새벽 6시에 떠나시겠어요? 그러면 내일 새벽 6시까지 여기 오십시오. 저희가 자동차로 비행기 타는 공항에 모셔 갈 테니까요."

나는 14시간 내에 어머니와 이별해야 할 것을 생각하니 눈앞이 캄캄했다. 그러나 기왕 갈 바엔 한 달이나 더 기다릴 필요가 없다는 생각이 들어서 나는 곧 결심을 하고 결정을 하지 않으면 안 되었다.

나는 허둥지둥 나와서 택시를 잡아타고 집에 와서 사실대로 얘기를 했다. 그때 윤 장로 부부는 평양을 아주 떠나서 서울에 와서 살 때이므로 여러 아는 이에게 기별을 해서 새벽 5시에 모두 우리 집에 모였다. 우리들은 감격적인 예배를 드린 후에 저마다 택시를 타고 모

두 대사관 비행기 예약소로 향했다.

"큰일을 하고 곧 돌아오세요."

저마다 같은 말로 인사하는 이 말에 나는

'말도 모르고 다 늙은 노처녀가 무슨 큰일을 미국에 가서 할 수 있을까? 어리둥절해서 헤매다가 돌아오게 되면 부끄러워 뭐라고 이 기대에 보답하고 해명할 것인가?'

이렇게 무거운 마음으로 판단했지만 그러나 다음 순간 나는 힘을 내었다.

"미국에 가서도 잘 순종하고 좋은 증인이 되어 보겠어요. 그리고 잘 있다 오겠어요."

하고 어머니 곁에 가서

"어머니, 제가 없는 동안에 먼저 천당 가시지 마시고 기다리셔야 합니다. 석 달 후면 꼭 돌아오겠습니다."

한즉 어머니는 만족한 듯이 웃음을 머금으면서

"얘, 감옥에 갈 때도 천성문에서 만나자고 했는데 천국 같은 미국을 가면서 뭣 때문에 급하게 돌아오려고 하냐. 너는 미국에서 나는 한국에서, 각자 천국문에서 만나자구나. 내 걱정 마라. 일제 때 배급을 안 줘도 살았는데 염려할 것 하나도 없다. 네가 좋아하는 공부나 더 해서 배우고 싶은 것 배워 가지고 오려무나."

그는 아직도 용사였다. 나는 그가 그의 조그마하게 다 늙어 할머니가 된 지금도 신앙의 능력을 더욱 강렬하게 발하는 것이 신비스러울 정도였다. 한참이나 감동이 되어 우두커니 서 있었다.

나는 석 달 후에는 기어이 돌아와서 어머니를 모시고 공양해야 한다고 결심하고 비행기에 올랐다. 내 자리에 가서 앉으니 나를 실은 사발 엔진 비행기는 활기 있게 동쪽을 향해서 빠르게 날아갔다. 미국을 향해서….

죽으면 죽으리라(하)

2판 16쇄 발행 2024년 6월 25일

지은이 안이숙
발행인 한동인
펴낸곳 (주)기독교문사
등 록 제1- c0062호
주 소 서울 종로구 율곡로 19가길 5
출판부 T. 741-5184~5 F. 744-1634
도매부 T. 741-5181~3 F. 762-2234
직영서점 기독교문사
서울 종로40길 18
T. 2266-2117~9 F. 2266-6397

책값은 뒤표지에 있습니다.
ISBN 978-89-466-2520-4

Web www.kclp.co.kr

기독교문사는 독자와 함께 기독교 출판문화를 이끌어 가겠습니다.
공급처 기독교문사 도매부 T. 741-5181~3 F. 762-2234